대통령과 통일정책

김창진 저

문운당

책을 쓰면서

무심한 시간은 흐르고 흘러 분단의 역사는 벌써 70년을 넘어섰다. 결코 짧지 않은 시간이 흘렀다. 이념의 대결시대가 이미 청산됐음에도 불구하고, 우리는 아직도 첨예한 이념의 대립을 거두지 못하고 있다. 참으로 안타까운 일이 아닐 수 없다. 이러한 상태가 지속된 원인은 무엇일까? 이제는 그에 대한 대답을 국민들 스스로 찾아야 할 때인 것 같다.

우리나라의 역사는 위기의 순간마다 항상 평범한 국민들에 의해 올바른 방향으로 극적인 전환을 이루어 왔다. 3·1 독립항쟁, 4·19 혁명, 5·18 광주 민주화항쟁, 6월 민주항쟁 등이 대표적이다. 모여진 민초의 힘은 대단하였다. 열리지 않을 것 같던 문을 열고야 말았다. 우리 국민의 위대함과 저력을 새삼 느끼게 해 주는 역사적 사실이다. 이제는 통일의 문을 국민들의 힘으로 열어야 할 때가 도래하지 않았나 생각한다. 그 어느 때보다 통일의 열기는 높아 있으며, 남북관계는 급물살을 타고 있다. 여기에 평범한 국민들의 힘을 모아 동력을 제공할 시기가 도래하였다고 생각한다. 이러한 취지에서 역대 대통령의 통일정책을 모아 보았다. 가능하면 그 당시 평범한 일상의 분위기 속에서 대통령의 통일정책을 이해하려 노력하였다. 그에 따라 배경이 되는 국내외의 상황과 이를 보도한 당시의 신문기사 등을 최대한 활용하여 보다 친밀하고 현장감 있게 접근할 수 있도록 구성하였다. 그러나 중요한 정책 모두를 망라하지는 못하였음을 미리 밝혀둔다. 알고 있는 정보의 부족과 자료 획득의 어려움 등으로 이해해 주시기를 기대한다. 비록 많은 부족함을 갖고 시작한 책이지만 역대 대통령의 통일정책에서 통일의 지혜를 찾아보았으면 한다.

그리고 이를 바탕으로 통일의 문을 여는 계기가 될 수 있도록 국민의 힘을 한 방향으로 모았으면 하는 바람이다.

민주의 도시 광주에서 무등산을 바라보며 石野 씀.

대통령과 통일정책

CONTENTS

대통령과 통일정책

CONTENTS

CONTENTS

CHAPTER

01 두 번의 분단

제 1 절 해방과 분단

1. 일본의 패망과 해방

일본이 패망하기 이전부터 강대국들은 전쟁종료 후의 문제를 논의하고 있었으며, 여기에는 우리나라의 문제도 포함되어 있었다. 중요한 의미를 갖는 회담을 이루어진 순서대로 살펴보면 '카이로 회담, 얄타 회담, 포츠담 회담'을 들 수 있다. 제2차 세계대전에서 연합군은 승기를 잡게 되자 상호협력과 전후문제 처리를 위하여 1943년 11월 22일부터 26일까지 이집트의 카이로에서 회담을 하였는데 이를 카이로 회담이라 한다. 카이로에서 미국의 루즈벨트, 중국의 장개석, 영국의 처칠에 의해서 회담이 이루어졌다. 종전 후 일본 영토의 처리문제에 대한 연합군의 기본방침이 논의되었으며, 우리나라의 독립문제를 포함하여 회담의 결과를 담은 선언문을 발표하였다. 우리나라에 대해서는 "한국민이 노예상태로 놓여 있음을 유의해 적당한 시기에 한국이 자유롭게 되고 독립하게 될 것을 결의한다."라는 내용을 선언문에 포함하여 발표하였다. 여기에서 '적당한 시기'라는 애매한 표현이 등장한다. 우리나라의 임시정부에 우호적이었던 중국은 '가능한 가장 이른 시일'을 주장하였으나 신탁통치를 구상하던 미국과 당시에 많은 식민지를 거느린 영국의 이해관계가 작용하여 애매한 문구가 등장하였다. 그러나 중국은 우호적인 입장을 보였다. 중국이 이처럼 우호적이었던 이유는 우리의 끈질긴 저항에서 찾아보아야 한다. 전국적이고 전국민적인 3·1 독립항쟁, 안중근 의사의 이토히로부미 저격, 이봉창 의사의 일왕에 대한 폭탄 투척, 윤봉길 의사의 홍구공원에서의 폭탄투척, 김익상 의사[1]에 의한 총독부 폭탄투척 등 수많은 애국지사의 목숨과 눈물이 밑바탕에 있었다. 당시에 중국의 장개석은 윤봉길 의사의 의거를 보고 임시정부에 대한 지원을 적극적으로 하게 되는 계기가 되었다.[2] 이처럼 끊이지 않고 전개된 우리민족의 저항정신을 보고 반드시 독립되어야 할 국가로 인식하고 있었던 것이다.

그 후 이탈리아가 항복하고 독일의 패망이 임박하게 되자 1945년 2월 4일부터 11일까지 소련의 흑해 연안 얄타에서 루즈벨트, 처칠, 스탈린이 회담을 하였는데 이를 얄타 회담이라고 한다. 논의한 내용은 전후 독일문제와 소련의 대일본전 참전에 관한 문제였다. 회담에서 독일에 대해서는 미·영·프·소의 4개국이 분할 점령한다는 원칙이 세워졌다. 그

1) 의열단 소속으로 김원봉 단장의 총독암살 밀명에 따라 1921년 9월 12일 총독부에 잠입하여 폭탄을 투척하였다.

2) 장개석은 "중국의 백만 대병이 하지 못한 일을 한국청년 한 사람의 손으로 이루어 놓았다."고 격찬하고 적극적인 지원을 아끼지 않게 되었다.

1932년 4월 29일 중국 상해 홍구공원에서 일본의 전승기념행사가 열리고 있었다. 이때 윤봉길 의사는 물통 폭탄을 투척하여 주요 인사를 절명하게 하는 쾌거를 이루었다. 신문기사는 윤의사를 체포하여 신문을 한 결과 충남 예산 출신이라는 점과 가족관계를 일부 확인했다는 내용을 담고 있다. 아래는 시골집의 모습을 함께 기사로 내보냈다. 이 의거로 중국의 임시정부에 대한 인식은 크게 변하게 되었다.

[윤의사와 그의 가정] 출처 : 동아일보(1932.5.7.)

밖의 패전국이나 광복을 맞은 민족은 "모든 민주세력에 의해 임시정부를 구성한 후 가능한 빠른 시일 내에 자유선거를 통해 책임 있는 정부를 수립한다."라는 원칙을 마련하였다. 여기에서 소련의 대일본 참전이 논의되었는데, 이는 우리의 분단에 밀접한 영향을 미치게 되었다. 1945년 7월 17일부터 8월 2일까지 독일 베를린 교외 포츠담에서는 강대국이 모여 중요한 회담을 개최하였다. 미국의 트루먼, 영국의 처칠, 소련의 스탈린이 모여서 회담을 하였는데 이를 포츠담 회담이라고 한다. 회담의 내용은 이미 패전한 독일[3]의 영토 재분할과 각국의 국경획정, 배상 등에 대부분의 초점이 맞춰졌다. 포츠담 회담은 유럽의 전쟁을 종결하기 위한 미·영·소 3국의 정상회담이었다. 회담 도중인 7월 26일에는 포츠담 선언이 발표되었다.[4] 포츠담 선언에서는 일본에 대하여 그동안 중립입장을 유지하고 있던 소련[5]이 빠지고 미·영·중 3국이 서명했다. 선언내용은 13개 항으로 되어

3) 유럽지역에서의 제2차 세계대전은 5월 9일 독일의 항복으로 종결됐다.

4) 포츠담 회담과 포츠담 선언에 참여한 국가는 동일하지 않다. 회담 중에 선언이 나왔지만 선언을 한 국가는 소련이 빠지고 중국이 포함되었다.

5) 소련은 1941년에 일본과 5년간의 일-소 중립(불가침)조약을 맺은 상태였다. 따라서 태평양전쟁에서 중립을 지켜야 했다. 그러나 회담이 끝나고 8월 8일에 이를 일방적으로 파기하고 대일본 선전포고를 하고

[해방을 기뻐하는 시민들] 출처 : 국가기록원

있었다. 발표된 선언은 “카이로 선언에서의 모든 조항은 이행되어야 하고, 일본의 주권은 혼슈·홋카이도·쿠슈·시코쿠와 연합국이 결정하는 작은 섬들에 국한한다.”라는 내용이었다. 이에 따라 카이로에서 언급한 한국의 독립은 확인 받은 셈이 되었다. 즉, 일본은 포츠담 회담결과를 수용하고 무조건 항복하라는 것이었다.[6] 포츠담 선언은 미국의 주도로 이루어졌으며 미·영·중의 3국 정상이 일본에 대한 조건 없는 항복 요구를 담은 최후통첩이었다. 그러나 일본은 발표 이틀 뒤인 7월 28일 이를 묵살하였다. 주된 이유는 천황제 유지를 보장하지 않았다는 것이었다. 선언에는 민주주의 정부수립이라는 내용이 있었다.

결국 미국은 8월 6일 히로시마에, 8월 9일 나가사키에 원자폭탄[7]을 투하하였다. 인류 역사 최초의 핵무기 실전 투입이었다. 더 이상 전쟁을 지속할 수 없는 상황에 직면하자

만주로 진격하였다.

6) 제1~5항 : 일본은 죄를 뉘우치고, 선언을 수락할 것. 제7~12항 : 군국주의 배제, 영토관련, 일본군 무장해제, 전범자 처벌, 평화산업 유지와 군수산업 금지, 민주주의 정부수립 등. 제13항 : 일본군의 무조건 항복 등이다. 특히 8조에는 일본영토를 ‘혼슈와 홋카이도, 규슈, 시코쿠 등 4개 섬과 전승국들이 정하는 작은 섬들로 국한한다.’고 명시하였다. 그러나 그 이후 일본은 이 조항을 자의적으로 해석하고 있으며, 이는 독도문제의 뿌리가 되고 있다.

7) 미국은 회담 직전인 7월 16일 미국이 뉴멕시코주 알라모고도 인근 사막 트리니티에서 최초의 원폭실험을 실시해 성공했다.

일본 군부는 항복을 결의하고 1945년 8월 10일 포츠담 선언의 수락을 결정하였다. 즉, 항복의사를 밝힌 것이다. 이에 따라 미국은 8월 14일에 일본의 의사를 수락함을 통보하게 되었고 이로써 제2차 세계대전은 끝나게 된다. 그 다음날인 8월 15일 정오에 일왕 히로히토[8]는 라디오 방송을 통해 세계인이 듣는 가운데 마침내 항복을 하게 된다. 이로써 일본은 히로시마에서 14만여 명의 사망자, 나가사키에서 7만 4천여 명의 사망자가 발생한 후에야 항복을 하게 된 것이다. 9월 2일에 도쿄만에 정박한 미 전함 미주리 갑판에서 일본은 항복문서에 서명하였다. 이 시점에서 소련의 행보는 절묘했다. 원폭이 히로시마에 투하된 후 8월 8일에 소련은 일본에 대한 선전포고와 동시에 참전하여 일본군에 대한 공격을 개시하였다. 당시에 미국은 일본의 항복을 앞당기기 위해 소련의 참전을 요구했고, 소련은 대일참전 조건으로 홋카이도 분할통치를 주장하고 있었다. 그러나 엉뚱하게도 분할은 한반도에서 이루어졌다.[9]

過去딛고 21세기로 함께 나가자

盧대통령 日국회연설에 담긴 뜻

急變 국제환경속 兩國협력 강조

日王 '痛惜의 念' 해석 논란소지

노태우 대통령이 1990년 5월 24일 일본을 방문하였을 때 만찬장에서 일왕(아키히토)은 과거 일본의 잘못에 대하여 '통석[10]의 염'이라는 말로 사과하였다. 그러나 국내에서는 이를 진정성 있는 사과로 볼 수 없다는 여론이 70% 이상 달했다. 일본은 이처럼 우리 국민의 가슴에 와 닿는 사과를 하지 않고 있다. 그리고 그들의 죄악을 시인하지 않고 있다.

[일왕의 '통석의 염'] 출처 : 매일경제(1990.5.25.)

---

8) 일본의 124대 왕(1901년~1989년), 한일 과거사 문제에 대한 사과를 한 바 있다.

9) 김창진, 『우리에게 6·25 전쟁이란?』, 2018, p.63.

10) 사전적인 의미에서는 '몹시 애석하게 여김'으로 풀이한다.

2. 강대국에 의한 분단

일본의 항복은 한반도에 미군과 소련군의 진주를 불러왔다. 분단의 서막이 시작되고 있었던 것이다. 원자폭탄의 위력 앞에서 항복한 일본은 저항할 만한 능력은 이미 상실한 상태였다. 그러나 그 이전에 있었던 강대국 간의 회담에 의하여 소련은 대일본전에 참여하기로 이미 결정되어 있었다. 이후 소련은 일본에 원자폭탄이 떨어지던 1945년 8월 6일과 9일 사이의 8월 8일에 대일 선전포고를 마치자마자 일본군을 공격하였다. 절묘한 시점에서의 공격이었다. 일본이 항복할 의사를 밝히기 불과 이틀 전에 대일전에 참전한 소련군은 빠른 속도로 만주와 북한지역을 향하여 질주하고 있었던 것이다.[11] 선전포고 이후 하루가 지나자 소련군의 제1극동전선사령부의 제25군 사령관 치스차코프(Ivan M. Chistiakov) 대장은 북한지역으로 들어오기 시작하였다. 8월 9일 15시 함북 경흥을 점령하고, 8월 12일에는 웅기, 8월 13일에는 청진에 상륙하였다. 소련군은 약 15만 명의 육군과 해군을 북한에 신속하게 진주시키기 시작한 것이다. 8월 24일 소련군 선발대가 평양을 점령하였고 28일까지는 북한의 전 지역에 소련군이 들어왔다. 그리고 평남도청에 치스차코프 대장을 사령관으로 하는 군정(軍政)사령부를 설치하기에 이르렀다.[12] 예상하지 못한 빠른 속도로 한반도를 잠식해 가는 소련군의 움직임에 미국은 위기의식을 느낄 수밖에 없었다. 미국은 한시라도 빠르게 움직여야 했다. 그 당시 미국은 그처럼 빨리 일본으로부터 항복의사를 받을 것이라고는 예상하지 못하고 있었다. 또한 원자폭탄의 전략적 가치의 효과가 즉시 나타날 것이라는 군사적인 판단도 못한 상태였다. 따라서 원자폭탄을 투하해도 일본은 최소한 2개월 정도의 전쟁 지속 능력을 발휘할 것으로 보고 있었다. 그에 따라 미군의 일본 본토에 상륙작전이 필요할 뿐 아니라, 상륙작전을 위해서는 대량의 인원손실이 발생할 것이라고 판단하고 있었다. 그러나 이러한 미국의 판단과는 달리 일본은 예상외로 신속히 항복의사를 밝혔다. 미국은 일본 본토에 대한 상륙작전계획을 수립하던 중이었다. 그런데 소련군의 북한 진입이라는 갑작스러운 상황의 변화를 맞이한 것이다. 그것도 평안남도 지역과 평양을 접수한 상태였다. 소련이 마음만 먹으면 한반도 남쪽까지 밀고 내려올 수 있는 급박한 상황이었다. 미국은 신속하게 움직여야 했다. 이때 만들어진 문서가 일반명령 제1호[13]이다. 이것은 일본군의 항복수락과 무장해제를 위한 군사적인 조치로서의 역할이었다. 즉, 소련군의 한반도 완전점령을 방지하기 위

---

11) 김창진, 앞의 책, pp.64~67 요약정리.

12) 국방부 군사편찬연구소, 『6·25 전쟁사, 전쟁의 원인과 배경』, 2004, p.18.

13) 중국·대만 및 북위 16도 이북의 인도차이나에서는 일본군이 중국의 장개석에게 항복하며, 만주·북위 38도 이북의 한국과 사할린에서는 소련군 사령관이 항복을 받도록 한다. 일본·필리핀 및 북위 38도선 이남의 한국에서는 태평양 사령관(맥아더 장군)이 항복을 받는다. 지역별로 각국의 접수영역을 분할하였다.

한 노력의 일환으로 만들어진 문서로 볼 수 있다. 그러나 이 명령에 따라 미군과 소련군의 진출 한계선으로 삼았던 북위 38도선의 경계선은 분단선으로 확정되는 비극을 낳게 되었다. 그 이면의 사정은 이러하였다. 따라서 미 국방성 작전국 정책과장 본스틸(Bonesteel) 대령은 국무·국방·해군 3성 조정 위원회(SWNCC-Sate·War·Navy Coordination Committee)의 독촉을 받는 가운데 일반명령 제1호를 작성하기 위한 야간작업을 진행하고 있었던 것이다. 본스틸 대령의 최초 구상은 가능한 한 소련이 받아들일 수 있는 범위까지 북쪽으로 분계선을 선정하려고 했으나 소련군은 이미 한국에 진주해 있거나 아니면 기동할 수 있는 모든 준비를 끝내고 있었다. 그러나 미군은 한반도로부터 600마일이나 떨어져 있는 오키나와에 있었다. 따라서 문제는 소련이 그의 안을 받아들여야 하고 동시에 그들이 한국 전역을 장악하는 것을 막는 일이었다. 그래서 미국의 정책결정자들은 한반도 주둔 일본군의 무장해제와 군사점령이라는 전략목표를 달성하기 위해 일본군의 항복을 접수할 주체와 극동에서의 군사작전의 한계선을 신속히 결정하고자 했다. 구체적 논의는 국무부, 육군부, 해군부로 구성된 3부 조정위원회에서 하게 되었다.

실무를 담당한 본스틸 대령과 딘 러스크 대령은 1945년 8월 11일 새벽, 내셔널지오그래픽지의 1942년도판 지도를 보고 한반도에서 미·소 작전담당구역의 분할선을 북위 38도선으로 결정하게 되었다. 그들은 소련군이 이미 한반도의 동북부를 폭격하고 있음에 반해, 미군은 한반도에서 가장 가까운 거리라고 해야 600마일 떨어진 일본의 오키나와와 1,500마일에서 2,000마일 가량 떨어진 필리핀에 있던 상황을 고려하지 않을 수 없었다.

만일 소련이 여기에 동의하지 않으면 이 선마저 확보하기 어려울 것이라고 여기고 있었다. 본스틸 대령이 기안한 일반명령 제1호의 문안은 다음날 아침 합동참모본부(JCS)와 3성 조정위원회(SWNCC), 국무장관을 거쳐 트루먼 대통령에게 보고되었다. 그 사이 일부에서는 분계선을 북위 39도선으로 선정하고 요동반도의 대련을 포함하여 미군을 상륙시키는 안을 제시하기도 했으나 소련의 동의를 얻기 어려울 것이라는 중론(衆論)에 따라 결국 38도선을 경계로 하는 최초의 기안 내용이 통과되었다. 8월 15일 마침내 트루먼 대통령의 최종 재가를 얻은 일반명령 제1호는 소련과 영국 등 연합국에 전달되어 동의를 구하는 한편, 마닐라에 있던 맥아더 장군에게도 하달되었다. 소련의 반응을 기다리는 동안 워싱턴 당국에서는 긴장의 순간이 흘렀다. 8월 16일 스탈린은 답변을 통해 38도선 문제에 대해서는 전혀 언급도 없이 여순, 대련항을 포함한 만주지역은 소련의 점령지역에 속한다는 답변으로 묵시적(黙示的)인 동의를 하였다. 이로써 38도선을 경계선으로 하여 그 이북에서는 소련군이, 그 이남에서는 미군이 각각 일본군의 항복을 받는다는 방침이 확정됐다.

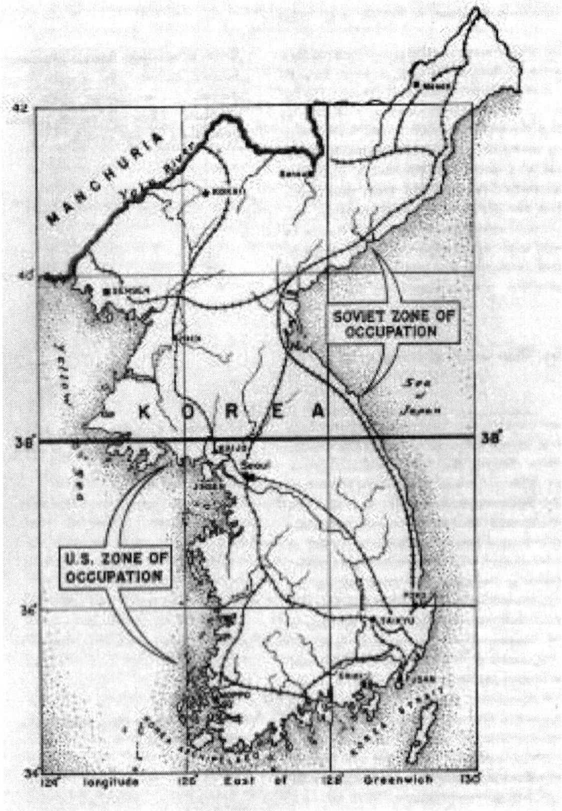

'Armed Forces Talk 205'는 한국에 주둔 할 군정청 소속의 지휘관들에게 배포한 워싱턴에서 작성한 문답형식의 교육자료이다. 여기에는 한국이 처한 상황과 발생 문제들을 문답형식으로 설명하고 있다. 그 중에는 38도선을 기준으로 하여 미군과 소련군의 영역을 표시한 내용이 포함되어 있다.

[일본군 항복 접수도] 출처 : Armed Forces Talk 205, p.5.

이어서 9월 2일 항복문서 조인식 후 연합군사령관의 명의로 일반명령 제1호가 선포됐다. 핵심 내용은 북위 38도선 이북의 한국에 주둔한 일본군은 소련 극동군 최고사령관에게 항복하고, 북위 38도선 이남의 한국에 주둔한 일본군은 미 육군 태평양사령부 사령관에게 항복할 것을 지시한다는 것이었다. 이 명령에 언급된 38도선은 일본의 항복접수와 무장을 해제코자 책임구역을 할당하기 위한 소련과 미국의 군사작전을 위한 조치였을 뿐이다. 이처럼 일반명령 제1호는 정치적인 의도는 내포되어 있지 않았다. 그러나 이념을 달리하는 두 개의 강대국에 의한 군정이 실시되면서 그 선의 의미는 달라지고 있었다. 항복을 받기 위한 책임과 권한에서 벗어나 분단선으로 점점 고착되어 가고 있었던 것이다. 그리고 그 속에서 전쟁의 파동은 점점 더 커져갔던 것이다. 역사적인 비극의 순간을 당기는 선이었다. 한편 맥아더는 이를 하달 받은 후 오키나와 주둔 제24군단을 한국에 상륙시키기로 하고 선발대를 9월 4일에 투입하였다. 소련군이 한반도에 상륙한지 22일 만이었다. 이어서 본대의 제7사단이 9월 8일 인천에 상륙하여 서울, 개성을 포함한 경기와 충청 일대에 주둔하였다. 제40사단은 9월 말에 상륙하여 경상도 지역, 제6사단은 10월

16일 도착하여 전라도 지역에 진주하였다. 미군은 총 7만 7,600명에 이르렀다.[14] 맥아더는 군정을 선포하고 9월 9일에 포고령 제1호를 선포하였다. 이를 맥아더 포고령 제1호라고도 한다. 9월 8일에 미 제24군단장 하지(Hodge, J. R.) 중장은 병력을 이끌고 인천에 상륙하여 당일로 서울에 입성하였다. 그리고 9월 9일 총독부 제1회의실에서 일본의 조선총독 아베로부터 항복문서에 조인을 받았다. 미군정이 시작된 것이다. 그러나 미군정은 우리의 임시정부를 인정하지 않았다. 따라서 김구를 비롯한 임정요인들은 개인자격으로 입국할 수밖에 없는 안타까운 상황을 맞이하였다. 미군정은 당시에 전국적으로 결성되어 있던 여운형이 조직한 건국준비위원회의 존재도 인정하지 않았다. 시대를 통찰하고 있던 여운형은 해방 전에 조직하였던 건국동맹을 모체로 하여 건국준비위원회(약칭, 건준)를 해방과 함께 발족시켜 전국에 지부까지 결성하는 등 독립국가 운영에 필요한 조직적인 준비를 하고 있었다. 그러나 미군은 우리나라의 이러한 자치능력을 과소평가하고 있었으며, 이를 인정하지 않았다.

이처럼 남북에 각각 진주한 강대국은 우리의 국가운영 능력을 인정하지 않은 채 자신들의 방식에 의한 군정을 실시하고자 하였다. 그들은 자국의 이익을 추구하고자 그들과 일치한 이념을 심겠다는 의지만을 보일 뿐이었다. 공교롭게도 두 나라는 정반대의 이념을 추구하고 있었으며, 이는 분단을 기정사실화하고 있었다. 미군정의 방침은 일제가 구축한 행정조직을 그대로 활용하고자 했으며, 이것은 친일파의 재등용을 가져왔다. 조

金九의 歸國 重慶에서 귀국한 다음날인 45년 11월 24일 오전 金九는 李承晩의 소개로 「하지」중장을 만난후 相見禮기념촬영을 했다. 이사진은 「딘」소장이 보관중인것을 池甲鍾씨가 복사한것으로 국내에서 처음 공개되는것이다.

[**김구의 귀국**] 출처 : 동아일보(1982.4.6.)

김구 주석은 11월 23일 개인자격으로 귀국하였다. 다음날 이승만의 소개로 미군정청 사령관 하지를 만났다. 왼쪽부터 이승만, 김구, 하지 중장이다.

---

14) 국방군사연구소, 『한국전쟁 상』, p.11.

선총독부의 관료와 경찰조직을 유지하여 군정을 실시한 것이다. 우리의 입장으로 본다면 참으로 통탄할 일이었다. 독립운동가들을 탄압하고 일제의 주구 노릇을 하던 반민족 행위자들이 버젓이 고위직을 차지하면서 치안을 책임지게 만든 것이다. 이러한 미군정의 결정은 민족정기의 확립마저도 멀어지게 한 것이다. 우리나라는 상해 임시정부를 수립하여 일제에 맞서 독립투쟁을 하면서 해방된 조국을 이끌겠다는 강한 의지를 갖고 있었다. 그러나 미군정의 방침은 임시정부의 조직을 유명무실하게 만들었다. 그렇지만 광복이 연합군의 승리에 따라 얻어진 결과물이었기에 운신의 폭은 이미 한정되어 있었고, 그들의 말은 법이 되고 있었다.

제 2 절 전쟁과 분단

1. 전쟁의 시작[15)]

북한군은 1950년 6월 25일 일요일 새벽 4시를 기하여 '폭풍'이라는 암호명에 따라 38도선 전역에 걸쳐 기습공격을 감행하여 불법남침을 시작하였다. 그러나 새벽녘에 곤히 잠든 시민들은 은은히 들리는 포성소리를 대수롭지 않게 생각하였다. 그 이전에도 38도선 부근에서는 소규모 무장충돌이 빈번히 발생하던 상황이었다. 그렇지만 이번의 공격은 서해안의 옹진반도로부터 동해안의 강릉지역까지 전역에 대한 포격이었다. 그것은 본격적인 공격에 앞선 공격준비사격이었다. 또한 지상공격을 개시하는 한편, 사전에 해상을 통하여 강릉 남쪽의 정동진과 임원진에 육전대와 유격대를 상륙시켜 전후방 동시전투를 기도하였다. 북한군은 서울을 목표로 하여 주공과 조공으로 임무를 부여하였다. 적 제1군단은 연천과 운천에서 의정부에 이르는 축선과 개성에서 문산으로 이어지는 접근로에 전투력을 집중하였다. 서울에 이르는 단거리 접근로에 주공을 지향한 것이다. 조공인 적 제2군단은 춘천, 강릉을 목표로 하여 화천과 춘천 접근로에 중점을 두고 공격하였다. 북한군의 전력은 국군을 크게 압도하고 있었다. 또한 주요지역을 조기에 돌파하기 위하여 전차를 집중 운용하고 있었다.[16)] 압도적인 전력에 소련제 T-34 전차를 앞세워 일거에 국군의 38도선 방어진지를 돌파하고 서울을 포위하여 국군의 주력을 섬멸하면서 남진을 계속한다는 계획이었다. 육군본부 상황실에는 밤새 적의 공격을 예고하는 징후의 첩보가 간헐적으로 보고되더니 새벽에는 전방사단으로부터 접적을 알리는 상황보고가 잇달았다.

새벽 1시에는 제17연대, 3시에는 제1사단, 3시 30분에는 제7사단으로부터 상황보고가 접수되었다. 적의 포탄이 진지 전방에 계속 떨어지고 있다는 다급한 내용의 상황을 알려왔다. 그리고 이때부터 각 사단에서는 종전에 보지 못한 규모의 적이 공격을 한다는 것이었다. 상황이 심상치 않다고 느낀 육본의 상황근무자는 이러한 내용을 주요 직위자에게 보고하면서, 비상조치를 취하도록 건의하였다. 육군총참모장 채병덕 소장은 이날 2시경 귀가하여 취침 중 육본의 보고를 받고, 보다 자세한 상황을 확인한 다음 6시부로 전군에 비상을 발령하고 각 국장을 소집하라고 지시하였다. 그는 전날에 열린 육군장교구락부 준공파티에 참석하였다. 당시 38도선을 책임진 전체의 사단장들이 그 파티에 참석하

15) 김창진, 앞의 책, pp.126~129 요약정리.

16) 소련과의 수교로 인하여 6·25 전쟁과 관련된 문건 등이 소련으로부터 제공되고 공개되었다. 그 이전까지는 전차를 분산 운용한 것으로 알고 있었다. 따라서 과거에 출간된 전사 관련 책자에서는 전 전선에서 분산 운용한 것으로 기술한 내용도 다수 존재한다.

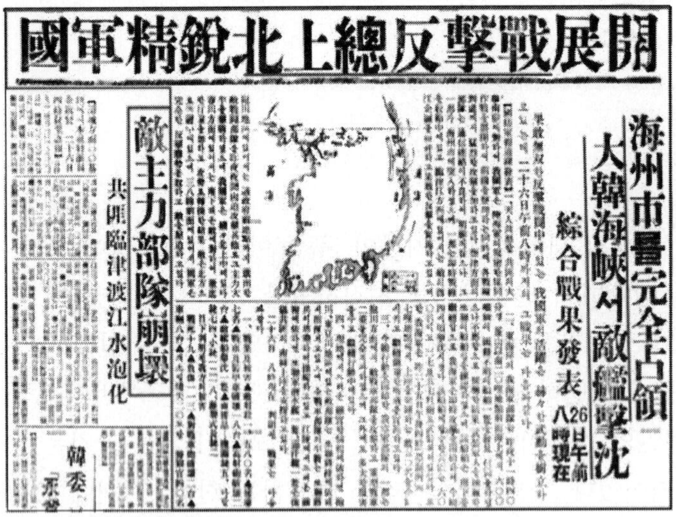
國軍精銳北上總反擊戰展開

海州市를完全占領

大韓海峽서敵艦擊沈

綜合戰果發表 26日午前八時現在

敵主力部隊崩壞

共匪臨津渡江水泡化

적의 남침을 보도한 신문기사. '북상 총 반격, 해 주 완전점령, 적 주력 붕괴' 등으로 전황과는 동떨어진 보도를 하고 있다. 그러나 이 중에서 '대한해협서 적 함선 격침'은 부산으로의 상륙을 기도하는 적선을 우리 해군이 격침시켰다는 것은 사실이었다.

[국군정예 북상 총반격] 출처 : 동아일보(1950.6.27.)

였다. 그리고 파티에 이어 2차와 3차로 유흥을 즐겼던 것이다. 참으로 한심한 지도층의 행태와 의식의 문제는 초반에 밀릴 수밖에 없는 환경에 있었다. 그러나 우리는 전쟁 초반을 이야기할 때 적의 신무기인 전차 때문에 어쩔 수 없었다고 이야기한다. 결코 이것은 적 전차에게 모든 책임을 전가해서는 안 되는 부분이다. 채 총장은 즉시 신성모 국방장관에게 전화를 걸었으나 연결이 되지 않아 지프차를 타고 장관 관사로 가서 상황을 보고하였다. 그때가 아침 7시경이었다. 장관과 육군총참모장의 전화가 불통이었다는 것은 당시 지도층의 무사안일함을 단적으로 보여주는 대목이다. 전(全) 장병에 대한 비상소집이 시작되었으나 많은 지휘관과 장병들이 휴일을 맞아 휴가, 외출, 외박 중이었다. 전화·전령·방송 등 각종 수단이 동원되었지만 이들의 부대복귀는 늦어지고 있었다. 시민들이 북한군의 남침을 인지한 것은 7시가 조금 넘은 시간이었다.[17]

북한의 남침 제1보를 전쟁 발발 3시간이 넘어서야 국방부의 요청에 따라 중앙방송(KBS)이 보도한 것이다.[18] 이때는 이미 전방 경계진지가 무너지고 있는 시간이었다. 이와 함께 국방부 정훈국이 중심이 된 가두 방송반이 서울 시내를 누비며 장병들의 부대복귀를 촉구하였다. 이러한 보도와 가두방송은 막 잠자리에서 일어나던 국민들에게는 충격이었다. 방송의 내용은 자세한 전황에 대한 것은 없었고 북한군이 침공했다는 소식과 국군장병은 빨리 원대 복귀하라는 것뿐이었다. 이처럼 25일의 방송은 10만 국군은 건재하니 국민은 염려 말라는 것으로 이것은 실상황과 너무나 거리가 먼 내용이었다. 그것은 민

17) 노정팔, 『한국방송과 50년』, 1995, p.159.

18) 이때는 KBS가 유일한 방송국이었다. 그리고 6월 25일은 일요일이어서 신문도 나오지 않아 방송에만 의존하고 있었다.

심을 크게 자극할 필요가 없다는 군 당국의 판단에 의한 것이었다. 그러나 전황은 절박한 상태였다. 그 시간 국군은 적 전차를 격파할 대전차무기도 없었다. 북한군 전차는 무적의 괴물로 보이고 있었다. 서울의 운명은 그리 낙관적이지 않았던 것이다. 더구나 서울은 38도선으로부터 불과 40여 km에 불과한 거리였다. 북한은 11시경 평양방송을 통해 대한민국에 대하여 선전포고를 하였다. 그들의 주장은, 북한 인민군은 국군의 공격에 의하여 자위조치로서 반격을 가하는 정의의 전쟁을 시작하지 않을 수 없다는 것이었다. 그 후 오후 1시 35분 방송에서 김일성은 "남한이 북한의 모든 평화통일 제의를 거절하고 이날 아침 옹진반도에서 해 주로 공격하였으며, 이는 북한의 반격이라는 중대한 결과를 가져왔다."라는 주장을 하였다. 남한에 의한 북침을 주장한 것이다.

2. 정전협정과 휴전선[19)]

38도선에서 출발한 전쟁은 밀고 밀리는 과정을 쌍방이 전개한지 1년 여의 세월이 흐르며 막대한 인명피해와 재산피해를 가져오고 있었다. 그러나 공교롭게도 1년 후에 팽팽히 대치한 선은 전쟁전의 그 선과 별반 다르지 않았다. 따지고 보면 1년간 양측이 서로 비슷한 피해만 입히며 별반 소득 없이 진행되고 있었던 것이다. 소득이 없는 것을 떠나서 죽어나는 것은 남북한의 일반국민이었다. 그러나 다른 측면에서 보면 기득권 세력은 전쟁을 통하여 오히려 위치를 굳히고 있었다. 특히 친일파의 경우에는 반공을 외치며 그 기반을 굳건히 할 수 있는 기회이기도 하였다. 양측은 중공군이 참전한 이래 여섯 차례의 공세를 통하여 최대의 격전을 치렀다. 그리고 최대의 인명피해가 발생했다. 그러나 결국 1951년 6월을 즈음하여 상호 무력에 의한 상대방 제압이 불가능하다는 것을 깨닫게 되었다.

즉, 평화에 의한 해결방안을 모색하기 시작한 것이다. 또한 그 당시에 미국이 염려하고 있었던 것은 소련의 개입이었다. 소련이 본격적으로 개입하게 되면 이 전쟁은 세계대전으로 확전될 가능성이 크다는 것이었다. 세계대전을 치르면서까지 대한민국의 완전한 통일을 미국은 바라지 않았다. 결론은 우리의 의지가 아닌 강대국의 의지에 따라 정전은 진행되었다. 그러한 정전진행 과정을 알아보기로 하자.

유엔군과 조·중연합군(북한과 중공)은 1951년 6월 한반도문제를 더 이상 군사적으로 해결하기 어렵다고 판단하고 협상에 의해 해결하고자 하였다. 군사적인 승패가 아닌 정치적 타협으로 전쟁을 마무리하기로 결정하고 1951년 7월 10일부터 개성에서 정전회담에 들어갔다. 그러나 최소 6주 정도면 타결될 것으로 기대되었던 회담은 처음부터 난항

---

19) 김창진, 앞의 책, pp.335~344 요약정리.

널문리로 불렸던 이곳이 판문점으로 불리게 된 것은, 회담에 참석하는 중공군 대표들이 이곳을 찾기 쉽게 하기 위해서 였다. 당시 회담장소 부근에 있던 주막을 겸한 널문리의 가게(店)를 한자로 적어 '板門店'으로 표기한 것이 그 유래이다.

[판문점의 옛 모습 널문리] 출처 : 통일부 남북회담본부

을 거듭하였고 매 의제마다 장기간 설전을 벌였다. 개전 직후 미국과 인도 등은 6·25 전쟁의 정전을 모색하며 소련과의 접촉을 시도하고자 하였다. 전쟁의 초기단계에서 다양한 외교적 탐색이 이루어진 이유는 전쟁을 한반도 지역에 제한하고 확전을 막아야 한다는 인식이 널리 퍼져 있었기 때문이었다. 그러나 미국과 소련은 6·25 전쟁의 발발과 성격에 대해 서로 다른 규정을 하고 있었다. 미국은 북한의 남침을 주장하였으며, 배후에 소련이 있다고 보았다. 반면 소련은 남한의 북침에 대한 반격이라는 주장이었다. 그러므로 남북한의 전쟁은 남북한이 해결해야 할 내전이라는 입장을 갖고 있었다. 따라서 개입하지 말아야 할 곳에 미국이 참전하였다는 논리였다. 이러한 상반된 입장이 좁혀질 여지는 별로 없어 보였다. 이때 인도가 양 진영의 중간자적 역할을 자임하고 나섰다. 인도에 의해 중재가 비밀리에 추진되었지만 미국은 거부의사를 표시하였다. 그러나 이것은 한국의 문제가 정치적 해결방법으로 풀어나갈 수 있다는 희망적인 암시이기도 했다. 그런 도중에 인천상륙작전의 성공은 전쟁 초기에 대한민국을 지원한다는 유엔의 결의안이 유엔군의 북진을 허용하는지에 대한 논쟁을 일게 했다. 유럽의 국가들이 북진을 허용하지 않는다고 보았지만, 미국은 초기에 통과된 결의안에 따라 북진이 가능하다고 보았다. 그 무렵 소련은 한반도에서 정전과 외국군의 철수를 요지로 한 결의안을 유엔 총회에 제출했지만 부결되었다. 시간은 흘러 중공군의 참전으로 전세는 다시 역전되었다. 위기에 몰린 측은 유엔군이었다. 미국은 정전을 모색하였다. 이때 인도를 비롯한 아랍국들은 1950년 12월 5일에 '중공군과 북한군은 38도선에서 정지하고 정전을 요구하는 성명'을 발표하였으나

중공은 이를 무시하였다. 이 시기에 소련은 평양과 서울을 점령하여, 미국이 먼저 정전을 제시하게 압력을 가하는 것이 최선의 방법이라는 생각이었다. 이러한 배경으로 소련과 중공이 반대의사를 제시했으나 인도를 비롯한 13개국은 유엔정치위원회에 '한국전쟁 정전안과 정전3인위원회(Cease-Fire Group 3 Persons)' 설치안을 정식으로 제출하였다. 유엔총회에서 아시아 및 아랍 13개국이 제출한 정전안과 정전3인위원회 설치안이 채택되었고 그에 따라 유엔 정전3인위원회가 설치되었다.[20] 이러한 논의를 거쳐 12월 15일 미 국무부는 유엔 정전3인위원회의 요청에 응하는 형태로 유엔군사령부의 정전조건을 발표하였다. 그러나 중공정부는 12월 21일 방송을 통해 유엔의 회담 제의를 거부하였다. 1951년 1월 중순 이후 유엔군이 반격작전을 개시하면서 전황이 변화하기 시작하였다. 전선의 변화는 정전협정을 유리하게 전개할 수 있었다. 미국은 1951년 5월이 되자 정전에 관한 메시지를 전달하려고 시도하였다. 이를 인지한 중공은 정전에 기울어지는 입장이었다. 그동안 중공군은 공세를 단행했지만 화력의 열세 등으로 인한 한계를 절감하여 군사적 작전으로는 더 이상 목적 달성이 어렵다고 본 것이다. 또한 설상가상으로 1951년 2월 1일의 유엔총회 결의와 중국에 대한 경제적 봉쇄를 취한 1951년 5월 18일의 유엔조치도 중국의 입장에 변화를 주었다. 그러나 북한은 정전을 원하지 않았다. 그렇지만 소련과 중공의 입장을 따를 수밖에 없었다. 그리하여 공산권 조·중·소 대표가 1951년 6월 13일 모스크바에서 회담을 갖고, '38도선의 경계선을 복구하는 조건부 정전이 유익하다.'라는 결론을 도출하였다. 결국 공산측도 정전으로 정책이 변화되고 있었던 것이다. 이렇게 보면 유엔군측과 공산군측 모두가 정전을 원하는 방향으로 흐르고 있었던 것이다. 그러나 한국정부는 정전을 반대하고 있었다. 통일을 위해서는 당연한 것이었지만, 결과적으로 한국만 소외된 상태가 되고 있었다. 1951년 6월 23일 소련의 유엔 수석대표 말리크(Yakov A. Malik)는 '피의 대가'라는 라디오방송프로 연설에서 공식적으로 정전을 제안하였다.[21] 1952년 6월 29일 트루먼 대통령은 국가안전보장회의 결의를 거쳐 합참을 통하여 릿지웨이 유엔군사령관에게 공산측과 직접 정전을 교섭하라는 훈령을 내렸다. 다음날인 1951년 6월 30일 릿지웨이는 서울과 동경의 라디오방송을 통해 정전을 위한 군사회담을 제안하였다. 이때 제안한 회담장소는 원산항에 정박 중인 덴마크 병원선 유틀란디아호(Jutlandia)였다. 그러자 공산측은 7월 1일에 북경방송을 통하여 조선인민군최고사령관 김일성과 중국인민지원군사령관 팽덕회 공동명의로 38도선 상의 개성에서 정전회담이 이루어지기를 원한다고 회신하였다.

---

20) 이란 대표 엔테잠(Entezam, N.)과 인도 대표 라우(Rau, B.), 캐나다 대표 피어슨(Pearson, L. B.)이 유엔 정전3인위원회의 대표로 선임되어 활동하였다.

21) 국방부 군사편찬연구소 역, 2005, 『중국군의 한국전쟁사』, 3권, p.75.

[임진강을 건너 개성으로 향하는 유엔군 대표들] 출처 : 국가기록원

회담은 양측이 화답하면서 일단 이루어질 가능성이 높아졌다. 그러나 공산측은 장소를 개성으로 변경할 것을 제안하였다. 그 당시에 개성은 양측의 점령지는 아니었지만 공산측이 통제에 유리한 위치에 있었다. 이에 대해 릿지웨이는 개성으로 장소를 양보하고 예비회담부터 개최하자고 통보하였다. 이때부터 각종 의제 등을 둘러싸고 밀고 당기는 회담이 2년 여간 진행되었다.

1953년 6월 8일의 포로 송환문제라는 난제를 합의함에 따라 정전협정의 조인은 정해진 수순이었다. 그간에 반공포로 석방이라는 변수도 발생했지만, 그것은 한·미간의 근본적인 불화는 아니었다. 미국은 반공포로 석방 그 자체가 정전에 미칠 영향에 관심이 더 많았었다. 그 이후에도 한국은 여전히 정전을 반대하고 있었다. 이를 해결하기 위하여 미국은 1953년 6월 25일 미 국무부 차관보 로버트슨을 서울로 보낸다. 로버트슨과의 회담에서 이승만은 한국에 대한 경제원조와 한국군 20개 사단 증강 원조, 상호방위조약 체결 즉시 보장 등을 요구하였다. 1953년 7월 중순 이승만 대통령과 미 특사 로버트슨 간의 협의에 따라 한국 정부도 정전을 인정하게 되었다.

미국측의 정전회담 본회의 개최 요구에 따라 회의가 진행되어 조인식은 정전회담 수석대표들 간에 거행하고, 쌍방의 군사지휘관들은 후에 서명을 받기로 합의하였다. 정전

[정전협정 서명 모습]

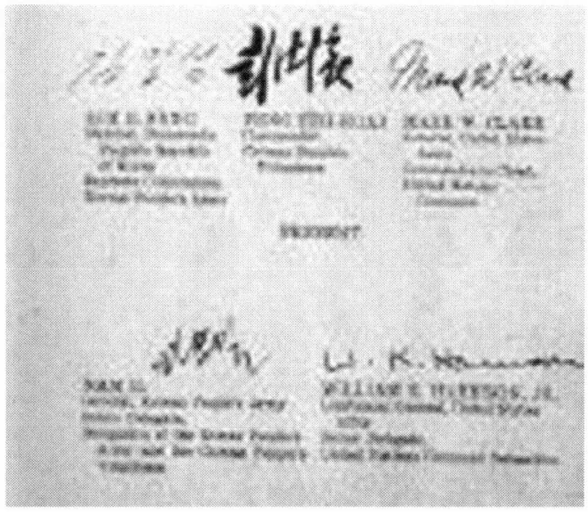

[서명한 정전협정서] 출처 : 국가기록원

일정은 7월 27일 10시에 조인하여 당일 밤 10시에 효력을 발효하기로 합의했다.

1953년 7월 27일 오전 10시 판문점 정전협정 조인장에서 유엔군측 수석대표 해리슨 미 육군 중장과 공산군측 수석대표 남일이 나왔다. 그들은 "국제연합군 총사령관을 一方(일방)으로 하고 조선인민군 최고사령관 및 중국 인민지원군 사령관을 다른 一方(일방)으로 하는 下記(하기)의 서명자들은 쌍방에 막대한 고통과 유혈을 초래한 한국 충돌을 정지시키기 위하여 최후적인 평화적 해결이 달성될 때까지 한국에서의 적대행위와 일체 무장행동의 완전한 정지를 보장하는 정전을 확립할 목적으로 下記(하기) 조항에 기재된 정전조건과 규정을 접수하며, 또한 그 제약과 통제를 받는 데 각자 공동 상호 동의한다.

이 조건과 규정들의 의도는 순전히 군사적 성질에 속하는 것이며, 이는 오직 한국에서의 교전쌍방(交戰 雙方)에만 적용한다."라는 한국어·영문·중문으로 된 전문에 서명하였다.

이로써 정전협정은 기나긴 여정을 마무리 하였다. 이날 판문점에서 정전협정이 조인되고 2시간 후에 이승만 대통령은 유엔군의 정전협정에 동의하며, 통일에 대한 희망을 잃지 말기를 당부하는 대국민 방송을 하였다. 이승만 대통령의 성명과 때를 같이하여 미국 대통령도 성명을 발표하였다. 당일 오후 1시에 유엔군사령관 클라크 대장은 정전협정 확인 서명을 마쳤다. 북한의 김일성은 이날 오후 10시에 평양에서, 팽덕회는 다음 날 서명함으로써 정전 절차는 모두 끝났다. 그러나 끝내 이승만 대통령은 정전협정 서명을 거부했다. 정전협정 조인 후 조문에 따라 전투는 중지되었으나 포격전은 계속되었다. 유엔의 폭격기들은 유엔 감시단이 임무수행을 하기 이전까지 공산군의 제반 전투력을 약화시키기 위하여 북한의 전략 거점에 대한 포격을 계속 실시했다. 그리고 전함들은 원산을 포격하였다. 이날 저녁 10시에 이르러서야 하늘과 땅 그리고 바다의 모든 전선에서 포격은 멈추었다. 마침내 3년 1개월 2일, 1,129일간 계속된 전쟁이 막을 내리고 정전상태에 들어가게 되었다. 정전회담은 1951년 7월 10일에 개시된 이래 25개월이라는 장구한 시일이 걸렸다. 이로써 비무장지대 내의 군사분계선 표지판이 1,291개가 세워지고 155마일 휴전선은 말만 휴선선일뿐 중무장한 양측의 병력에 의해 대치되었다. 장벽을 사이에 두고 천만 이산가족은 서로의 얼굴도 보지 못하는 한을 안고 살아가야만 했다.

3년간에 걸친 전쟁은 전국토를 폐허로 변화시켰고 천문학적인 재산의 손실을 가져왔다. 그러나 그보다 더 큰 손실은 귀중한 인명이었다. 인명 피해는 상대방을 철천지 원수로 여기게 되었다. 형제라는 인식보다는 하늘을 함께할 수 없는 극악무도한 상대로 여기게 된 것이다. 공식적인 통계를 바탕으로 하면 공산측에서 북한군 52만 명, 중공군 90만 명이 목숨을 잃었다. 유엔군은 한국군을 포함하여 18만 명의 희생이 있었다. 희생된 인명은 직접적인 전투에 참가한 군인뿐이 아니었다. 남한지역의 민간인 99만 명이 목숨을 잃거나 부상을 입었다. 또한 전쟁 중에 북한은 8만 5천 명의 남한지역의 각계각층 인사들을 강제로 납치하여 북으로 끌고갔다. 북한에서는 3백만 명 이상의 주민들이 정든 고향을 버리고 심지어는 가족과의 이별도 불사하고 자유를 찾아 남으로 넘어왔다. 실로 엄

'돌아오지 않는 다리'는 군사분계선을 가로지르고 있다. 전쟁 후 이 다리를 통하여 포로교환을 하였다. 그 이후 한번 건너면 다시는 못 돌아온다는 의미로 이러한 명칭이 붙게 되었다.

[분단의 상징 돌아오지 않는 다리] 출처 : 동아일보(1990.1.1.)

청난 피해를 양측이 입었으며 분단이라는 비극을 다시 가져온 것이다. 전쟁의 결과는 이처럼 참담했다. 또한 한반도에는 여전히 이념을 달리하는 두 개의 정부가 전쟁 이전보다 더욱 더 첨예한 대립을 하게 되었다.

CHAPTER

02 제1공화국 이승만 대통령

제 1 절 제1공화국 출범과 굳어지는 경계선

1. 제1공화국 출범

일본으로부터 해방을 맞이하였지만 주권을 가진 완전한 국가로 독립된 것은 아니었다. 해방을 맞이하기 위해 독립투사들의 고귀한 희생과 투쟁이 그 저변에 있었지만, 우리의 해방은 일본이 연합군에 항복함으로써 나타난 결과였음을 부인할 수는 없다. 즉, 제2차 세계대전을 승리로 이끈 미국을 중심으로 한 연합군의 힘에 의해 만들어진 해방이었다.

비극의 시작점은 여기에 있었다. 이 시기의 국제정세는 이념에 따라 급속하게 재편되고 있었다. 제2차 세계대전까지의 미·소는 공동의 적을 마주하고 우군관계에 있었다. 그러나 이제는 그 적을 제거한 상태가 되었다. 적이 없어진 그들에게 둘의 관계는 더 이상 우군으로 존재하지 않았다. 그들은 적이 없어지자마자 각자가 추구하는 이념으로 대립하기 시작하였다. 그들을 따라 세계는 새로운 형태의 적과 우군의 관계로 재편되고 있었던 것이다. 둘의 관계가 우호적이었다면 우리나라의 문제는 그들의 협의에 의해서 한결 쉽게 처리될 수 있었을 것이다. 그러나 일본의 항복과 함께 둘의 관계는 어떠한 협의도 기대하기 힘든 상황으로 전개되고 있었다. 이런 상황에서 1945년 12월 28일 미·영·소 3개국은 모스크바에서 한국의 문제를 협의하게 되었다. 해방은 되었지만 우리의 문제를 우리가 결정할 수 없다는 것을 알게 해 주는 회담이었다. 우리에게는 그럴만한 힘이 없었다. 힘이 없어 나라를 잃었으며, 다시 한번 강대국에 의해 우리의 운명이 결정되는 상황을 맞고 있었던 것이다. 이른바 이를 모스크바 3상회의라고 한다. 많은 국민들은 이 회의에 관심을 집중하였다. 식민통치를 거친 우리의 소원은 완전한 독립이었다. 신탁통치는 원하는 바가 아니었다. 그러므로 남북에 진주한 미국과 소련 그리고 모스크바 3상회의에서 한반도 통치에 관하여 어떤 결과를 제시할지는 대단한 관심이 될 수밖에 없었다. 그러나 3상회의에서는 신탁통치를 결정하였다. 이러한 소식이 국내로 알려지자 김구와 이승만 등의 우익세력은 이를 일제히 반대하였으며, 초기에는 좌익세력도 이를 반대하였다.

모두가 반대하는 결정사항이었다. 그러나 이후에 좌익은 입장을 바꾸게 되었으며, 이것은 좌·우 대립으로 이어지는 결과를 가져왔다. 찬반탁은 이념의 대립양상을 보이기 시작한 것이다. 따라서 좌익과 우익의 정치단체는 대립이 격화되는 계기가 되었다.

1946년 3월 미국과 소련은 모스크바 3상회의 결정을 이행하기 위하여 제1차 미·소공동위원회를 개최하였다. 그러나 양국은 공동위원회의 협의에 참여할 단체의 범위에 대하여 첨예한 입장의 차이를 보이고 있었다. 미국은 신탁통치 반대세력까지 모두 참가를 허용해야 한다는 반면에 소련은 찬탁세력만을 허용해야 한다는 것이었다. 소련의 주장대로

라면 좌익계열의 단체만이 참가대상이 되는 것이었다. 이러한 논쟁은 이견을 좁히지 못하고 공동위원회는 결렬되는 상황을 맞게 되었다. 미·소 공동위원회가 결렬되자 남한에서는 이승만을 중심으로 한 단독정부 수립론이 제기되었다. 이것은 남한만의 정부수립이므로 분단을 의미하였다. 이에 반하여 여운형과 김규식을 비롯한 중도세력들은 남북을 모두 통합하는 정부수립을 위하여 좌·우 합작운동을 전개하기로 하고 7원칙을 발표하였다.[1] 그러나 '신탁통치, 친일파 처리, 토지개혁'에서 좌·우의 입장이 너무 컸다. 또한 이를 이끌던 여운형이 암살되면서 위원회 활동은 중지되고 말았다. 이어서 제2차 미·소공동위원회가 1947년에 열렸으나 이견을 좁히지 못하고 대립하였다. 이런 상황에서 한국의 문제는 유엔에서 다루어야 한다는 주장이 미국으로부터 제기되었다. 한국문제의 유엔 상정은 신탁통치를 더 이상 거론하지 않고 유엔 주도하에 독립정부를 수립한다는 것을 뜻하는 것이었다. 남북한 모두가 이렇게 된다면 가장 이상적인 방법으로 통일된 국가를 이룰 수 있었을 것이다. 미국은 한국이 신탁통치를 거치지 않고 독립하는 방안을 유엔에 제안하였다. 미국의 이러한 제안이 소련의 강력한 반대에도 불구하고 의제로 채택되자 10월 16일 미국은 "남북한이 1948년 3월 31일 이전에 유엔감시 아래 총선거를 실시하여 유엔임시위원단이 선거를 감시하고 정부수립을 감독하여 통일정부 수립 후 모든 외국군은 철수한다."는 요지의 결의안 초안을 제출하였다. 유엔에서 미국측 결의안을 심의하는 동안 소련대표는 "유엔은 한국에 대한 관할권이 없으며 외국군은 통일정부 수립 전에 철수해야 한다."고 주장하면서 점령국은 즉시 군대를 철수시킨다는 대안을 내놓았으나 심의과정에서 채택되지 않았다. 유엔총회는 1947년 11월 14일 미국측 초안을 지지하고 유엔한국임시위원단 설치를 규정한 결의안을 가결하였다. 유엔은 제2차 총회에서 한반도 분단상태의 종식과 통일독립정부의 수립을 위해 1948년 5월 10일 한반도 전역에서 유엔감시 하에 인구비례에 의한 총선거를 실시하기로 결의하고 선거감시임무를 수행할 유엔한국임시위원단을 구성하기로 한 것이다. 이로써 한국문제는 미·소공동위원회의 신탁통치안으로부터 유엔 관리하의 정부수립이라는 방침 아래 다루어지게 되었다.[2]

유엔의 결의에 따라 인도의 메논(K. P. S Menon)을 의장으로 한 유엔한국임시위원단(UN Temporary Commission on Korea)이 설치되어 활동을 시작하였으나 소련의 비협조로 북한지역으로는 들어갈 수 없었고 남한지역에서만 그 활동이 가능하였다. 따라서 유엔한국임시위원단은 정부수립에 관하여 남한의 정치지도자들과 협의할 수밖에 없었다.

---

1) ① 3상회의 결정에 의하여 남북의 좌우합작으로 민주주의 임시정부를 수립 ② 미소공동위원회 속개를 요청하는 공동성명을 발표 ③ 토지는 유조건 몰수 매수하여 농민에게 무상분배, 중요산업 국유화 ④ 친일파 민족반역자를 처리 조례 추진 ⑤ 남북의 정치운동자 석방 및 남북 좌우의 '테러' 중지 ⑥ 입법기구의 기능과 구성과 운영 방안을 좌우합작위원회에서 실시 ⑦ 언론·집회·결사·출판·교통·투표 등 자유 절대 보장 등이었다.

2) 김창진, 앞의 책, pp.73~76 요약정리.

그런데 당시 남한 정치지도자들도 이승만을 중심으로 하는 단독정부수립 지지세력과 김구·김규식을 중심으로 하는 남북협상을 통한 통일정부수립 지지세력으로 크게 나누어져 정부수립 방안에 대한 정견을 달리하였다. 이에 유엔한국임시위원단은 다음과 같은 네 가지 방안을 만들어 유엔이 실행할 방안을 선택해 줄 것을 유엔 소총회에 요청하였다. ① 총선거는 가능한 지역인 남한에서만 추진한다. ② 협의대상이 될 수 있는 인민대표를 선출하는 선거를 실시한다. ③ 한국의 민족적 독립을 위한 남북한 지도자회담 같은 다른 가능성을 탐구하며, 최소한도로 그것을 주시한다. ④ 유엔 한국임시위원단의 업무수행을 중단하고 총회에서 문제를 처리한다는 것 등이었다. 그 중의 한 가지 방안으로 제시한 ① 방안이 유엔에서 채택되었다. 1948년 2월 26일 유엔 소총회는 채택된 안의 실행을 위하여 1948년 3월 18일부로 과도입법의원이 제정한 5월 10일 총선거실시법이 미군정청에 의해 공포되었다. 이 법은 인구비례에 따라 북한지역에 100석의 의석을 할당하고 있으며, 유엔 한국임시위원단의 감시 아래 선거가 가능한 지역인 남한에서만 5월 10일 선거를 실시하였다. 국회선거위원회는 등록 결과 총유권자 877만 1,126명 중 805만 5,295명이 등록함으로써 91.8%라는 높은 등록률을 기록하였다고 발표하였다.[3] 입후보자 등록 역시 4월 16일에 마감되었다. 그 결과 200개 선거구에 총 948명의 후보자들이 입후보하였다. 소속정당과 단체별로 보면, 대한독립촉성국민회 235명, 한국민주당 91명, 대동청년단 87명, 민족청년단 20명 등의 순이었고, 무소속이 417명을 차지하였다. 단체별 인원에서 보듯이 입후보자의 주류는 이승만의 대한독립촉성회와 한민당, 우익 청년단체 등이었다. 무소속의 다수는 역시 우파세력이었다.[4] 5·10 선거에서 198명의 제헌국회의원이 선출되었다.[5] 남한에서만 유엔 감시 하의 선거로 정부가 구성된 것이다. 즉, 분단은 엄연한 현실로 다가온 것이다.

제헌국회는 5월 31일 개원되어 초대의장으로 이승만을 선출하였다. 그리고 7월 17일에는 전문 10장 103조의 헌법과 12개 행정부서를 둔 정부조직법이 법률 제1호로서 공포되었다. 제헌국회는 헌법 제4조에서 '대한민국의 영토는 한반도와 그 부속도서로 한다.'라고 규정하였다. 헌법전문에는 '유구한 역사와 전통에 빛나는 우리 대한민국은 기미 3·1 운동으로 대한민국을 건립하여 세계에 선포한 위대한 독립정신을 계승하여 이제 민주독립국가를 재건함에……'라고 선언하여 대한민국 임시정부의 독립정신을 계승하였음을 명시하고 민족사의 정통성을 부여하였다. 이 헌법에 근거하여 우리나라는 1948년 7월

3) 경향신문, 「등록에서 투표에 5월 10일」, 1948.4.14.

4) 중앙선거관리위원회, 『대한민국선거사』, 1964, p.383.

5) 선거구는 소선거구제와 법정선거구 획정주의를 채택하였다. 이는 각 선거구마다 1인의 국회의원을 선거하는 제도였다. 인구 15만 미만은 1개구, 25만 미만은 2개구, 35만 미만을 4개구로 하여 모두 200개의 선거구를 확정하였다. 이때 제주도의 2개의 선거구는 선거를 치르지 못한 상태였으므로 198명이었다.

1948년 5월 10일 선거가 가능한 남한에서만 국회의원 선거가 실시되었다. 198명의 의원이 선출되었으며 제주도는 다음 해에 2명의 의원을 선출하였다.

[제헌국회의원 총선거] 출처 : 대한민국 국회 60년사, p.49.

20일 대통령 선거를 실시하고 대통령에 이승만, 부통령에 이시영을 선출하였다. 그리고 8월 15일 대한민국의 정부수립을 내외에 선포하였다. 유엔한국임시위원단은 유엔총회에 이를 보고하고, 파리유엔총회에서는 1948년 12월 12일 대한민국이 한국에 있어서의 유일한 합법정부임을 선언하는 다음 요지의 결의안을 승인하였다.

"유엔 한국임시위원단의 감시와 협의가 가능했으며 또한 전 한국인의 대다수가 거주하고 있는 지역에 효과적인 통치권을 보유하는 합법적인 대한민국 정부가 수립되었다. 이 정부는 임시위원단의 감시 아래 한국의 해당지역 선거권자의 유효한 자유의사 표시에 근거를 두었다. 따라서 이 정부는 한국에서 유일한 합법정부이다."

드디어 8월 15일 대한민국의 정부를 수립하여, 이를 유엔으로부터 승인받게 된 것이다.

구한말부터 시작하여 일제강점기, 미·소의 분할점령 통치시기를 거치면서 우리 민족이 줄기차게 추구해 온 근대적 자주독립국가 건설의 여망이 비록 절반이지만 결실을 맺는 순간이었다. 신생정부는 최초의 보통·평등선거를 통해 대내적 정당성을 확보한 동시에 유엔이라는 국제사회의 승인을 통해 대외적 정당성을 갖추고 있었다. 또한 최소한 법적·제도적 수준에서는 근대적인 입헌국가, 대의제 민주주의국가를 성립하는 데 성공하였다.

그러나 분단된 상태의 남북의 두 정권은 서로를 '외세의 괴뢰'라고 비난하면서 상대방의 절멸을 통한 '통일'을 지향하고 있었다. 분단이 남긴 내부의 상흔은 깊어만 갔다. 분단체제 속에서 반공이념의 신봉은 자유민주주의의 기본가치를 심하게 제약 당했으며, 남과

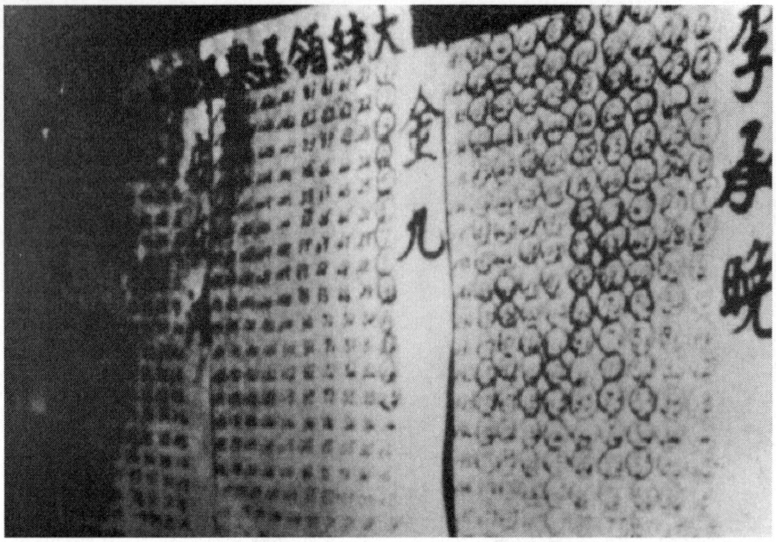

1948년 7월 20일 대통령 선거가 무기명 투표로 실시되었다. 개표결과는 이승만 180표, 김구 13표, 안재홍 2표, 서재필 1표로 이승만 국회의장이 대통령으로 선출되었다. 민족지도자 김구는 남한만의 단독정부수립 과정에 참여하지 않았다. 그는 대통령선거에도 출마하지 않겠다고 하였으나 추천에 의하여 후보가 되고 만 것이었다.

[초대 대통령선거] 출처 : 대한민국 국회 60년사, p.50.

북은 형제이기를 스스로 거부하였다. 또한 정부수립 과정에서 민족의 독립을 위하여 생명을 바친 진정한 애국애족의 세력들이 배제당한 반면 일제의 주구 노릇을 했던 친일파는 대거 기용되었다. 광복 직후의 일반적인 국민의 바람은 친일파를 처벌하여 민족정기와 사회정의를 바로 세우자는 것이었다. 그러나 미 군정의 친일관료 유지 정책으로 즉각적인 친일청산은 이루어지지 않았다. 신생독립국으로서 친일파 척결을 통하여 민족정기를 확립하고 국민통합을 이루어야 할 과제는 어려울 것이라는 예상을 충분히 가능하게 해 주었다. 제헌국회가 들어서자 국민의 여망에 따라 '반민족행위특별조사위원회(반민특위)'가 설치되어 활동을 하였다. 그러나 대통령에 당선된 이승만은 이를 적극 지원하지 않았다. 반민특위 활동에 비협조로 일관하여 결국 친일파 청산은 좌절되어 오늘에 이르고 있다. 바로세우지 못한 역사로 인하여 현재까지도 친일파 후손들이 호의호식하는 광경을 힘없는 국민은 지켜보고만 있어야 하는 현실이 되었다. 친일파의 득세에 수많은 국민은 분노해야 했다. 그러면 북한의 정권수립 과정을 살펴보면서 38도선이 굳어지는 과정을 살펴보기로 하겠다.

庚戌국치 주역 李完用땅 되찾기 訴訟

증손이 3件 승소

訟事10件 벌여…高陽市2萬坪등 5件은 계류

작년5월 加서귀국…협박 잇따르자 종적감춰

李完用 증손 光勳씨

경술국치의 주역 이완용의 후손이 '땅 되찾기'소송에서 3건을 승소했다는 기사이다. 증손은 모두 10건에 달하는 소송을 제기한 것으로 당시에 보도하고 있다.

[이완용 증손 '땅 찾기' 승소] 출처 : 동아일보(1992.8.29.)

2. 굳어지는 경계선

앞에서 살펴본 바와 같이 유엔은 제2차 총회에서 1948년 5월 10일 한반도 전역에서 유엔 감시 하에 인구비례에 의한 총선거를 실시하기로 결의하였다. 이렇게 하여 총선거를 실시했다면 한반도는 온전한 독립국가로 탄생할 수 있었다. 통일이라는 용어는 그리 큰 이슈가 되지 못했을 것이다. 그것은 북위 38도선을 경계로 미국과 소련에 의한 남북 점령의 상태를 종식하고 통일독립정부를 수립하는 것을 의미하기 때문이다. 그러나 북한지역의 소련군 점령당국은 유엔한국임시위원단의 북한지역출입을 거부하였다. 소련의 이러한 조치는 전체 한반도를 대상으로 한 선거 실시를 불가능하게 만들었다. 부득이 남한지역에서만 선거를 치르게 되었다. 이것은 분단을 의미하는 것이다. 이로써 한반도의 비극은 시작되고 있었다. 남북한 각각의 정권수립은 분단의 고착으로 이어졌다. 여기에서는 북한의 정권수립 과정을 살펴보기로 한다.

일본이 패망하고 소련군이 주둔하기까지의 북한은, 8월 17일에 조만식을 위원장으로 하는 평남 건국준비위원회와 현준혁을 중심으로 하는 조선공산당 평남지구위원회의 출범과 함께 하였다. 그러나 이들의 활동은 제한을 받게 되었다. 그것은 북한에 군대를 진주시킨 소련에 의해서 통제되었다. 8월 하순 북한지역에 진주한 소련군은 각 도의 행정권을 접수하여 각 도별로 형성하고 있는 인민위원회에 이양하는 군정을 시행하고 있었다.

일본군 항복식에는 조만식, 치스차코프 대장, 일본군 사령관 쇼지 후루카와 중장이 참석하였다. 당시에 소련은 조만식을 '북한 유일지도자'로 판단한 듯하다.

[일본 항복식 받는 조만식] 출처 : 경향신문(1992.10.2.)

간접통치 방식을 택한 것이다. 따라서 위와 같은 조직들은 정비되어 북조선 5도의 인민위원회에 장악되게 되었다.

초기의 소련 군정당국은 원활한 군정을 위하여 조만식 등을 비롯한 민족지도자들의 명망을 이용하였다. 따라서 1945년 8월 18일 거행된 북한지역에서의 일본군 항복조인식에 조만식이 참가하기도 하였다. 또한 조만식이 위원장인 평남 건국준비위원회를 승인하여 한국인에 의해 통치권이 행사하는 것처럼 보이게 한 것이다.

그러나 스탈린의 북한지역에 대한 군정의 목적은 한반도에서의 통일된 국가를 수립하는 것이 아니었다. 그것은 소련에 추종할 정권을 수립하는 것이었다. 초기 북한체제는 김일성을 비롯한 '88특별여단' 출신들을 중심으로 이루어졌다.[6] 소련 군정당국은 인민위원회의 민족지도자를 시간이 지남에 따라 점차 배제하기 시작하였다. 어느 정도의 작업이 완료되자 소련 군정은 10월 14일에 평양에서 군중대회를 열고 김일성을 북한 주민 앞에 내세웠다. 김일성은 이 자리에서 다음과 같은 연설을 하였다

> "힘 있는 사람은 힘으로, 지식 있는 사람은 지식으로, 돈 있는 사람은 돈으로 건국사업에 적극 이바지하여야 하며 참으로 나라를 사랑하고 민족을 사랑하고 민주를 사랑하는 전민족이 굳게 단결하여 민주주의 자주독립국를 건설해 나가야 하겠습니다."[7]

김일성은 본명이 김성주였으나 1935년에 김일성으로 개명하였고, 1936년 5월에 '조국광복회'를 조직하기도 하는 등 항일투쟁의 경력이 있었다. 따라서 소련의 입장에서 이러

6) 통일교육원, 『2018 북한이해』, 2018, p.27.

7) 경향신문, 『김일성 어록』, 1994.7.10.

김일성의 항일투쟁 경력은 소련으로 하여금 북한의 지도자로 세울 수 있는 좋은 명분이 될 수 있었을 것이다. 사진은 1930년대 만주에서 빨치산 활동을 하던 김일성이 동료들과 함께한 모습이다.

[김일성 빨치산 시절] 출처 : 경향신문(1994.7.10.)

한 경력을 가진 김일성을 대중 앞에 세웠을 때의 유리한 점을 충분히 계산했을 것이다.[8] 이어서 김일성은 12월 중순에 북조선 공산당 책임비서로 선정되면서 북한의 최고지도자로 부상하였다. 소련 군정당국은 불과 4개월 만에 김일성을 정점으로 하는 지도체계를 구축하는 신속함을 보이고 있었다. 이어서 1946년 2월 8일에는 북조선임시인민위원회를 구성하여 사회주의를 구축하기 위한 토대를 구축하였다. 또한 소련의 각본에 따라 김일성은 북한주민들로부터 신뢰를 얻을 수 있는 정책을 추진하였다. 북한은 점차 시간이 지남에 따라 소련의 위성국으로 가고 있었다.

대표적인 조치가 1946년 3월에 발표한 '토지개혁'이었다. 지주들의 토지를 몰수하고 이를 농민들에게 분배해 주었다. 토지가 없이 소작으로 근근이 생활하던 농민들은 환호하였고 공산주의에 대한 환상을 심어주기에 부족함이 없었다. 이어서 주요산업과 각종 자원을 국유화한다는 조치를 발표하였다. 이러한 과정을 거치면서 소련 군정당국과 북한의 김일성은 사회주의 체제의 기초를 다져나갔다. 또한 친일파를 축출하기도 하였다.

1946년 11월에는 북한 전역을 대상으로 인민위원회 선거를 실시하여 시·군·면 단위의 인민위원회 위원을 선출하였다. 1947년 2월 17일에는 북조선임시인민위원회를 북조선인민위원회로 개편하고 헌법초안을 작성하였다. 이러한 조치는 미·소공동위원회가 결렬되

8) 통일부, 『2018 북한주요인사 인물정보』, p.721.

는 등 반탁운동이 전개되자 북한지역을 위성국화하려는 의도에서 출발한 것으로 볼 수 있다. 1947년 11월 14일 유엔총회에서 한국문제에 대하여 '유엔 감시 하의 정부수립'을 주요내용으로 하는 결의안이 통과되었다. 그러자 소련 군정당국은 북한지역으로의 유엔 감시단 출입을 금지하여, 남한만의 총선거를 실시할 수밖에 없는 상황을 만들었다. 또한 1948년 2월 8일에 소련의 도움으로 '조선인민군[9]'을 창설하여 정권수립과 북한 통치에 필요한 무력마저 갖추게 되었다. 1948년 5월 1일 북조선인민위원회는 남한에서의 5월 10일 총선거에 맞춰 인민헌법[10]을 통과시켰다. 그리고 7월에 헌법에 근거하여 최고인민회의 선거 실시를 발표하고, 8월 25일에는 북한 전역에서 최고인민회의 대의원 선거를 실시할 것을 공표하였다. 이에 따라 북한의 212개 선거구에서 공산주의 방식에 의한 흑색투표로 선거를 마쳤다. 드디어 1948년 9월 9일에 '조선민주주의 인민공화국'의 수립을 일방적으로 발표하였다. 소련군 점령당국의 비호를 받고 있던 김일성이 이끄는 공산주의자들에 의해 정권이 수립된 것이다. 이로써 남북한 사이에 거대한 장벽이 설치된 것이다.

북한은 이를 '9·9절'이라 부른다.[11] 공산주의 정권이 수립되게 된 근원은 북한지역에 대한 소련군의 점령이었으며, 일본군 무장해제를 명분으로 두 강대국이 한반도를 분할하여 점령하고 있었던 것이 직접적인 배경이었다. 정권수립을 발표한 이날 김일성은 북조선인민회위원장에서 조선민주주의인민공화국 초대 내각수상으로 선출되었다. 또한 그가 임명한 내각은 최고인민위원회의 승인을 받았다. 정권 수립 후 9월 11일 김일성은 최고인민회의에서 "북한은 남·북조선 총의로 수립되었으며, 단일 민주주의 국가와 조국통일 과업을 제1차 목표로 삼는다."고 밝혔다. 또한 대한민국의 법률은 무효이며 위법임을 선언하여 대한민국의 존재를 인정하지 않았다. 그 후 소련은 1948년 10월 12일 이를 공식 승인한다고 하면서, 10월 18일에 북한대사를 임명하였다. 소련이 이러한 절차를 보이자 다른 공산국가들도 북한정권을 승인하는 등의 조치를 취하였다. 1948년 12월 12일 유엔총회에서 한국을 합법정부로 승인하였다. 이날 소련은 북한정권을 승인하라는 제안을 하였으나 압도적인 표차로 부결되었다.[12] 한편 몽골은 1948년 10월 13일, 폴란드는 15일에 북한을 승인한다고 발표하였다.[13] 이처럼 한반도는 정반대의 이념을 가진 두 정부가 서로의 합법적인 정통성을 내세우며 본격적인 대립을 예고하고 있었다. 전쟁과 식민지배

---

9) 북한은 1978년부터 '조선인민군 창건일'을 1948년 2월 8일에서 항일유격대 창건일인 1932년 4월 25일로 변경하여 기념해오다 2018년 1월 22일 노동당중앙위 정치국 결정에 따라 다시 2월 8일로 변경하고 2018년 2월 8일 조선인민군 창건 70주년 열병식을 거행하였다.

10) 인민헌법의 핵심은 '서울을 수도라고 하는 등 북한이 한반도를 대표하는 합법정부'라는 것이다.

11) 정권수립일인 '9·9절'은 북한에서 김일성 생일, 김정일 생일, 당창건 기념일 등과 함께 4대 명절 중의 하나이다.

12) 경향신문, 「세계만방 대한민국 공동 승인」, 1948.12.14.

13) 경향신문, 「몽고 인공국도 북한정권 승인」, 1948.10.19.

의 책임이 있는 일본은 멀쩡한 채 힘없는 신생독립국은 절반의 독립만을 맞이한 것이다.

남한에서의 총선거가 치러지면서 단독정부가 수립될 조짐을 보이자 북한은 다소 치졸한 방식까지 벌이며 분단의 벽을 높이고 있었다. 당시의 전력발전소는 대부분이 북한에 위치하고 있었으며 남한은 전력수요량의 대부분을 북한지역의 발전소에 의지하고 있었다. 1948년 5월 14일 북한은 느닷없이 송전을 중단하였다. 이로 인해 남한지역에서는 방송이 중단되고 가로등이 꺼지는 등 혼란이 발생하기도 하였다. 이처럼 시간이 흐르면서 서로간의 담장 높이는 높아지고 있었다.

北朝鮮, 及其也送電을 끊다
交涉電話中 "딱!"
斷電時間은 14日正午
便저한急性
"自力發

[**북조선 송전 중단**] 출처 : 경향신문(1948.5.15.)

1948년 5월 15일 신문에서 '북조선, 급기야 송전을 끊다.'라는 제목으로 송전 중단 사태를 보도하고 있다. 이에 대한 자극으로 남한에서는 발전소 건설에 착수하여 1949년에 목포에 중유발전소가 완공되기도 하였다. 정부수립 후 지어진 최초의 발전소였다.

제 2 절 정부수립 초기의 정세

1. 국제정세

제2차 세계대전에서 승리를 거머쥔 연합국들은 공동의 적이 소멸됨에 따라 이번에는 이념에 따라 양분되는 상황으로 변하였다. 민주주의를 표방하는 미국을 중심으로 한 진영과 공산주의를 내세우는 소련을 중심으로 재편되고 있었다. 한반도와 국경을 마주하며 역사적으로 긴밀한 관계에 있었던 중국은 내전에 돌입하였다. 중국은 일본의 패망이 짙어지자 그동안 일본에 대항하기 위해 공동전선을 구축했던 국민당과 공산당이 대륙에서의 주도권을 장악하기 위한 싸움에 돌입한 것이다. 1946년 7월 12일 장개석의 국민당 정부는 모택동의 공산당에 대해서 토벌을 선언하였다. 이로써 3년을 걸친 국공내전의 막이 오른 것이다.[14] 중국의 국민당과 공산당 역시 일본이라는 공동의 적이 사라지자 곧바로 적대관계로 전환된 것이다. 미국의 지원을 받는 국민당과 노동자와 농민의 지지를 받는 공산당과의 내전이었다. 공산당이 1949년 1월 31일 북경을 함락시키자 국민당의 장개석은 대만으로 본거지를 옮기게 되었으며, 중국대륙의 공산화는 정해진 수순에 불과하였다. 그해 10월 1일 모택동은 천안문광장에서 중화인민공화국을 수립하고 이를 선포하였다. 이로써 중국대륙은 공산화가 된 것이다. 중국에서 공산당의 승리는 동북아 정세는 물론이고 세계의 역학관계 변화를 예고하고 있는 대사건이었다. 특히 한반도의 운명을 예고하는 작업은 이 시기부터 시작되었다. 1949년 4월 조중회담에 따라 한국인으로 구성된 중공군 제166사단, 제164사단, 중공군 독립 제15사단과 중국 각지의 한인의용군 약 5만 여명이 1949년 7월부터 1950년 5월까지 북한지역으로 입북하였다.[15] 이 부대들은 6·25 전쟁에서 북한군의 주력부대로 참전하였다. 국공내전을 통하여 갈고 닦은 풍부한 전투경험을 바탕으로 파죽지세로 남하할 수 있었던 원동력이 된 것이다. 이처럼 제2차 세계대전이 끝나자마자 중국대륙은 국공내전을 거치면서 미국의 지원을 받는 국민당을 몰아내고 공산주의를 이념으로 하는 국가로 변화한 것이다. 중국대륙의 공산화는 한반도뿐 아니라 동북아시아 지역의 정세에 미칠 영향을 예고하고 있었다. 또한 이 시기에 소련은 핵무기 개발에 성공하여 미국과 절대적인 무기에서 동등한 위치를 차지하였다. 동구권을 중심으로 소련을 종주국으로 하는 공산주의 정권의 잇단 수립은 미국으로 하여

---

14) 국공내전은 1차와 2차로 구분한다. 제1차는 1927년부터 1936년까지 전개되었다. 그러나 국공합작으로 중지되었으며, 제2차는 1946년부터 1949년까지이다.

15) 중공군 제164사단(김창덕)은 북한군 제5사단으로, 제166사단(방호산)은 북한군 제6사단으로, 제15사단(전우)은 북한군 제12사단의 모체 역할을 하였다. 출처 : 국방군사연구소, 『한국전쟁 상』, p.31.

금 봉쇄정책으로 맞서게 하였다. 이러한 정세의 변화는 미국의 중요한 정책변화를 요구하기에 충분하였다. 소련의 팽창정책에 맞설 봉쇄정책이 가시화되는 계기를 가져온 것이다. 동구권에서 세력을 확장한 소련은 한반도 북부를 공산화함으로써 태평양 진출의 교두보를 마련한 것이나 다름없어 보였다. 따라서 미국은 패망 일본을 언제까지나 전범국으로 묶어 둘 수는 없게 만들었다. 대표적인 예가 1950년에 미 국무장관 애치슨이 발표한 일명 '애치슨라인'이다.

미국의 태평양 방위선을 알류산 열도–일본–오키나와–필리핀을 연결하는 선으로 정하였다. 이러한 사실은 일본의 중요성을 선포한 것이나 다름없었다. 일본이 미국의 절대적인 우방으로 발전될 것이라는 사실을 예고하는 것이었다. 그 후의 6·25 전쟁은 중국대륙의 공산화가 한반도에 미치는 영향을 더욱 실감시켜 주었다. 결과적으로 우리는 거대한 공산주의 세력과 마주하게 되는 정세를 맞이한 것이다. 곧 바로 지척에서는 소련의 비호를 받는 북한이 정권을 수립하여 '조선민주주의인민공화국'을 선포하여 대치를 예고하고 있었으며, 그 배후에는 소련과 중국이라는 강국이 버티는 형국으로 동북아 질서는 가닥을 잡아가고 있었다. 그리고 미국의 입장으로 볼 때 소련의 팽창을 저지하기 위해서는 일본의 전략적 중요성을 한 층 높게 평가할 수밖에 없는 변화로 이어지고 있었다. 그리고 6·25 전쟁이 한창이던 1951년 9월에 일본과 연합국 사이에는 평화조약이 체결되었다. 주된 내용은 연합군에 의한 군정을 종료하고 일본의 주권을 회복시켜 준다는 것이었다.

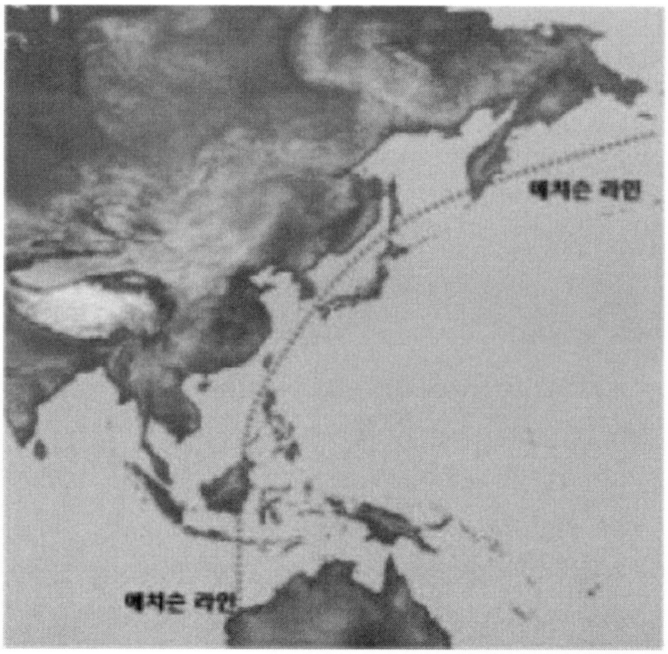

6·25 전쟁 원인의 하나로 우리나라가 애치슨라인에서 제외된 것을 꼽기도 한다. 애치슨라인은 미 국무장관 애치슨이 미국의 태평양지역 방위선을 발표한 것을 말한다. 사진에서 보듯이 우리나라는 여기에서 제외되어 있다. 즉, 소련과 북한의 입장에서는 이러한 미국의 정책변화에 대하여, 미국이 한국을 완전히 포기한 것으로 판단하게 만들었다는 것이다.

[애치슨라인] 출처 : 『2012 국방백서』, p.268.

굳건한 미일동맹의 시작이었다. 여기에서 우리나라와 관련된 사항은 '일본은 한국의 독립을 인정하고, 제주도, 거문도, 울릉도를 포함한 한반도와 그 부속도서에 대한 모든 권리·자격·영유권을 포기한다.'였다. 이를 근거로 독도에 대한 지배권은 포기하지 않았으며 자신들의 영역이라고 주장하고 있다. 전쟁은 전범국에 다시 한번 기회를 주었으며 동북아 정세에 큰 영향을 주었다. 그 배경에는 중국대륙의 공산화 등 국제정세의 변화가 자리 잡고 있었다.

2. 혼돈의 국내상황

해방과 함께 분단의 현실이 눈앞에 다가왔다. 남한만의 정부수립은 분단을 기정사실화하는 것이었다. 이를 안타까워하고 있던 김구와 김규식은 통일정부를 수립하기 위하여 김일성에게 '남북한 정치지도자 회담(남북협상)'을 제안하였으며, 1948년 4월, 평양에서 열린 남북협상에 참가하였다. 남북협상에서 '단독정부수립 반대, 미·소의 양군 철수' 등을 주장하는 결의문이 채택되기도 했으나, 남북에 각각의 정부가 수립하면서 실패하고 말았다. 남북협상을 위해 북한을 방문한 인사 중에는 약산 김원봉이 있었다.

김원봉은 무력항일노선을 걸어 온 인물이었다. 그는 의열단을 창설하여 밀양경찰서 폭탄투척사건, 조선총독부 폭탄투척사건, 일본의 주요인사 저격사건 등을 주도하면서 항일운동에 새로운 활력을 불러일으켰다. 1938년 10월에는 조선의용대를 창설하기도 하였으며, 임시정부에서는 광복군 부사령관, 군무부장 등의 직책을 역임하였다. 그의 명성은 일제가 가장 많은 현상금을 걸고 있었던 것만 보아도 짐작할 수 있다. 이처럼 화려한 항일

약산은 월북하던 시기에 군무부장 시절의 비서에게 편지 한통을 보냈다. "북조선을 그리 가고 싶지 않지만 남한의 정세가 너무나 나쁘고, 심지어 나를 위협하여 살 수가 없구나."라는 구절이 있었다. 항일영웅이 받은 대우를 알게 해 주는 안타까운 대목이기도 하며, 월북동기를 짐작하게 해 준다.

[조선의용대 선전영상의 약산 김원봉]

투쟁의 전력을 가진 그가 남북협상에 참가하기 위해 입북한 후 내려오지 않았다. 그는 탁월한 항일투쟁의 공적에도 불구하고 남으로부터는 월북자로 버림받았다. 북에서는 국가검열상, 노동상과 최고인민회의 부위원장 등의 고위직을 거치기도 했으나 1958년에 김일성에 의해 숙청되었다. 그는 남과 북의 모두에게 버림받은 비운의 항일투쟁가이자 정치가였다.

그의 월북원인을 친일파의 탄압으로 보기도 한다. 실제로 김원봉은 민족반역자이자 친일경찰이었던 미군정청 소속의 노덕술에게 해방 후의 조국에서 체포되어 압송되는 치욕을 겪기도 하였다. 이 시기는 미군정 시대였으며 이들은 일제의 행정조직과 친일파들을 재등용하고 있었다. 이처럼 해방 후의 조국은 정의가 실현되지 않는 혼돈의 현장이었다. 정부수립 이후에도 정국은 안정되지 않고 혼돈을 거듭하고 있었다. 당시 국민의 열망은 반민족행위자를 처단하여 민족의 정기를 확립하는 것이었다. 따라서 제헌국회는 '반민족행위처벌특별법'을 제정하여 일제잔재 청산을 도모하였다. 1948년 10월 1일 '반민족행위특별조사위원회(반민특위)'를 구성하고, 11월 25일에는 반민특위의 하부기관 설치를 위한 '반민족행위특별조사기관조직법'을 제정하였다. 반민특위는 중앙사무국을 두고 각 도에 조사부를 설치하여 활동을 시작하였다. 그러나 이승만 대통령은 친일파 경찰간부들이 체포될 단계에 이르자, 1949년 6월 6일 경찰을 동원해 반민특위 사무소를 포위하고 특위소속 특경대를 강제해산 시켰다. 이에 반민특위 조사위원들이 1949년 7월 7일 총사직하는 등 진통을 겪다가 8월 13일 공소기간이 만료됨에 따라 반민족행위자 처벌은 무산되고 말았다.[16] 반민특위는 1949년 1월 8일부터 8월 31일까지 활동을 벌였다. 일제에 비행기까지 헌납하면서 친일활동을 한 화신백화점 사장 박흥식을 구속하는 등 모두 221명을 기소했다. 구속자 중에는 독립운동가를 혹독하게 고문한 것으로 유명한 노덕술 고등계 형사와 민족지도자였으나 도중에 변절한 이광수, 최남선, 최린 등도 포함되어 있었다. 그러나 친일세력의 집중견제를 받아 와해되면서 1950년 봄까지 실형 선고자 7명을 포함하여 모든 친일행위 관련자가 풀려났다.[17] 일제강점기 시절에 민족을 배신한 친일파들이 단 한명도 처벌받지 않은 것이다. 이것은 대다수 국민의 열망과는 너무나 거리가 먼 결과였다. 이렇게 된 원인은 자신의 정권유지에만 혈안이 되어 있던 위정자가 배후에 있었기 때문으로 풀이된다. 반민특위가 와해되는 도중의 1949년 3월에는 국회 프락치 사건이 발생하였다.

이 사건은 제헌국회 내에서 민족자결주의라는 이름 아래 북한의 주장과 상통하는 주장을 한 혐의로 당시 국회부의장 김약수 등 13명의 국회의원과 좌익계 인사들을 국가보안법

16) 대한민국 국회, 『국회역사』에서 요약 정리.

17) 동아일보, 「10대 의혹사건 진실은 어디에」, 1998.8.3.

위반으로 1949년 4월 말부터 8월 중순까지 3차에 걸쳐 검거, 기소한 사건을 말한다.[18)]

정부는 여순사건 등의 군내반란사건을 거치면서 모든 좌익활동을 금지하고 반공주의 노선을 굳건히 할 목적으로 국가보안법[19)]을 마련하여 공포하였다. 그러나 국가보안법에는 일제시대의 치안유지법을 방불케 하는 독소적인 조항이 많다는 반발이 많이 있었으며, 이에 대해 공개적으로 이의를 제기하는 국회의원들도 있었다. 이즈음에 북한의 지령을 받는 남노당은 국가보안법 제정으로 인하여 남한 내에서의 활동에 제약을 받고 있었다. 따라서 이를 타개하고자 남노당 조직을 이용하여 통일전선전술을 강화하고 있었다. 이런 상황에서 국회 부의장 김약수를 비롯한 일부 혁신인사들이 북한이 주장하는 '7원칙'[20)]과 상통하는 주장을 하였던 것이다. 이런 호기를 이승만이 포착하였다. 이에 이승만은 검찰 대신 군헌병대에 이 사건의 수사를 맡겨 6월 19일 헌병사령부에 국회 프락치사건 특별수사본부를 설치하여 관련자 13명을 검거하였으며, 재판에 넘겨진 이들은 국가보안법에 따라 최고 징역 12년형 등을 선고받았다. 그러나 이 사건은 2심 계류 중 6·25 전쟁을 맞게 되었고 수감자들은 전쟁 중 월북하거나 자취를 감추었다. 국회 프락치사건은 제헌국회 내의 일부 좌익의원들의 사회주의적 활동과 이들을 대상으로 한 북한의 통일전선전술이 결합돼 일어난 사건이라고도 볼 수 있다. 반면 국회 프락치사건의 기저에는 지지기반 확충전략을 모색하던 이승만 대통령이 의회 내 좌익세력을 숙청하여 자신의 입지를 강화하려 한 의도가 숨어 있었다는 평가도 함께 존재하고 있다. 국회 프락치사건은 단독정부 수립 이후 강화되고 있었던 남한 내 반공분위기 속에서 자신의 정치적 입지를 구축하려는 이승만의 의도에 부합되게 정치권의 반대세력을 제압한 사건으로 보는 시각이 많다는 것이다. 이렇게 보는 이유로는 프락치사건으로 기소된 소장파 의원들은 공교롭게도 반민족행위처벌법 시행에 강경한 입장을 보인 의원들이었다. 따라서 좌익세력을 완전히 일소한다는 명분으로 의원들을 제압한 사건이라는 평가가 뒤따르고 있는 것이다. 여기에 북한이 조직적으로 개입했다는 증거들을 수사당국이 제시되면서 남북한 간의 이념적·정치적 단절을 더욱 크게 만드는 계기가 되었다. 국회 프락치사건은 피해자들이 모두 납북되거나 사망하는 등 자취를 감추게 되어 더 이상 정확한 진실을 알 수 없게 되고 말았다. 혼란한 정국에서 발생한 의혹만이 남은 사건이 되고 만 것이다.

또한 군부대 내에서의 항명사건과 반란사건이 연이어 발생하였다. 제주도의 4·3 사건, 여순사건과 관련되어 있는 군부대의 반란사건 등이 있었으며 집단으로 월북하는 사건이

18) 국회, 「국회보(2003년 7월 호)」, '국회프락치 사건 -북한의 공작인가, 의도된 숙청인가'에서 요약정리.

19) 1948년 12월 1일에 제정되었다. 그 동안 여러 번 개정이 있었으며 철폐를 주장하기도 하는 등 현재도 논란이 되고 있다.

20) 외국군 완전 철수, 남북한의 정치범 석방, 남북한 정당단체 대표 정치회의 구성, 보통선거에 의한 입기관 구성, 최고입법기관을 통한 헌법과 정부수립, 반민족자 처벌, 조국방위군의 재편성 등을 말한다.

'국회 남노 프락치사건 어제 첫 공판을 개정'이라는 제목으로 보도한 기사이다. 기사에서는 '복잡한 피고표정'을 전하며, 피고인들은 인정신문에서 남노당 가입에 대해서 부인하고 있다고 보도하였다. 기소된 의원들은 소장파 의원들이었으며 반민특위에 의욕을 보이고 있었다. 이 사건은 반민특위가 이승만의 압력에 의해 와해되는 기간에 발생하여 의혹이 더 증폭된 사건이었다.

[국회 남노 프락치 사건 첫 공판] 출처 : 동아일보(1949.11.18.)

발생하기도 하였다.[21] 광복이 된 후의 국내 상황은 환희와 함께 혼란의 연속이었다. 무엇보다도 이념의 갈등이 서서히 나타나기 시작하였다. 이러한 현상은 곧바로 군내에서도 심각한 문제로 나타나기 시작하였다. 군부대 내에서 발생한 폭동사건은 군에 침투한 좌익계열이 주도한 사건이었다. 이처럼 좌익에 의한 폭동사건이 많이 발생한 것은 미군정의 방침을 살펴볼 필요가 있다. 당시 미군정은 국방경비대 병력을 충원하면서 어느 한 쪽으로 기울거나 치우치지 않도록 공평하게 군인을 모집한다는 원칙에 따라 선발인원에 대한 신원조사 조차도 하지 않았다. 단지 신체검사와 구두시험을 통하여 모집하고 있었다. 이러한 조치는 현실적인 상황을 제대로 파악하지 못한 것이었다. 북한은 미군이 철수하면 국방경비대를 장악하겠는 엄청난 계획을 하고 조직적이고 치밀하게 좌익세력을 군에 입대시키고자 하고 있었다. 이런 상황을 조기에 포착하여 조치를 했어야 했지만, 미군정은 병력확보 면에서는 지나치게 소극적인 태도로 국방경비대를 조직하고 있었다. 사상이 문제되는 인원에 대해서는 최소한 군에 입대하는 것을 방지할 대책이 필요했으나 이를 간과하고 있었던 것이다. 특히 국방경비대를 창설하는 과정에서 사설군사단체를 해체시

21) 김창진, 앞의 책, pp.94~95.

키자 공산주의 사상을 갖고 있는 자들은 자력으로 군사단체를 보유하기가 곤란해졌다.

이에 따라 군조직을 내부에서 무력화시킬 목적으로 남노당을 중심으로 국방경비대 내에 입대를 시도하고자 한 것이다. 군내 침투공작은 장교와 사병[22]을 구분하여 이루어졌다.

장교의 경우는 조선경비사관학교(육군사관학교의 전신) 내에 이미 침투해 있거나 포섭된 조직망을 통하여 남노당이 추천한 자를 입교시키는 방법, 임관된 장교를 통해 남노당이 추천한 자를 입교시키는 방법, 임관된 장교를 통해 그 지인들을 포섭하는 방법 등이 사용되었다. 또한 장교들의 대인관계, 지연, 혈연, 학교인맥 등을 최대한 동원하여 포섭하는 방법을 사용하였다. 사병의 경우는 각 시·군 단위의 세포조직별로 추천한 사병들을 입대시키는 방법을 사용하였다. 마을에서 당성이 강한 자를 적극적으로 추천하여 입대시키는 방법 등을 사용한 것이다. 이렇게 해서 입대한 자들에 대해서는, 연대 공작담당 조직원을 통해 각 대대·중대 및 소대로 배치하는 방법이었다. 이렇게 함으로써 말단조직부터 상층부까지 모든 계층과 단위부대별로 조직원을 확보하는 방법을 적용한 것이다. 이러한 조직적이고 계획적인 방법 이외에도 좌익성향의 인물들이 경찰의 추적을 피하기 위하여 고의적으로 입대하는 경우도 있었다. 따라서 국방경비대원 중에는 경찰을 적대시하는 자들도 많이 있던 상황이었다. 이렇게 입대한 좌익계열의 군인들은 부대 내에서도 공공연하게 모여 사상교육을 하였으며 점차 세력을 확대하고 있었다. 결국에는 이러한 좌익계열의 군인들이 조직적으로 반란을 일으키기에 이르게 되었고 무고한 양민이 희생되는 상황을 초래하였다. 이후에 군에서는 숙군을 단행하였으며 그 결과 군부대의 좌익세력은 대부분이 진압되었다. 이러한 영향은 국가보안법 제정의 배경이 되기도 하였다. 그로부터 얼마 지나지 않아 6·25 전쟁이라는 동족간의 처절한 싸움이 전개되기에 이른 것이다. 이 전쟁이야 말로 이승만의 통일정책에 가장 큰 영향을 미치게 되었다. 전쟁을 일으킨 북한은 대화의 상대가 아닌 소멸시켜야 할 대상으로 삼게 된 것이다. 무력을 이용한 응징은 북진통일의 구호로 나타나게 되었다.

1949년 6월 26일, 민족지도자 백범 김구는 안두희라는 육군소위의 저격을 받고 서거하였다. 당시 백범은 한독당을 이끌고 있었으며, 안두희는 한독당의 당원으로 되어 있었다. 이러한 연결고리를 이용하여 정부와 군 당국은 이 사건을 한독당 내의 갈등에서 비롯되었다고 몰아갔다. 이승만 역시 특별선언에서 "(전략) 공사간에 원혐이 있거나 억울한 일을 당하였으면 끝까지 법률적으로 해결하는 것이 (중략)"[23]라는 말을 언급하면서 정치적인 사건이 아닌 개인과 개인의 사건인양 말하였다. 7월 20일 군 당국은 사건 전모에 대하여, "(김구가 이끄는) 한독당의 의도는 대한민국 정부 전복을 도모하는 것이었고 소

22) 사병이라 함은 하사관(현재의 부사관)과 병사를 말한다. 군 신분체계는 장교, 준사관, 부사관(과거의 하사관), 병사로 이루어진다.

23) 경향신문, 「이 대통령 특별발표」, 1949.6.28.

대한민국임시정부의 주석이었던 김구(1876~1949) 선생이 쓴 남이(1141~1468) 장군의 '북정가'(北征歌) 휘호다. '북정가'(北征歌)[24] 혹은 '장부가'(丈夫歌)로 불리는 이 시는 무장(武將)으로서 전쟁에 임하는 결연한 자세와 애국심을 표현하고 있다. '북정가'(北征歌)의 28자를 각각 14글자씩 2장에 나누어 썼다. 휘호에 '대한민국 30년 원단'이라고 쓰여 있는 것으로 보아 임시정부 수립 30년이 되는 1948년에 김구 선생이 쓴 것으로 추정된다. 김구는 이 글씨를 젊은이들에게 종종 선물하였다고 한다. 젊은이들이 끓는 기백으로 한국의 독립을 위해 싸우라는 의미였을 것이다.

[김구의 북정가] 출처 : 대한민국 역사박물관

련의 주장에 따라 미군 완전철병을 촉진시키는 데 주력하였다고 볼 수 있다. (중략) 대한민국의 운명이 절박하여 옴을 (안두희는) 감득하게 되어 한독당 및 김구선생에 대하여 의려심을 포지한 데 그 원인이 있었다."라는 내용으로 발표하였다. 이 사건을 안두희의 애국충정에서 우러난 행위라고 규정한 것이다.[25] 또한 1949년 9월 29일에 한독당에 의한 정부와 군부요인을 암살할 음모계획 검거를 서울시 경찰국장과 군 헌병사령관의 공동명의로 발표하였다.[26] 주요 내용은, 김구를 위시한 한독당의 문호개방은 공산주의를 영입하려 했다는 것이었다. 또한 남노당의 특수선전공작대는 한독당의 반국가노선을 호기로 삼아 노동당과 공동전선 구축하여 대한민국을 전복시킬 음모를 계획하고 한국당원들과 연계하여 중대한 역할을 연출하였다는 것이었다. 그리고 그 구체적 사실로 다음과 같은 내용이 있다고 적시하였다. "김구의 살해 이면에 군부와 정부가 있다고 왜곡선전하여 일반국민의 대정부 적개심을 유발하였고, 1949년 7월 하순경부터 이 대통령을 비롯한 정부요인 등을 암살할 계획을 수립하여 조직 중이었다."는 것 등이 있다고 발표하였다. 정

24) 조선시대 남이 장군의 시다. 북방의 여진족을 물리쳐 세조의 총애를 받았고 27세의 이른 나이에 병조판서(국방장관)에 이르렀다. 이시애의 난을 평정하고 돌아오면서 이 시를 지었다. 그러나 이 시로 인하여 모함을 받고 죽게 되었다. 白頭山石磨刀盡(백두산석마도진) 豆滿江波飮馬無(두만강파음마무) 男兒二十未平國(남아이십미평국) 後世誰稱大丈夫(후세수칭대장부) '백두산 돌은 칼을 갈아 없애고, 두만강 물은 말에게 먹여 모두 없애리다. 남자가 스무 살에 나라를 평정하지 못하면, 후세에 누가 대장부라 칭하겠는가.' 남아의 기개가 넘쳐나는 시이다.

25) 경향신문, 「김구씨 저격사건 전모」, 1949.7.21.

26) 경향신문, 「요인암살음모에 시경찰국장과 헌병사령관 발표」, 1949.10.1.

리하자면, '김구의 한독당은 북한과 연계되어 있으며, 그들은 오히려 김구의 암살에 정부가 개입되어 있다고 말함으로써 대정부 인식을 그릇되게 하고자 하였으며, 대통령을 비롯한 주요요인을 암살할 계획을 수립하여 추진했다.'는 것이었다. 그러나 그 후 민족지도자 백범의 죽음에 대한 끈질긴 추적은 계속되었다. 그 결과 암살의 배후가 있음을 일부 밝혀내기도 하였다. 우리는 허망하게 민족지도자를 잃었으며, 당시의 정부는 이에 대한 진상을 규명하려는 의지가 없었다. 어쩌면 진상규명을 해서는 안 될 말 못할 사연이 있었을 것이라는 것은 모두가 알고 있는 진실이기도 하다.

해방 직전까지 대한민국 임시정부 주석으로서 독립운동을 이끌었던 백범 김구는, 해방 직후 중국에서 귀국하여 새로운 국가 건설에 앞장섰다. 특히 김구는 해방 이후 치열한 좌우대립의 과정에서 신탁통치 반대운동 등 우파의 정치활동을 주도하였다. 그러나 1947년 말 남북 분단의 가능성이 커지면서 김구는 남한만의 단독정부 수립을 주장하던 이승만과 결별하고, 중도파였던 김규식과 함께 '남북협상' 등 분단을 막기 위한 노력을 전개하였다. 결국 분단을 막는 데 실패한 김구는 1948년 8월 15일 남한만의 단독정부 수립에 참여하지 않고 사실상 정계 2선으로 물러났다. 이승만은 단독정부수립에 참여하여 대통령에 선출된 것과 비교하면, 이때부터 두 사람은 각각의 노선을 걷게 되었으며 정치적으로 대립되는 구도를 형성하게 되었다. 김구의 죽음은 많은 의혹을 가져왔다. 대표적인 의문점은 ① 살해범 안두희는 재판 중 대위로 2계급 진급을 하였을 뿐 아니라 ② 8월에 무기징역형이 확정된 뒤 두 달 만에 징역 15년으로 감형되었으며 ③ 전쟁이 발발하자 사건 1년여 만에 형 면제 처분을 받고 군에 대위로 복귀 ④ 이승만 정권 시기에 군납회사 운영으로 막대한 부를 축척하는 등 상식적으로 이해하기 어려운 특혜를 받았다. 특히 군납업체를 운영하면서 강원도에서 두 번째로 세금을 많이 낼 정도로 부를 축척하기도 하였다. 이러한 의문점과 일평생을 독립에 몸 바친 김구의 인생여정을 알고 있는 대다수의 국민들은 정권차원의 무엇인가가 있다고 믿고 있었다. 그뿐 아니라 김구는 친일파 청산의 대표적인 정신적 지주 역할을 하고 있었다. 반민특위를 와해시키기 위한 과정에서의 국회 프락치사건, 김구 암살사건은 친일청산과 연관된 일련의 사건으로 맥락을 같이 하고 있었던 것이다. 이승만은 민족의 열망인 친일청산을 통한 민족정기 확립보다는 정권유지를 목표로 삼고 있었음을 그의 행보에서 알 수 있다. 김구의 서거는 오랜 세월이 흘러도 의혹은 여전하였다. 그리고 민주화가 진행되면서 오랜 세월이 지났음에도 불구하고, 이에 대한 진상규명을 요구하는 목소리는 오히려 더욱 커져 갔다.

이후 암살범 안두희는 1996년 10월 23일 의로운 시민 박기서에 의해 피살되었다. 그는 '정의봉'이라고 쓴 나무방망이를 이용하여 김구 살해범을 응징한 것이다. 그 이전부터 안두희는 정상적인 생활을 하지 못하고 불안에 시달리고 있었으나 목숨은 부지하고 있었

안두희씨 피살

김구선생 암살범…범인 버스기사 긴급구속

권중희씨 공모 혐의없어

백범 김구 선생 암살범 안두희(사진·79)씨가 23일 오전 11시30분께 인천시 중구 신흥3가 동양아파트 502호 자택에서 버스회사 운전사인 박기서(46·부천시 원미구 도당동)씨에 의해 피살됐다.

이로써 안씨를 시켜 백범 김구 선생을 암살케 한 배후세력을 밝히는 문제는 영원히 미궁에 빠지게 됐다.

박씨는 안씨를 살해한 뒤 도피했다 8시간 뒤인 이날 저녁 7시10분께 부천시 심곡본동 성당에서 고해성사를 하고 자수했으며, 경찰은 박씨를 살인혐의로 긴급 구속했다. ▶관련기사 3·26·27면

박씨는 이날 오전 '정의봉'이라고 쓴 길이 40㎝, 지름 5㎝ 길이의 나무방망이와 장난감 권총을 갖고 안씨의 자택에 찾아가 그의 동거녀 김명희(63)씨가 슈퍼마켓에 가기 위해 아파트 문을 여는 순간 집 안으로 들어와 나이론 끈으로 김씨의 손발을 묶어 안방에 감금한 뒤 옆방에 누워 있던 안씨를 살해하고 달아난 혐의를 받고 있다. 안씨는 사체 발견 당시 손발이 묶이고 머리 오른쪽을 둔기에 맞아 피를 흘린 채 숨져 있었다.

경찰은 박씨가 휴대전화로 민족정기구현회 회장 권중희(60·경기도 양주군 장흥면)씨와 계속 통화하는 사실을 확인하고 권씨를 통해 박씨에게 자수할 것을 계속 권유한 끝에 송내동 성당에서 고해성사를 끝내고 자수의사를 밝힌 박씨를 연행해 조사중이다.

경찰은 또 박씨가 안씨를 살해하기 직전에 권씨에게 전화를 해 "안두희 집에 간다"고 알렸고 이날 낮 12시30분께 사건현장인 안씨의 집에 나타난 사실 등을 들어 권씨를 연행해 박씨와의 공모 여부를 조사했으나 혐의가 드러나지 않아 24일 새벽 귀가 조처했다. 인천/허종식 기자

[안두희씨 피살] 출처 : 한겨레신문(1996.10.24.)

민족의 지도자 김구를 암살한 안두희는 제명을 다 살지 못하고 정의를 아는 시민에 의해 피살되었다. 당연한 결과로 받아들여진다. 백범 서거 후 정국은 극우반공세력 체제로 자리 잡게 되었으며 통일정책에도 영향을 미치게 되었다.

다. 정의로움을 아는 시민들이 민족의 반역자 안두희를 응징하고자 지속적으로 나타났던 것이다. 1965년에는 곽태영에 의해 처음으로 응징을 받았다. 그는 안두희로부터 배후가 있다는 진술을 받아내기도 하여 의미를 더하였다. 1987년 3월에는 권중희에 의해 몽둥이로 온 몸을 맞기도 하였다. 당시에 그는 "백범을 죽인 반역자 안두희를 민족의 이름으로 개인적 차원에서 응징하기 위해 이 같은 일을 저질렀다."고 하였다. 그러나 안두희는 줄곧 배후는 없으며 단독범행이라는 입장을 고수하여 왔다. 그렇지만 계속되는 응징사건에 의해 배후의 일부를 언급하기도 하였다. 1992년 9월 24일에는 우당기념관에서 기자회견을 갖고 "백범 암살 직전 이승만 대통령을 만나 백범암살을 우회적으로 격려하는 말을 들었다."고 증언하기도 하였다.[27] 안두희의 사망은 더 이상 역사의 진실을 밝히는 데는 제한이 뒤따르게 되었다는 평가도 있다. 하지만 안두희는 그동안 행적으로 보아서는 그 배후를 진술하고자 하는 의지는 없었던 것으로 보인다. 정부수립 직후 발생한 반민특위 해체, 국회 프락치사건, 김구 암살사건 등은 이승만의 정권유지를 위한 차원에서 이루어졌다는 주장이 대체적인 시각이다. 특히 김구는 이승만에게 있어서 가장 위협적인 존재였다. 백범은 애초부터 남한만의 총선거는 반대해 왔다. 따라서 이를 통하여 대통령에 오른 이승만을 인정할 수는 없었을 것이다. 이승만의 이러한 권력욕은 헌정사에서도 굴절된 역사를 남기게 되었다. 또한 남북관계에 있어서도 많은 영향을 미쳤을 개연성이 존재한다.

27) 한겨레신문, 「백범암살 범행 6일전 이승만대통령이 격려」, 1992.9.25.

제 3 절 대통령의 인식과 통일정책

1. 공산주의와 북한에 대한 인식

먼저 이 대통령의 공산주의에 대한 인식부터 살펴보기로 한다. 이 대통령은 공산화된 중공과 국교를 수립하지 않았다. 즉, 중공을 승인하지 않은 것이다.[28] 중국은 우리나라와 역사적으로 밀접한 관계를 유지해 온 나라였다. 모택동의 공산당은 미국의 지원을 받는 국민당을 몰아내고 대륙을 공산화시켰다. 역사적인 깊은 관계에도 불구하고 이 대통령은 이를 인정하지 않았다. 이는 이승만 대통령의 공산주의에 대한 인식을 알 수 있게 해 주는 대목이기도 하다.

이러한 이 대통령의 공산주의에 대한 인식은, 한반도 북쪽에서 공산주의를 이념으로 하는 정권을 인정할리 없었다. 더욱이 유엔으로부터 한반도의 유일한 합법정부로 승인 받은 대한민국의 대통령이 국제적으로 승인받지 못한 공산주의를 표방하는 정권을 인정한다는 것은 논리성을 떠나서 그의 인식으로는 받아들일 수 없는 것이었다. 따라서 북쪽의 정권에 대하여 불법집단에 불과한 것으로 여기는 것은 당연하였을 것이다. 또한 대통령으로서

초대 영부인 프란체스카(1900~1992) 여사는 오스트리아 빈 출생으로, 한국 이름은 이부란(李富蘭)이다. '부란'은 프란체스카의 '프란'을 음차한 것이다. 여사는 1933년 당시 한국의 독립을 호소하기 위해 스위스 제네바에 머물던 이승만 대통령을 만나, 다음해 1934년 10월 미국 뉴욕에서 결혼했다. 그리고 1948년 경무대(청와대의 옛 명칭)의 안주인이 되었다.

[이 대통령과 프란체스카 여사] 출처 : 대통령 기록관

28) 중국 대륙이 공산화되고 중공이 대륙의 주인이 되었을 때 미국은 이를 승인하지 않았으나 인도, 버마 등은 이를 승인하였다.

이를 몰아내고 하루 빨리 국토를 통일시켜야 한다는 책무를 생각하였을 것이다.

그 책무의 근거는 헌법으로부터 출발하고 있으며, 대통령은 이를 준수한다는 취임선서를 함으로써 국민과 약속하였다.29) 정부수립 후 혼란한 사회상황이 전개되고 있을 당시 좌익세력에 의한 군 반란사건이 발생하기도 하였다. 이에 대해서도 공산주의에 대한 우려를 담화를 통하여 밝히고 있다.30)

> "오늘 세계에서 당하고 있는 큰 화근은 공산당의 활동입니다. 우리나라에서도 목전에 제일 큰 화근은 공산분자들의 활동입니다. 우리가 지난 3년 동안을 두고 싸워서 인명도 많이 상했고 피도 많이 흘려서 동족상쟁의 화(禍)를 당하고 있는 중인데 지금은 우리 정부가 서서 모든 장해를 삭제(削除)하였으므로 이후부터는 공산분자를 제어(制禦)하기에 순조로 진행될 것을 바라고 정권 이양에 전력하고 있는 중인데 (중략) 우리가 가장 믿고 의뢰하던 국방군에 몇몇 반란분자들이 잠입해서 여수(麗水), 순천(順天) 등지에서 혹독한 참상을 이루었으니 물론 그 중에 불량분자들이 몇 명 끼어 있었던 것을 모른 바는 아니지만 인면수심(人面獸心)의 행동이 이같이 심하게 되리라고는 꿈에도 생각지 못한 바입니다." (후략)

정부수립 후 이러한 혼란을 기회로 이 대통령은 1948년 12월 1일 국가보안법을 제정하기에 이른다. 이것은 반공체제의 첫걸음을 뜻하며 동시에 북한은 '괴뢰집단'으로 규정되었다. 또한 좌익의 모든 활동을 차단하는 합법적인 장치를 마련한 것이다. 이 대통령은 정부수립 직후 북한과 연계되어 있는 좌익세력에 의한 군 반란사건 등을 겪으면서 북한에 대한 분노와 응징의 의지는 더하여 갔으며 전쟁을 거치면서 더욱 심화되어 갔다.

2. 미국에 대한 인식

그렇다면 이 대통령의 미국에 대한 인식을 살펴보자. 신생독립국 대한민국에 있어 미국은 절대적인 존재라 하여도 과언은 아니었다. 미국은 제2차 세계대전을 통하여 세계 최강의 군사력을 보유한 국가로 증명되었으며 가장 부강한 국가였다. 따라서 미국은 자유진영을 선도하고 있었으며 세계 질서를 좌우하는 실력을 갖춘 나라였다. 신생국 대한민국은 미군에 의한 군정시기를 보냈으며 이후에도 미국의 지원으로 기틀을 잡아가고 있

29) 제헌헌법 제4조 대한민국의 영토는 한반도와 그 부속도서로 한다. 제54조 대통령은 취임에 제하여 국회에서 좌의 선서를 행한다. "나는 국헌을 준수하며 국민의 복리를 증진하며 국가를 보위하여 대통령의 직무를 성실히 수행할 것을 국민에게 엄숙히 선서한다."

30) 대통령기록관 이승만대통령 연설기록, '정부를 옹호하자', 1949.11.

國土兩分은美蘇責任

李大統領聲明發表

南韓共同防衛策

美撤兵前에樹立要望

共產威脅除去策

講究後에撤退가當然

1949년 5월 8일 이 대통령은 '국토양분은 미소책임'이라는 성명을 발표하였다. 성명에서 자위를 위한 무기원조를 요청하기도 하였다. 이 시기에 삼팔선상에서는 도발이 극심하게 발생하고 있었다.

[국토양분은 미소책임] 출처 : 동아일보(1949.5.8.)

는 형편이었다. 그러나 아무리 도움을 받고 있는 입장이지만 미국은 분단의 책임을 일정부분 갖고 있었다. 이 대통령의 생각도 이와 같았다. 그는 남북분단의 책임에 대하여 '미국과 소련'을 명확히 지목하고 있었으며 이로 인하여 공산주의자가 생겨났다고 성명에서 주장하였다. 1949년 5월 8일 이 대통령이 발표한 성명의 주요내용은 '국토양분은 미소책임이며 우리에게 미국은 자위에 필요한 무기 공급이 필요' 하다는 내용을 담고 있다. 성명의 주요내용을 보면 다음과 같다.

"우리 남한은 미국 자체의 방위의 제일선에 해당하는데 미국도 이와 같이 생각하는지 알고 싶다.[31] 대한민국은 자신이 조성하지 않은 공산계열의 위협에 대항하여 우리들의 생명을 위하여 투쟁하고 있는 것이다. 일본이 항복할 당시만 해도 한국에 공산주의는 하나도 없었다. 그러나 공산주의 위협은 미소에 의해 한국 중부를 분할한 데서 야기된 것이다. (중략) 공산당과 타협한다는 것은 최후의 항복을 의미한다. (중략) 공산당들이 삼팔선을 끊임없이 침범하고 있다. (중략) 그들에게 다대한 손실을 주도록 하여야 할 것이며 이 목적을 위하여 지위에 필요한 적당한 무기를 충분히 공급받아야 한다."[32]

---

31) 북위 38도선을 중심으로 미소가 주둔하는 현실에서 국제적으로 승인받은 대한민국은 민주주의의 보루이며 방위의 제일선으로 여기고 있었다. 그러나 이 시기에 한국은 과연 미국 방위선 내에 포함되어 있을까?에 대한 의문이 제기되고 있었다. 그 후 1950년 1월 21일에 워싱턴 내셔널클럽에서 미 국무장관 애치슨은 연설을 통하여 "한반도와 대만을 제외하고 일본을 포함하여 필리핀까지를 미국의 방위선"이라는 일명 '애치슨라인'을 처음 언급하였다. 즉, 한국은 미국의 방위선에서 제외된다는 것이었다. 이러

성명의 주요내용을 보면 북쪽의 정권과 타협하겠다는 의도는 갖고 있지 않았으며, 미국은 분단에 대한 책임을 져야 한다고 하였다. 미국이 책임을 다하는 것 중의 하나로 자위를 위한 충분한 무기를 우리나라에 공급해야 한다는 것이었다. 그것은 북쪽의 공산당을 응징하겠다는 의지였을 것으로 짐작된다. 그러나 이 대통령은 자위에 필요한 무기지원의 필요성을 한반도가 통일이 된 후 중국대륙을 지배한 공산주의와 대치할 능력을 보유하기 위해서라고 설명하기도 하였다. 당시의 상황은 중국이 공산화되고 동북아지역에서 소련의 영향력이 증대되고 있었다. 미국은 동북아지역에서의 불필요한 군사적 충돌을 회피하고자 하였다. 이러한 시기에 '북진통일'의 의지를 피력하는 이승만 정부에 대하여 미국은 이를 우려하지 않을 수 없었을 것이다.

1949년 11월 2일에는 미국으로부터 한국이 자유를 얻게 되었다고 하면서 분단의 상태와 분단해결을 위하여 미국의 원조가 필요함을 다음과 같이 말하였다.

"한국은 한 몸둥이가 양단(兩斷)된 셈이다. 한국은 앞으로 장기간 남북분열을 용인하지는 않을 것이다. 우리가 전쟁으로서 이 사태를 해결해야 할 때에는 필요한 모든 전투는 우리가 행할 것이다. 우리는 우리의 우인(友人)에게 우리를 위하여 싸움을 싸워달라고 요청하지는 않는다. 이 대사상(大思想) 냉정전쟁(冷靜戰爭)에 있어서 우리는 공산주의를 조지(阻止)하기 위하여 가능한 모든 일을 할 것이다. 중국 또는 여하한 국가가 적화할지라도 우리는 우리의 독립을 유지할 것이다. 남한은 미국의 경제적 군사적 정신적 지지를 필요로 한다. 한국의 현 자유는 미국의 선물이다. 한국은 미국 원조가 우리의 공산당들이 비난하듯이 제국주의적 동기에서 제공된 것이 아니고, 또한 일부 국가와 같이 물건을 반출하기 위한 것도 아니며, 오로지 미국의 자유정의건강(自由正義健康) 및 번영을 우리와 나누기 위한 것임을 알고 있다. 우리는 미국의 원조를 기대하고 있다."

이 대통령은 분단을 해결하기 위해서는 미국의 계속적인 지원이 필요하며 한국민은 계속적으로 이를 위하여 싸워야 함을 기정사실화 하고 있었다. 분단의 원인이 미국에 있음을 말하면서, 분단을 극복하기 위한 미국의 역할을 말하고 있었다. 그리고 한국민이 그 과정에서 주도적인 일을 맡을 것임을 밝히고 있었다.

한 징후를 이 대통령은 감지하고 있었던 것으로 보인다.

32) 출처 : 동아일보, 「국토양분 미소책임」, 1949.5.8.

3. 통일정책

이 대통령이 정부수립을 전후하여 실시한 담화와 연설 등에서 밝힌 그의 통일정책을 살펴보기로 하겠다. 앞에서 이 대통령이 북한을 보는 인식에 대하여 언급하였다. 북한과는 대화를 통하여 통일을 논할 대상이 아닌 응징해야 할 대상으로 깊게 자리 잡게 된 배경을 언급하였다. 따라서 북한에 대한 응징의 수단은 무력이었으며 이를 통하여 통일을 가능하게 한다는 것이었다. 또한 이것은 평화를 보장받는 길이라고 믿고 있었다. 즉, '무력에 의한 북진통일 = 평화'라는 기조가 깊숙이 자리 잡게 되었다. 제1공화국의 이승만 정부 12년의 통일정책은 다른 논의도 있어 왔다. 제1공화국의 통일정책 기조를 살펴보면 다음과 같다. ① 정부수립의 초기와 전쟁 중에는 '유엔 감시 하 북한지역만의 선거'에 의한 통일과 북진통일 ② 정전협정 체결 후에는 '유엔 감시 하 남북한 총선거'를 제시하기도 했으며, 이를 기초로 ③ 제네바정치회의에서 '14개조 통일방안'으로 나타나기도 하였다. 그렇지만 내면의 기조는 '무력에 의한 북진통일'로 평가할 수 있다. 그러나 북진통일로 단정할 수 있을 정도로 강경한 기조를 유지하기는 하였으나 이를 뒷받침할 실체를 보유하였는가는 의문의 여지가 있다. 엄밀히 표현하면 '구호성'의 북진통일이라고 평가할 수도 있는 것이다. 북진통일은 물리적인 군사력이 동반되어야 한다. 그러나 실제로 우리에게는 북진통일을 할 만큼의 군사적인 역량을 비축하고 있지는 못한 상태였다. 북진통일이 이 대통령의 대표적 통일정책으로 인식하게 된 것은 무엇보다도 전쟁의 영향이 지대하였다.

인천상륙작전 후 북진작전에서 이 대통령은 북한지역에 대한 행정권은 한국정부가 행사해야 한다고 하였다. 그 후 정전협정도 수용할 수 없다고 주장하면서 오로지 북진통일만이 유일한 통일의 길이라고 하였다. 이러한 이미지가 굳어진 탓에 이 대통령 시절의 통일정책은 북진통일이 강하게 인식되는 측면이 있다.

가. 북진통일론

제1공화국의 통일정책은 무력에 의한 북진통일로 대체적으로 표현하고 있다. 그러나 보다 자세히 살펴보면 정부수립 직후와 정전협정 체결 후에도 '유엔 감시 하의 총선거에 의한 통일'을 주장하기도 하였다. 정부수립 과정에서 북한지역은 소련의 방해로 유엔 감시단이 입북하지 못하고 남한지역에서만 총선거를 실시하였으며 그 결과 대한민국이 탄생했음은 앞에서 설명한 바 있다. 북진통일론이 제1공화국의 통일정책으로 깊게 인식되고 있는 원인을 알기 위해서는 무엇보다도 시대적인 상황과 관련이 깊다. 당시 시대상황의 전개와 그의 북한에 대한 인식을 살펴보면 북진통일론을 이해하는 데 용이할 것이다. 제1공화국 시기는 '해방과 분단 → 전쟁 → 분단과 냉전'의 시기였다. 해방은 되었으나 온전한 통일국가를 형성하지 못하였다. 이 대통령의 북한에 대한 인식은 불법집단에 불과하였다. 한반도의 북부를 불법으로 점유하고 있는 불순한 집단으로 규정하고 있었다. 그러므로 이들과의 대화나 협력은 애초부터 고려할 대상으로 보고 있지 않았다. 거기에다가 전쟁까지 일으킨 집단과는 대화할 수 없다는 것이며, 이것이 북진통일론의 출발점이었다.

북한은 하루속히 남한의 정통정부에 흡수되어야 할 대상으로 보고 있었다. 이처럼 극단적인 정책은 국민을 이분법으로 제단하기까지 이른다. 즉, '북진통일 = 애국', '북진통일 반대 = 좌익'이라는 등식이었다. 극우반공은 이승만의 독재를 구축하는 주된 소재로 활용되기에 더 없이 좋은 것이었다. 약삭빠르게 움직이는 친일세력은 이에 동조하며 정권의 친위세력으로 성장하고 있었다. 이러한 현상은 통일정책의 유연성을 상실하여 남북간의 긴장과 적대감을 더욱 고착화시키고 있었다. 또한 북쪽의 정권도 나름의 정통성을 주장하며 완전한 '조국해방'을 외치고 있었다. 1948년 9월 9일 조선인민민주주의 공화국을 수립하여 권력을 장악한 김일성은 나름의 통일정책을 해방 직후부터 수립하고 있었다.

이른바 '민주기지론'[33]을 내세워 무력적화통일을 계획하고 있었던 것이다. 김일성은 1945년 12월 17일 북한을 '통일된 민주주의적 독립국가를 위한 강력한 민주기지로 전변시킬 것'을 선언하였다.[34] 김일성이 말하는 민주기지란 전 한반도를 공산화하기 위한 공산주의 혁명기지를 말하는 것이다. 북한은 이러한 통일정책에 따라 노동당 창당에 이어 인민군을 창설한 후 정권수립을 선포하였던 것이며, 6·25 전쟁은 민주기지론에서 말하는 한반도 전역을 공산주의화하고자 한 것이었다. 서로가 정통성을 주장하며 접점을 찾지 못한 양측의 통일정책은 전쟁을 피하기 어려웠다. 남한은 전쟁을 억제할 만큼 충분한 자위력을 갖추고 있지도 못하였다. 북진통일을 외치는 이 대통령의 정책을 미국은 반기지 않았다. 이러한 미국의 우려로 인하여 한국의 방위에 필요한 무기도 충분히 공급받지 못하고 있었다. 이러한 취약점을 뒤로 한 채 이승만은 호기롭게 북진통일만을 외치고 있었던 것이다. 이로써 6·25 전쟁은 발발하였다. 그들이 말하는 소위 '조국해방전쟁'을 벌인 것이다. 나라의 기틀이 안정되기도 전에 전쟁을 맞은 것이다. 그러나 유엔은 안보리 결의안 1511호의 채택으로 유엔군 참전의 근거를 제공하였다. 마침내 유엔군의 참전으로 인천상륙작전을 거치면서 순조로운 북진작전을 전개할 수 있었다. 서울을 수복하고 북진작전을 전개할 때 미군을 비롯한 유엔군은 9월 28일 '진격중지' 지시에 따라 일시적으로 진군을 멈추었다. 그것은 최초의 유엔군 참전목적에 따라 38도선까지를 회복하였기 때문이다. 그

---

33) 민주기지론은 김일성이 1945년에 수립한 대남전략이다. 대남전략의 초기단계로 북한지역에서의 공산주의 혁명기지를 강화한 후 한반도 전역에서 공산주의화하는 통일을 완성한다는 것이다. 이후 1970년부터 민족해방 인민민주주의혁명전략으로 발전하였고, '3대 혁명역량 강화' 노선의 기초가 되었다. 3대 혁명역량이란 1964년 2월 당중앙위원회 제4기 제8차 전원회의에서 채택하였다. 그 내용은 '북한혁명기지역량, 남한혁명기지역량, 국제적 혁명지원역량'을 말한다.

34) 통일부 통일교육원, 『북한지식사전』, p.288.

과정에서 이 대통령은 국군만이라도 북진을 계속하라는 명령을 하달하였다. 이 대통령은 "38도선은 이미 북한군의 남침 시 허물어졌으므로 북진에 아무런 장애가 되지 않으며 이 기회에 반드시 통일을 이루어야 한다."고 주장하였다. 38도선에서 국군이 정지하자 이승만 대통령은 정일권 총참모장 등 군 수뇌부를 불러 국군 단독으로 38도선을 넘어 북진하라고 명령하였다. 그는 이 자리에서 "국군의 통수권자는 맥아더 원수냐, 그렇지 않으면 이 나라의 대통령이냐? 유엔은 우리가 38도선을 넘어가서 국토를 통일시킬 우리의 권리를 막을 권한이 없다."라는 강경한 발언을 하였다. 이후에 유엔의 절차를 거쳐 '한국통일안'이 가결됨에 따라 10월 9일에 유엔군은 진군을 계속하게 된다. 북진작전 중에는 오히려 전쟁을 기회로 삼아 온전한 통일국가를 이룰 수 있다는 생각을 국민 대다수는 하고 있었다. 그러나 그 꿈은 통일의 문턱에서 다시 한번 좌절되었다. 손안에 잡힐 것 같던 통일은 중공군의 참전으로 신기루처럼 날아가 버렸다. 정전협정을 진행하려는 미국과는 대척점에 서면서 반공포로를 석방하기도 하는 등 미국을 자극하였다. 전쟁 막바지에 이 대통령은 정전을 반대하였고 국군을 유엔군 휘하에서 해제할 수도 있다는 발언을 시사하였다. 즉, 국군만으로 북진통일을 하겠다는 것이었다. 1953년 5월 1일 분단상태의 휴전이면 국군만의 단독북진이라도 하겠다는 기자회견을 갖기도 하였다. 이처럼 이 대통령은 전쟁을 거치면서 북진통일을 거듭 강하게 주장하고 있었다. 당시의 상황은 국군의 전력도 많이

李大統領 記者會見

分斷休戰이면 國軍單獨北進

1953년 5월 1일 이 대통령은 분단휴전이면 국군단독의 북진을 하겠다는 내용의 기자회견을 하였다.

[국군 단독북진] 출처 : 동아일보(1953.5.1.)

증강된 상태였으므로 군사력에 대한 자신감도 예전과는 달랐을 것이다.

이에 미국은 국군 독자적인 행동을 우려하여 이승만 대통령 제거를 위한 비상계획을 수립하였다.[35] 정권교체계획까지 수립하게 만들기도 한 것이다. 만약 이 대통령이 끝까지 유엔 정전계획에 동의하지 않으면 그를 독방에 감금하고 총리를 필두로 새로운 정부를 수립한다는 계획이다. 이를 '에버래디 계획'이라 한다. 작성 시기는 정전협정이 막바지에 다다른 1953년 5월이었다. 시행은 다음의 경우에 한다는 것이었다.

① 국군이 유엔지시를 거부할 경우(정전협정에 따르지 않고 계속적인 전투를 할 경우)
② 국군이 독자적인 행동을 취할 경우(통일을 명분으로 북진을 할 경우)
③ 국군이나 민간인이 유엔군에게 적대적으로 나올 경우 등이었다.

무엇보다 가슴 아픈 것은 신생독립국의 재건을 위하여 집중할 시기에 전쟁까지 겪었으나 통일마저 물 건너 가버렸다는 사실이다. 정전협정 후에도 이 대통령의 북진통일 의지는 확고하였다. 그는 유엔에 의한 한국의 통일이 어렵게 된다면 '북진은 한국의 부동원칙'이라고 1953년 12월 9일 선언하였다. 대통령은 전쟁이 끝난 얼마 후에 재전투불사를 언명한 것이다. 북진통일에 대한 그의 의지와 통일의 수단은 무력이라는 의식의 저변을

北進은韓國의不動原則

政治協商 明年一月로期限

1953년 12월 9일 이 대통령은 유엔의 정치협상이 좌절되어 유엔 주도의 한국통일을 이룰 수 없다면 한국군은 단독으로 북진하여 통일을 이룩하는 것이 부동원칙이라고 천명하였다.

[북진은 한국의 부동원칙] 출처 : 경향신문(1953.12.11.)

35) 김창진, 앞의 책, p.211.

볼 수 있는 대목이다.

통일이 좌절된 배후에는 소련과 중공이라는 공산주의를 대표하는 강대국이 있었다. 그러나 현실적이고 직접적인 당사자는 불법적으로 한반도의 북부를 점령하고 전쟁까지 불러온 북한이 지목되었다. 당연히 북한은 '민족의 원수, 응징할 대상'이었으니 대화를 상상한다는 것은 용납될 수 없었다. 따라서 제1공화국 시절에는 평화통일을 운운하는 것도 정책결정권자의 입장에서는 받아들일 수 없는 용어였다. 또한 그 당시 일반국민 대다수의 북한에 대한 보편적인 인식도 유엔에서 인정받지 못한 비합법적인 집단에 불과하다는 생각이었다. 즉, 북한괴뢰였다. 이러한 불법집단으로부터 전쟁까지 겪어야 했던 것이다.

반면에 대한민국은 유엔에서 인정한 한반도의 유일한 합법정부였다. 이러한 현실적인 여건과 분위기는 북한에 대한 인식을 응징하여 섬멸하여야 할 대상으로 고착화시켰다. 응징의 가장 현실적이고 효과적인 1차적인 수단은 무력인 것이다. 물론 경제력을 이용하여 응징하는 방법도 있다. 중요한 것은 당시의 우리나라는 군사력이나 경제력에서 북한을 응징할 충분한 능력은 없었다는 것이다. 그럼에도 불구하고 북진통일을 줄기차게 주장한 것은 무슨 이유일까? 다양한 분석이 나올 수 있지만 이를 통하여 국론을 결집시키는 효과는 충분히 가져왔으리라 본다. 또한 반공이라는 이데올로기를 활용한 정책은 정권의 안정에도 유리한 측면이 있었을 것이다. 결론적으로 이승만은 북진통일이라는 실체가 빈약한 구호성 통일론으로 정권을 유지하고자 하였다는 평가가 합당하다고 본다. 이후 1959년 6월 8일에는 서울운동장에서 거행된 제5차 아세아민족반공대회 환영시민대회의 메시지를 보내어 '멸공방침을 천명하고 중립주의는 생존할 수 없다.'고 단언하기도 하였다. 이러한 과정을 거치면서 이승만 정부는 반공정권으로 입지를 더욱 구축할 수 있었다. 이승만은 전쟁을 막지 못한 국가최고책임자로서의 과오에 대한 반성은 고사하고 오히려 이를 남북관계에 활용하였다. 즉, 전쟁을 계기로 이승만 정부는 남북관계를 보다 확고하게 규정짓는 계기로 삼았다. 또한 국민들도 공산주의에 대한 적개심을 간직하기에 충분한 명분이 있었다. 따라서 이승만은 반공정책으로 일관할 수 있었으며, 이를 명분으로 권좌의 안정까지 도모할 수 있었다. 이러한 영향은 제3공화국을 넘어 제5공화국은 물론이고 이후에도 반공을 절대적인 국시로 자리 잡을 수 있는 토대가 구축되었다. 이승만 정부의 북진통일은 반공을 저변에 두고 있었다. 또한 이를 정권유지의 수단으로 이용한 탓에 정부의 통일정책에 적극적인 비판을 할 수 없는 환경을 조성하였다. 실체가 빈약한 북진통일에 대한 구호는 넘쳐났다. 그러나 자나 깨나 외친 북진통일정책은 실체의 유무에 대한 비판과 구호성이라는 평가를 대체적으로 받고 있다. 그것은 북진통일을 수행할 수 있는 명확한 실체가 부재하거나 부족한 상태에서의 주장이었기 때문이다. 따라서 북진통일은 구호성이며, 이를 이용한 내적 결속력을 높이고자 했다는 평가가 오히려 타당할 것이다. 이러한 이유로 통일에 대한 구호는 난무했지만 통일에 대한 의지는 가장 빈약한 공화국이었다는 평가를 피할 수는 없을 것이다.

나. 유엔 감시 하 선거를 통한 통일

유엔 감시 하 선거는 유엔 감시 하 남북한 총선거와 유엔 감시 하 북한지역에서만의 선거로 구분할 수 있다. 최초에 등장한 유엔 감시 하 남북총선거는 유엔에서 규정한 우리나라의 문제해결 방안이었다. 해방 후 남북에 진주한 미군과 소련군은 한국문제를 해결하기 위하여 모스크바에서 회의를 갖는 등의 활동을 하였으나 결론을 내지 못하고 결렬되었다.

이에 따라 우리나라 문제는 미국과 소련의 손을 떠나 유엔으로 넘어가게 된 것이다. 한국문제를 이관 받은 유엔은 1947년 9월 17일에 유엔총회에서 한국임시위원단을 구성하였다. 그 후 11월 14일 유엔한국임시위원단의 설치와 총선거에 대한 결의문은 압도적인 찬성으로 채택하였다.[36] 이에 따라 유엔에서는 '한국임시위원단'을 통한 남북한 총선거 실시로 통일정부를 수립하기로 하였다. 마침내 한국임시위원단은 총선거 실시를 위하여 입국하였다. 그러나 북한지역을 점령하고 있던 소련으로부터 출입을 금지 당함에 따라 남한지역에서의 총선거를 5월 10일에 치를 수밖에 없었다. 그 후 국회를 개원하였지만 이로 인해 북한지역에 해당하는 100석은 공석인 상태였다. 여기까지의 내용이 최초에 유엔으로부터 나온 유엔 감시 하 남북총선거이다. 즉, 유엔이 말하는 한국의 통일정부 수립에 관한 내용인 것이다. 그 이후부터 나온 유엔 감시 하 선거는, 선거를 치루지 못한 북한지역만을 대상으로 유엔의 감시하에 선거를 마저 실시하여 통일정부를 구성해야 한다는 것이었다. 즉, 이승만 정부가 수립된 후 내놓은 최초의 통일방안으로 볼 수 있다. 유엔 감시 하의 선거는 유엔의 권위를 존중하며 유엔에서 정한 절차에 따라 통일을 이룩하겠다는 것이다.

이에 정부수립 후 구성된 우리 국회에서는 1948년 6월 12일에 북한지역에서도 남한과 같이 자유롭고 민주적인 방식으로 총선거를 실시하여 국회의원을 선출하고 국회에 들어올 것을 결의하였다. 7월 17일에 국회의장 이승만은 북한동포들의 대표들을 하루빨리 선출하여 국회에 보내달라고 재차 호소하였다. 이러한 결의와 국회의장의 호소는 국회라는 국민의 대표기관을 통하여 통일방안을 강구하고자 한 것으로 평가할 수 있다.

이승만은 대통령 1948년 7월 24일 취임사에서 "이북의 공산주의자들은 절실히 깨닫고 일제히 회심개과(悔心改過)해서 우리와 같은 보조를 취하여 하루바삐 평화적으로 남북을 통일해서 정치와 경제상 모든 복리를 다 같이 누리게 하기를 바라며 부탁합니다. 만일 종시(終始) 깨닫지 못하고 분열을 주장해서 남의 괴뢰(傀儡)가 되기를 감심(甘心)할진대 인심이 결코 방임(放任)치 않을 것입니다." 북한지역을 공산주의자들이 불법점유하고 남북

---

36) 외무부, 『한국외교 30년』, p.23.

을 분열시키고 있음을 말한 것이다.

이승만 대통령은 1948년 12월 18일 제1회 국회 폐회식에서 다음과 같이 통일에 관한 연설을 하였다.[37)]

"오늘 폐원식을 행한 후에는 이다음에 소집은 국회는 제2회 개원이 될 것이니 앞으로 긴급히 토의될 만한 사항을 몇 가지 설명하고자 합니다.

첫째는 남북통일 문제입니다. 유엔대표단이 3~4주일 내로 도착될 것입니다. 이분들이 선언하고 오는 목적은 남북통일을 하루바삐 시키자는 것입니다. 우리는 유엔과 협의해서 이북에 자유선거를 진행해서 100명 내외 되는 이북 의원들을 선출하여 국회의 비어놓은 자리를 보충하도록 할 것이니 이것이 우리 원하는 대로 순조로 되기를 바라는 것은 아니나 우리는 어디까지든지 일정한 계획으로 분투해나가므로 모든 장해가 다 삭제되기를 역투(力鬪)할 것입니다. 1년 전에 우리 앞길이 태산 대하와 같이 막혔던 것이 오늘 이것이 다 풀린 것을 우리는 거울삼아서 합심 매진하면 또 이와 같이 앞길이 열릴 것을 확실히 믿는 바입니다. 동시에 정부에서는 이북 각도에 지사를 임명할 터이며, 38선 관계로 부임은 지체될지라도 일일이 임명하여 궐석이 없도록 만들려는 것입니다."

결국 이 대통령은 북한지역에서의 100명의 의원을 선출하여 통일을 논의하고자 하였다. 당시의 남북한은 인구비례에 따라 국회의원 숫자를 2:1[38)]로 구성하고 있었으며 남한지역에서는 제주도의 2명을 제외한 198명을 이미 선출하였다.

1949년 11월 25일에는 미 기자와의 회견에서 유엔의 한국위원회 감시하에 북한에서 자유선거를 실시해야 한다는 요지의 말을 하였다. "소련은 유엔한국위원회를 초청하여 그들의 감시하에 자유선거를 실시하여야 한다."라는 발언을 하였다. 유엔 감시 하 총선거를 완료한 후 통일을 논의하겠다는 의지를 밝히고 있었다. 당시 대한민국 정부는 한반도 유일의 합법정부임을 주장하며 북한의 실체를 인정하지 않았다. 따라서 북한지역에 대한 주권회복을 강조하였다. 이를 위한 북한지역의 선거를 계속하여 주장하였던 것이다.

1949년 7월 10일에는 담화에서 "만약에 공산주의자가 승인될 만한 선거를 실시할 것을 원한다면 그것은 반드시 유엔 감시 하나 그와 같은 기관의 감시 하에 실시되어야 할 것이다. 북한 괴뢰정권을 지배하고 있는 분자들은 그들의 우방 소련 이래에는 어떤 나라, 어떤 사람들과도 협조하기를 두려워하고 있다. 북한측이 조국통일민주전선[39)]을 내세우

37) 출처 : 국회본회의 회의록. 제헌국회 제1회 회의는 1948년 5월 31일부터 12월 18일까지 있었으며 제128차 회의를 끝으로 폐회하였다.

38) 1949년 남북한 인구는 남한 20,189천(68%)명 이었으며 북한 9,622천(32%)명으로 약 2.1배의 차이를 보이고 있었다. 출처 : 통계청, 『남북한 경제사회상 비교』, 1995, p.15.

39) 북한의 입장을 대변하는 노동당의 외곽단체이다. 해방 이후 혼란한 정국의 연속이 계속되던 1949년 5

[국군평양입성환영대회연설] 출처 : 대통령기록관

는 것은 상투적인 기만이며 선전에 불과한 것이다. 그런데 북한측의 제안 중에는 한국통일을 위하여 유엔위원단은 철퇴하라는 요구가 들어 있다. 한편, 동(同) 위원단은 통일을 위하여 북한에 가기를 희망한다." 북한에서의 선거가 이루어지지 않은 책임의 배후로 소련의 영향이 있었다는 것과 북한을 지배하는 세력의 기만적인 행위를 말하고 있다. 남한에서 대한민국을 국호로 정부를 수립하여 합법정부임을 주장하고 있었으나, 북한은 이를 인정하지 않고 있었다. 또한 북한의 배후에 있는 소련은 유엔의 권위를 인정하지 않았다.

결국 미국과 소련이라는 강대국이 팽팽하게 맞서고 있던 형국에서, 통일을 향한 우리의 외침은 공허한 메아리에 불과할 뿐이었다. 따라서 유엔 감시 하 북한지역만의 총선거는 이루어질 수 없는 우리만의 요구에 불과하였다. 분단의 세월은 하염없이 흐르고 있었으며, 이도 부족한 듯 급기야는 전쟁이 발발하였다. 대한민국 정부는 수원에서 대전으로, 대구로, 부산으로 점차 밀려가고 있었다. 그러나 유엔은 대한민국을 합법정부로 승인한 근거를 바탕으로 유엔군의 파병을 결의하였다. 마침내 유엔군은 인천상륙작전을 성공시키고 서울을 탈환하였다. 가장 먼저 피난길에 올랐던 이승만은 1950년 9월 23일 수도서울 탈환과 입성에 대한 소감을 발표하면서, "원래 38선이라는 것은 없는 것이니 무슨 표적이 있으면 보고자 하는 것이다. 그러므로 우리로는 처음부터 인증하지 않은 것이요, 이

월 14일 남한지역에서 활동하던 남노당, 근로인민당, 천도교청우당, 사회민주당, 남조선여맹 등 8개의 정당과 사회단체는 남북한의 두 전선조직을 통합하여 조국전선 결성을 제안하였다. 남한에서 제안했지만 실제로는 북한과 연계되어 있었다. 6월 28일에 평양에서 남북한의 71개 정당과 사회단체 대표 704명이 모여서 조국전선을 결성하였다. 출처 : 통일부 통일교육원, 『북한지식사전』, p.562.

때까지 참아온 것은 국제관계로 참아온 것인데, 이번에 공산군들이 이 선을 헤치고 들어와 저이가 없애버렸으니, 이것을 우리가 또다시 둘려고 하지 않는다. 지금부터는 반도남북 내의 일은 국내 내정에 관계되니 누가 38선 이야기할 사람도 없고, 해도 소용없을 것이다. 우리 전쟁은 난(亂)이라고 하는데, 이북서 38선을 넘어와 살인 방화하면 내란이겠으나 소련이 침범하게 한 후에는 내란이 변하여 전쟁이 되고 보니 유엔에서 민주진영을 보호하기 위해서 소련에 항거한 것이다. 이 전쟁은 소련에서 이남을 쳐서 이남을 공산화하려고 한 것이니, 유엔에서 이것을 물리친 뒤에는 우리가 독립국의 권리로서 이북에 총선거를 할 것이다. 유엔으로서는 자기들이 승인한 국가이므로 방해할 리도 없고, 우리가 방해를 받을 리도 없을 것이다."라는 요지의 연설을 하였다. 38도선은 인정할 수 없다고 말함으로써 남북한 통일의 당위성을 언급하면서, 유엔 감시 하 북한지역에서의 선거를 조속히 실시할 것을 강조한 것이다. 당시의 전쟁상황은 유엔군의 월등한 전력으로 북한군의 지리멸렬한 상태로 퇴각하기 바빴다. 따라서 곧 통일을 이룰 것으로 믿고 있었다. 통일이 된다면 그동안 실시하지 못한 북한지역에서의 총선거는 당연한 것이었다. 그러나 중공군의 참전은 전쟁상황을 다시 전쟁 전의 상황으로 되돌리고 있었다. 이에 따라 이 대통령의 총선거에 대한 인식의 변화도 나타났다.

1950년 후반에 들어서면서 이 대통령은 북한지역에서의 총선거에서 남북한 전 지역에서의 총선거도 수용하겠다는 의사를 밝히고 있다. 1950년 10월 25일 북한임시통치에 관한 담화에서 "대한민국 정부는 북한 각도에 대한민국 정부의 기관을 수립하기 위하여 임시위원회(臨時委員會)와 더부러 지사(知事)를 파견 중에 있다. 만약 민중이 승인한다면, 이들 지사는 본격적으로 임명되게 될 것이다. 민중이 만약 전한(全韓)의 총선거를 희망한다면, 총선거는 실시될 것이다. 나는 선거시행까지 북한은 유엔이 관리한다는 결정에 대하여는 유엔총회로부터 아직 아무런 공식통고에 접하지 않았다. 유엔이 선거실시까지 북한관리를 주장할 아무런 이유는 없다고 생각한다." 전국민이 원하다면 총선거를 실시하겠다는 의지를 보이기도 하였다.

전쟁 이후인 1953년 11월 25일에 남북총선거 문제에 대한 성명을 살펴보면,

> "내가 몇 일 전에 외국신문기자와 담화할 적에 묻는 말에 대해서 대답하기를 남북통일이 되고 선거를 시작할 적에는 우리가 기왕부터 주장하는 원칙대로 이북에서 총선거를 해서 국회의원을 피선하여 국회의 비어 논 자리를 채우게 한다는 것이 우리 사람에 보통 알려진 바이나, 만일 그때에 이북 동포들이 이북에서만 총선거를 행하나니 보다 남북이 다 합해서 다시 총선거하는 것을 지지하기를 주장할 때에는 나로서는 그것을 반대하거나 막지 않을 것이요, 오직 민족자결주의를 따라서 시행하겠다고 한 것이니, 이 말은 내가 지금 새로이 의도를 고처서 하는 말이 안이고 내 마음에 늘 있어 가지고 한 것은 언제나

> 남북통일 문제에 대해서는 나 개인의 지위나 권리로 인연해서 문제 되지 않게 하겠다는 주의를 이때 설명한 것뿐이다."

이것은 전쟁 이후 남북 총선거에 관한 성명을 통해 정부의 통일방안을 제시한 것이다. 그 핵심내용은 ① 북한만의 단독선거로 국회의 잔여의석을 채운다는 것이다. 즉, 기존의 원칙을 다시 확인한 것이다. ② 그렇지만 북한주민이 원한다면 전국 총선거를 받아들일 용의가 있음을 표명한 것이다. 또한 여기에서는 총선거에 대한 원칙을 제시하기도 하였다. 첫째는 민족자결이다. 남북을 다 터놓고 국민투표로 해서 다수의 뜻에 따라 시행하자는 것이었다. 둘째는 주권보호이다. "국권을 무시하고 정치운동에 음모나 모략적 수단으로 우리민국에 신성한 국권을 침손하게 될 때에는 우리 전 민족은 누구를 막론하고 전적으로 싸워서 우리민국정권을 보호하여 우리정부의 독립권을 굳건히 세우며 우리 민족의 자유권리를 완전히 보존할 것이다."라는 주장을 살펴보면 주권에 따라 독립권을 보장하겠는 것이다. 이때의 성명을 전쟁 이후 정부의 통일방안으로 평가할 수 있다.

이승만 정부는 정부수립 후 '유엔 감시 하 북한지역에서만의 총선거' 주장에서, 전쟁을 거치면서 '유엔 감시 하 남북한 자유총선거에 의한 통일'로 변화를 보이고 있었다. 이승만 정부의 남북한 총선거는 남북의 인구비례에 따른 선거를 의미한다. 그러므로 남한에 비해 상대적으로 인구가 적은 북한 이를 수용할리 없었다. 그럼에도 불구하고 이를 계속 주장한 것은, 이것이 대외용이었다는 것으로 이해할 수밖에 없을 것이다. 이승만 정부의 내심은 북진통일이었다. 그러나 앞에서 언급했듯이 북진통일은 구호성에 불과한 실행의 실체가 부재한 통일방안이었다. 어디까지나 내부 결속용의 통일구호에서 벗어날 수 없는 한계를 갖고 있었다. 그러므로 북진통일을 통일정책이었다고 평가하기에는 부족한 감이 있다. 이러한 점을 고려해 보면 '유엔 감시 하 남북한자유총선거'를 북진통일론과 함께 전쟁 후반기 이승만 정부의 통일정책이었다고 평가할 수 있을 것이다.

다. 제네바정치회의 14개조 통일방안

정전협정 제60항에 "한국문제의 평화적 해결을 보장하기 위해 쌍방 군사령관은 쌍방의 관계 각국정부에 정전협정이 조인되고 효력을 발생한 후 3개월 내에 각기 대표를 파견하여 쌍방의 한 급 높은 정치회담을 소집하고 한국으로부터의 모든 외국군대의 철수 및 한국문제의 평화적 해결 등의 문제들을 협의할 것을 이에 건의한다."라는 조항이 포함되어 있었다. 이는 불완전한 정전협정을 보완하기 위한 것으로 정치회담을 통한 통일을 모색해야 한다는 규정이었다. 이것은 당시의 유엔에서 정전협정을 진행하면서 우선적으로 정전을 이룬 후에 한반도의 전반적인 문제를 정치회담에서 논의하자는 것이 배경이었다. 따라서 이 조항에 의해 정전협정 3개월 후인 1953년 10월 26일부터 판문점에서 정치회담 준비를 위한 예비회담이 시작되었다. 그러나 입장차이로 인해 결렬되고 말았다. 이와는 별개로 1954년 1월 베를린에서 미·영·불·소 등의 4개국 외무장관회의에서 월남내전 문제와 한반도 문제를 협의하기로 하였다. 이에 따라 정전협정 조항과 베를린에서의 회의 결과에 따라 6·25 전쟁과 관련된 총 19개국이 참가한 제네바 정치회담이 열렸다. 19개국 중에는 소련도 포함되어 있었다. 한국의 평화적 통일을 실현하기 위한 제네바 정치회담은 1954년 4월 26일부터 6월 15일까지 열렸다. 우리나라는 소련의 포함 등을 이유로 참가하지 않겠다는 의사와 함께 제네바 정치회담이 한국의 동의 없이 결정되었다는 점을 지적하였다. 그러나 유엔 참전국들은 우리의 반대의사에도 불구하고 회담을 진행하고자 했으며 미국에서도 참가를 종용하였다. 결국 우리나라는 참가를 번복하게 되었으며, 이 자리에서 남과 북의 대표가 처음으로 함께 참석하게 되었다. 정전 후 남과 북의 대표가 함께 참석했다는 것은 남북 모두에게 회담의 의의를 둘 수 있는 부분이기도 하다. 당시 우리나라의 변영태 외무장관은 다음과 같은 14개 조항에 달하는 통일방안을 제시하였는데 그 내용은 다음과 같다.

남한의 통일방안 14개조

1. 통일되고 독립된 민주주의 한국을 수립하기 위해 유엔 감시 하의 자유선거 실시
2. 북한지역 국회 공석 100석에 대한 유엔 감시 하 선거
3. 본 제안 채택 후 6개월 이내에 대한민국 헌법절차에 따라 남북한 총선거 실시
4. 선거의 준비와 진행 등 기간 중 유엔감시위원단원의 행동 및 언론자유 보장
5. 선거 전후기간 중에 입후보자와 그 가족 및 운동원의 행동과 언론 및 인권 자유 향유하며, 지방 당국자들은 그들에게 가능한 모든 협조
6. 선거는 비밀선거 및 일반 성인 참정권에 기초하여 실시
7. 전(全) 한국의회의 의원수는 전체 한국의 인구에 정비례
8. 선거지구의 인구비례에 의한 의원수 할당을 위한 유엔 감시 하 인구조사 실시
9. 전 한국의회는 선거 직후 서울에서 소집
10. 전 한국의회는 통일한국의 대통령 선출여부문제, 대한민국의 현 헌법의 수정 여부, 군대의 해산 여부 문제를 결정
11. 현 헌법은 전 한국의회가 수정하지 않는 한 계속 유효
12. 선거 실시 1개월 전에 중공군 철수
13. 한국으로부터 유엔군의 점진적 철수는 선거 실시 전에 실시할 수 있으나, 통일된 정부가 한반도 전체를 장악하고 또한 그 사실을 유엔이 확인할 때까지는 철군을 완료해서는 안 됨
14. 통일되고 독립한 민주주의 한반도의 영토보전과 독립을 유엔이 보장

대한민국은 유엔이 승인한 유일한 합법정부임을 내세워 그때까지 공석으로 남아 있는 북한지역에 대한 유엔 감시 하 선거를 통하여 의원을 선출하자는 것이 핵심내용이었으며 중공군의 철수를 주장하였다. 즉, 유엔의 권위를 인정하여 북한을 인정하지 않겠다는 의도와 북한의 불법적이며 침략적인 그간의 행태를 고려하여야 한다는 것이었다. 중공군 철수는 유엔이 원활하게 북한지역에서 활동하기 위해서는 철군이 필요하다는 것이었다.

이것은 유엔의 권위를 인정하고 통일한국의 정부는 유엔의 감시 아래 인구비례에 의한 자유선거를 통하여 수립해야 한다는 것이었다. 이에 대하여 북한의 대표로 참석한 남일 외상은 다음과 같은 통일방안을 제시하였다.

북한의 제안내용

1. 남북 국회에서 동수로 선출된 대표로 구성되는 전조선위원회를 설립, 위원회는 남북의 민주주의 사회단체 대표 포함
2. 통일정부 수립을 위한 국회를 구성, 이에 필요한 전조선의 선거를 실시하며 전조선위원회가 선거법을 기초
3. 위원회는 남북의 경제적, 사회적 교류를 위한 장치를 마련
4. 모든 외국군은 6개월 내에 한반도로부터 철수와 남북의 군대 규모를 10만 이내로 축소
5. 극동의 평화유지에 관심 있는 나라들은 한반도의 평화적 발전을 보장

북한은 유엔의 권위를 부정하며 남북한이 대등한 비유로 전조선위원회를 구성하여 선거를 치르자고 주장하였다. 북한이 주장한 것 중에서, 전조선위원회에는 남북의 민주주의 사회단체가 참여해야 한다는 것은 친공(親共)단체를 의미한다고 볼 수 있다. 또한 북한은 인구비례가 아닌 남북이 대등한 비율로 위원회를 구성하자는 주장이었으며, 모든 외국군의 철수는 유엔과 유엔군을 인정하지 않겠다는 것이었다.

결국 남과 북은 ① 통일 정부 수립을 위한 총선거 실시 범위 및 방법 ② 한반도 문제 해결에 있어 유엔의 권위 및 권능 인정 ③ 외국군 철수 등 의제에 대해 참가국간 이견이 커서 아무런 성과를 내지 못하고 종료되었다. 남한은 남북한 동수로 선출하자는 '전조선위원회' 설치 제안에 대해 남북한 인구비례를 고려시 민주주의 기본원칙에 위반되는 것이므로 유엔 감시 하의 자유선거를 주장하였다. 북한은 입법기관인 '전조선위원회'의 대등한 구성을 거듭 주장하였다. 또한 유엔 감시 하의 선거가 아니라 전쟁에 참여하지 않은 중립국 대표들이 선거를 감시해야 한다고 주장하였다. 이러한 주장을 한 배경은, 유엔의 권위를 부정하고자 한 것이었다. 이처럼 남북한의 상반된 주장 속에 제네바 회담은 1954년 6월 19일 결렬되고 말았다.

그러나 남과 북이 동석했다는 점과 우리측이 참석한 사실은 공산측에서도 전쟁의 실질적으로 당사자로 인정한다는 의의가 있었다. 또한 북한은 이 자리에서 정전협정의 평화체제로의 전환문제를 남북한 대표간의 기구를 구성하여 협의를 제의했다는 점이다.[40]

특히 여기에 소련이 참가한 것은 스스로가 전쟁에 직간접적으로 간여했음을 인정한 셈이기도 하였다. 여기에서 제시한 통일방안은 남북의 입장차이가 현저하여 절충점을 찾기 힘든 면이 있었다. 또한 정전협정문에 이에 대한 문구가 포함되어 있다고 하나 우리의 의지가 반영된 것으로 보기 힘들다. 더군다나 우리는 정전협정에 대한 서명을 하지 않은 상태였다. 당시 이 대통령은 정전반대와 북진통일을 주장하고 있었다. 따라서 제네바에서의 회담과 여기에서 제안한 우리측의 통일방안을 제1공화국의 통일방안으로 인정하기에는 무리감이 있어 보인다.

이승만 대통령은 강한 반공의식과 유엔으로부터 승인된 정부라는 자부심을 갖고 있었다. 따라서 그는 공산주의자와 이를 이념으로 하는 북한의 정권과는 대화와 타협은 원하지 않았다. 공산주의와 북한의 정권을 공존할 수 없는 척결할 대상으로 보았다. 이러한 그의 인식은 반공체제를 강화시킨 측면과 함께 남북관계를 더욱 경직되게 만든 두 가지의 측면을 갖고 있다고 할 수 있다.

이승만 대통령은 북진통일 정책을 시종일관 고수하면서 여타의 통일논의는 봉쇄한 측면이 있다. 초기의 북진통일은 실체가 없는 구호성의 통일정책이었다. 그러나 전쟁이 계속되면서 육군의 사단 수는 2배 이상이 증가하였다. 전쟁이 발발할 당시의 8개 사단에서 정전 시에는 총 18개 사단으로 증강되어 있었다.[41] 따라서 이때부터는 실체가 거의 없는 구호성 통일정책으로 볼 수만은 없을 것이다. 이승만은 군사력의 비약적인 발전을 배경으로 정전협정을 반대하고 북진통일을 계속 주장하기도 하였다. 이를 우려한 미국은 정전협정을 방해하지 않는 대가로 한미상호방위조약을 체결하기에 이르렀다. 이승만 대통령은 일체의 통일논의에 대하여 강경한 입장을 취하였다. 그렇다고 군사력이 증강되어 있다고 하나 우리의 자력만으로 북진통일을 이룬다는 것은 어려운 현실임에는 틀림없었다. 그러므로 이것은 사회를 안정시키며 자신의 장기집권을 강화하기 위한 정적 제거를 위한 것이었고 평가할 수 있다. 북진통일은 반공을 기본으로 하고 있으므로 국민에게 단일대오를 강요하여 사회를 안정화시킬 수 있는 효과가 있었다. 또한 여타의 통일논의는 북한의 통일주장과 상통하는 것으로 간주하여 정적을 제거함으로써 장기집권의 안정화를 도모하고자 한 것이다. 그의 정적으로 부상한 조봉암

40) 통일부 통일교육원, 앞의 책, p.742.

41) 김창진, 앞의 책, p.618.

을 사형시킨 사례가 대표적이다. 그는 1952년 제2대 대통령후보로 출마해 차점으로 낙선했지만 높은 득표로 인해 이승만의 장기집권에 위협이 되는 인물로 부상하였다.

1956년 제3대 대통령후보로 또 다시 출마했으나 낙선했다.[42] 그해 11월 진보당을 창당하여 민주적 평화통일의 정강에 따라 위원장으로 활동하다가 1958년 1월에 이른바 진보당사건으로 체포되어 1959년 사형을 당하였다. 이 중 하나의 혐의로 들고 나온 것이 '평화통일론'이었다. 당시에 북한은 평화통일론을 주장하고 있었다.[43] 이를 기초로 한 것이 진보당의 '평화통일론'이라는 것이었다. 이 사건을 계기로 평화통일 등 일체의 통일논의는 크게 위축되었다. 이처럼 이승만은 통일정책을 자신의 장기집권을 위한 도구로 활용하고자 한 흔적이 역력하였다. 이후 2007년 9월에 '진실화해를 위한 과거사 정리위원회'에서는 이 사건이 조작되었음을 인정하고 국가의 유가족에 대한 사과와 독립유공자 인정, 판결에 대한 재심을 권고하기도 하였다.

曺奉岩氏 金日成과某種內通?
傀儡統一路線의迎合事實判明 當局發表
蘇聯案대로 總選·聯立政府樹立企圖
重要幹部들秘密會議서決定
進步黨事件
密使?密書?
뚜렷한內幕은今明判明
傀儡密書有無에
「秘密文件」分析의焦點
治安局서 二次發表 各種證據있어

이승만의 최대 정적으로 부상한 진보당 당수 조봉암은 괴뢰간첩과 접촉이 있었다며 국가보안법 위반으로 사형을 집행하였다. 이로써 어떠한 정적도 살아남지 못하였으며, 어떠한 통일정책도 말할 수 없는 분위기가 조성되어 가고 있었다. 그 후 2011년 조봉암은 무죄판결로 복권되었다.

[조봉암씨 김일성과 모종내통?] 출처 : 동아일보(1958.1.21.)

42) 조봉암은 제2대 선거에서는 11.4%(이승만은 76.4%), 제3대 선거에서는 30%(이승만은 70%)의 득표율을 기록하였다. 출처 : 중앙선거관리 위원회.

43) 북한은 1956년 4월 23일부터 28일까지 열린 조선노동당 제3차 대회에서 '조국의 평화적 통일을 위하여'라는 제목의 선언문이 채택되었다. 출처 : 강준만, '한국현대사 산책 1950년대 편', p.53.

CHAPTER

03 제2공화국 윤보선 대통령과 장면 총리

제 1 절 제2공화국 출범과 국제정세

1. 제2공화국 출범

이승만의 장기집권욕은 가히 비교 대상을 찾기 힘든 상태였다. 그는 자신의 장기집권을 위하여 헌정을 유린하는 행태를 반복적으로 자행하였다. 이로 인해 4·19 혁명이 촉발되었으며, 그 결과 제2공화국이 탄생하였다. 국민의 혁명열기로 태어난 정부였다. 그 과정을 이해하기 위해서는 발췌개헌이라 불리는 부산정치파동과 제1차 개헌, 사사오입 개헌을 살펴볼 필요가 있다. 제1차 개헌의 배경에서 이승만의 비극은 예고되고 있었다. 우리나라의 초대 대통령선거는 간선제로 치러졌다. 당시는 국회의원에 의한 간선제였으며, 이승만이 초대 대통령에 당선되었다. 그러나 제2대 국회의원 선거 결과는 이승만에게 유리하게 국회가 구성되지 못하였다. 다시 말해 간접선거로 가게 되면 당선을 자신할 수 없는 상황이었다. 따라서 그는 직선제로의 개헌을 추진하였다. 국민에 대한 인지도가 높은 점을 이용하여 다시 한번 대통령을 하겠다는 계산이었다. 이승만 대통령은 국민직선제를 골자로 하는 개헌안을 국회에 제출하였다. 그러나 1952년 1월 18일 개헌안을 부결시킨 국회는 4월 17일 내각책임제 개헌안을 제출하여 이승만 대통령과 정면으로 대립하였다. 그러자 내각책임제 개헌반대 관제데모가 잇따라 일어나고 백골단, 땃벌떼 등 정체불명의 폭력단이 국회해산을 요구하며 국회를 포위하기도 하였다. 이승만 대통령은 이를 구실로 4월 25일 비상계엄을 선포하였고, 국회는 소위 '부산정치파동'에 휩싸이게 되었다.

[헌병대에 의한 국회의원 출근버스 연행] 출처 : 국가기록원

7월 4일 헌병대에 의해 일부 야당의원들이 탄 버스가 국회로 연행되는 강압적인 분위기 속에서, 국회는 국회와 정부의 개헌안을 종합한 '발췌개헌안'을 의결시켜 버렸다. 그러나 제1차 개헌(발췌개헌)은 공고절차를 위반한 헌법개정이라는 비판이 일부 제기되었다. 결국 제1차 개헌을 통하여 이승만은 1952년 8월 5일 제2대 대통령에 재선될 수 있었다. 이와 같이 집권자의 권력욕을 채우기 위하여 불법적인 개헌이 이루어진 것은 두고두고 우리나라 헌정사의 잘못된 상징으로 인용되고 있다. 대한민국 정부수립 이후 첫 번째의 헌법개정은 이처럼 개인의 정권연장에 이용당하고 만 것이다. 그의 독재를 위한 작업은 제2차 개헌을 가져 왔다. 1954년 9월 6일 자유당의원 등 135인으로부터 헌법개정안이 발의되었다. 그 주요골자는 이 헌법개정 당시의 재임대통령에 대해 중임제한[1]에 관한 규정을 적용하지 않는다는 것이었다. 개헌안은 11월 27일 국회표결결과 재석 202명 중 찬성 135표, 반대 60표, 기권 7표로 가결에 필요한 136표에 1표가 부족하여 부결로 선포되었다. 그러나 자유당 의원들은 11월 29일 재적의원 203명의 3분의 2는 4사5입하면 135명이 된다는 수학적 논리를 내세워 이미 부결된 개헌안을 가결로 번복하여 선포하였다. 이로써 이승만을 위한 헌법 개정은 두 차례 이루어진 것이다. 이를 통하여 제3대 대통령 선거에서도 당선되었다. 개정된 헌법에 따라 1956년 5월 제3대 선거유세가 한창이던 때 민주당의 신익회 후보가 유세를 위하여 이동하던 호남선 열차에서 갑자기 서거하였다. 경쟁력 있던 후보의 서거로 이승만은 또 다시 대통령에 당선되었다. 당시 민주당의 '못살겠다 갈아보자' 선거구호에 대하여 자유당에서는 '갈아 봤자(가려봤자) 더 못산다.'로 맞서기도 하였다.

[제3대 대통령 선거에서의 선거구호] 출처 : 『대한민국 국회 60년사』, p.53.

---

1) 당시의 헌법은 '대통령과 부통령의 임기는 4년으로 하고, 재선(再選)에 의하여 1차 중임'만이 가능하였다. 즉, 3선은 할 수 없었다. 따라서 이를 개정하여 장기집권을 도모한 것이다.

그러나 이승만은 여기서 멈추지 않았다. 1960년 3월 15일 실시된 제4대 대통령선거에서 자유당은 5만여 경찰을 동원하여 야당 참관인들을 투표장 밖으로 몰아내고 3인조, 5인조 투표를 공공연히 진행시켰다. 이날 저녁 마산에서는 3·15 부정선거에 항의하는 시위가 일어났다. 그러나 경찰은 시위대를 무참하게 진압하였다. 4월 11일 최루탄에 의해 사망한 김주열군의 처참한 시신이 마산 앞 바다에서 발견되었다. 머리에 최루탄이 박힌 채였다. 이를 보고 분노하지 않는 국민은 없었으며 시위는 전국적으로 확산되었다.

4월 19일에 전국의 대학생들이 3·15 부정선거의 무효를 주장하는 대규모 시위를 벌였고, 4월 26일 대학교수들의 대통령 하야요구 시위가 있었다. 이때를 중심으로 일어난 시위를 4·19 혁명이라고 한다. 경찰도 손을 쓸 수 없는 상황에 이르렀다. 결국 시민혁명은 대통령을 물러나게 만들었다. 시민의 승리였다. 한편 국회는 4월 22일에 시국수습대책특별위원회를 구성하였다. 4월 26일에 특별위원회에서는 '이승만 대통령 즉시 하야, 3·15 부정선거 무효와 재선거 실시, 과도내각하의 내각책임제 개헌단행' 등을 내용으로 하는 결의안을 제출하였고, 국회는 이를 채택하였다. 이에 따라 4월 27일에 이승만 대통령이 하야를 선언하였다. 5월 2일에 국회는 이승만 대통령의 사임서를 수리하기에 이르렀다. 마침내 독재는 종말을 고하였다. 이러한 이승만의 권력욕을 경험한 국민들은 독재의 폐해를 실감하기에 이르렀다. 따라서 내각제에 대한 논의와 공감대가 형성되어 1960년 6월 15일 제3차 개헌(내각책임제 개헌안)이 이루어졌다. 국민의 힘으로 1인 독재를 방지하는 제도적 장치를 마련한 것이다. 국민의 힘을 보여준 결과였다. 이를 토대로 태어난

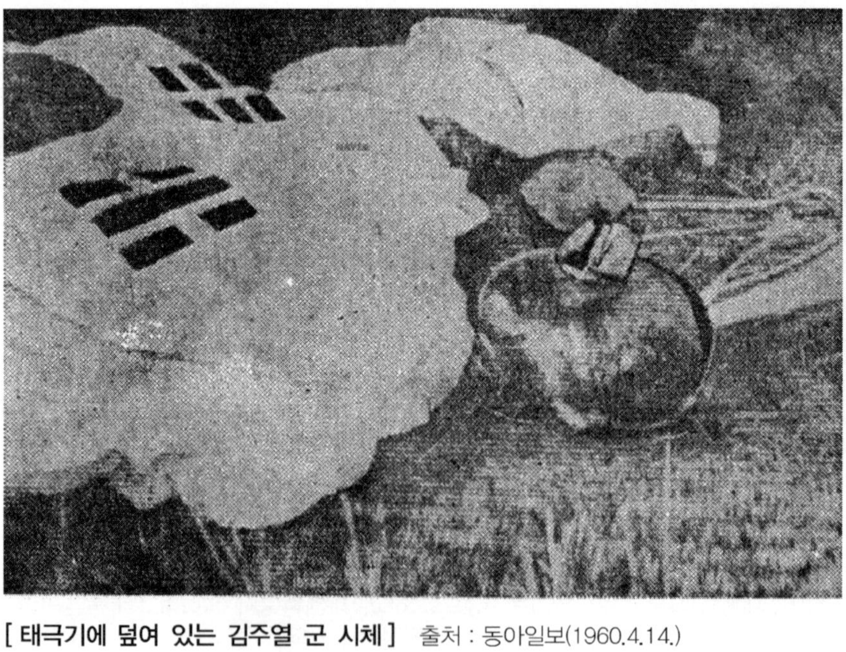

[태극기에 덮여 있는 김주열 군 시체] 출처 : 동아일보(1960.4.14.)

1960년 5월 29일 새벽에 김포공항에 도착하여 하와이로 망명길에 올랐다. 4·19 혁명 후 과도정부의 주선으로 이루어졌다. 가운데 중절모 차림이 이승만이다.

[망명길에 오르는 이승만 대통령] 출처 : 대한민국 국회 60년사, p.56.

정부가 제2공화국이다. 선거법이 마련되고 1960년 간접선거로 치러진 제4대 대선에서 윤보선이 당선되어 제2공화국이 개막되었다. 윤보선 대통령은 총리에 장면[2]을 지명하였다. "해방 후 반공반독재의 저항생애는 오늘의 난국담당을 담당할 적임자로 여긴다."며 지명 이유를 밝혔다.[3] 그 후 장총리는 국회의 인준을 받아 총리로 임명되었다. 제2공화국은 의원내각제였으므로 사실상의 실권은 총리에 의해 행사되었다. 따라서 제2공화국은 일반적으로 '장면내각'이라고 부른다.

2. 국제정세

1960년 6월 19일에는 미국의 아이젠하워 대통령이 두 번째로 우리나라를 방문하였다. 그는 임기종료가 얼마 남지 않은 상태에서 한국을 방문하였다. 당시의 정세는 미국을 중심으로 하는 세력과 소련을 중심으로 하는 세력 간에 팽팽한 세력싸움이 강하게 진행되고 있었다. 당시의 미국은 대내문제보다도 대외문제인 공산주의 위협을 중시하고 있었다. 따라서 그의 방문은 4월 민주혁명으로 과도기의 상태에 있는 우리나라를 방문하여 극동지역의 공산세력 위협에 대한 방위정세를 토의하는 한편, 반공진영의 결속력을 강화하고자 하는 데 목적이 있었다. 방문한 그는 극동의 전초기지 역할을 하는 한국의 방위력 강화가 중요함을 인정하고 있었다. 따라서 우리정부는 반공기지의 전초역할에 필요한 방위력 개

2) 제헌의원 출신이며 유엔총회파견대한민국대표단 수석대표로 한국의 유엔승인을 획득하는 데 기여하였다.
3) 경향신문, 「이차 인준도 거부면 정국 혼란」, 1960.8.19.

선을 위한 경제원조를 계속하여 요청하고 있었다.[4] 1960년 11월 8일에 미국의 역대 대통령 중에서 가장 젊은 케네디가 대통령으로 선출되었다. 그는 취임식 연설에서 "여러분은 국가가 여러분을 위해 무엇을 해 주기를 요구하기에 앞서 여러분이 국가를 위해 무엇을 할 것인가를 스스로에게 물어 주십시오."라는 명연설을 하면서 대통령직을 수행하였다. 이 시기의 미국과 일본의 관계를 살펴볼 필요가 있다. 당시의 일본은 우리나라의 전쟁특수에 힘입어 경제가 날로 확장되고 있었으며, 미국은 아이젠하워 대통령 때와 마찬가지로 일본과는 보다 굳건한 동맹을 유지하여 아시아 방위의 핵심국가로 삼고자 하고 있었다. 따라서 미국의 대일본 정책은 우호관계의 강화는 물론이고 역할의 가치를 기대하고 있는 상황이었다. 미국의 민주당은 미국과 유럽 그리고 일본과의 파트너십을 촉진하여 저개발국가의 지원에 나서야 한다고 보고 있었다. 케네디는 민주당 대통령 후보로 치열한 선거전을 치르면서 일본과의 관계정립에 대하여 말한 바 있었다. "우리(미국)는 서구와 일본과 힘을 합하여 아시아, 아프리카, 중동 및 중남미 대륙의 저개발지역으로 자본유출을 증가시켜서, 이 지역에서의 공산주의자들의 혼란 조성 음모를 좌절시키지 않으면 안된다."고 말하였다.[5] 따라서 미국과 일본의 밀착관계는 더욱 강화될 전망을 보이고 있었다. 민주당의 케네디는 공화당의 닉슨을 누르고 당선됨으로써, 아이젠하워의 공화당에서 민주당으로 정권이 교체된 셈이었다. 이에 따라 우리나라는 미국 차기 대통령의 대한(對韓) 정책에 대하여 우려하기도 하였다. 대한정책의 핵심 관심은 군사원조와 관련된 내용을 뜻한다. 즉, 공화당의 철저한 반공정책이 흔들릴 수 있다는 우려와 군사원조의 삭감이었다. 따라서 케네디의 대외정책에 관심이 집중되었다. 그러나 미국은 초당적으로 국가이익에 협력하는 강대국의 면모를 갖고 있었으며, 민주당은 6·25 전쟁 당시에 대규모 병력을 지원한 정당이었다. 우려와는 달리 케네디는 저개발국가들의 질서 있는 경제개발을 위하여 자본수출 국가와 제휴한다는 점과 반공정책의 강화를 밝히고 있었다. 이러한 정책을 수행하기 위하여 경제력을 갖추어가는 일본과의 동맹을 강화하고자 하였다.

이 시기 인도차이나 반도에서는 전쟁이 한창이었다. 베트남은 오랫동안 프랑스의 식민지배를 받았고 제2차 세계대전 중에는 일본의 지배를 받게 되었다. 일본은 전쟁 중에 독일이 프랑스를 점령하자, 이 시기를 이용하여 베트남에 진주한 것이다. 일본이 패망하자 호치민은 1945년 9월 2일 하노이에서 독립과 베트남민주공화국을 선포하였다. 그러나 이후 프랑스는 다시 지배하고자 군대를 진주시켰다. 1954년 디엔비엔프 전투에서 마침내 베트남은 프랑스군을 몰아내게 되었다. 이것이 제1차 베트남전쟁이었다. 그러나 베트남의 독립은 순탄치 않았다. 이 시기부터 미국의 간섭이 이루어졌다. 미국은 인도차이나

4) 동아일보, 「아이크 일행 오늘 입경」, 1960.6.19.

5) 동아일보, 「캐네디의 극동정책」, 1960.12.12.

반도가 공산화되는 것을 원하지 않았다. 이때부터의 전쟁을 제2차 베트남전쟁이라 부른다. 남베트남에서는 1955년 10월 26일에 미국의 지원을 받는 응오 딘 지엠을 수반으로 하는 베트남공화국이 수립되었다. 남과 북에 이념을 달리하는 정부가 버티게 된 것이다.

응오 딘 지엠 정부의 초기에는 과감한 개혁적 조치와 반공정책으로 사회를 안정시켰으나 독재에 의한 실정으로 민심을 잃기 시작하여, 1963년에 쿠테타로 피살되기에 이르렀다.

한편 1960년에는 남베트남에 민족해방전선(National Liberation Front, NLF)이 결성되었다. 이들의 군사조직을 베트콩(VC)라 하며 남베트남 전복활동을 전개하였다. 북베트남은 1960년 9월 제3차 노동당 전당대회에서 "북부에서의 사회주의 혁명완수와 동시에 미제국주의의 지배로부터 남부를 해방시켜 국가의 통일을 완수한다."는 결의를 채택하였다. 이로써 본격적인 베트남전쟁이 시작된 것이다. 이에 따라 우리나라에서도 비전투부대에 이어 전투부대의 파병을 시작하게 되었다. 이처럼 1960년대는 미소를 중심으로 한 힘의 경쟁시대가 한 시대를 풍미하고 있었다.

派越將兵에 武運빌어
自由의 十字軍되라
朴大統領致辭
蔡團長答辭 "國威宣揚·將兵安全에最善"

1960년 2월 9일 주월남한국군 사원조단 장병 2천명이 파월장병환송국민대회에서 시민의 환송을 받고 있다. 건군 이후 최초의 파병이었다. 우리나라는 이어서 해병 청룡부대를 선두로 하여 맹호사단과 백마사단 등의 전투부대를 파병하였다.

[최초의 파병] 출처 : 경향신문(1965.2.9.)

제 2 절 제2공화국의 통일정책

제2공화국은 채 1년을 유지하지 못하였다. 내각을 완료한 시점이 8월 24일이었다. 그로부터 8개월이 지나가고 있을 때 군사정변이 일어난 것이다. 따라서 정책이 수립되었다 하여도 실행을 문턱에 두고 무용지물 될 수밖에 없는 한계가 있었던 정부였다. 통일에 관한 의견을 발표한 것은 1960년 8월 27일 취임사를 통한 8개항의 시정방침을 피력하면서였다.

> (전략) "9월에 국제연합총회가 개최되겠으므로 정부는 유능한 대표단을 파견하여 한국통일안과 한국의 국제연합 가입에 대하여 국제여론을 환기하겠으며 통일안에 있어서는 구정권의 태도와는 달리 국제연합 자유국가들의 노선과 일치하도록 국제연합의 감시하에 남북을 통한 자유선거에 의하여 통일을 달성한다는 주장을 강조하고자 하는 바이다."

장면 총리는 유엔 감시 하 남북총선거를 통일방안으로 하겠다는 구상을 명확하게 밝힌 것이다. 그의 시정연설은 ① 남북한 자유선거의 통일방안과 한일간 국교 정상화 ② 경찰중립화 ③ 4·19 혁명 시위대에 대한 발포자와 부정축재자 색출 ④ 장기 경제개발체제 실현 ⑤ 원조사업 중 현안사업 해결 ⑥ 점차적 감군 ⑦ 방역강화와 태풍피해 구호책 ⑧ 연금의 지급과 증액 등 당면한 8개항이었다. 주요내용에서 보듯이 우리가 흔히 알고 있는

統韓 유엔加入 外交强化

張總理, 就任人事서 八個項施政方針披瀝

韓日會談再開도急務

産業痲痺안되는限不正蓄財處罰擴大

三府公務員財産登錄

장면 총리의 시정연설 모습이다. '통한(통일한국) 유엔가입 외교강화'라는 기사의 제목에서 보듯이 당시의 국정과제의 첫 번째는 통일과 통일된 한국의 유엔가입이었다. 우리나라는 유엔가입을 위해 1956년에는 서명운동을 전개하여 1,200만 명의 서명을 받기도 하였다.

[통일방안 등을 발표하는 장면총리] 출처 : 동아일보(1960.8.28.)

제3공화국의 경제개발 5개년계획은 이미 장면 내각에서 수립되어 있었다. 그 후 제3공화국은 이를 바탕으로 경제개발에 몰입하여 성공을 거두었다는 평가를 받고 있다. 한편 윤보선 대통령도 출마 얼마 후에 이승만의 북진통일론을 배격한 적이 있었다. 따라서 자연스럽게 북진무력통일론은 철회된 것으로 볼 수 있다. 또한 윤 대통령은 "준비 안 된 통일은 위험을 가져올 것이다. 통일의 서광이 비칠 때까지 경제발전에 힘쓰지 않으면 안 된다."고 하였다.[6] 장면 총리의 시정연설 내용과 윤보선 대통령의 인식을 종합해 보면 '선 경제개발 후통일'에 중점을 둔 유엔 감시 하 남북총선거를 제2공화국의 통일정책으로 볼 수 있다. 제2공화국 시절의 통일방안에 대한 논의는 제1공화국에 비해 활발하였다. 그동안의 독재정권은 이러한 논의에 대해 개방적인 태도를 취하지 않았다. 오직 반공이었으며 공산주의자와 대화를 논하겠다는 주장은 소위 '빨갱이'로 낙인 찍히는 세상이었다. 그러나 독재타도를 외치며 탄생한 제2공화국은 통일문제 등에서 보다 개방적이고 민주적인 성향을 보였다. 이러한 영향으로 정당과 사회단체를 중심으로 다양한 통일논의를 가능하게 하는 토양이 제공된 셈이었다. 특히 혁신세력과 학생세력 등 다양한 주체들에 의한 통일논의들이 다양하게 이루어졌다. 그러나 제2공화국에서의 통일논의는 활발했던 반면 차별화된 통일정책은 부재했다고 보아야 할 것이다. 정부가 발표한 유엔 감시 하 남북총선거는 유엔으로부터 환영을 받았으나 국내에서는 반론에 부딪치기도 하였다.

1960년 유엔의 정치위원회는 한국통일신결의안을 준비하고 있었다. 준비 중인 결의안은 3개 사항이며 이중에 첫 번째 항에서 우리나라의 통일정책을 환영한다는 내용이 포함되어 있었다.[7] 세 가지 내용은 다음과 같다.

1. 유엔은 신한국정부가 4월 혁명 이후 민주주의 제원칙을 지지하고 수호하려는 노력에 만족의 뜻을 표명하고 한국측의 평화통일정책을 환영한다는 뜻을 표명할 것이다.
2. 한국국민이 자력으로 자신의 운명을 해결하고자 하는 열망에 주목할 것이다.
3. 한국은 유엔에 가입할 자격을 충분히 구비하고 있다고 보며, 한국의 유엔 가입은 전 회원국들로부터 마땅히 지지를 받아야 한다고 표명할 것이다.

이러한 내용을 고려해 보면, 유엔은 유엔의 권위를 시종일관 인정하면서 유엔 감시 하 총선거를 통일정책으로 표방한 한국정부의 노력을 환영하고 있었다. 또한 우리나라의 유엔가입에 대한 열망을 통찰하고 있었으며, 이를 위한 협조의사를 보이고 있었다.

6) 경향신문, 「준비없는 통일은 위험」, 1960.11.19.

7) 경향신문, 「신정부의 평화통일정책 환영」, 1960.11.3.

장면 총리는 '유엔 감시 하 남북총선거'를 통일정책으로 밝혔다. 유엔에서는 우리 정부의 평화통일 정책을 환영한다는 기사내용이다.

[통일정책 환영] 출처 : 경향신문(1960.11.3.)

그러나 국회는 정부의 통일방안과는 차이가 있는 방안을 결의하였다. 1960년 11월 2일 야간에 긴급 소집된 국회는 각 당 대표 및 의장단 연석회의에서 정부의 통일안을 수정하여 만장일치로 채택하였다.[8)] 이날 채택한 통일정책에 관한 국회 결의안 내용은 다음과 같다.

> '통일독립민주한국을 수립한다는 유엔의 기본원칙에 따라 한국국민의 자유와 국가의 안전이 항구히 또 확고히 보장될 수 있는 조치를 강구하고 대한민국 헌법 절차에 의하여 유엔 감시 하에 인구비례에 따라 자유선거를 실시할 것을 결의한다.'

결의안에서 밝힌 국회의 통일방안은 북한만의 선거를 의미하고 있었다. 이는 장면총리의 정부안과 차이를 보이는 것이었다. 정부는 앞에서 언급한 바와 같이 '유엔 감시 하 남북총선거'인 반면, 국회는 '대한민국 헌법절차에 의하여 유엔 감시 하 인구비례에 따라 북한지역에서의 자유선거'였다. 정부와 국회간에 입장 차이가 발생한 것이며, 이는 통일정책에 대한 혼란을 일으켰다. 이처럼 정부와 국회의 통일정책은 이견을 보이고 있을 때 혁신계 정당을 중심으로 한 다양한 통일논의까지 가세하면서 더욱 더 혼란의 상황에 직면하게 되었다. 진보정당인 사대당(사회대중당)은 '적당한 유엔 감시 하 총선거'를 들고 나오기도 하였다. 이것은 전쟁에 참가하지 않은 '중립국에 의한 감시 하 총선거'를 말하는 것이었다.[9)] 이처럼 각인각색의 통일방안이 주로 혁신계를 통하여 쏟아지고 있었다.

8) 경향신문, 「혼란 일으킨 통일방안」, 1960.11.3.
9) 동아일보, 「통일방안 또 논쟁」, 1960.7.14.

통일만 된다는 식의 무분별한 논의가 앞뒤를 가리지 않고 나타나고 있었던 것이다. 혁신계에서는 마치 보수진영에서 평화통일을 원하지 않고 있다는 식의 주장까지 나오고 있었다.[10] 또한 북한이 제안한 문화·경제 교류 등에 대하여 무분별하게 서두르는 모양을 보이면서, 이를 진보된 통일방안으로 주장하는 등의 혼란상황은 가라앉을 줄 모르고 있었다. 정치계는 통일문제를 정쟁의 도구로 삼고자 하는 행태마저 보이고 있었다. 4·19 혁명 이후 이승만 정권 하에서 정치적 통제를 받아온 제도나 조직과 집단에 의한 자유화의 물결은 시간이 지나면서 더욱 거세졌다. 수많은 집단들이 그동안 억눌려온 자신들의 권리와 이익을 주장하고 나섰다. 그동안 허가제였던 신문발행을 등록제로 하면서 여러 가지 성향의 신문들이 등장하였고 동시에 많은 사이비 언론기관들이 난립하기 시작했다.

용공단체로 몰리어 철저한 통제와 감시를 받아 오던 진보세력도 정당을 결성하면서 활발한 정치활동을 펴기 시작했다. 노동운동에 대한 제약과 통제도 해제되어 교원노조가 결성되었고, 공식적인 통일정책을 비판하는 진보세력의 통일론도 상당한 수의 지지층을 확보하기 시작했다.[11] 통일방안이 협력과 대화를 통해서 활성화되어야 했으나 각 당의 실리에 따라 중요쟁점으로 변하고 있었다. 1960년 7월 29일 치르는 제5대 국회의원 선거전에서는 이를 적절히 활용하고자 하고 있었으며, 11월 23일 개헌안에 대한 국회표결을 앞두고 있는 상황이었다.

그러자 북한에서는 이 틈을 이용하여 대남공세를 전개하기 시작하였고, 1960년 8월 14일 '남북연방제'를 처음으로 제시하였다. 11월 20일에는 남북연방제와 남북한 간의 경제·문화교류를 위한 경제위원회를 창설하자고 제의하기도 하였다.[12] 당시에 북한은 경제교류의 미명 아래 몇 가지 물품을 제공하겠다고 하면서 이를 정치적인 흥정의 미끼로 삼고자 하였다. 남한의 경제적 사정이 열악한 것을 이용하여 전력·석탄·비료 등과 공장 설비를 제공해 주겠다고 제의하기도 하였다.[13] 당시의 우리나라는 기간산업이 지지부진하여 곤란을 겪고 있었다. 북한은 이에 착안하여 이와 같은 제의를 함으로써 민심의 방향을 그들에게 유리하게 하려고 하면서, 이를 정치 흥정의 도구로 삼기도 하였다.

즉, 이를 제공하는 대가로 남한에서의 외세를 철수해야 한다는 것으로, 이는 미군 철수를 말하는 것이었다. 또한 토지개혁 실시까지도 요구하고 있었다. 이는 공산주의 체제에 부합시키려 한 의도였다. 당시 북한은 일제의 유산으로 중공업시설이 집중되어 있었으며, 천리마운동[14]에 의해 어느 정도의 생산성과를 올리고 있었다. 북한은 철도교통의

---

10) 동아일보, 「사설, 유출유괴한 통일방안 논의」, 1960.7.16.

11) 국회, 「대한민국 국회 60년사」, p.196.

12) 경향신문, 「남북한 경제위 창설 거듭 제의」, 1960.11.21.

13) 경향신문, 「사설, 괴뢰측 제의와 유효한 대책」, 1960.11.27.

14) 1956년 12월 당중앙위원회 전원회의에서 제기되었다. 천리마를 탄 기세로 사회주의 건설에서 생산성

재개와 항구의 상호개방에 이르기까지 공세적인 제안을 내놓고 있었으며, 모처럼 맞은 자유로운 분위기는 이러한 북한의 제의에 대하여 건전한 비판과 합의에 이르는 노력은 부재하였다. 오히려 이러한 제의를 받게 된 우리 내부는 혼란을 맞게 되었다. 이러한 내부의 지속되는 혼란은 또 다른 세력에게 빌미를 제공하고 있었다. 불행히도 출범한지 1년도 지나지 않은 1961년 5월 16일, 박정희 소장을 중심으로 한 일부 군인들의 주동으로 군사정변이 발생하였다. 혼란을 정리한다는 명분으로 정치군인들이 무력을 이용하여 민주혁명으로 탄생한 정권을 끌어내린 사건이었다. 그 이면에는 군을 감축하려는 계획에 대한 반발이라는 평가가 있다. 장면 총리는 시정발표 8개항 중에 '점차적 감군'을 포함하였다. 점차적 감군이 필요했던 배경에는 경제개발에 필요한 자금을 확보하기 위해서였다. 이후에 출범한 제3공화국은 이를 조달하기 위한 방편과 미국의 한·미·일 삼각체제를 바탕으로 한 동아시아에서의 세력우위를 확보하기 위한 정책의 영향으로 한일협정을 강행하였다. 4·19 혁명 이후 민주화의 기대 속에 출범한 제2공화국은 5·16 군사정변으로 막을 내리게 되었다.

4·19 혁명으로 태어난 장면 내각은 경제개발 5개년계획을 입안하였으나 아쉽게도 이를 집행할 기회를 빼앗겼다. 박정희 등 일단의 정치군인들은 군사정변으로 정부를 전복시킨 후 제3공화국을 출범시켰기 때문이다. 제2공화국은 불과 11개월 존속하였다.

[4·19 혁명 학생시위] 출처 : 4·19 기념도서관

을 획기적으로 높이자는 의미의 사회주의 노력경쟁운동의 하나이다. 처음에는 생산성 경쟁에서 시작하였으나 1950년대 후반부터 1960년대에 북한에서 '사회주의 건설과 혁명을 촉진하는 강력한 추동력, 사회주의 건설의 총노선'이 되었다. 출처 : 통일부 통일교육원, 『북한지식사전』, p.642.

장면 총리의 내각은 4·19 혁명이라는 민의에 따라 탄생한 정부였다. 하지만 갑자기 자유를 맞이한 탓에 전반적인 사회분위기는 자유를 넘어 혼란의 시기였다. 군부는 이를 구실로 정권을 장악하는 계기로 삼게 되면서 그 막을 내리게 되었다. 제2공화국은 통일정책은 평화통일을 지향하는 '유엔 감시 하 남북한 총선거'였으나 국론을 한 방향으로 모으는 데는 실패하였다. 심지어 국회와도 이견을 보이고 있었다. 당시 집권 여당인 민주당은 제5대 국회의원 선거에서 승리하면서 민의원과 참의원에서 압도적인 의석을 확보하고 있었다.[15] 그럼에도 불구하고 이처럼 중요한 통일정책의 추진에 있어서도 역량을 한 방향으로 이끌지 못한 것은 아쉬우면서도 의아한 부분이다.

이승만 정부 시절에도 모든 것이 억압받았으나 시민의 혁명을 기반으로 탄생한 장면 정부는 그와는 정반대였다. 따라서 보다 진취적이고 진보적인 가치를 추구할 수 있는 분위기를 타고 있었다. 그러나 이러한 사회적인 분위기를 남북관계에는 접목시키지 못하였다. 단적인 예로 북한을 인정하지 않았다. 이것은 이승만 정부와 다를 바 없는 북한을 보는 시가이었다. 물론 당시는 전쟁이 끝난 지 채 10년도 되지 않은 시점이었으므로 쉽지는 않았을 것이다. 그렇지만 이러한 관점은 북한과의 어떠한 교류도 허용되지 않는 결과로 이어졌다. 이때에 정부 차원의 최소한의 인도적 교류를 위한 노력이 있었다면 오히려 무분별한 통일논의에 대해 기준점을 제시하는 계기가 될 수도 있었을 것이다. 또한 그 자체가 북한을 통일의 대상이자 상대로 인정하는 것임을 알아야 했다.

15) 민주당은 민의원에서 233석 중 175석, 참의원에서 58석 중 31석을 확보하여 안정적으로 정책을 추진할 수 있는 환경이었다. 출처 : 대한민국 국회, 『대한민국 국회 60년사』, p.193.

CHAPTER

04 제3공화국 박정희 대통령

제 1 절 제3공화국 출범과 국제정세

1. 제3공화국 출범

4·19 혁명 이후 민주화의 기대 속에 출범한 제2공화국은 짧은 수명으로 무대에서 사라지게 되었다. 국민의 요구로 태어난 우리나라 최초의 내각제 정부였지만 채 1년도 안되어 이를 끌어내린 것이다. 정권을 잡은 민주당은 봇물 터지듯 넘치는 민주화 요구와 함께 당내의 혼란을 진정시키지 못하여 군사정변의 빌미를 제공한 측면도 있다. 세칭 7·29 총선으로 불린 제5대 국회의원 선거에서 특기할 만한 점은, 제1당으로 부상한 민주당이 선거기간 중에도 신·구파의 갈등을 보이고 있었다. 민주당의 신·구파 간 갈등은 제5대 국회에서 대통령과 국무총리를 선출하는 과정에서도 표출되었다. 간선제의 대통령선거에서 민주당의 대통령 후보는 2명이었다. 선거결과는 82.2%를 득표한 윤보선 후보가 11.5%에 그친 김창숙 후보를 누르고 대통령에 당선되었다. 이어서 총리 임명을 받은 장면은 초대 내각 구성을 신파일색으로 구성하자 구파의 불만은 더욱 악화되었다. 초대 내각에서 배제된 민주당 구파의원들은 신파 중심의 장면 정부에 강하게 반발하였으며, 민주당 신파를 견제하기 위해 1960년 10월 13일 분당을 선언하기에 이르렀다.[1] 또한 신·구파뿐 아니라 노장파와 소장파의 대립도 심각하였다. 즉, 정권을 잡은 민주당은 압도적인 의석수[2]에도 불구하고 당내의 파벌로 혼란을 수습할 능력을 상실하기에 이르렀던 것이다. 이러한 정치상황은 또 다른 야심 세력에게 명분을 주고 말았다.

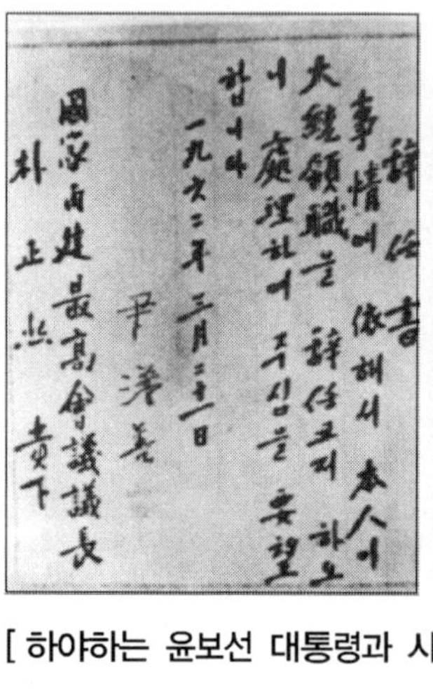
辭任書
事情에 依해서 本人이
大統領職을 辭任코저 하오
니 處理하여 주심을 要望
합니다
一九六二年 三月二二日
尹潽善
國家再建最高會議議長
朴正熙 貴下

[하야하는 윤보선 대통령과 사임서] 출처 : 『대한민국 국회 60년사』, p.60.

---

1) 국회, 앞의 책, p.197.

2) 민주당은 민의원 총의석수 233석 중에 175석을 차지하고 있었으며, 참의원 의석수에서는 58석 중에 31석을 확보한 상태였다. 출처 : 『대한민국 국회 60년사』, p.196.

이번에는 군인들에 의해서였다. 1961년 5월 16일에 박정희 소장을 중심으로 한 일부 군인들이 군사정변을 일으켜 무력으로 정권을 장악한 것이다. 박정희를 비롯한 일부 군인들은 장면 정부의 무능과 사회혼란을 구실로 삼아 군사정변을 일으켰다. 군의 정치적 중립을 훼손하고 정권을 찬탈한 사건을 벌인 것이다. 그들은 국회를 해산하고 군사정부 국가재건최고회의가 국회를 대신하여 입법권을 사실상 행사하였다. 1962년 12월 17일 국가재건최고회의는 국민투표를 통해 제5차 개헌을 단행하였다. 이 개정헌법은 강력한 대통령중심제를 주요 골자로 하였다. 이어서 민간인으로 옷을 갈아입은 박정희는 대통령에 출마하였다. 1963년 10월 15일 실시된 제5대 대통령 선거에서, 박정희는 46.6%를 득표하여 45.1%를 획득한 윤보선을 어렵게 제치고 당선되었다. 군정에 임하면서 밝힌 민정이양을 지키지 않고, 자신이 스스로 민간인으로 전환하여 정권을 장악한 것이다. 그 후 그는 측근의 총에 쓰러질 때까지 18년간이라는 기간을 집권하였다. 무력을 이용한 정권장악은 제3공화국의 약점이었다. 정통성에서 자유로울 수 없는 입장이었다. 또한 그의 남노당 당원이었던 과거 전력은 국민 앞에 떳떳할 수 없는 이력이었다.

이러한 정통성의 약점을 보완하고자 그는 반공주의를 제일의 국시로 삼아 정책을 추진하게 된다. 군사정부는 반공을 강화하였고, 부패공직자와 폭력배를 처벌하였으며, 민생안정을 위한 농가 부채 탕감, 화폐개혁 등을 시행하였다. 또한 군정에 비판적인 세력을 탄압하기 위하여 중앙정보부를 창설하기도 하였다. 정통성이 취약한 박정희는 '반공과 경

銃殺刑(一名) 無期(四名)

軍法會議서 七十三名에 言渡

국방부는 군내 반란사건을 조사하여 1949년 2월 8일부터 관련자들을 군법회의에 회부하였다. 13일까지 판결언도가 된 자는 73명에 달하였다. 그 중 박정희 등은 무기징역을 선고받았다. 이후 박정희는 6·25 전쟁을 겪으면서 감형과 복권을 거쳐 현직에 복귀하였으며, 군사정변을 통하여 최고의 권력을 거머쥐기에 이르렀다.

[총살형 1명] 출처 : 경향신문(1949.2.17.)

제개발'로 이를 극복하고자 하였다. 그러나 경제개발 자금이 부족하였다. 정통성 약한 박정희 정부는 경제를 개발하여 이를 보완하고자 하였으나 자금이 부족한 실정이었다. 때를 맞추어 미국의 일본과의 국교정상화 요구 압박과 자금의 필요성은 한일국교수립으로 이어졌다.

박 대통령은 1965년 1월 9일 연두기자회견에서 한일협정의 연내타결을 표명하였다. 1964년 3월에는 정부가 한일외교정상화 방침을 밝히고, 일사천리로 4월 3일에는 양국간 한일협정 가조인이 있었다. 결국 1965년 6월 22일에 지금까지 논란이 되고 있는 한일협정이 체결되었다. 이제는 국회의 비준 절차가 남아있을 뿐이었다. 7월 14일 민주공화당의원들이 한일협정비준동의안을 단독으로 국회에 상정하였다. 이에 야당의원들은 의원직사퇴서를 제출하는 등으로 여야의 대립은 극에 달했다. 결국 8월 14일 야당의원들이 불참한 가운데 한일협정비준동의안이 의결되었다. 그 과정에서 수많은 학생과 시민들은 굴욕적인 한일회담을 극렬하게 반대하였다. 6·3 시위를 비롯하여 온 국민이 반대의 대열에 나섰다. 아직도 한일협정에 대한 후유증은 위안부 문제, 징용 문제 등에서 나타나고 있다.

장기집권의 야욕에 들뜬 박 대통령은 1972년에 10월 유신을 선포하여 또 다시 헌법을 개정하였다. 유신헌법은 대통령에게 입법, 사법, 행정권을 집중시킨 비민주적인 헌법이었다. 대통령선거는 6년 임기의 간선제로 바뀌었고, 대통령이 국회의원의 3분의 1을 추

學生데모 擴大一路
市內 各大學生 萬5千名
「武斷朴政權물러나라」외쳐
3日 一部地方서 呼
拘束學生 11名釋放決定
治安關係閣僚會議결정

1964년 6월 3일에 한일협정에 반대하는 학생데모는 정절에 달했다. '무단 박정권 물러나라.'는 구호가 난무하면서 정권퇴진을 외쳤다. 정통성 없는 정권의 한일협정은 현재까지도 많은 논란을 가져오고 있다.

[학생데모 확대이로] 출처 : 동아일보(1964.6.3.)

천하는 막강한 권한을 부여하는 개헌이었다. 마음만 먹으면 장기독재가 가능한 토대를 제도화한 것이다. 그의 유신단행은 남북통일을 추진하기 위해서는 사회질서를 안정시켜야 한다는 것이었다. 남북통일을 명분으로 1972년 10월에 비상계엄을 선포하고 유신헌법을 만들었다. 결국은 장기집권을 위하여 북한과 통일정책을 이용하는 파렴치한 행태를 보였다는 평가를 받고 있다.

2. 국제정세

1960년대에 들어서면서 미국은 우리나라와 일본의 관계개선을 원하고 있었다. 미국은 동아시아에서 소련과 중공의 세력에 대하여 우위를 점하기 위해서는 한·미·일 삼각동맹이 필요하였다. 이러한 국제정세의 요구는 한일수교를 필요로 하였으나, 일본은 침략에 대하여 사과조차 없었다. 민족적 감정이 풀리지 않은 상태에서 회담을 추진하고자 하는 정부의 방침에 반대하여 수많은 학생들은 굴욕적인 협상이라며 거리로 쏟아져 나오게 만들었다. 미국이 주도하는 한·미·일 삼각동맹 추진의 앞날이 밝지만은 않았다. 1970년대 진입을 전후하여 국제정세는 새로운 변화가 일어나고 있었다. 1969년 미국의 닉슨 대통령은 새로운 대아시아 외교정책을 천명하였다. '닉슨 독트린'[3]이라 불리는 이 선언은 아시아지역에서 전쟁이 발생할 경우에 미국의 개입을 최소화하겠다는 것이다. 즉, 전쟁은 전쟁을 발생시킨 당사국간에 일차적으로 해결해야 할 문제라는 것이며, '아시아의 방위는 아시아에게 맡긴다.'는 것이었다. 이를 계기로 주한미군의 감축이 시작되었으며 미국의 베트남전 철수가 본격화되기 시작했다.

이 선언으로 그동안 소련과 첨예하게 대립되던 상황은 점차 완화되는 계기가 되었다.

제2차 세계대전 이후 세계의 질서는 미국과 소련을 중심으로 유지되었다. 미국을 중심으로 하는 자유진영과 소련을 중심으로 하는 공산진영이 대립하는 냉전의 시기를 유지하고 있었다. 이러한 질서는 한반도에서도 예외는 아니었다. 남과 북도 냉전체제 하의 세계질서에 따라 치열한 대립각을 세우고 있었다.

그러나 도도히 흐르는 시간은 정세의 변화를 가져왔다. 변화의 조짐으로 미국은 6·25 전쟁 이후 중국과의 냉전구도에서 벗어나 접촉이 이루어지고 있었다. 이전까지의 미국과 중국의 관계는 적과 적의 관계였다. 미국과 중국은 한반도에서 서로 열전을 치른 경험이

3) 미국의 닉슨 대통령이 1969년 7월 25일 괌에서 발표한 미국 외교정책 선언문을 말한다. 미국의 동맹국들에 대한 군사적 측면에서의 지원을 줄이겠다는 내용이 골자이다. 따라서 아시아지역에서의 군사개입 자제, 미국의 직접적인 군사적·정치적 개입 자제, 과중한 군사부담 회피, 아시아 국가들이 강대국으로부터 핵공격을 받는 경우를 제외하고는 아시아 각국이 자체적으로 해결, 각국의 군사원조 대신 경제원조로 전환, 아시아지역 안보기구 설립 촉진 등을 담고 있다.

1972년 2월 미국의 제37대 대통령 닉슨은 미국 대통령 최초로 중국을 방문하여 모택동을 만났다. 6·25 전쟁 이후 처음의 만남이었으며, 중국을 인정한다는 의미를 담고 있었다. 이러한 변화는 한반도에도 영향을 미치게 되었다.

[닉슨과 모택동의 만남] 출처 : 국가기록원

있었다. 그러나 그로부터 약 20여 년의 세월이 흐르면서 변화를 가져온 것이다. 드디어 1972년 2월 21일에 미국 대통령과 중국 수상이 공동성명을 통해 미국의 한반도 긴장 완화, 교류증진의 노력을 지지하는 것과 중공의 북한에 대한 평화통일 8개항 방안을 주 내용으로 함을 선언하기에 이르렀다. 미국과 중국의 교류에는 탁구가 한몫을 하였다는 평가를 받는다. 1971년 3월에서 4월에는 일본의 나고야에서 세계탁구선수권대회가 열렸다. 여기에서 미국 선수단은 중국의 초청을 받고 중국을 방문하는 일이 있었다. 이른바 핑퐁외교의 결실이었던 것이다.

핑퐁외교를 계기로 미국은 그동안 중국에 취해왔던 금수조치를 해제하기에 이르렀고 여세를 몰아 미국 대통령으로는 최초로 중국을 방문한 것이다. 물론 핑퐁외교 이전부터 미국의 중국에 대한 화해의 제스처가 있었다. 1971년 2월 26일에 닉슨은 외교교서를 발표하였다. 미국은 이때 처음으로 중공을 중화인민공화국으로 지칭하였던 것이다.[4] 일본 역시 중국과의 접촉이 진행되고 있었다. 미국과 중국의 분위기 전환을 놓치지 않고 일본은 1972년에 재빠르게 중국과 국교를 수립하기에 이르렀다. 중국을 1971년 10월 26일에 유엔총회의 결정에 따라 유엔 가입과 동시에 안전보장이사회 상임이사국으로 받아들이는 한편 자유중국을 유엔에서 제외하는 안건이 통과되었다. 그동안 세계는 미국과 소련의 양대 축을 중심으로 하였으나, 이제부터는 중국이라는 강국이 등장함을 알리고 있

4) 이 내용은 일본 외무성에서 닉슨의 중국 방문에 관한 종합보고서의 내용이다. 출처 : 동아일보, 「아시아 평화에의 시구」, 1971.9.16.

中共, 美國卓球팀 招請

一行15명 9日출발 1週滯留

兩國 23年만의 스포츠交流

英國·캐너더팀도 來週訪問결정

11月

나고야에서 열린 세계탁구선수권 대회의 마지막 날인 1971년 4월 7일에 중국은 미국 탁구팀을 초청한다고 하였으며, 미국은 이를 받아 들였다. 미 대표팀 15명은 1주일간 머물면서 북경, 상해, 광주 등에서 친선경기를 갖게 되었다. 핑퐁외교가 시작된 것이다. 중국은 미국 선수단 초청에 앞서 캐나다, 영국, 콜롬비아, 나이지리아, 리카라과 등 5개국을 초청하였다. 중국의 정권수립 23년 사상 놀라운 일이었다. 중국은 스포츠를 매개로 화해의 제스처를 미국에 보낸 것이며, 미국은 화답하였다.

[중공, 미국탁구팀 초청] 출처 : 동아일보(1971.4.8.)

었다. 그러나 자유중국의 고심은 깊어가고 있었다. 이제부터의 세계는 이념과 체제가 달라도 국익에 부합되면 얼마든지 공존이 가능하다는 의미를 보여주는 것이었다. 중국은 드디어 국제무대에서 존재감을 부각시키고 있었다.

이어서 미국의 닉슨 대통령은 5월 22일에는 소련을 방문하게 되었다. 닉슨은 소련의 브레즈네프 공산당 서기장 등과 회담을 하게 되었다. 주요 의제는 전략무기 제한 협정체결, 미·소 불가침조약 체결 가능성, 미·소간 무역 쌍무협정 체결 문제 등 긴장완화를 위한 주요 세계문제와 양국 간의 현안문제 등이었다.

이처럼 미·중·소를 중심으로 한 강대국의 변화에 따라 세계는 테탕트[5]의 분위기가 감돌고 있었다. 남북한에 막대한 영향을 미치고 있는 주변 강대국의 이러한 움직임은 거대한 물줄기의 흐름이 변화되고 있다는 것을 알리는 것이었다. 미국과 중국 그리고 소련과

5) detente, 프랑스어로 '긴장 완화'라는 뜻을 갖고 있다. 1960년대와 1970년대 미·소 관계의 점진적 개선과 국제적 긴장 완화를 가리킨다. 출처 : 다음 역사용어사전에서 발췌.

닉슨, 오늘 모스크바 到着

밤10시 브레즈네프등 3巨頭出迎

내일 美·蘇 1차頂上회담

實質문제 토의…越南사태도

"重大한 実質회담을" 닉슨

核制限 협정체결은 延期?

키신저 示唆

오스트리아 寄着

歷史的 登程

닉슨 미국 대통령이 모스크바에 도착하였음을 알리고 있다. 이 시기에 미국은 베트남 전쟁 등의 민감한 문제를 안고 있었다. 당시에 미국은 월맹에 대한 해안봉쇄를 단행하여 소련과는 민감한 분위기를 유지하고 있었던 것이다. 해안봉쇄는 월맹에 대한 소련의 지원을 봉쇄하겠다는 의미였다. 그러나 닉슨의 소련 방문은 이러한 냉각의 기류를 해소하겠다는 의지를 보인 것이다.

[닉슨, 오늘 모스크바 도착] 출처 : 경향신문(1972.5.22.)

의 접촉은 남북관계에서도 변화를 요구하는 있었다. 즉, 대화를 통한 남북문제 해결이 세계적인 변화에 적응하고 보조를 맞추는 길이라는 것을 남북 모두는 인정할 수밖에 없는 상황이 조성되고 있었던 것이다.

제 2 절 7·4 남북공동성명

1. 불안한 한반도정세

1953년 7월 27일에 이루어진 정전협정은 총성을 멈추게 하였다. 남북한 간의 직접적인 충돌은 잠시 소강상태를 유지하였다. 남북한 모두 전후복구에 전력을 다하여야 했다. 그러나 1960년대 초까지 유지되던 소강상태는 이후 급격한 변화를 보이기 시작하였다.

북한은 이른바 4대 군사노선[6]이라는 군사력 증강을 위한 기본노선을 마련하였다. 전쟁 후부터 1950년대 후반까지의 전후복구사업과 경제적 성과를 바탕으로 본격적인 군사력 증강을 추진한 것이다. 4대 군사노선은 1962년 12월에 열린 당중앙위원회 제4기, 제5차 전원회의에서 정립한 것으로 알려지고 있다.[7] 이 시기에 중국과 소련은 협조관계에서 갈등의 관계로 변화하고 있었는데 이러한 대외적인 환경도 북한의 군사력 증강에 유리한 여건을 조성하였다. 북한은 중국과 소련 사이에서 이른바 등거리외교를 통하여 양국으로부터 최대한의 지원을 이끌어 내고자 하였다. 이와같은 대내외적인 영향으로 북한의 도발은 1960년대 중반에 접어들자 급증하였다. 그 현상은 통계에서 보여주고 있다.

[연대별 유형별 북한에 의한 침투 및 국지도발 현황]

구분		계	1950년대	1960년대	1970년대	1980년대	1990년대	2000년대	2010~2014년	2015년	2016년
계		3,094	405	1,340	406	228	222	241	220	26	6
침투도발	직접침투	1,759	381	990	300	38	50	0	0	0	0
	간접침투	179	0	0	0	127	13	16	21	2	0
	월북·납북자 간첩 남파	39	5	21	11	2	0	0	0	0	0
	소계	1,977	386	1,011	311	167	63	16	21	2	0
국지도발	접적지역 도발	507	7	300	51	45	51	42	7	4	0
	접적해역 도발	559	2	22	28	12	107	180	188	15	5
	공중 도발	51	10	7	16	4	1	3	4	5	1
	소계	1,117	19	329	95	61	159	225	199	24	6

출처 : 국방부, 『2016 국방백서』, p.252.

6) 4대 군사노선이란 '전인민의 무장화, 전군의 간부화, 전지역의 요새화, 전군의 현대화'를 말하며 이는 북한군의 군사력 증강을 위한 기본노선이다.

7) 통일부 통일교육원, 『북한지식사전』, p.360.

통계에서 보듯이 북한에 의한 도발은 1960년대에 급증하였음을 알 수 있다. 특히 1968년 들어 대형도발이 연이어 터졌다. 한해 동안 국군 145명, 민간인 25명, 미군 17명이 사망했을 정도였으니 전쟁수준이었다고 해도 과언은 아닐 것이다. 이처럼 1960년대 후반에 접어들면서 전쟁 이후 최고수준의 무력행위가 반복되었다. 이러한 사태를 겪으면서 동족이라는 인식보다는 척결할 대상이라는 인식으로 각인되어 갔다. 한반도를 초긴장 상태로 몰고간 1968년을 전후한 대표적인 사건을 열거해 보면 다음과 같다. 1967년 1월 19일 동해에서 명태잡이 어선 70여 척을 호위하던 한국의 PCE-56 해상경비정이 북측 해안포의 공격을 받아 침몰했으며 39명의 장병이 희생되었다. 1968년 1월 21일 북한 특수부대 124부대 소속 31명의 무장공비가 침투하여 청와대를 향하였다. 박정희 대통령 암살을 위하여 침투했던 것이다. 무장공비들은 휴전선을 넘어서 밤새 청와대 바로 뒷산까지 침투했다. 그러나 신고를 받고 출동한 우리 군과 경찰에 의해 사살되었고 김신조 한 명을 생포하였다. 그 후 생포된 무장공비는 침투이유 등에 대하여 TV로 중계하는 기자회견에서, "박정희 목 따러 왔수다." 라는 섬뜩한 한마디를 던졌다. 온 국민이 경악하는 순간이었다. 이 사건 이후 우리정부는 684부대를 창설하기도 하였다.[8] 남북관계는 대결과 대결의 반복을 부르고 있었다.

1968년 1월 23일 북한 해군은 미국의 정보수집함 푸에블로호와 승무원들을 동해에서 나포하여 원산항으로 끌고갔다. 승무원과 배를 돌려받기 위해 미국은 북한과 판문점에서 회담을 가졌다. 미국은 북한과의 11개월에 걸친 오랜 협상 끝에 사과문을 써주고서야 12월 23일에 승무원 82명과 시체 1구를 돌려받을 수 있었다. 이것은 북한과 미국의 첫 번째 양자협상이었다. 푸에블로호는 원산항에 머물러 있다가 1999년 10월 대동강변으로 옮겨졌다. 1866년 7월 조선에 대하여 개방을 요구하던 미국 상선 제너럴 셔먼호가 불탔던 장소였다. 이후 이를 전시하여 단체관람객이 즐겨 찾는 반미 교육기지로 쓰고 있다.

북한은 이를 선전의 도구로 활용하고 있지만 미국으로서는 굴욕적인 일이 아닐 수 없었다. 1968년 10월 30일과 11월 2일 사이에 울진과 삼척에서 북한의 대규모 침투작전이 이루어졌다. 1967년에 창설된 특수작전부대인 124군부대 소속 15명 정도로 구성된 8개 작전조가 침투하여 민간인을 학살하는 등의 만행을 자행하였다. 이를 진압하기 위하

---

8) 1968년 4월에 창설했다고 해서 붙여진 이름이다. 이 부대의 목표는 김일성 암살이었다. 부대원들은 인천 인근 실미도에서 수년간 무장훈련을 하였다. 따라서 이 부대를 실미도 북파부대라고도 부른다. 이들은 3년이 넘게 혹독한 훈련을 견디며 북파를 기다렸으나 부대를 해체하기에 이른다. 남북한 해빙무드가 다가오면서 이를 실행에 옮기기에는 무리였다. 점차 이들에 대한 처우가 열악하여지자, 1971년 8월23일 실미도 요원들은 무장을 한 채 서울로 향하였다. 인천에서 버스를 탈취하여 서울로 오는 과정에서 군·경과 총격전을 벌이기도 하였다. 대방동 유한양행 앞에서 군·경이 버스를 봉쇄하자 버스안에서 수류탄을 터뜨려 스스로 목숨을 끊었다. 일부 생존자는 후에 사형에 처해졌으며, 당시 언론은 북한 무장공비 침투로 보도를 하였다.

[기자회견하는 김신조] 출처 : 국가기록원

여 수개월 동안 4만 명이 넘는 군과 경찰들이 동원됐다. 북한은 이 사건을 북한지역주민들에게 '남한인민들이 일으킨 용감한 무장봉기'라고 대대적으로 선전했다. 1969년 4월 두 대의 북한 미그-21기에서 발사된 공대공미사일이 미 해군의 EC-121 정찰기를 동해상에서 격추시켰다. 승무원 전원이 사망했다. 닉슨 대통령은 군사보복을 생각했지만 결국 실행하지는 않았다.

북한의 도발에 맞서 1968년부터 박 대통령은 자주국방을 언급하였다. 1968년 2월 8일 여야시국간담회에서 "국방을 군 중심으로 생각하던 개념을 우리국민의 주체적 입장을 중심으로 생각해야 할 개념전환의 단계에 들어섰다."고 강조하고 이를 위해 재향군인의 무장과 향토방위법 제정이 시급하다고 말하였다. 1968년 4월 1일에 향토예비군이 창설되었다. 박 대통령은 연설에서 "우리는 먼저 우리 머리속에서 낡은 국방관을 추방해야 하겠다는 것입니다. 공산 침략을 막아내고 나라를 방위하는 일은 우리를 돕는 우방과 우리의 60만 대군이 있으니 안심이라고만 생각하고 범국민적 자주국방 태세의 확립을 잠시라도 게을리 해서는 안 되겠다는 것입니다."라며 우방국에 의존하는 사고를 버리고 자주국방을 해야 함을 강조하였다. 한반도에서 힘에는 힘으로 맞서는 대결의 분위기가 조성되고 있었다.

대결국면이 절정에 다다른 1960년대를 보내고 1970년대에 접어들자 국제정세도 평화무드로 변하고 있었다. 1972년 5월초 대한민국의 이후락 당시 중앙정보부장이 박정희 대통령의 명에 따라 남북대화를 개척하는 사명을 띠고 비밀리에 평양을 방문하였다. 북

[향토예비군 창설] 출처 : 국가기록원

한의 김일성과 회담을 가졌을 때 김일성은 1968년의 두 사건에 대해서, 그것이 북한에 의해서 저질러진 것임을 솔직히 시인하고 정중하게 사과했다. "박정희 대통령에게 대단히 미안한 일 이었다."고 거듭 사과하였다고 한다.

2. 대화제의

앞의 현황에서 보았듯이 1968년에 들어와서는 북한의 대남군사도발이 전쟁상황 못지않았다. 이에 따라 전쟁 후 평온을 찾은 듯 했던 한반도는 다시 불안에 빠져 들고 있었다. 마치 곧 전쟁이 발생할 것처럼 느껴졌다. 당시 우리나라는 1960년대에 들어오면서 1·2차 경제개발 5개년계획의 성공적인 수행으로 경제성장률이 급격히 오르고 있었다.

지속적인 경제성장을 위해서는 평화가 보장되어야 했다. 즉, 남북의 지나친 대결로 인한 과도한 군사비 지출은 부담이 될 수밖에 없었다.[9] 그런데 1968년에 와서 더욱 격화된 한반도의 긴장상태는 지속적인 경제성장의 토대인 평화와 안보에 심각한 위협이 되었다.

경제성장을 더욱 끌어올려 이를 바탕으로 국방력에서 북한을 압도하고자 했던 정부는 어떻게 해서든지 평화를 유지해야 했다. 정부 차원의 특단의 조치가 필요한 시점으로 인식되었다. 한반도의 평화문제를 근본적으로 해결하는 것은 자연스럽게 분단된 한반도의

---

9) 정부예산에서의 군사비 지출은, 1965년에는 36.7%, 1975년은 30%를 유지하고 있었다. 출처 ; 통계청, 앞의 자료, p.31.

頂에
번째 接戰
70年代 후반엔 平和統一 길 열려
國力, 北傀보다 越等
朴正熙후보 會見
高速道 공동개발등 제의
그땐 反共法도 철폐

제7대 대통령 선거에 입후보한 박정희는 "제3차 경제개발 5개년계획이 끝나고 우리의 국력이 월등히 배양되는 1970년대 후반에 가서 통일논의가 활발히 거론될 것이며 평화통일의 길이 열릴 것"이라는 요지의 기자회견을 하였다. 박정희는 53.2%의 득표로 김대중 후보를 이겼다. 그는 경제력이 발전하기 시작한 1960년대 후반부터 북한과의 관계에서 자신감을 갖게 된 것으로 보인다.

[70년대 후반엔 평화통일 길 열려] 출처 : 동아일보(1971.4.17.)

재통일 문제와 결부된다. 한반도에 있어서 평화와 통일은 불가분의 문제이다. 따라서 첨예한 관심이 남북의 두 정권 사이에 있는 것이다. 1970년대 들어 대한민국은 고도의 경제성장을 이루기 시작하였다. 경제적 자신감은 북한에 대한 자신감으로 나타나기 시작하였다.[10] 이렇게 되자 이때부터 남북대화는 우리측에서 먼저 제안하기 시작하였다.

한반도의 남쪽에는 자유민주주의 이념에 입각한 민주국가인 대한민국이 있고 북에는 공산주의 이념에 입각한 조선민주주의인민공화국이 존재하고 있었다. 이제 남북의 두 체제는 비단 이념과 사상과 제도만을 달리 하지는 않고 있다. 시간이 흐르면 흐를수록 역사관과 가치체계, 그리고 생활양식까지도 점차 이질화되어가고 있다. 이론상 두 체제를 가장 민주적인 방법으로 단일화하는 방안은 있다. 그것은 전체 한국민의 총의에 물어 다수가 택하는 바에 따라 체제를 택일하는 방안일 것이다. 이것은 남북한 토착인구비례에 입각한 남북한 총선거를 실시하여 통일한국정부를 수립하자는 우리나라의 전통적인 통일방안이기도 하다. 그러나 그 당시 남한의 3,300만대 북한의 1,400만이라는 인구의 차이는

10) 1인당 GNP를 비교해 보면, 1965년에는 우리나라 105달러에 비해 북한은 162달러로 우리를 앞섰다. 그러나 우리나라의 경제력이 발전하여 1975년에는 우리나라 594달러에 비해 북한은 415달러로 우리에게 뒤떨어졌다. 출처 : 통계청, 앞의 자료, p.41.

북한으로 하여금 이를 수용하기 곤란하게 만드는 근본적인 문제였다. 더구나 남한의 개방체제에 비해 북한의 폐쇄체제가 지니는 취약점 때문에 북한공산주의자들은 결코 이러한 민주방식에 의한 통일을 수락할 수 없는 구조였다. 따라서 북한은 적화통일달성의 가장 확실한 방법으로 오로지 대한민국의 '선공산화'가 선결조건이 될 수밖에 없었다. 이것은 엄연한 현실이다. 따라서 통일이란 결코 단순한 과제가 아닌 것이다. 이러한 현실상황 속에서 가장 시급한 과제는 한반도의 평화를 파괴하려는 북한의 책동을 억제하여 한반도에 보다 항구적이고 안정된 평화를 정착시키는 것이었다. 안정되고 항구적인 한반도 평화의 정착은 남북한의 두 체제 간에 상호부정과 간섭이 배제되는 평화적 관계의 정립에 의해서 선도되어야만 한다는 것은 너무도 당연하다. 또한 남북한 간의 이러한 평화적 관계야말로 평화적 통일을 지향하는 노정의 출발점이 되는 것이다. 이러한 현실을 직시하여 1970년 8월 15일 광복절 경축사에서 남북이 선의의 경쟁을 할 것을 제의하였고, 1971년 8월 우리측에서는 남북적십자회담을 북한에 제의함으로써 남북대화를 시작되었다. 남북적십자회담의 목적은 1945년의 타율적인 남북한 분단과 6·25 전쟁으로 말미암아 남북한에 흩어져 살고 있는 1천만 이산가족들의 상호 주소, 생사의 확인, 상호 방문과 상면, 상호 서신교환을 주선해 주고 당사자들의 원에 따라 재결합시켜 주자는 것이었다. 이러한 인도주의사업의 결실은 틀림없이 남북한 간의 긴장을 완화시키고 오해와 불신을 제거하며 상호 민족적 유대를 재확인시켜 주는 데 유익한 결과를 예고하는 것이었다. 그러나 가는 곳마다 암초는 나타났다. 암초의 실체는 정권유지였다.

3. 추진과정

정부는 경제발전에 주력하면서 정권안정에 유리한 남북관계 정립과 이러한 국제정세의 변화에 적응하기 위한 현실 인식이 필요하였다. 일련의 국제정세 변화는 새로운 통일정책을 요구하고 있었던 것이다. 남한과 북한은 6·25 전쟁을 기점으로 첨예한 대립의 구도가 지속되었다. 쌍방간의 대화는 이루어질 수 없는 것처럼 보였다. 그러나 1972년 7월 4일 오전 10시에 전국민과 세계의 이목을 집중시키는 성명이 남북한에서 동시에 발표되

> "서울의 이후락 중앙정보부장[11]이 1972년 5월 2일부터 5월 5일까지 평양을 방문하여 평양의 김영주 노동당 조직지도부장과 회담을 진행하였으며, 김영주 부장을 대신한 박성철 제2부수상이 1972년 5월 29일부터 6월 1일까지 서울을 방문하여 이후락 부장과 회담을 진행했다."

---

11) 현재의 국가정보원장에 해당하며 이후락은 제6대 정보부장(1970.12.21.~1973.12.2.)이었다.

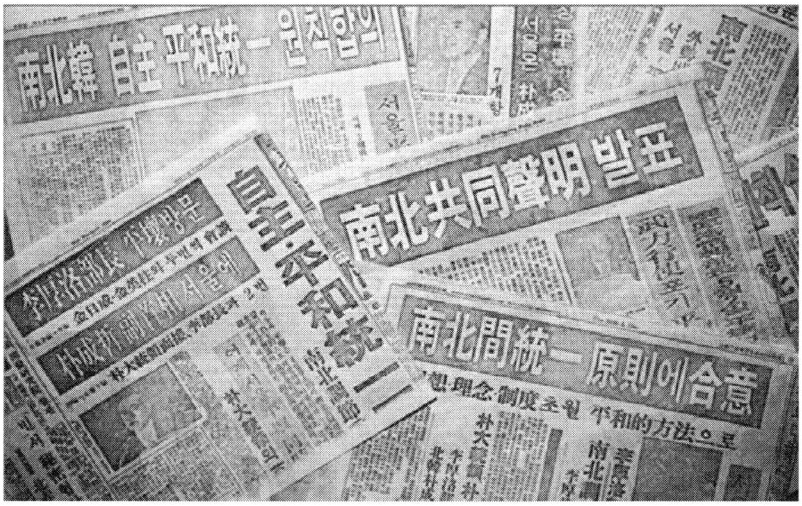

[7·4 남북공동성명 발표] 출처 : 국가기록원

'7·4 남북공동성명' 발표를 보도하는 당시의 신문들. 이는 대결에서 대화를 천명한 민족사적 사건이자 세계의 이목을 집중시키기에 충분하였다.

었다. 그것이 바로 7·4 남북공동성명이다. 이와같은 경과보고와 남북의 통일문제 해결을 위해 합의한 7개항에 이르는 합의문을 남과 북은 동시에 발표한 것이다. 대립 구도에서 대화 구도로 지향하겠다는 의지를 남북한 모두가 천명한 것이다.

이처럼 전광석화처럼 발표된 7·4 남북공동성명은 남북한 당국이 국토분단과 동족간의 전쟁 이후 최초로 통일문제를 합의하여 발표한 역사적인 공동성명이었던 것이다. 국제정세의 변화에 따른 통일정책의 유연성 필요는 1970년 8월 15일 광복절 경축사에서 이미 '평화통일구상 선언'을 통하여 나오기 시작하였다. 7·4 남북공동성명이 발표되기 이전부터 대화를 위한 변화의 조짐은 보였던 것이다. 그것은 북한의 실체를 인정하고 대화와 교류를 바탕으로 통일의 여건을 조성한다는 것이었다. 당시 박정희 대통령은 1970년 8·15 선언에서 남북이 선의의 경쟁을 하자고 제안한 바 있었다. 주요 관련 내용만을 발췌하여 살펴보면 다음과 같다.

> "(전략) 북괴가 한국의 민주, 통일, 독립과 평화를 위한 유엔의 노력을 인정하고 유엔의 권위와 권능을 수락한다면, 유엔에서의 한국 문제 토의에 북괴가 참석하는 것도 굳이 반대하지 않을 것입니다. 이러한 나의 구상에 덧붙여서 한 가지 더 말하고 싶은 것은, 북괴에 대하여 '더 이상 무고한 북한 동포들의 민생을 희생시키면서 전쟁 준비에 광분하는 죄악을 범하지 말고, 보다 선의의 경쟁, 즉, 다시 말하자면 민주주의와 공산독재의 그 어느 체제가 국민을 더 잘 살게 할 수 있으며, 더 잘 살 수 있는 여건을 가진 사회인가를 입증하는 개발과 건설과 창조의 경쟁에 나설 용의는 없는가' 하는 것을 묻고 싶은 것입니다. (후략)"

1971년 9월 20일 진행된 역사적인 제1차 남북적십자 예비회담. 당시 남북적십자 예비회담은 이산가족 문제를 협의하기 위해 개최되었다. 이즈음 동서진영은 화해의 시대로 향하고 있었다.

[제1차 남북적십자 예비회담] 출처 : 국가기록원

비록 북괴라는 용어를 사용하고 있지만 그들의 실체를 인정하고 선의의 경쟁을 하자는 것이다. 즉, 남북관계에서의 자신감을 얻고 있었다.

제안 후 이듬해 김일성도 남한의 모든 정당과 협상할 용의가 있다고 천명하였다. 남북 정상 간의 긍정의 메시지가 교환된 셈이다. 이에 따라 남북한의 적십자사가 움직였다. 박 대통령의 8·15 평화통일구상 선언을 구현하기 위하여 1971년 8월 12일 대한적십자사는 북한적십자회에 대해 인도적 남북적십자회담을 제의하게 되었다.[12] 그것은 현재도 진행되고 있는 이산가족 상봉이다. 이에 따라 북한적십자회측에서는 이를 수락한다고 화답하였으며 판문점에서 남북적십자 예비회담이 열리게 되었다. 이것은 국토분단 후 우리측이 주도하여 제의한 것으로는 최초로 기록되었다.[13] 이처럼 남북 간 평화적 접촉을 위한 대화의 물꼬는 남북적십자회담에서 시작되었다. 곧 이어 회담 제의 불과 8일 만에 남북적십자사의 연락원들이 판문점에서 만나 서로 신임장을 교환하기에 이르렀다. 분단 이후 최초의 남북대화가 성사되는 순간이었다.

그간의 활동을 정리해 보면 8월 20일부터 9월 15일까지 판문점에서 5차례에 걸쳐 남

12) 당시 최두선 총재가 제안한 내용은 다음과 같다. 첫째, 남북 간의 가족 찾기 운동을 구체적으로 협의하기 위한 회담 제의. 둘째, 본회담의 문제 협의 위한 예비회담을 10월 안에 개최 등이었다.

13) 1945년 해방과 함께 찾아 온 분단 이후 남북이 대화를 한 적은 있었다. 판문점정전회의, 1954년 평화통일을 위한 제네바국제회의, 1963년 동경올림픽 단일팀 구성을 위한 로잔느회담 등이 있었다. 이 중에서 1963년 단일팀 구성은 북한이 제안하였다.

북적십자 파견원이 접촉했고, 1971년 9월 20일 제1차 남북적십자 예비회담이 진행된 것이다.[14] 남북적십자사 대표는 수차례의 예비회담을 거치면서 본회담에 대비한 실무적인 합의를 이끌어내기에 이르렀다. 여기에서 합의한 주요내용은 본회담은 서울과 평양에서 번갈아 개최하기로 하였으며 이를 위한 교통·통신수단을 보장하도록 하는 등이었다. 그러나 앞에서 언급한 1971년 9월부터 남북 간에 적십자 예비회담이 개최되었지만 북한측이 순수한 인도주의적 자세를 벗어나 정치협상으로 변질시키려는 의도를 드러내어 공전을 거듭하고 있었다. 우리측은 적십자회담이 본래의 성격을 회복할 수 있도록 하기 위해서는 정치적 사안을 분리할 필요가 있다고 판단하였다. 또한 이 대화통로를 통해 주변정세의 흐름에 부응하여 분단과 전쟁 이후 계속되어 온 대결의 구도를 종식시키는 것이 필요함을 인식하였다. 궁극적으로는 한반도의 평화정착과 상호공존의 남북관계를 정립하고 통일을 지향하는 보다 발전적인 대안이 요구된 것이다. 정부는 남북적십자회담이라는 인도적 차원에서 보다 더 발전된 남북관계를 위하여 이후락 중앙정보부장을 평양에 특사로 보내 회담을 갖고자 하였다. 통일의 초석을 마련하겠다는 이러한 의지에 따라 북한측에 비밀접촉을 제의하여 1971년 11월 20일부터 1972년 3월 22일까지 쌍방 실무자 간에 열한 차례의 판문점 접촉을 갖게 되었다. 그리고 그 결과, 이후락과 김영주[15] 간의 회담을 개최한다는 데 합의가 이루어진 것이다.[16] 양자의 서울·평양 교환방문을 위한 제반 준비과정을 거쳐 이후락 부장이 1972년 5월 2일부터 5일까지 판문점을 경유하여 평양을 방문하였다. 그 후 3박4일간 평양에 머물면서 김일성·김영주 등과 각 2차례 회담하였다. 후에 그가 회고한 바에 따르면 다음과 같이 김일성과 접견하였다고 한다.[17]

김일성과의 처음 접견은 1972년 5월 4일 자정을 넘어서였다. 두 번째는 그날 오후 1시부터 한 시간 가량을 만났다고 한다. 두 번째 만남에서 김일성은 그를 "이 부장동지"라고 불렀으며 당시를 생각해 보면 야릇한 대목이기도 하다고 회고한 바 있다. 그는 남북관계의 역사에서 대북특사 1호인 셈이다.[18] 이어 5월 29일부터 6월 1일까지 박성철[19] 부

---

14) 1971년의 남북적십자 예비회담의 화해 분위기는 1972년 7·4 남북공동성명 발표까지 이어졌다. 그러나 그 해 남한의 10월 유신헌법, 북한의 사회주의헌법이 선포되면서 남북관계는 급속히 냉각되었다. 이후 남북 간의 접촉은 중단과 재개를 반복하다가 1985년 재개된 제8차 남북적십자 본회담을 통해 역사적인 첫 남북 이산가족 고향방문이 이루어지게 된다.

15) 김일성의 동생이며 1920년생이다. 1972년 7월에 남북조절위원회 공동위원회 위원장에 임명되었다. 2014년 4월부터 현재까지 최고인민회의 상임위원회 명예부위원장으로 임명되어 활동 중이다. 출처 : 통일부(2018), 『2018 북한주요인사 인물정보』, p.126.

16) 통일부 통일교육원, 『남북관계지식사전』, pp.787~788에서 정리.

17) 동아일보, 「남산의 부장들」, 1991.8.9.

18) 이후락 이후의 대북특사는 1985년 7월~1991년 10월 사이에 북한을 20번 방문했다고 증언한 박철언이다. 그는 남북정상회담 준비를 위한 고위급 실무회담 남측 수석대표로 김일성으로부터 신임장을 제정받기도 하였다. 그의 상대역인 북한의 한시해 노동당 부부장도 남한을 20번 방문하였다. 출처 : 경향신문(1972년, 「이후락씨 첫 평양방문」, 1999.5.10.)

수상이 김영주를 대신하여 서울을 방문했다. 이 과정에서 쌍방은 남북적십자회담을 조속히 타결하고 원활한 남북문제의 추진을 위해서 '남북조절위원회'를 가동하기로 하였다. 또한 남북 간에 직통전화를 가설·운용하는 것에도 합의하기에 이르렀다. '남북 직통전화 가설 및 운용에 관한 합의서'는 7·4 남북공동성명 내용에 포함되어 함께 발표되었다. 이러한 대화통로를 통하여 역사적인 사건으로 평가받는 7·4 남북공동성명은 적십자 예비회담이 진행 중이던 1972년 7월 4일 오전 10시에 서울과 평양에서 동시에 발표된 것이다. 7·4 남북공동성명은 남북한 적십자의 대화의 움직임 속에서 탄생한 최초의 남북간 성명이었다. 성명이 발표되던 날, 5천만 동포는 감격하였고 세계는 경탄하였다.

4. 주요내용

1972년 7월 4일 남북한이 동시에 발표한 7·4 남북공동성명은 국토분단 이후 대립과 대결로 일관하던 중에 최초로 통일을 지향하는 것을 주요 내용으로 합의 발표한 역사적인 공동성명이었다. 남북한은 두 번에 걸친 회담에서 무엇보다도 남북 사이의 오해와 불신을 풀고 긴장을 완화하여 조국통일을 촉진시키기로 합의하였다. 합의에 이른 주요내용은 ① 상호 중상과 비방 중지, 무력도발중지, 군사적 충돌방지 ② 다방면적 교류 실시 ③ 적십자회담 적극 지원 ④ 서울-평양 직통전화 가설 운용 ⑤ 남북조절위원회의 구성과 운영이다. 이러한 합의문을 담고 있는 7·4 남북공동성명은 전문과 7개 항으로 구성되어 있는데 주요 내용은 다음과 같다.

제1항은 조국통일 3대 원칙을 규정하고 있는데 자주적·평화적·민족적으로 통일을 달성해야 한다는 내용이다. 첫째, 통일은 외세에 의존하거나 외세의 간섭을 받음이 없이 자주적으로 해결한다. 둘째, 통일은 서로 상대방을 반대하는 무력행사에 의거하지 않고 평화적 방법으로 실현하여야 한다. 셋째, 사상과 이념, 제도의 차이를 초월하여 우선 하나의 민족으로서 민족적 대단결을 도모하여야 한다는 내용이다.

제2항은 정치와 군사문제를 담고 있다. 전쟁을 방지하기 위한 긴장상태의 완화를 구축한다는 것이다. 이를 이루기 위해서는 신뢰의 분위기를 조성해야 한다는 것이다. 이를 위한 상호 중상 및 비방과 무장도발을 중단하고, 불의의 군사적 충돌 방지를 위한 조치사항을 담고 있다.

제3항은 민족동질성 회복과 상호 이해 증진을 위해 다방면적인 교류를 실시한다는 것

---

19) 김일성과는 종매부 관계였다. 6·25 전쟁시에는 북한군 제15사단장이었다. 1972년에 남북조절위원장 대리로 박 대통령과 면담하였으며 조절위 공동위회의에 3번 참가하였다. 2008년에 사망하였으며 직책은 최고인민회의 상임위원회 명예부위원장, 당정치국 위원 등을 역임하였다. 출처 : 통일부, 『2018 북한주요인사 인물정보』, p.761.

[7·4 남북공동성명 지지 국민궐기대회] 출처 : 국가기록원

이다. 동질성을 회복하기 위해서는 서로의 이해를 위한 노력이 필요하다는 내용이다.

제4항은 진행되고 있는 남북적십자회담이 조속히 성사되도록 협조한다는 내용이다.

제5항은 서울과 평양 사이에 상설 직통전화를 설치한다는 내용이다.

제6항은 쌍방 합의사항을 추진하고 남북 간의 제반 문제와 통일문제를 해결할 목적으로 남측의 이후락과 북측의 김영주를 공동위원장으로 하는 남북조절위원회를 구성하여 운영한다는 것을 담고 있다. 이후에 이를 근거로 남북조절위원회가 구성되어 활동하였다.

마지막 7항은 합의사항을 성실히 이행할 것을 민족 앞에 엄숙히 약속한다는 내용으로 이루어졌다.

서명은 이후락·김영주가 '서로 상부의 뜻을 받들어'라는 문구 아래에 하였다. 한 가지 특이한 것은, 두 대표에 대한 남북한에서 활동하는 직책의 표시도 없었으며 소속도 표시하지 않았다. 이것은 서로의 실체를 인정하지 않아온 냉전의 체제논리가 그대로 투영된 것으로 새로운 현실을 받아들이지 못한 과도기적 현상이라고 할 수 있다.[20] 즉, 공식적인 공문서의 성격에서 벗어나는 형식을 취하고 있는 것이다. 이처럼 다소 모호한 형식을 채택한 이유는 무엇이었을까? 역사적인 성명의 초안은 북측의 김덕현과 남측의 정홍진에 의하여 다듬어 졌는데, 당시 성명서 작성에 참여한 정홍진의 회고를 살펴보면 그 내막을 알 수 있다.[21] "7·4 남북공동성명을 공식 문서로 만들 경우 불신과 대결로 이어진 남북

20) 통일부 통일교육원, 앞의 책, p.789.
21) 동아일보, 「남산의 부장들」, 1991.8.9.

관계가 급선회하고 통일정책[22]이 크게 바뀌는 인상을 국민들에게 줄 우려가 있었으므로 실질적으로 박 대통령의 '위임'으로 표기하자는 데 양해가 이루어졌다. 북측은 정보부장 직위도 쓰자고 했으나 우리측에서 뺐다. 그래서 결국 외형은 공문서인지 사문서인지 구별하기 어려운 형식이 됐다." 이러한 사정으로 다소 애매한 형태의 성명서가 만들어 졌다는 내용이다.

5. 7·4 남북공동성명 의의

가. 역사적 의의

이전까지는 북한을 '빨갱이, 북괴' 등으로만 호칭하던 때였다. 또한 민족과는 거리가 먼 철천지 원수로 교육받았으며 여기고 있던 시절이었다. 이러한 지배적인 분위기에서 어느 날 불쑥 '민족문제에 대하여 평화적으로 주체적으로 합의' 한다는 것은 충격적이었다. 따라서 7·4 남북공동성명은 이를 발표하게 만든 남북한 최고권력자들의 저의를 떠나서 역사적이고 민족사적인 의미가 크다고 볼 수 있다. 그것은 7·4 남북공동성명이 남북한의 민족적 유대를 확인하고 사상과 이념, 제도의 차이를 초월하여 단일민족의 차원에서 남북간에 평화적 관계를 정립하여 이를 개선 발전시키며 나아가 같은 민족으로서 나라의 자주적이고 평화적 통일을 달성하겠다는 민족의지를 강력하게 표현했기 때문이다. 이것은 1991년의 남북기본합의서와 2000년의 6·15 남북공동선언과 더불어 남북한 3대 합의 중 하나를 이루게 된다. 아쉬운 점은 불과 1년이 지난 1973년 8월에 중단되고 말았다. 그러나 이때의 성명내용은 현재까지 통일과 평화를 위한 남북한의 각종 활동에 이정표를 제시하고 있음을 보면 그 의의는 대단히 크다고 볼 수 있다. 또한 7·4 남북공동성명은 강대국에 의해 강요된 분단 속에서 서로 30여 년을 바라보며 적대해 온 남북한에 통일이라는 희망을 보게 해 준 긍정적인 측면이 있었다. 7·4 남북공동성명의 기본정신은 '전쟁 재발 억제, 민족적 단결 모색, 평화통일 촉구'라고 할 수 있다. 또한 이에 대한 의의를 요약해 보면 다음과 같다. ① **외세 의존적이고 대결과 대립의 통일이 아닌 자주적·평화적·민족적인 통일노선을 지향하자는 남북한의 합의라는 점이다. ② 그동안 남북한은 서로의 실체를 부정하고 있었으나 이를 계기로 서로를 대화의 상대로 인정하였다는 것이다.**

---

22) 제3공화국의 박정희 정부는 유엔을 통한 자유민주주의 원칙에 의한 통일, 실지회복에 의한 통일, 통일을 위한 제반 문제에 대비하기 위한 연구와 태세의 정비 등을 주요내용으로 하는 통일정책을 제시하고 있었다. 이 같은 실력배양론과 자유민주주의 원칙에 의한 국토통일론은 '선건설 후통일'의 정책기조 속에 추진되었다. 출처 : 통일부 통일교육원, 『2018 통일문제이해』, 2018.

나. 한계 및 문제점

그러나 한계성도 갖고 있는데, 7·4 남북공동성명은 통일에 대한 국민적 합의 없이 정부당국자들 간의 비밀회담만을 통해 이루어졌다는 점이다. 보다 폭 넓게 각계각층의 통일에 대한 논의가 부족하였다는 점이다. 일부 학자들은 선언문에 대한 한 가지 지적을 하고 있다. 그것은 '외세를 배격하고 자주적으로 해결, 평화통일, 민족대단결'이라는 내용은 좋으나 여기에 '민주적 방식'이라는 용어가 포함되었어야 한다는 주장이다.[23] 그러나 용어에 대해서는 각자의 이해에 따라 달리 해석하는 경우가 비일비재하다. 그러므로 이러한 용어를 추가하였다 하더라도 그 용어가 의미하는 바는 각각의 이해관계에 따라 달리 해석할 수도 있다는 것이다. 이에 대한 예로 선언문에 등장하는 '**자주, 평화, 민족대단결**'에 대하여 남과 북은 해석을 달리하고 있다. 이에 대한 논란을 그간의 회담에서 양측이 주장한 내용 등을 고려하여 정리해 보고자 한다.[24]

① '자주'[25]

우리측은 남북 당사자 해결원칙을 의미한다. 즉, 남북한이 당사자가 되어 민족문제를 해결해 나가되 국제사회의 지지와 협력을 바탕으로 하는 '열린 자주'여야 한다는 것이다.

반면에 북한은 자주를 외세배격과 같은 '배타적 자주'로 보며, 이는 곧 주한미군 철수와 유엔사 해체를 겨냥한 것이었다.

② '평화'

우리측은 북한의 무력도발 포기와 상호 불가침을 의미하는 것이었으나, 북한은 우리측의 자주국방력 강화에 제동을 걸고 한미 합동군사훈련을 중단시키며 대남 군사력 우위를 유지케 해 주는 명분이었다.

③ '민족대단결'

우리측은 민족적 이질화를 극복하고 자유와 민주의 바탕 위에서 민족구성원 전체의 의사를 결집하는 것으로 받아들였지만, 북한은 우리측에 대해 반공정책을 포기하게 하고 국가보안법을 폐지시켜 공산주의자들에게 자유로운 활동을 보장케 하는 근거로 인식하였다. 이처럼 용어에 대한 해석은 각국의 이해관계에 따라 자국에 유리하게 해석하는 경향을 보이는 것이다. 용어에 대한 양측의 주장에서 우리는 대화를 위해 풀어야 할 간극이 얼마나 큰지를 알았고 이를 타개하기 위해서는 결코 단시간에는 불가함을 교훈으로 얻었

---

23) 여기에 대한 내용은 동아일보 「남산의 부장들」(1991.8.9.)에 나와 있는 기사 중 일부이다.

24) 통일부 통일교육원, 앞의 책, pp.790~791.

25) 제3공화국의 박정희 대통령은 '자주'라는 용어는 다른 분야에서도 등장하고 있다. 논란의 소지는 있으나 대표적인 업적으로 평가받는 '새마을운동'에서는 '자주·자조·자립'의 구호를 내세우기도 하였다.

역사적인 '7·4 남북공동성명'이 발표된 당시의 중앙정보부 강당의(서울 의릉) 모습이다. 문화재청은 2004년 이러한 가치를 인정하여 등록문화재 제92호로 지정하여 관리하고 있다.

출처 : 문화재청

다고 볼 수 있다. 통일의 과정에서 대화는 꼭 필요한 요소이다.

당시에 7·4 남북공동성명은 남북관계의 획기적인 전환을 가능하게 하는 조치로 높이 평가받았다. 그러나 결정적인 것은 남북관계를 정권 유지 차원으로 악용했다는 것이다. 정통성이 희박한 정권일수록 통일정책을 정권유지에 적극 활용했다는 것은 지나간 역사가 증명해 주고 있다. 박 대통령은 제7대 대통령 후보로 대북정책을 피력할 때도 통일논의는 1970년대 후반으로 보았다. 그 이유로 든 것이 제3차 경제개발계획이 완료되는 시점이었기 때문이다. 이때가 되면 경제력의 차이는 보다 더 격차가 발생할 것으로 예상하고 있었다. 즉, '선경제개발 후통일'을 추진하고자 한 것이다. 그러므로 7·4 남북공동성명은 그의 장기집권 플랜을 완성시키기 위한 수단에 불과했다고 냉엄하게 평가할 수 있다.

7·4 남북공동성명 전문

최근 평양과 서울에서 남북관계를 개선하며 갈라진 조국을 통일하는 문제를 협의하기 위한 회담이 있었다. 서울의 이후락 중앙정보부장이 1972년 5월 2일부터 5월 5일까지 평양을 방문하여 평양의 김영주 조직지도부장과 회담을 진행하였으며 김영주 부장을 대신한 박성철 제2부수상이 1972년 5월 29일부터 6월 1일까지 서울을 방문하여 이후락 부장과 회담을 진행하였다. 이 회담들에서 쌍방은 조국의 평화적 통일을 하루빨리 가져와야 한다는 공통된 염원을 안고 허심탄회하게 의견을 교환하였으며 서로의 이해를 증진시키는 데서 큰 성과를 거두었다. 이 과정에서 쌍방은 오래동안 서로 만나보지 못한 결과로 생긴 남북 사이의 오해와 불신을 풀고 긴장의 고조를 완화시키며 나아가서 조국통일을 촉진시키기 위하여 다음과 같은 문제들에 완전한 견해의 일치를 보았다.

1. 쌍방은 다음과 같은 조국통일원칙들에 합의를 보았다.

첫째, 통일은 외세에 의존하거나 외세의 간섭을 받음이 없이 자주적으로 해결하여야 한다.

둘째, 통일은 서로 상대방을 반대하는 무력행사에 의거하지 않고 평화적 방법으로 실현하여야 한다.

셋째, 사상과 이념, 제도의 차이를 초월하여 우선 하나의 민족으로서 민족적 대단결을 도모하여야 한다.

2. 쌍방은 북과 남 사이의 긴장상태를 완화하고 신뢰의 분위기를 조성하기 위하여 서로 상대방을 중상 비방하지 않으며, 크고 작은 것을 막론하고 무장도발을 하지 않으며, 불의의 군사적 충돌사건을 방지하기 위한 적극적인 조치를 취하기로 합의하였다.

3. 쌍방은 끊어졌던 민족적 연계를 회복하며 서로의 이해를 증진시키고 자주적 평화통일을 촉진시키기 위하여 남북 사이에 다방면적인 제반 교류를 실시하기로 합의하였다.

4. 쌍방은 지금 온 민족의 거대한 기대 속에 진행되고 있는 남북적십자회담이 하루빨리 성사되도록 적극 협조하는 데 합의하였다.

5. 쌍방은 돌발적 군사사고를 방지하고 남북 사이에 제기되는 문제들을 직접, 신속 정확히 처리하기 위하여 서울과 평양 사이에 상설 직통전화를 놓기로 합의하였다.

6. 쌍방은 이러한 합의사항을 추진시킴과 함께 남북 사이의 제반 문제를 개선 해결하며 또 합의된 조국통일 원칙에 기초하여 나라의 통일문제를 해결할 목적으로 이후락 부장과 김영주 부장을 공동위원장으로 하는 남북조절위원회를 구성, 운영하기로 합의하였다.

7. 쌍방은 이상의 합의사항이 조국통일을 일일천추로 갈망하는 온 겨레의 한결같은 염원에 부합된다고 확신하면서 이 합의사항을 성실히 이행할 것을 온 민족 앞에 엄숙히 약속한다.

서울 상부의 뜻을 받들어

이후락 김영주

1972년 7월 4일

6. 7·4 남북공동성명과 관련된 회담

강대국에 의한 강요된 분단은 이념의 다름에 따라 이민족간의 관계보다도 더 첨예하고 극한적인 대립의 관계를 유지해 오고 있었다. 그리고 급기야는 전쟁이라는 비극까지도 가져오게 되었다. 7·4 남북공동성명은 분단 이후 강대국에 의한 강요가 아닌 우리 스스로 남북관계를 대화를 통한 평화의 국면으로 전환시키고자 하는 희망의 장이었다. 7·4 남북공동성명은 5천년의 역사를 이어온 남북한의 민족적 유대를 확인하였고 동질감을 느꼈다. 그리고 사상과 이념의 차이를 초월하여 단일민족의 차원에서 남북간에 평화적 관계를 정립하고자 하였다. 그리하여 민족의 숙원인 자주적, 평화적 통일을 달성하겠다는 민족의지를 강력하게 표현한 선언이었다.

남북한이 선언한 성명은 그동안 진행되어 온 남북적십자 예비회담을 마무리하고 곧바로 본회담에 임하게 하는 촉진제가 되었다. 이로써 1년간 이어져온 남북적십자 예비회담은 본회담을 위한 의제 문제 등을 정리하고, 1972년 8월부터 본 회담으로 접어들게 되었다. 또한 공동성명 발표에 따라 남북조절위원회가 구성되어 남북관계의 제반문제와 통일문제를 해결하고자 의욕에 찬 출발을 하였다. 이러한 변화로 남북 간에는 두 갈래의 대화통로가 열린 셈이었다. 이렇게 됨으로써 남북조절위원회와 남북적십자의 대표단이 서울과 평양 사이를 오가게 되었다. 이들 대표단은 그동안 엄청나게 달라진 서로의 사회체제와 가치관을 눈으로 확인하면서, 서로 만나 흉금을 터놓고 조국과 민족의 문제를 얘기할 수 있게 된 것이다.[26)]

가. 남북조절위원회

(1) 구성배경

7·4 남북공동성명에 근거하여 구성된 남북조절위원회는 제6항에 따라 합의사항을 추진하고 남북 간의 제반 문제와 나라의 통일문제를 해결할 목적으로 가동되었다. 남북조절위원회의 정식 발족에 앞서 공동위원장 회의를 세 차례 개최하여 제반 절차 문제를 협의하였으며, 1972년 11월 4일 '남북조절위원회 구성 및 운영에 관한 합의서'를 채택한 후 11월 30일 제1차 전체회의를 가졌다. 남북조절위원회는 쌍방에서 각각 공동위원장, 부위원장, 간사위원 1명씩과 위원 2명으로 구성하며, 판문점에 공동사무국을 두기로 하였다. 또한 회의는 서울과 평양에서 번갈아 진행하되 필요에 따라 판문점에서 개최할 수 있도록 했다.

---

26) 통일부, 『남북대화 제1호』, 1973, p.5.

(2) 주요 경과내용

남북조절위원회는 공동위원장 회의를 제1차 회의[27]는 1972년 10월 12일에 판문점에서, 제2차 회의는 1972년 11월 2일부터 4일까지 평양에서, 제3차 회의는 1972년 11월 30일에 서울에서 개최하였다. 이 중 제2차 회의에서는 남북조절위원회 구성 및 운영에 관한 합의서에 서명하고 교환하였다. 구체적인 성과로는 대남·대북방송, 휴전선 대남·대북 확성기 방송, 상대측 지역에 대한 '비라' 살포 등에 관하여 1972년 11월 11일 0시를 기해 중지키로 합의하였다. 또한 김일성과 회담을 갖기도 하였다. 그러나 위원장회의에서의 합의에도 불구하고 1973년 6월 10일에 휴전선상에서 확성기를 이용한 대남방송이 재개되었다. 채 1년도 지속하지 못한 약속이었다. 한편 전체회의는 1972년 11월 30일~12월 1일, 1973년 3월 15일, 1973년 6월 12일~13일 서울과 평양을 번갈아 가며 세 차례의 전체회의를 진행하였다. 그러나 4차 회의를 앞둔 1973년 8월 28일 북한측의 김영주 명의로 남북대화를 중단한다는 성명이 발표되었다. 일방적 중단 선언으로 남북조

「李厚洛委長과는 調節委 진행 못하겠다」는 一方宣言

北韓側에 即時 철회促求

李調節委長 성명·회견

金大中씨事件 情報部완無關

部員한사람이라도 끼어있다면 모든責任질터

인내로 對話계속…새調節委 발족시킬수도

金大中씨 事件과 反共强化등 트집

聲明全文

南北對話

[김대중씨 사건 정보부완 무관] 출처 : 동아일보(1973.8.29.)

북한은 김대중 납치사건을 주도한 남측 조절위원장인 이후락과는 조절위 진행을 못하겠다며 일방적으로 결렬을 선언했다는 것과 정부는 이를 즉시 철회 촉구 한다는 내용의 기사이다. 당시에 이후락은 기사에서 보듯이 김대중씨 사건과 정앙정보부는 무관하다고 하였다. 그러나 조사결과 중정의 소행으로 밝혀지게 되었다. 이 사건을 빌미로 북한은 대화를 거부하였으며 남북대화는 또 다시 경색국면으로 빠지게 되었다.

27) 남한에서는 이후락 공동위원장(중앙정보부장), 북한에서는 박성철 공동위원장 대리가 참석하였다.

절위원회 전체회의는 더 이상 개최되지 못하고 말았다. 그들은 중단의 이유로 다음을 들었다. ① '김대중 납치사건'의 배후인 이후락 공동위원장과는 대화를 계속할 수 없다. 또 다른 하나의 이유로 ② 1973년에 발표한 '6·23 선언'[28]을 2개 조선 노선의 공개적 선포라고 비난하면서 "남측이 '7·4 남북공동성명'을 완전히 뒤집어 엎었다."고 주장하였다.

그러면서 대화재개의 조건으로 다음과 같은 내용을 조치할 것을 주장하였다.

[대화재개의 조건]

구 분	주 요 내 용
위원교체	① 6·23 평화통일 외교정책에 반대하는 사람으로 교체 ② 북한의 이른바 평화통일 방안에 찬동하는 사람으로 교체
내외정책	① 6·23 평화통일 외교정책의 철회 ② 반공법·국가보안법 폐기, 안보관계법 위반자들에 대한 단속 중지 ③ 이들 안보관계법 위반죄수들의 석방을 요구
위 원 회 구 성	남북조절위원회에 '당국자'들 뿐이 아니라 정당·사회단체 대표들과 각계각층 '인민'의 대표들이 참가하도록 개편 요구

남북대화가 중단된 이후 대화 중단의 책임문제와 한반도 평화문제를 둘러싼 남북한의 공방이 이어졌다. 이런 가운데 1973년 12월 조절위원회 남한측 공동위원장 이후락이 사임하고 장기영 부위원장이 대리하게 되었다. 이를 계기로 남북 간에 조절위원회의 개편문제 등을 다루기 위한 조절위원회 부위원장 회의를 개최하기로 합의가 이루어져 1975년 3월까지 총 10회에 걸쳐 진행되었다. 부위원장 회의 등으로 명맥만을 유지하고 있었던 것이다. 그러나 그 이후의 남북관계는 다시 악화일로의 길을 걷게 되었다. 공동성명선언 이전의 극한 대립상태로 회귀할 사건이 이어지고 있었다. 그러나 이러한 상황 속에서도 대화의 끈을 놓지 않으려는 우리측은 1979년 1월 남북조절위원회의 재개를 촉구하였다. 그렇지만 북한측의 답변은 냉담하였다. "남북조절위원회는 그 존속의 의의를 상실했다."고 주장함으로써 남북조절위원회를 복원시켜보려는 노력은 무참하게 깨어져 버린 것이다. 남북 대화창구의 한 축이었던 남북조절위원회는 이처럼 1979년을 마지막으로 미약하게 뛰고 있던 맥박마저 끊어진 것이다.

그동안 남북조절위원회는 정상적인 전체회의를 총 세 차례 하였다. 그러나 그 회의에서 논의된 내용을 보면 서로간의 간극이 많았음을 알 수 있으며, 그 내용을 볼 때 남북조절위원회의 생명은 단명할 것이라는 암시를 받기에 충분하였다. 그 내용과 서로의 입장

28) '6·23 선언'은 1973년 6월 23일 박정희 대통령이 발표한 '평화통일 외교정책에 관한 특별선언'을 말하는 것이다. 이에 대한 내용은 이 장의 제2절에서 다루기로 하겠다.

차이를 정리해 보기로 하겠다.

남북조절위원회는 분단의 세월만큼이나 회의를 진행할수록 쌍방의 입장 차이는 좁혀지지 않았고 오히려 크게 벌어져 갔다. '7·4 남북공동성명'에서 합의한 통일 3원칙인 자주, 평화, 민족대단결에 대한 해석은 말할 것도 없었다. 또한 그 구현방법을 살펴보면 오랫동안 배척하고 대립해온 당시 남북관계의 첨예한 상황을 고려해 볼 때 결코 합일점을 찾기가 힘든 형편이었음을 알 수 있다. 양측의 주장 내용은 다음과 같다. 우리측은 제도와 이념 등 남북한의 이질적인 내용에 대한 문제해결보다는 남북한이 모두 공감할 수 있는 분야에서의 교류와 협력을 제의하였다. 그 내용은 다음과 같다. 지금까지의 남북관계는 상호 사상과 이념, 제도의 극단적인 차이와 6·25라는 동족상잔의 전화, 그리고 그 뒤에도 계속된 무장간첩 남파사건 등으로 말미암아 극도로 심화된 상호 오해와 불신으로 특징지워져 있었으므로 이러한 오해와 불신을 해소시키기 위해서는 '모든 일을 한꺼번에'라든가 '어려운 일부터 먼저'라는 접근방법을 택할 것이 아니라 '쉬운 일, 비록 적은 일이라도 상호 마찰요인이 적은 일부터 시작함으로써 구체적이고 생산적인 실적을 쌓아올려가자'는 입장을 견지해 왔다. 그러기 위해서 우선 조절위원회 안에 경제와 사회·문화 분과위원회를 발족시키고 경제와 사회·문화 분야에서 폭 넓은 교류와 협력을 실천에 옮김으로써 '서로 자기 사회를 상대방에게 완전히 개방하자'는 제의를 했다.

그러나 북한측에서는 남북관계에 있어 우선 해결을 요하는 문제로 군사문제를 들고 나왔다. 그들은 군사문제 해결을 대화진전의 '선행조건'으로 제기하였다. '군사문제의 우선 해결이 없이는 대화의 진전도 남북관계의 개선도 통일문제와 관련된 어떠한 문제의 해결도 있을 수 없다.'고 주장한 것이다. 또한 남북조절위원회와는 별도로 통일문제를 협의하기 위해 남북의 정당·사회단체 대표 및 각계각층 인사들이 참가하는 '정치협상회의'의 개최를 요구했다. 북한측에서는 조절위원회 산하에 정치·군사·외교·경제· 문화 등 5개 분과위원회의 일괄설치를 완강히 고집하였다.

이러한 입장의 차이를 좁히기 위하여 우리측에서는 남북 쌍방이 준수해야 할 원칙을 다음과 같이 제시하였다. ① 상호 체제부정을 지양하고 ② 서로 상대방의 체제를 이해하며 ③ 각기 상대방의 체제 내부문제를 비난 간섭하지 않고 ④ 각기 자기 체제에 입각하여 국민의 복지 증진에 노력하며 ⑤ 체제를 초월하여 민족의 동질성을 강화하는 방향으로 협력관계를 조성해 나가고 ⑥ 체제와 체제 간에 남북공동성명 정신에 입각한 성실한 대화를 계속해 나간다. 라는 내용이었다. 그러나 북한측에서는 아무런 응답이 없었다.

오직 군사문제 즉, 외국군의 철수, 병력감축 등을 골자로 하는 '평화협정체결 선행' 주장만을 되풀이하고 있었다. 쌍방의 입장차를 좁히기는 요원한 상황이 지속된 것이다.[29]

---

29) 통일부, 앞의 책, 1973, pp.6~7.

이처럼 통일은 고사하고 대화의 간극마저도 좁히기 어려움을 실감하게 된 것이다.

남북조절위원회 구성 및 운영에 관한 합의서

쌍방은 남북조절위원회 구성 및 운영에 관하여 다음과 같이 합의한다.

1. 남북조절위원회는 1972년 7월 4일부 남북공동성명의 합의사항을 추진하고 남북 사이의 관계를 개선 발전시키며 각 분야에서 힘을 합쳐 같이 사업하는 등 합의된 통일원칙에 기초하여 나라의 통일문제를 해결하는 것을 목적으로 한다.

2. 남북조절위원회의 기능은 다음과 같다.
   가. 합의된 조국통일원칙에 기초하여 나라의 자주적 평화통일을 실현하는 문제를 협의, 결정하며 그의 실행을 보장한다.
   나. 남북의 정당, 사회단체 및 개별적 인사들 사이의 광범한 정치적 교류를 실현하는 문제를 협의, 결정하며 그의 실행을 보장한다.
   다. 남북 사이의 경제, 문화적 및 사회적 교류와 힘을 합쳐 같이 사업하는 등의 문제를 협의, 결정하며 그의 실행을 보장한다.
   라. 남북 사이의 긴장상태를 완화하며 군사적 충돌을 방지하고 군사적 대치상태를 해소하는 문제를 협의, 결정하며 그의 실행을 보장한다.
   마. 대외활동에는 남북이 공동보조를 취하며 단일민족으로서 민족적 긍지를 선양하는 문제를 협의, 결정하며 그의 실행을 보장한다.

3. 남북조절위원회는 다음과 같이 구성한다.
   가. 남북조절위원회는 쌍방에서 각각 공동위원장과 부위원장 1명, 간사위원 1명, 위원 2명으로 구성한다. 위원 수는 필요에 따라 증가시킬 수 있다.
   공동위원장은 이후락 중앙정보부장과 김영주 조직지도부장으로 한다.
   부위원장과 간사위원 및 위원은 장관(상) 또는 차관(부상)급으로 하되 사전협의를 거쳐 각각 쌍방 공동위원장이 임명한다.
   나. 남북조절위원회 안에 간사회의를 둔다.
   간사회의는 쌍방 공동위원장의 위임에 의하여 남북조절위원회의 휴회기간에 제기되는 제반문제 등을 협의, 결정하고 그의 실행을 보장한다. 간사회의는 쌍방 간사위원과 각각 간사 2명으로 구성한다.
   다. 남북조절위원회안에 정치, 군사, 외교, 경제, 문화 분과위원회를 둔다. 각 분과위원회는 남북조절위원회 사업이 진척되는데 따라 설치하며 그 기능과 구성은 쌍방의 합의에 의하여 따로 규정한다.
   라. 남북조절위원회 공동사무국을 판문점에 둔다.

공동사무국장은 쌍방이 각각 1명씩 임명하며, 그 밑에 필요한 수의 인원을 둔다.

4. 남북조절위원회는 다음과 같이 운영한다.
   가. 남북조절위원회는 서울과 평양에서 번갈아 진행하는 것을 원칙으로 하며 필요에 따라 판문점에서도 할 수 있다.
   나. 남북조절위원회 회의는 2~3개월에 1차, 간사회의는 1개월에 1차 진행하며, 이밖에 쌍방의 합의에 따라 임시회의를 개최할 수 있다.
   다. 남북조절위원회는 공개회의 또는 비공개회의로 한다.
   라. 남북조절위원회 회의와 간사회의에는 쌍방의 합의에 따라 필요한 수의 전문인원들과 공동사무국 요원들을 참가시킬 수 있다.
   마. 남북조절위원회의 최종합의는 쌍방 공동위원장들이 합의문건에 서명하는 것으로 이루어지며 합의사항은 쌍방의 합의에 따라 공동사무국을 통하여 발표한다.
   바. 남북조절위원회 운영세칙은 따로 규정한다.

5. 이 합의서는 쌍방의 합의에 의하여 수정, 보충할 수 있다.

6. 이 합의는 쌍방이 서명하여 교환한 때로부터 효력을 가진다.

1972년 11월 4일

남북조절위원회 서울측 공동위원장 이후락 부장	남북조절위원회 평양측 공동위원장 김영주 부장

나. 남북적십자 회담

(1) 회담의 성사배경

천만 이산가족은 지금도 분단의 벽에 막혀 자유로운 왕래와 서신교환 없이 그 세월을 지금까지 한으로 보내고 있다. 여기에서는 7·4 남북공동성명이 있기 전부터 대화의 창구 역할을 하였으며, 공동성명 이후에는 더욱 탄력을 받아 인도주의 사업을 전개하고자 노력한 적십자회담을 좀 더 자세히 알아보기로 한다. 대한적십자사는 이산가족의 만남을 목적으로 하는 제안을 1971년 8월 12일에 KBS 방송을 통하여 북한의 조선적십자회에 하였다. 그리고 이를 실행하기 위한 적십자회담을 개최하기를 희망한다고 밝혔다. 이에 대해 북한측은 이틀 후인 8월 14일 평양방송을 통하여 북한 조선적십자회는 이를 동의한다는 취지의 반응을 보였다. 대한적십자사의 인도적 차원의 이 제의에 대하여 북한의 조선적십자사가 긍정의 메시지를 보냄으로써 그들의 상봉이 곧 이루어질 수 있다는 희망이 보였다. 남북의 적십자사가 주축이 되어 남북으로 흩어져 살고 있는 천만 이산가족의 생사와 소재를 확인하고 그들에게 소식을 알려 주며, 만남의 기회를 마련하는 등 가족 상봉을 위한 활동을 전개한다면 가능한 일이었다. 이에 따라1971년 9월 20일 1972년 8월 11일까지 1년 동안 25차례에 걸쳐 남북적십자 예비회담이 개최되었다. 예비회담 중에 7·4 남북공동성명이 발표되면서 적십자회담은 급물살을 타게 되었다. 이러한 영향으로 그동안의 예비회담을 종료하고 1972년 8월 29일부터 본회담을 전개하기에 이르렀다. 그리고 1973년 7월 10일까지 모두 7차례에 걸쳐 서울과 평양으로 오가면서 남북 적십자사 본회담이 열리게 된 것이다. 예비회담과 7차례에 걸친 본회담의 주요내용을 살펴보면 다음과 같다.

(2) 예비회담 주요내용

㈎ 제1차 예비회담(1971.9.20. 오전 11시, 판문점 중립국 감독위원회 회의실)

대한적십자에서는 김연주 수석대표를 비롯한 5명의 대표단과 10명의 수행원이 참석하였고 북한의 조선적십자에서는 김태희 단장 등 5명과 8명의 수행원이 참석하였다. 양측에서는 예비회담의 진행절차와 이에 관한 7개 항의 의제를 제의하였는데 그 내용은 다음과 같다.

[양측에서 제안한 의제]

남측 대한적십자사	북측 조선적십자사
1. 예비회담의 장소와 시설 2. 수행원의 수와 배치 3. 회의기록과 확인 4. 발언 방식 5. 회담의 공개 여부 6. 합의 내용의 공표 문제 7. 상설 '회담연락사무소' 설치	1. 본회담의 장소(판문점 주장) 2. 본회담의 일시(빠른 일시 주장) 3. 본회담 의제 가. 가족, 친척, 친우들의 자유 왕래와 상호방문 실현 문제 나. 가족, 친척, 친우들의 자유로운 서신 거래 다. 남북 이산가족 상봉기회 마련 문제 4. 대표단의 성원과 기타 회담 진행 절차 (대표단은 5~7명, 회담은 비공개 주장) 5. 보도는 쌍방에서 하며 합의 내용을 보도

이와 같은 양측이 제안한 의제에 대하여 다음과 같은 4개 항을 합의하였다.

① 예비회담 장소를 판문점 중립국 감독위원회 회의실로 한다.

② 회담장 내 시설은 실무자간에 협의 해결한다.

③ 상설 '회담연락사무소'를 각기 자유의 집과 판문각에 설치하고 직통왕복전화를 가설한다.

④ 제2차 예비회담 일시는 상설 '회담연락사무소'를 통하여 결정한다.

이와 같은 합의에 따라 9월 22일에 남측의 자유의 집과 북측의 판문각에 '회담연락사무소'가 각각 설치되고 이를 근거로 하여 직통전화가 분단 26년 만에 처음으로 가설되어 개통되었다. 개통된 전화를 이용하여 제2차 예비회담을 9월 29일 11시에 개최하기로 합의하였다.

㈏ 제2차 예비회담(1971.9.29. 오전 11시, 판문점 중립국 감독위원회 회의실)

제2차 예비회담에서는 제1차 예비회담에서 논의되었던 예비회담 진행절차 문제가 해결되었고 예비회담의 의제와 의순을 결정하였다. 이때 대한적십자사에서는 본회담의 장소로 '서울과 평양'을 제의하여 보다 적극적인 회담자세를 보임과 함께 이산가족에게는 희망의 메시지를 주고자 하였다. 제2차 예비회담에서의 합의된 주요내용 중에서 '회담연락사무소'의 운영 규칙을 정하였다. 쌍방 각기 2명의 근무원을 배치하고 평일은 09시부터 16시까지, 토요일은 09시부터 12시까지 근무하며 일요일은 휴무로 정하였다.

㈐ 제3차 예비회담(1971.9.29. 오전 11시, 판문점 중립국 감독위원회 회의실)

앞에서 언급한 본회담의 장소에 대하여 대한적십자사는 양측의 적십자사 본부가 위치가 서울과 평양을 제의하였는데, 북측에서는 판문점이 교통과 통신에 유리하다는 이유를 들어 판문점을 제의하였다. 본회담 장소문제는 제2차 예비회담에서 의견의 일치를 보지 못했으나 제3차 예비회담에서는 이를 '서울과 평양'으로 결정하였다.

㈑ 제4차 예비회담(1971.10.13. 오전 11시, 판문점 중립국 감독위원회 회의실)

본회담 장소는 합의하였으나 회담 일시는 합의에 이르지 못하고 '빠르면 빠를수록 좋다.'는 원칙에만 의견 일치를 보고 제4차 예비회담을 종료하였다.

㈒ 제5차 예비회담(1971.10.20. 오전 11시, 판문점 중립국 감독위원회 회의실)

본회담의 일시에 대하여 대한적십자사는 마지막 예비회담에서 결정하자고 제의하였고 북측에서는 "12월 10일 오전 10시에 본회담을 개최하자."고 제의하였다. 그러나 이 회담에서도 본회담의 일시문제에 대하여 해결을 하지 못하고 종료하였다.

㈓ 본회담 의제 확정과 대표단 구성 확정(제6차 예비회담~제23차 예비회담)

제6차 예비회담(1971.10.27. 오전 11시)에서 본회담 일시문제에 대하여 대한적십자사는 '1차 본회담은 예비회담이 끝나는 날로부터 1개월 이내에 개최한다.'는 수정안을 제시하였다. 여기에서 일시문제는 차후에 협의하기로 하고 의제토의를 하였다. 의제에 대한 토의는 이후 제19차 예비회담까지의 14차례의 회담을 하였으며 이와 관련한 실무회의를 13차례(1972.2.21.~6.5.) 개최하였다.

① 사업 대상 문제(이산가족에 대한 문제)

대한적십자사는 본회담 의제를 제의함에 있어 당초 대한적십자사가 1971년 8월 12일 이산가족 찾기운동을 위한 남북적십자회담의 개최를 제의한 취지와 그동안 26년간의 분단상황을 고려한 현실성 있는 의제안을 제시하였다. 북측에서는 제1차 예비회담시 제안한 문제와 동일한 의견을 제시하였다. 가족을 넘어 친척과 친우까지 포함하는 북측의 주장은 현실성이 결여된 주장이었다. 그러나 여기에 대하여 우리측에서는 북측에서 주장하는 친척문제는 포함하되 친우는 배제하는 방향으로 설득하여 제12차 예비회담(1971.12.10.)에서는 그 대상에서 친우를 배제하는 것으로 수용되었다.

[양측에서 제안한 의제]

남측 대한적십자사	북측 조선적십자사
1. 남북으로 흩어진 가족의 생사와 소재를 확인하고 소식을 알리는 문제 2. 남북으로 흩어진 가족의 서신교환 문제 3. 남북으로 흩어진 가족의 상봉알선 및 상호방문 문제 4. 남북으로 흩어진 가족의 재결합 문제 5. 기타 부수적으로 해결할 문제	1. 남북으로 흩어진 가족, 친척, 친우들의 자유래왕과 상호방문 실천 문제 2. 남북으로 흩어진 가족, 친척, 친우들 간의 자유로운 서신 거래 실시 문제 3. 남북으로 흩어진 가족들을 찾아주고 상봉을 마련해 주는 문제

② 재회(상봉) 문제

만나는 문제는 두 가지로 나누어 볼 수 있다. 즉, 방문이라는 것과 일정한 공간에서 만나는 면회의 방법이 있다. 이를 통하여 찾고자 하는 사람을 찾을 수 있다. 방문과 함께 면회를 알선하여 사람을 찾아주는 것은 국제적십자사의 인도적 차원에서의 관례이다. 이에 따라 대한적십자사사에서는 국제적십자사의 관례와 그동안 남북 간의 현실을 고려하여 면회사업을 '재회'라는 표현으로 의제 상에 제안한 것이었다. 그러나 북측에서는 제12차 예비회담(1971.12.10.)에서 그들이 제안한 '상봉'을 빼고 '재회'를 의제항목으로 선정하지 않으려는 태도를 보였다. 이처럼 사소한 용어 하나에서도 남북은 이견을 보이고 있었다. 새삼 분단의 시간이 오래되었음을 실감하게 해 주는 하나의 예에 불과했으나 그만큼 이질성은 깊어가고 있었던 것이다.

③ 자유왕래 문제

사업의 대상인 이산가족의 범위는 정리되었으나 '왕래'의 문제에서 쌍방의 의견이 대립되었다. 대한적십자사는 인도적 목적에 부합되게 '상호방문과 재회'로 주장한 반면 북측에서는 이산가족과 친척들이 적십자사의 주선 없이도 '자유로운 왕래'가 되어야 한다고 주장하였다. 이 문제는 북측의 주장이 보다 전향적인 방안이라고 생각할 수 있으나 이럴 경우에는 적십자사 사업의 밖으로 나가는 것이 됨으로써 실질적인 회담의 어려움을 야기하게 되는 것이었다.

제16차 예비회담(1972.1.28.)에서 대한적십자사는 회담의 교착상태를 타개하고 합의점을 찾기 위하여 노력하였다. 그 중에 쌍방이 제한한 사업내용에서 표현의 차이는 있으나 실질적으로는 의견의 접근을 보인 내용은 단일 문장으로 작성하기로 북측을 설득하여 의견 일치를 보았다.

제17차 예비회담(1972.2.3.)에서 본회담 의제에 대한 조속한 타결을 위하여 명확하고 구체적인 표현으로 된 6개항의 수정안을 제시하였다. 이에 대하여 북측에서는 그동안 주장한 '자유래왕'을 '자유로운 방문'으로 표현을 바꾼 3개항을 제안하게 됨으로써 이견은 많이 좁혀지게 되었다.

[양측에서 제안한 새로운 의제]

대한적십자사	북한 조선적십자사
1. 남북으로 흩어진 가족과 친척들의 생사와 소재를 확인하고 소식을 알리는 문제 2. 남북으로 흩어진 가족과 친척들의 서신교환 문제 3. 남북으로 흩어진 가족과 친척들의 재회 알선 문제 4. 남북으로 흩어진 가족과 친척들의 상호방문을 위한 자유왕래 알선 문제 5. 남북으로 흩어진 가족과 친척들의 재결합을 위한 자유로운 거주지 선택 알선 문제 6. 기타 인도적으로 해결해야 할 문제	1. 남북으로 흩어진 가족들과 친척들을 찾아주며 그들 사이의 자유로운 방문과 서신거래를 실시하는 문제 2. 남북으로 흩어진 가족들의 자유의사에 의한 재결합 문제 3. 기타 인도적으로 해결해야 할 문제

대한적십자사에서는 제18차 예비회담(1972.2.10.)에서 우리가 제안한 새 제안이 적십자원칙에 부합되며 북측의 주장도 반영한 안이라는 것을 설명하였다. 그리고 본회담 의제에 대한 쌍방 간의 의견 차이는 실무적인 작업을 통하여 조정하자고 북측을 설득하여 제19차 예비회담(1972.2.17.)에서는 본회담 의제 문안 정리를 구체적으로 토의하기 위하여 실무회의를 비공개로 개최하는데 합의하였다. 이에 따라 본회담 의제 문안정리를

위한 실무회의는 양측의 대표들이 참여하여 2월 21일부터 6월 5일까지 총 13차례에 걸쳐 하게 되었다.[30] 본회담 의제 문안 정리를 위한 실무회의에서 대한적십자사는 다음과 같은 기본입장을 유지하고 북측 대표단을 설득하면서 성의 있는 노력을 촉구하였다.

> **대한적십자사의 기본입장**
>
> 1. 본회담 의제에 포함시킬 사업대상은 남북으로 흩어진 가족과 친척으로 한다.
> 2. 모든 사업에는 '자유로운 원칙'을 일관시킨다.
> 3. 내용이 다른 각 사업을 개별화하여 설정한다.
> 4. 의제 문안의 표현을 인도적 적십자사업에 합당토록 명확하게 한다.

대한적십자사 대표들은 제6차 예비회담부터 제19차 예비회담에 이르기까지 총 14차례의 예비회담과 13차례의 실무회의를 통하여 사업의 대상과 사업의 내용을 사업원칙에 부합되도록 다듬는 작업을 원만하게 매듭지었다. 제19차 예비회담(1972.2.17.) 이후 실무회의를 거쳐 단일 문안으로 정리된 의제 안은 4개월 만에 개최된 제20차 예비회담(1972.2.17.)에서 이를 본회담의 의제로 합의하였다.

> **합의된 본회담 의제**
>
> 1. 남북으로 흩어진 가족들과 친척들의 주소와 생사를 알아내며 알리는 문제
> 2. 남북으로 흩어진 가족들과 친척들 사이의 자유로운 방문과 자유로운 상봉을 실현하는 문제
> 3. 남북으로 흩어진 가족들과 친척들 사이의 자유로운 서신 거래를 실시하는 문제
> 4. 남북으로 흩어진 가족들의 자유의사에 의한 재결합 문제
> 5. 기타 인도적으로 해결할 문제

이와 같이 예비회담을 통하여 확정된 본회담의 의제는 대한적십자사가 그동안 시종일관 주장하여온 사업내용이었다. 1항의 '생사소재 확인', 2항의 '상호방문과 재회', 3항의 '서신교환', 4항의 '재결합', 5항의 '기타 인도적 문제' 등이다. 이는 대한적십자사의 각고의 노력과 북측을 끈질기게 설득한 결과로 평가할 수 있다.

이후 7·4 남북공동성명이 발표되면서 적십자사 본회담을 열기 위한 예비회담도 활기를 찾게 되었다. 또한 전국민은 통일이 눈앞에 성큼 다가왔다는 희망을 갖게 되었으며, 천만

30) 대한적십자 대표로는 정홍진, 정주년이었으며 북측에서는 조명일, 리종학이 대표로 참석하였다.

이산가족은 희망을 안고 불면의 밤을 보냈다. 그리고 세계의 이목은 한반도로 향하였으며 정세의 추이를 지켜보고 있었다. 7·4 공동성명 발표 이후 열린 21차·22차·23차 예비회담은 본회담 구성을 위한 회담이었다.

제23차 예비회담(1972.7.19.)에서 대한적십자사는 자문위원의 구성에 대하여 "쌍방 대표단의 필요에 따라 자문에 응하게 할 7명 이내의 자문위원을 대동할 수 있다."는 수정제의를 하였다. 이에 대해 북측도 찬성함으로써 대표단 구성문제는 합의되었다.

〈본회담 대표단 구성에 대한 합의내용〉

1. 본회담의 대표단 수석대표는 쌍방의 적십자 책임자 또는 부책임자로 하며 각각 7명의 대표로 구성한다.
2. 쌍방 대표단은 각기 필요에 따라 해당측 대표단의 자문에 응하게 할 자문위원을 7명 이내에서 대동할 수 있다.
3. 쌍방 대표단의 수행원과 지원인원은 각각 70명 내외로 대동할 수 있다.
   단, 인원의 수는 추후에 필요에 따라 증감할 수 있다.

23차례의 예비회담에서 본회담에 대한 의제와 대표한 구성을 마친 후 24차와 25차 예비회담에서는 본회담 '기타 진행절차'를 마무리하였다.

〈본회담 '기타 진행절차' 주요내용 요약〉

1. 제1차 본회담은 평양에서, 제2차 본회담은 서울에서 개최하며 각각 첫 번 회담의 정당·사회단체 초청은 보류한다.
2. 회담 중 상대편 대표단과 기자단의 왕래와 체재기간 중에 신변을 보장한다.
3. 왕래절차는 출발 3일 전에 대표단과 기자단의 명단을 넘겨준다.
4. 체류기간은 4~6일로 하며 구체적인 내용은 쌍방이 합의하여 정한다.
5. 표지는 쌍방 적십자의 휘장(대표단)과 완장(기자), 적십자기(차량)를 달도록 한다.
6. 장비 및 소지품은 회담에 필요한 것으로 하며 무기·폭발물 등은 휴대하지 않는다.
7. 쌍방은 상대편에 대하여 편리하고 안전한 교통편의를 제공한다.
8. 통신은 남북 사이에 총 20회 선의 유선전신을 보장한다. 판문점 상설연락사무소를 계속 운영한다.
9. 본회담 일시
   제1차 본회담은 1972년 8월 30일 오전 10시에 평양에서 개최한다.
   제2차 본회담은 1972년 9월 13일 오전 10시에 서울에서 개최한다.
10. 이외에도 회담장 시설, 회의 기록, 합의문 발표, 보도진 문제, 회담운영 형식, 편의제공 등에 대하여 합의하였다.

(3) 본회담 주요내용

㈎ 제1차 본회담(1972.8.29.~9.2. 평양)

남북적십자사의 제1차 본회담은 1972년 8월 30일 평양 대동강 회관에서 개최되었다. 최초의 본회담이 시작된 것이다. 회담을 위하여 우리 대표단은 판문점을 넘어 사리원을 지나 평양으로 향하였으며 체류기간은 8월 29일부터 9월 2일까지 4박 5일간이었다. 역사적인 회담을 위한 대표단의 일정을 살펴보면 다음과 같았다.

[우리 대표단 평양 체류 일정 및 내용]

일 자	주요내용
8월 29일	서울 → 평양 도착
8월 30일	본회의(10:00~12:55) 가극 '피바다' 관람
8월 31일	만경대(김일성 생가) 관람, 영화 '꽃 파는 처녀' 관람 조절위원장 주최 만찬 참가, 쇼핑(수행원, 기자)
9월 1일	학생소년궁전, '9·15주' 탁아소 관람 만수대 예술대 공연 관람
9월 2일	평양 → 서울 출발

제1차 본회담은 일정에서 보는 바와 같이 회담 자체에 비중을 둔 것은 아니었다. 처음으로 열리는 본회담은 남북의 적십자사 공식대표단이 만나 대화를 갖게 된 것 자체에 큰 의의를 부여하였다. 따라서 의제 토의에 깊이 들어가지는 않았다. 본회의에서 먼저 양측

1972년 8월 30일 발행된 남북적십자 본회담 기념우표. 적십자의 힘으로 상봉하는 이산가족으로 디자인하였고, 우표 2장으로 이루어진 소형시트 상단에 '남북적십자 본회담 기념우표'라는 문구가 있다.

[남북적십자 본회담 기념우표] 출처 : 대한민국역사박물관

수석대표의 개회사와 기조연설을 하였다. 그리고 북측 정당 사회단체대표 8명의 축하연설을 하였다. 이어서 "1972년 6월 16일 제20차 남북적십자 예비회담에서 채택한 남북적십자회담 의제를 다시 확인하고 이를 남북적십자 의제로 한다."는 합의서를 채택하였다.

양측의 수석대표가 서명하여 채택한 합의문서의 주요내용은, 예비회담에서 합의된 5개항의 의제를 본회담의제로 채택할 것을 재확인한다는 것과, 남북 양측이 적십자 인도주의 정신에 입각하여 이산가족들의 고통을 덜어줄 것을 다짐하는 내용이었다. 합의서가 채택된 후 우리측 자문위원의 축하연설과 쌍방대표의 폐회사로 회담이 종료되었다. 제1차 본회담은 합의문을 발표하는 등 간략한 절차와 의례적인 행사 위주로 총 2시간 55분간 진행되었다.

(나) 제2차 본회담(1972.9.12.~16, 서울)

평양의 제1차 본회담에 이어 남북적십자 제2차 본회담은 1972년 9월 13일 서울 조선호텔에서 개최되었다. 우리측이 판문점을 통과하여 평양으로 향했던 것과 마찬가지로 북측의 대표단 54명이 9월 12일 판문점을 통과하여 서울에 도착하였다. 그리고 4박5일간의 일정동안 체류하게 되었는데 제1차 평양에서의 체류일정과 유사하게 진행되었다.

[북측 대표단 서울 체류 일정 및 내용]

일 자	주 요 내 용
9월 12일	평양 → 서울 도착
9월 13일	본회의(조선호텔), 서울시장 주최 오찬 비원 및 경복궁 관광, 수석대표 주최 만찬
9월 14일	현충사 참배 제2차 남북적십자회담 합의서 발표 조절위원장 주최 만찬
9월 15일	남산 8각정 및 지하철 관광 국회의장 주최 만찬
9월 2일	서울 → 평양 출발

제2차 본회담은 9월 13일 오전 10시 15분부터 조선호텔에서 2시간 동안 진행되었다. 기조연설은 우리측의 이범석 수석대표가 하였는데 의제토의에 적용되어야 할 세 가지의 기본입장을 밝혔다. 그 내용은 ① 당사자 개개인의 자유의사를 보장 ② 모든 사업은 쌍방 적십자사가 주관 ③ 사업추진은 국제적십자의 전통적이고 보편적인 사업방식을 기반으로 하여 신속하고 정확하게 수행 등이었다.

이날의 회의에서는 쌍방의 문안 조정에 이견이 있어 채택하지 못한 채 실무회의를 9월 14일 진행하여 이견에 대한 조정을 거쳐 합의서를 채택하여 교환하였다. 9월 14일 양측 수석대표는 북적 대표단 숙소인 타워호텔에서 쌍방 대표단과 자문위원들이 참석한 가운데 2개 항의 합의문서에 서명한 후 교환하였다. 그 내용은 다음과 같다.

① 쌍방은 온 겨레의 의사와 염원을 반영하여 남북적십자회담의 의제로 설정된 모든 문제들의 해결에 있어서 민주주의적 원칙과 자유로운 원칙, 남북공동성명의 정신과 동포애, 그리고 적십자 인도주의 정신을 철저히 구현한다.
② 쌍방은 제1차 및 제2차 남북적십자회담을 통하여 더욱 다져진 쌍방 간의 이해와 신뢰의 분위기를 바탕으로 하여 제3차 남북적십자회담부터는 의제에 대한 토의를 진행한다. 제3차 남북적십자회담은 1972년 10월 24일 평양에서, 제4차 남북적십자회담은 1972년 11월 22일 서울에서 진행하기로 한다.

제2차 본회담 역시 1차 본회담에서와 마찬가지로 남북적십자 대표의 기조연설과 남북측의 자문위원들이 축하연설을 하는 것으로 많은 시간을 할애하였다. 본격적인 의제 토의는 진행되지 못하고 양측의 기조연설을 통해 적십자회담에서 임하는 원칙적인 자기입장을 밝혔을 뿐이다.

㈐ 제3차 본회담(1972.10.23.~26, 평양)

1972년 10월 24일 평양에서 열린 제3차 본회담은 그동안의 의례적인 덕담과 자기측의 입장을 전하는 차원에서 벗어나 의제에 대한 실질적 토의에 들어갔다. 이 과정에서 쌍방의 상반된 입장과 견해차가 뚜렷이 드러나기 시작하였다. 제3차 본회담은 별다른 성과를 도출하지는 못하였다.

㈑ 제4차 본회담(1972.11.22.~24, 서울)

제4차 본회담은 1972년 11월 22일 서울의 한적회담사무국 회의실에서 개최되었는데, 오전 10시부터 오후까지 3시간 20분 동안 비공개로 진행되었다. 주로 의제 제1항에 대한 토의를 진행하였다. 우리측은 '오직 적십자정신과 원칙이라는 테두리 안에서의 회담진행'을 주장하였고, 북측은 법률적·사회적 제재나 통제를 가하는 사회적 환경의 개선 없이는 적십자사업이 원만하게 진행될 수 없다는 입장이었다. 양측은 결국 입장 차이를 좁히지 못한 채 다음 5차와 6차 적십자회담 일자는 판문점 연락사무소나 직통전화를 통해 협의 결정하기로 하였다. 제4차 남북적십자회담에서는 다음과 같은 합의사항이 도출되었다.

제4차 남북적십자회담 합의서

쌍방은 1972년 11월 22일 서울에서 개최된 제4차 남북적십자회담에서 다음과 같이 합의하였다.

1. 남북적십자회담에서 합의되는 사항을 실행하기 위하여 '남북적십자공동위원회'와 '남북적십자 판문점 공동사업소'를 설치한다.
2. '남북적십자공동위원회'와 '남북적십자 판문점 공동사업소'의 기능과 운영 절차 및 구성은 따로 토의 결정한다.
3. 남북적십자회담의 합의사항 실행을 위하여 그 밖의 기구들이 필요할 경우에는 앞으로 토의 결정한다.

제4차 남북적십자회담에서의 성과는 회담의 합의사항에 대한 성실한 실행을 위하여 2개의 기구를 별도로 구성하였다는 정도였다. 그러나 이것은 다른 측면으로 보면 남북의 이견이 크다는 반증이기도 하였다. 이번 회담에서의 성과는 상대방이 회담을 어느 방향으로 이끌어 나가려 하는지를 보다 명확히 파악했다는 것이었다. 각자가 추구하는 회담의 기본방침을 파악한 것이다.

㈎ 제5차 본회담(1973.3.20.~23, 평양)

1973년 3월 21일 평양에서 개최된 제5차 본회담에서는 남북으로 흩어진 가족·친척들의 범위와 대상을 정하는 문제와 그들의 주소와 생사를 알아내며 알리는 방법문제로 쌍방이 첨예하게 대립되었다.

북측은 가족과 친척의 범위는 본인의 호소에 따라 정하는 것이며 생사를 알리는 대상에는 재일동포를 포함해야 한다고 주장하였다. 또한 적십자의 인도주의 사업에 심각한 장애를 조성하게 되고 '인간의 초보적인 자유와 권리를 박탈하고 유린하는' 법률적 제한조건을 없애야 한다고 주장하였다.

그러나 우리측은 가족·친척들의 대상에 재일교포를 포함시키는 문제는 의제 제5항 기타 인도적인 문제에 관한 항목을 설정했으니만큼 그때 거기에 가서 토론하자며 의제 제1항 토의에서 재일교포문제를 토의할 수 없다고 하였다. 그리고 북측이 중점적으로 거론하는 '조건과 환경의 조성' 문제, 즉, 반공법과 국가보안법의 철폐문제는 '적십자회담의 권능에 속하지 않고 영역에 속하지 않는 문제'라며 적십자회담에서 이 문제를 제기하는 것은 적절치 못하다고 지적하였다. 그리고 우리측은 이산가족 및 친척의 소재를 파악하는 방법으로 이산가족으로부터 받은 조사의뢰서를 서로 교환하여 쌍방 적십자가 이를 확인하는 방법으로 하자고 주장하였다.

결국 제5차 본회담은 다음 본회담을 1973년 5월 9일 서울에서 개최한다는 것만 합의하고 합의 내용에 관한 합의서 교환 없이 폐회하였다.

(바) 제6차 본회담(1973.5.8.~11, 서울)

1973년 5월 8일부터 5월 11일까지 서울에서 개최된 제6차 본회담에서 북측은 제3차 본회담시의 제안 내용을 좀 더 구체화하여 제시하였다. 남한의 법률적, 사회적 조건과 환경의 개선, 적십자 요해 해설인원의 파견, 가족 및 친척 범위에 재일교포를 포함시킬 것과 자문위원의 회의 발언권 인정 등을 주장하였다.

이에 대해 우리측은 의제 제1항과 직접 관계가 없는 문제라고 반박하였다. 또한 한국 정부가 인도적 원칙에 입각하여 적극적으로 사업을 지원하는 것이므로 적십자회담에서 소위 상대방의 법률적, 사회적 장애제거 주장은 언급할 필요가 없다고 주장하였다. 이렇게 해서 제7차 본회담도 7월 11일부터 평양에서 개최할 것만을 합의하고 폐회하였다.

[남북적십자 제6차 본회담] 출처 : 대한민국역사박물관

(사) 제7차 본회담(1973.7.10.~13, 평양)

1973년 7월 11일 평양에서 개최된 제7차 본회담에서도 교착상태가 지속되었다.

이 회담에서 우리측은 제1항 의제와는 별도로 '추석 성묘 방문단'의 상호 교류를 제의하였다. 그리고 이 사업의 실현을 위한 제반사항을 토의하기 위하여 각각 대표 2명과 수행원 3명으로 한 실무자 회의를 구성하고 곧 협의를 시작할 것을 제의하였다. 이에 대해 북측은 성묘 방문단 문제는 법률적, 사회적 환경이 조성된 후에 의제 순서에 따라 토의되어야 한다고 주장하면서 이를 거부하였다.

이러한 북측의 주장으로 제7차 본회담도 끝내 아무런 진전 없이 폐회되었고, 제8차 본회담 일자는 쌍방 적십자간의 직통전화나 판문점 연락사무소를 통하여 협의·결정키로 합의하였다.

그러나 남북적십자 본회담은 1973년 8월 28일 북측은 남북조절위원회 공동위원장 김영주 명의로 '대화중단'을 선언함으로써 모든 남북대화는 중단되고 말았다.

이후 4개월만인 1973년 11월 15일 한적측은 전화통지문을 통해 제8차 본회담 개최 협의를 위한 '연락책임자 회의' 개최를 제의하여 이후 1974년 5월 29일까지 총 7차례의 남북적십자 실무대표회의를 하였고, 1974년 7월 10일부터 1977년 12월 9일까지 25차례의 남북적십자 실무회의를 개최하였지만 북측에서 무기연기를 통보하고 불참하였다. 이후의 남북적십자회담은 정치적인 목적에 따라 가다 서다를 반복하는 모습을 면하지 못하였다. 적십자사 본래의 목적인 인도주의적 차원의 지원을 표방하고 있었으나 정치에 종속된 한계를 보인 것이다. 또한 남북은 분단의 세월에 따라 사소한 내용에 대해서도 이견의 깊이는 깊어지고 있었다.

7. 대화의 중단원인

남북의 공동성명 발표에 따른 대화와 화해의 분위기는 오래가지 못하였다. 7·4 남북공동성명이 남북이 최초로 이룬 민족사적 쾌거였음에도 불구하고 더 이상 효력을 발생하지 못하였다. 남한은 1972년 10월 17일에 비상계엄을 선포하고 특별담화를 발표하였다.[31)]

당시 박정희는 '대통령 특별선언'을 통하여 "조국의 평화와 통일, 그리고 번영을 희구하는 국민 모두의 절실한 염원을 받들어 우리 민족의 진운을 영예롭게 개척해 나가기 위한 나의 중대한 결심을 국민 여러분에게 밝힌다."고 하였다. 여기에서 조국의 평화통일을 지향하는 헌법개정의 필요성을 밝히면서, 이것은 민족대업의 남북통일을 이룩하는 불가피한 조치라고 하였다. 즉, 남북통일을 위하여 중대한 결심을 했다는 것이며, 그것은 유신헌법을 말하는 것이었다. 유신헌법 개정의 첫째 이유로 '조국의 평화와 통일'을 그 이유로 들고 있는 것이다. 그러나 그 주요내용은 장기독재의 발판을 마련하겠다는 것에 불

---

31) 1972년 10월 17일 박정희 대통령은 특별선언을 통해 국회해산과 정당 및 정치활동의 중지 등 헌법의 일부 기능을 정지시키는 비상계엄을 전국에 선포하는 이른바 '10월유신'을 단행하였다. 이로써 제8대 국회는 1년 3개월 만에 해산되었으며, 대통령을 의장, 국무총리를 부의장으로 하고 국무위원으로 구성되는 비상국무회의가 국회의 기능을 수행하였다. 10월 27일 비상국무회의는 임기 6년의 대통령을 통일주체국민회의에서 선출하고 대통령의 권한을 크게 강화하는 것을 골자로 한 헌법개정안을 공고하였다. 11월 21일 제7차 개헌안(유신헌법안)은 국민투표에 회부되어 확정되었다. 새로이 마련된 유신헌법에 의해 박정희는 12월 23일 통일주체국민회의에서 다시 대통령에 당선되었다. 결국 박정희의 장기집권을 위해 새로 마련한 제도적인 장치가 유신헌법이었다.

[특별선언을 발표하는 박 대통령] 출처 : 대통령 기록관

과하였다.

유신헌법 내용에서 통일을 빙자한 장기집권을 위한 핵심조항을 살펴보면 이러한 의도를 짐작할 수 있다.

대통령을 의장으로 하는 통일주체국민회의라는 통일기구를 신설하여 통일정책 전반을 총괄하며, 대의원에 의해서 대통령을 간선제로 선출하는 것이 핵심이다. 즉, 장기집권을 위한 제도적 발판을 구축한 것이다. 남북관계는 이처럼 통일을 지향하는 것이 아니라 정치권력을 유지하기 위한 하나의 좋은 수단으로 인식한 결과로 볼 수 있다. 자신의 장기집권은 남북통일을 위해 불가피한 일이라고 역설한 것이다. 독재체제 구축을 위하여 헌법을 개정하면서 그 배경으로 남북통일을 운운한 것은 더 이상 남북대화에는 관심이 없으며 권력기반 마련이 최고의 목표였음을 짐작하게 해 주는 대목이다.

유신헌법 주요내용 32)

제35조 통일주체국민회의는 조국의 평화적 통일을 추진하기 위한 온 국민의 총의에 의한 국민적 조직체로서 조국통일의 신성한 사명을 가진 국민의 주권적 수임기관이다.

제36조 ① 통일주체국민회의는 국민의 직접선거에 의하여 선출된 대의원으로 구성한다.

제38조 ① 대통령은 통일에 관한 중요정책을 결정하거나 변경함에 있어서, 국론통일을 위하여 필요하다고 인정할 때에는 통일주체국민회의의 심의에 붙일 수 있다. ② 제1항

의 경우에 통일주체국민회의에서 재적대의원 과반수의 찬성을 얻은 통일정책은 국민의 총의로 본다.

제39조 ① 대통령은 통일주체국민회의에서 토론없이 무기명투표로 선거한다. ② 통일주체국민회의에서 재적대의원 과반수의 찬성을 얻은 자를 대통령당선자로 한다.

북한은 1972년 12월에 주석이 모든 권력을 장악하는 것을 핵심으로 하는 '사회주의헌법'을 채택하기에 이르렀다. 남북의 최고권력자는 모두가 자신의 체제유지를 더욱 강화하는 데 몰두하고 있었던 것이다. 7·4 남북공동성명이 발표된 직후 남북한 최고권력자들의 이러한 행보는 남북대화에 대한 진정성을 의심받았다. 즉, 그들이 정치적 의도를 갖고 통일 논의를 권력기반 강화에 이용했다는 비판을 받기에 충분하였다. 따라서 이 성명이 1년을 겨우 넘기고 조기에 유명무실하게 된 배경으로 양측의 최고책임자들이 남북대화보다는 자신들의 정권유지를 국정의 최우선으로 두었기 때문이라는 주장과 비판이 대두되는 근거이기도 하다. 뒤이어 발생한 '김대중 납치사건'(1973.8.)[33]은 남북조절위원회[34] 중단까지 가져오게 되었다. 북한은 이를 빌미로 삼아 대화의 중단을 선언하였다. 불과 1년 남짓 한반도에 불던 훈풍은 사라지고 있었다. 7·4 남북공동성명은 구체적인 실행을 위하여 남북조절위원회와 남북적십자사가 회담을 진행하였다. 따라서 이 둘의 회담이 지속되지 못한 원인을 파악해 보는 것도 필요할 것이다. 먼저 공통적으로 언급할 수 있는 부분부터 살펴보기로 한다. 첫째로는 양측의 상대방에 대한 인식의 간극이다. 제3공화국은 군사정변을 통하여 집권하였다. 당시에 그들은 이른바 '혁명공약'을 발표하였는데 제1항 "반공을 국시의 제일로 삼고, 지금까지 형식적이고 구호에만 그친 반공체제를 재정비, 강화한다."로 하고 있다. 이 시기의 북한은 1960년대에 들어서면서 남조선혁명론[35]에 근거하여 대남전략을 공세적으로 구사하고 있었다. 이 전략에 따라 북한은 대한민국에서의 지하당 건설 시도와 수차례에 걸친 국지적인 군사적 모험을 감행했다.[36] 성명을 통하

---

32) 출처 : 국가법령정보센터에서 발췌

33) 1971년 대통령선거에서 신민당 대통령 후보로 박정희에 맞섰던 김대중은 일본에 체류하던 중 1973년 8월 8일 도쿄에서 납치되어 수장의 위험에서 극적으로 구출되었다. 그리고 사건발생 129시간이 지난 8월 13일 자택 앞에서 발견되었다. 정권은 그를 정권유지의 걸림돌로 판단하여 제거하고자 했던 것이며 납치는 중앙정보부에 의해 자행되었다. 북한은 이러한 역할을 한 조절위원장인 이후락과는 대화를 하지 못하겠다며 1973년 8월 28일에 단절을 선언하기에 이르렀다. 또한 이 사건은 일본과는 외교문제로 비화될 수도 있었다.

34) 1972년 11월에 남북조절위원회가 정식으로 발족하여 활동하였다.

35) 남조선혁명론은 남한의 노동자·농민 등 근로인민들이 주체가 되어 혁명을 수행한 후 남한의 애국적 민주주의 역량과 북한의 사회주의 역량과의 합작에 의해 통일이 이루질 수 있다는 것이다. 이것은 1960년대에 지역혁명론으로 제기되었다. 1970년 11월 제5차 당대회에서 조선혁명의 전국적 승리를 위한 '민족해방 인민민주주의혁명론'으로 정식화된 북한의 대남혁명전략이다. 출처 : 통일부, 『북한지식사전』에서 정리, p.167.

金大中씨 서울自宅에 데려다놔

東京서 拉致한 自稱「救國隊員」 어젯밤 집앞서 釋放

海上서 사흘 陸地서 이

온몸결박 큰배로 11日 韓

金씨訪日要

外務省 「바람직 않

法務省 自意전他

1973년 8월 8일 김대중(제7대 대통령 신민당 후보)은 괴한에게 일본에서 납치되어 공해상에서 수장의 위험까지 당하였다. 이후 동교동 자택으로 8월 14일에 돌아올 수 있었다.
괴한들은 '구국동맹행동대원'이라 자칭하였으며 상부의 지시로 석방한다는 말을 하였다고 한다.

[김대중씨 서울자택 데려다 놔] 출처 : 동아일보(1973.8.14.)

여 무력에 의한 충돌 방지, 신뢰회복을 위한 조치 등에 의견일치를 도모했으나 아직은 서로를 내심으로는 불신하고 있었다. 둘째로는 실체를 인정하고 협력하자고 했으나 서로가 한반도의 적통정부임을 주장하고 있었다. 즉, 서로를 괴뢰로 여긴 것이다. 남한은 유엔으로부터 인정받은 유일한 합법정부이며 헌법에서도 이를 뒷받침하고 있었다. 따라서 북한은 불법집단에 불과하다는 인식은 여전히 견지되고 있었다. 실제로 1973년 6월 23일 '평화통일외교정책선언'에서 박 대통령은 "남북한 유엔동시가입은 반대하지 않으나 북한을 국가로는 인정하지는 않는다."고 하였다. 그렇지만 북한은 이를 인정할리 없었다. 북한은 1947년 2월과 1952년 1월에 유엔가입 신청을 내기도 하는 등 국제적으로 인정받기 위한 활동을 꾸준히 전개해오고 있었다. 이러한 북한의 노력은 1957년 9월에 국제올림픽위원회로부터 가입을 인정받기도 하였다. 그러나 양측은 서로를 인정하지 않았다.

이러한 대립의 상황에서 남북은 당연히 주도권을 유지하고자 하였다. 겉으로는 대화를 표방하고 있었지만 여전히 속내는 서로를 불신하고 상대방에게 주도권을 상실하지 않으려는 기류는 강하였다. 여기에 더하여 앞서 언급했듯이 남북의 최고권력자는 이러한 남북관계를 이용하여 자신의 정권안정과 장기집권을 유지하고자 하였다. 셋째는 남북대표들의 왕래로 볼 수 있다.[37] 1972년 7월 4일의 남북공동성명의 발표를 하나의 전기로 해서 남북한간에 분단 4반세기만에 처음으로 제한된 범위에서나마 인사왕래가 실현되었다

36) 통일부, 『2018 통일문제이해』, p.33.

37) 통일부, 『남북대화 제4호』에서 발췌 요약.

GNP,北傀의3.6倍

韓國,1人當GNP도 200달러앞서

南北韓 主要經濟指標

구 분	韓 國	北 韓
人口(千人)	33,459	15,900 (74)
人口增加率	1.67%	2.4%
國土面積	98,477.48㎢	122,370.38㎢
GNP	171.6억달러	48.2억달러 (74)
1人當 GNP	513달러	313달러 (74)
軍事費 負擔率 (軍事費/GNP)	4.2%	13.9 (74)
投資額	51.5억달러 (해외저축 포함)	16.9 (74) (해외저축 포함)
耕作地	224.1만ha	207.1만ha (74)
戶當耕作地	0.92ha	1.6ha (〃)
農機械化	경운기 62,621대	트랙터 6만대
穀物生産	676.1만t	342.4만t
鋼鐵生産	324만t	250만t (73P)
銑鐵生産	115.3만t (시설능력)	230만t (〃)
化學肥料 (成分t)	163.7만t (88.0)	156만t (〃) (41.6)
原油處理능력	43.5만배럴	4만배럴 (73)
工作機械생산능력	3만6천대	3만대 (74)
트랙터	1만5천대	2~3만대
自動車	6만대	1만대
最大선박건조	26만t (유조선)	1.4만t (화물선)
織物生産	8.2억㎡	4.5억㎡ (73P)
TV수상기	116.4만대	수입 5천대 (70)
냉장고	9.6만대	수입 200대 (70)
시멘트 生産능력	1,026만t	550만t (73P)
發電施設용량	452만KW	370만KW (73)
電信電話	96만회선	22만회선 (73)
鐵道延長	5,664㎞	4,380㎞
高速道路	1,013㎞	平壤~板門店 포장
荷役能力	2,806만t	1,000만t
貿易總額	113억달러	11억달러 (73)
輸出	45억달러	5억달러 (〃)
輸入	68억달러	6억달러 (〃)

※괄호안 숫자는 年度 P는 잠정추계
韓國資料는 74年度 經濟企劃院 農水産部 商工部統計
北韓資料는 統一院이 수집한 北韓發表및 추계임。

統一院「南北韓經濟現況비교」

南北韓의 國力은 經濟的인 측면에서 總量的인 GNP가 74년도에 韓國이 약 1백72억달러, 北韓이 약 48억달러로 韓國이 약 3.6배나 우세하며 1인당 GNP도 韓國이 5백13달러로 3백13달러의 北韓을 2백달러나 앞지르고 있음이 17일 밝혀졌다.

國土統一院이 北韓에서 발표했거나 우리측에서 수집하고있는 統計를모아 韓國의것과 비교분석한「南北韓經濟現況비교」라는 책자에 의하면 數年간 南北韓의平均經濟成長率은 韓國이 약 11%인반면 北韓은 4、5%에 그치고있어 지난69년을 분기점으로 1인당GNP는 北韓을 능가하기시작한것으로 나타나고있다。

GNP에 대한 軍事費의 負擔率은 韓國이 74년도에 4.2%에 불과한데 반해 北韓은 同年 13.9%로엄청나게 높으며 總貿易규모면으로 보면 韓國이 75년도에 약26억 6천만달러로

1975년에 한국은 북한에 비해 GNP는 3.6배에 달했으며 1인당 GNP도 200달러가 앞서고 있었다. 이는 국토통일원에서 발표한 자료를 비교분석한 결과였다. 1974년 GNP에 대한 군사비의 부담비율은 한국은 4.2%, 북한은 무려 13.9%에 달하였다.

[GNP, 북괴의 3.6배] 출처 : 동아일보(1975.6.17.)

는 것이다. 이것은 회담 참가 인원들의 서울·평양 왕래를 말한다. 1972년 8월 남북적십자본회담의 개막과 더불어 시작된 이 남북왕래에 참가한 인원은 남북적십자회담의 경우가 한쪽에서 대표 7명, 자문위원 7명, 수행원 20명, 보도진 20명 등 도합 54명(제4차 회담 때부터 보도진 5명의 증가로 59명)이었으며 남북조절위원회의 경우가 한 쪽에서 조절위원 5명, 수행원 10명, 보도진 10명 등 도합 25명이었다. 이들의 왕래로 말미암아 남북한은 6·25 전쟁 이후로는 처음으로 상대측 지역에 가서 비록 제한된 범위 내에서 였지만 상대측 지역의 발전상은 어떠하며, 생활상은 어떠한가를 직접 관찰하고 자기측 지역의 형편과 비교해 볼 기회를 갖게 되었다. 문제는 이렇게 해서 이루어진 남북왕래가 아이러니하게도 남북대화 중단의 하나의 원인이 된 것이다. 이러한 남북한 왕래의 과정에서 북한은 뼈아픈 진실을 확인하게 되었다. 경제적으로 북한은 대한민국에 비해 격세의 감을 느끼게 할 정도로 낙후되어 있음이 확인된 것이다. 그에 반해 우리나라는 1960년대 초에 시작된 제1·2차 경제개발 5개년계획의 성공적인 수행과 제3차 5개년계획의 호조로 전 세계가 경탄한 지속적인 고도성장 속에서 경제적 번영을 구가하고 있었다.[38] 이러한 상황을 고려해 보면, 북한은 체제결속을 위해서 더 이상의 왕래가 유리할 것이 없었던 것

38) 북한은 1961년부터 경제개발 7개년 계획을 추진했으나 실패하였다. 그러자 3년을 연장하여 1970년까지 10개년 계획으로 추진하였으나 큰 성과를 거두지는 못하였다. 1971년부터 1976년까지 6개년 계획을 추진하고 있었다. 남북한의 그 당시 경제성장률은 남한은 약 10% 내외의 높은 성장을 하고 있었던 반면에 북한은 4~5%대에 불과하였다.

이다. 북한은 숨기고 싶은 진실이 있었다. 북한은 정전협정 후 공산독재체제에 의해 주민들로부터 노동집약적인 형태의 노력을 강제 동원함으로써 어느 정도의 전후복구를 했지만 북한체제 특유의 폐쇄성과 국제협력체제의 결여로 인하여 급속도로 발전하는 새로운 산업기술지식을 도입하는 데 실패하여 산업구조가 전근대적 상태에 머물러 있어야만 했다. 뿐만 아니라 북한은 그동안 고수해 온 무력적화정책에 의거하여 산업의 중점을 군수산업 및 군수산업과 관련된 중공업에 일변도로 부여하는 경제정책을 추구해 왔으며, 그러한 결과로 주민들의 생활을 개선하기 위한 일반소비경제는 전무에 가까운 상태에 머무르고 있었다. 넷째로는 '6·23 평화통일을 위한 외교정책 특별선언'이다. 이에 대한 내용은 제2절에서 언급하기로 하겠다.

그렇다면 남북조절위원회와 남북적십자회담이 중도에 단절된 원인을 서로가 주장한 내용에서 찾아보기로 하겠다. 남북조절위원회 운영에 관한 우리측의 기본입장은 무엇보다도 먼저 남북조절위원회가 7·4 남북공동성명에서 언급하였듯이 남북문제의 협의와 해결기구로서 그 기능을 발휘하게 하기 위해서는 위원회의 실무기능을 하루 빨리 정비하자는 것이었다. 이를 위해 조절위원회는 물론 간사회의와 공동사무국의 운영세칙을 하루 속히 합의·채택하고 공동사무국을 조속히 설치할 것을 주장하였다. 상호 오해와 불신을 해소시키기 위해서는 '쉬운 일, 비록 작은 일이라도 상호 마찰요인이 작은 일부터 시작함으로써 구체적이고 생산적인 실적을 쌓아 올려가자.'는 입장을 견지해 왔다. 그러기 위해서 우선 조절위원회 안에 경제와 사회·문화 분과위원회를 발족시키고 경제와 사회·문화 분야에서 폭 넓은 교류와 협력을 실천에 옮김으로써 '서로 자기 사회를 상대방에게 완전히 개방하자'는 제의를 했다.

북측은 남북관계를 우선적으로 해결하기 위한 문제로 군사문제를 들었다. 이것을 대화 진전의 선행조건으로 제시하였다. '군사문제의 우선 해결이 없이는 대화의 진전도 남북관계의 개선도 통일문제와 관련된 어떠한 문제의 해결도 있을 수 없다.'라는 주장이었다.

또한 남북조절위원회와는 별도로 통일문제를 협의하기 위해 남북의 정당·사회단체 대표 및 각계각층 인사들이 참가하는 '정치협상회의' 개최를 요구했다. 또한 조절위원회 산하 정치·군사·외교·경제·문화 등 5개 분과위원회의 일괄설치를 완강히 주장하였다. 이러한 양측의 주장에 대하여 양측 모두는 상대방의 주장에 대하여 의견을 일치시키는 데에는 관심이 없는 듯한 행보를 하였으며, 결국은 대화의 중단으로 이어졌다.

남북적십자 본회담은 7·4 남북공동성명 이후 남북조절위원회의 대화중단이 있기까지 일곱 차례의 본회담을 열었다. 국제적십자사의 기본정신을 고려할 때 그 취지에 부합되고 실행에 큰 어려움이 없는 단순하기 이를데 없는 사업마저도 의견을 일치시키지 못하였다. 의제 제1항 '남북으로 흩어진 가족·친척들의 주소와 생사를 알아내며 알리는 문제'

의 사업실천방법 및 절차의 토의에서 진전을 이루지 못하였다. 심지어 북측은 이 문제를 해결하기 위해서는 반공단체 등의 해산이 필요하다는 등의 정치적인 문제로 접근하기도 하였다. 통일을 위한 초보적인 조치의 해결에서도 이처럼 과제는 산적하였다. 그러나 그 이면에는 대화를 정치적으로 이용하려는 세력과 이를 이용하고자 했던 남북의 최고권력자로부터 문제점을 찾아야 할 것이다.

통일을 위한 첫걸음은 쉽고 단순해 보였다. 그러나 그동안의 장벽은 높고도 높아져서 남북한이 단숨에 뛰어넘기에는 너무나 어려운 존재임을 실감할 수밖에 없었다. 세월이 흐르면서 분단의 벽은 높고 견고해져 있었다.

제 3 절　6·23 평화통일 외교선언

1. 추진배경

1973년의 '6·23 평화통일 외교선언'이라는 특별선언의 배경으로는 우리나라의 외교정책 변화필요, 국제정세의 변화와 북한의 활발한 외교정책에 대한 대응을 들 수 있다. 그 동안 우리나라는 강경일변도의 외교정책을 추진하여 왔다. 우리나라의 외교는 유엔으로부터 합법정부로 인정받았다는 점을 들어 북한과의 수교국과는 외교관계를 맺지 않았으며, 외교관계를 수립하고 있는 국가라 할지라도 북한과 외교관계를 맺게 되면 단교하는 등의 외교정책을 추진하였다.[39] 그 결과 외교관계의 확장성은 크게 제한을 받게 되었다. 그 반면에 북한은 1960년대 후반 들어 외교력을 강화함으로써 많은 국가들과 외교관계를 수립하였다. 또한 북한은 1973년 4월에 IPU(국제의원연맹), 1973년 5월에 WHO(세계보건기구) 등에 가입하는 등의 적극성을 보이고 있었다. 앞으로의 외교관계를 전망해 볼 때도 북한은 자유로운 서방국과의 외교관계에서 확장성이 계속적으로 기대되는 분위기였다. 그에 반하여 우리나라는 동구권과 비동맹국과의 관계정립이 낙관적으로 보기는 힘든 형편이었다. 단적인 예로, 특별선언이 발표된 그해의 9월에 알제리에서 열린 비동맹국가정상회담에서는 친북한적인 결의가 이루어지기도 하였다. 그리고 그해 제28차 유엔총회는 남북한의 대표가 참석한 가운데 '한국문제' 토의가 예정되어 치열한 외교전이 전개되고 있었다.[40] 당시의 외교관계 수립현황은 우리나라가 압도적이었다. 그러나 우리나라는 정체되어 있는 반면 북한은 증가추세에 있는 상황이 문제였다. 이처럼 남북은 국제무대에서도 견제와 경쟁으로 일관하고 있었다.

[1973년 기준 남북의 외교관계 현황[41]]

구 분	총	대사관계	영사관계	대표부
남 한	114 개국	86 개국	22 개국	6 개국
북 한	61 개국	46 개국	8 개국	7 개국

39) 1964년에 모리타니와 북한이 수교하자 단교조치를 취하였다. 이것이 첫 번째로 단행한 북한과의 수교국에 대한 단교조치였다.

40) 경향신문, 「다가선 남북한 유엔 첫 대결」, 1973.11.6.

41) 동아일보, 「남북관계 73년의 장 남북시대의 외교」, 1973.1.9.

특히 비동맹국으로부터의 지지를 북한에 비해 압도적으로 받게 되면 대부분의 국제사회가 남한을 지지하는 모양을 갖게 만드는 효과로 보일 수 있었다. 또한 이념을 초월하여 모든 국가에 문호를 개방한다는 것은 공산권을 공략한다는 것이었다. 그렇게 되면 북한의 적극적 해외지지 세력을 약화시킬 수 있었다. 결과적으로 북한보다 질적 양적으로 우위를 확보하는 외교적 성과를 기대할 수 있었다. 국제정세의 변화는 이념의 대결로 모든 것을 재단하던 추세에서 각국은 실리를 향하는 신축성 있는 외교관계로 변화하고 있었다. 중국의 유엔가입이 있었으며 비동맹국들이 점차 증가추세에 있었다.[42] 이들 비동맹국은 미국편도 소련편도 아닌 국가들로 동맹을 맺은 것이다. 즉, 이념에 의해서가 아닌 실리에 의한 동맹이었으며 대외정책에 있어서 강대국에 휘둘리지 않는 자주적이고 적극적인 중립주의 외교를 추구하였다. 이러한 환경의 변화는 강대국 미국이 대한민국을 지지한다고 하여도 한계가 있음을 예상하게 해 주는 변화였다. 변화하는 국제환경에 적응하지 못하면 우리에게 불리한 상황으로 다가올 수 있는 형국이었다.

2. 주요내용

6·23 평화통일외교선언은 1970년 광복절 경축사에서 "어느 체제가 국민을 더 잘 살게 할 수 있으며, 더 잘 살 수 있는 여건을 가진 사회인가를 입증하는 개발과 건설과 창조의 경쟁"을 주장한 평화통일구상 선언의 연장선으로 볼 수 있다. 이 선언이 나온 배경은 제1절에서 언급했듯이 1969년의 닉슨 독트린으로 세계는 데탕트 물결이 밀려오고 있었다.

이러한 세계적인 변화에 부응하여 한반도 문제의 해결도 평화를 바탕으로 한 변화가 필요하였던 것이다. 또한 우리의 경제력이 날로 발전하는 추세에 있었으나 군사력에서는 북한을 압도하는 수준은 아니었다. 따라서 안정적인 정세를 바탕으로 경제성장을 더욱 끌어올리기 위해서는 북한과의 평화적인 관계 유지가 필요하였다. 6·23 평화통일외교선언은 다음의 내용을 담고 있다.

---

42) 제4차 비동맹국정상회의가 1973년 9월 5일 알제리의 알지에시에서 있었다. 비동맹국은 점차 늘어 제7차 회의 때는 동맹국이 100여 개국에 이르렀다. 비동맹외교의 효시는 인도의 '네루외교'에서 찾아볼 수 있다. 네루의 불개입원칙·평화원칙·제3지역론 등이 그것이다. 네루의 사상은 1954년 4월 중국의 저우언라이(周恩來)와 맺은 평화5원칙의 기본정신이 되었다. ① 영토보전과 주권존중 ② 상호불가침 ③ 내정불간섭 ④ 호혜평등 ⑤ 평화공존을 골자로 하는 평화5원칙은 1955년 4월 인도네시아의 반둥회의에 승계되어 반둥10원칙의 핵심내용을 이루었다. 반둥회의는 1960년대에 들어와 제도적으로 정착된 비동맹제국정상회의로 발전되었다. 출처 : 한국민족문화대백과사전

6·23 평화통일외교선언 내용

1. 조국의 평화적 통일은 우리 민족의 지상 과업이다. 우리는 이를 성취하기 위한 모든 노력을 계속 경주한다.
2. 한반도의 평화는 반드시 유지되어야 하며, 남북한은 서로 내정에 간섭하지 않으며 침략을 하지 않아야 한다.
3. 우리는 남북공동성명의 정신에 입각한 남북 대화의 구체적 성과를 위하여 성실과 인내로써 계속 노력한다.
4. 우리는 긴장 완화와 국제 협조에 도움이 된다면 북한이 우리와 같이 국제기구에 참여하는 것을 반대하지 않는다.
5. 국제연합의 다수 회원국의 뜻이라면 통일에 장애가 되지 않는다는 전제 하에 우리는 북한과 함께 국제연합에 가입하는 것을 반대하지 않는다.
   우리는 국제연합 가입 전이라도 대한민국 대표가 참석하는 국련총회에서의 한국 문제 토의에 북한측이 같이 초청되는 것을 반대하지 않는다.
6. 대한민국은 호혜 평등의 원칙하에 모든 국가에게 문호를 개방할 것이며, 우리와 이념과 체제를 달리하는 국가들도 우리에게 문호를 개방할 것을 촉진한다.
7. 대한민국의 대외정책은 평화선린에 그 기본을 두고 있으며, 우방들과의 기존 유대 관계는 이를 더욱 공고히 해 나갈 것임을 재천명한다.

"나는 이상에서 밝힌 정책 중 對북한 관계 사항은 통일이 성취될 때까지 과도적 기간 중의 잠정조치로서, 이는 결코 우리가 북한을 국가로 인정하는 것이 아님을 분명히 하여 둡니다."

6·23 평화통일외교선언은 통일을 위한 대화의 지속 추진, 내정 불간섭, 국제연합 동시 가입 및 관련 기구 참가에 대한 찬성, 공산권 국가에도 문호개방 등을 담고 있었다. 이러한 내용은 당시로는 금기시 되던 공산권과의 교류와 남북의 유엔가입을 최초로 천명한 것이었으며, 이것은 제6공화국에서 북방정책으로 이어져 외교적 성과를 나타내기도 하였다. 그러나 두 달 뒤에 북한에서는 두 개의 조선정책이라며 강하게 비난하고 나섰으며 대화의 단절을 선언하였다. 이로써 남북적십자회담에서 시작한 대화는 파국을 맞게 되었다. 6·23 평화통일외교선언의 의의를 살펴보면 다음과 같다.

① **북한을 국가로 인정하는 않는다는 전제하에 북한의 실체를 인정하였다.** 이것은 분단의 현실과 함께 한반도의 북부에서 강력한 통치를 하고 있는 북한의 실체를 공식적으로 인정하였다는 것이다. 그러면서도 국가로는 인정하지 않겠다고 못 박았다.

이것은 국내뿐 아니라 국제사회에 공식적으로 북한의 실체를 인정하겠다고 밝힌 것으로 볼 수 있다. 그렇지만 위에서 언급된 사항은 통일 시까지라는 과도적 잠정조치로 하였다.

② **남북한의 유엔 동시가입을 최초로 천명하였다.** 대한민국은 정부수립을 유엔으로부터 공식적으로 승인받았다. 따라서 유일한 합법정부라는 자부심과 한반도는 대한민국의 영토라는 논리는 유엔으로부터 나온 것이다. 남북한 대치국면에서 유엔은 언제나 한국의 든든한 후원자로 인식하고 있었다. 반면에 북한은 유엔으로부터 6·25 전쟁의 발발 책임에 따른 침략자로 낙인되기도 하였다. 또한 북한은 유엔의 권위와 기능을 인정하지 않으려 했다. 그러나 우리나라는 이러한 유엔의 후광을 스스로 걷어내겠다는 것이었다.

③ **한반도의 안정적인 평화체제를 구축하기 위한 유엔과 국제사회의 도움을 요청하였다.** 1971년 남북적십자회담을 시작으로 남북 간에 대화가 이루어지고 있었다. 하지만 북한 측의 선결조건으로 인하여 진전을 보이지 못하고 있었다. 남한의 입장에서는 불붙기 시작한 경제개발의 탄력이 계속되기 위해서는 평화유지가 필요하였다. 과도한 국방비의 지출은 경제발전의 저해로 이어질 것이라는 것은 뻔한 이치였다. 이러한 문제를 해결하기 위해서는 국제적인 공조가 필요하였고 북한에 대한 긍정의 메시지를 보낼 필요가 있었다. 그 방안 중의 하나는 북한을 유엔에 가입시켜 국제사회의 일원으로 인정받게 함으로써 한반도의 평화와 안전을 확보하겠다는 것이었다.

④ **세계정세에 발맞추며 국익을 우선으로 하는 외교정책의 계기가 되었다.** 공산권과의 관계 개선은 그동안 금기시 되던 말이었다. 공산주의를 표방하는 국가와 대화를 한다는 것은 민주주의를 포기하고 적과 대화한다는 인식에서 과감하게 탈피하고 실익위주의 외교정책을 추진하게 되었다. 또한 비동맹국과의 수교를 통하여 한층 두터운 외교력을 갖추는 계기가 되었다. 이것은 대서방권으로 진출하는 북한의 외교정책에 대응하는 효과도 있었다. 호혜평등의 원칙에 입각한 대공산권에 대한 과감한 문호개방은 1980년대 후반 탈냉전시대의 도래와 함께 추진한 북방정책으로 연속성을 갖게 되는 결과도 가져왔다.

⑤ **북한의 김일성이 발표한 '조국통일 5대강령'[43]에 대한 반론적 성격을 내포하고 있다.** 김일성은 이를 통하여 '고려연방공화국'이란 단일국호에 의한 연방국가의 창설과 유엔가입을 주장하였다.

그러나 북한은 이 선언을 문제 삼았다. 북한은 6·23 평화통일외교선언에 대해 북한이

43) 김일성이 1973년 6월 23일에 체코 공산당 제1서기 후사크를 환영하는 평양시 군중대회에서 연설을 통해 발표한 통일 강령을 말한다. 출처 : 『북한지식사전』, p.572.

'2개 조선' 조작 책동이고 분열주의 노선이라고 강하게 비난하고 나왔다. 앞에서 언급하였던 남북조절위원회와 남북적십자회담의 중단은 여러 가지를 들 수 있다. 그 중에서도 6·23 평화통일외교선언은 북한으로 하여금 대화중단을 결단하게 만든 결정적인 계기였다. 6·23 평화통일외교선언에 대한 반대를 보다 명확히 하기 위해 북한은 남북관계를 계획적, 의도적으로 악화시키기 시작했다. 남북관계를 악화시키고 긴장을 조성하기 위해서는 논리상 남북대화를 희생시키지 않을 수 없었다. 이러한 이유로 해서 북한은 6·23 평화통일외교선언의 발표와 더불어 대화의 일방적 중단을 결심하고 1973년 8월 28일을 기해 이를 결행한 것이다. 이후 남북 간에는 '유엔 동시가입'과 '단일 의석 가입'을 각각 주장하면서 한 치의 양보없이 대립하는 양상을 보이게 되었다.

3. 성과와 이후의 통일정책

우리나라의 적극적인 문호개방과 세계의 정세변화는 과거의 고착된 사고에 일대 변화를 가져왔다. 대표적인 예를 들면, 소련은 유니버시아드 대회에 한국선수단 입국을 허용하기도 하였다.[44] 이것은 정치적인 여건의 변화로 볼 수 있었다. 그동안 소련은 한국에 대해 적대적인 정책을 고수해 오고 있었는데 한국선수단에 대해서 문호를 개방하였다는 것은 의미가 있었다.

이러한 점은 그동안 수교에 제한적이었던 동구권과의 외교관계 수립에 긍정적으로 작용할 수 있는 분위기였다. 세계 각국은 실리를 추구하기 위하여 평화공존으로 나아가고 있었던 상황이었다. 이러한 국제질서의 변화와 신축성 있는 외교력을 보장하기 위해서는 무엇인가의 조치가 요구되었다. 이미 7·4 남북공동성명을 발표함으로써 전 세계는 이를 평화의 메시지로 인식하고 있었다. 여기에 더하여 외교력을 강화하기 위한 조치를 더한 것이다. 북한과의 평화를 모색하면서 국제무대에서의 세력확장을 도모하고자 하였다.

이후에 박 대통령은 1974년 1월 18일 연두기자회견에서 남북한 상호 불가침협정 체결을 제의함으로써 대한민국의 평화지향적인 통일접근정책을 다시 천명했다. 박 대통령은 이 회견에서 남북한 상호 불가침협정의 골자를 ① 남북한이 절대로 서로 무력침략을 하지 않겠다고 만천하에 약속하고 ② 서로 절대로 상대방의 내정을 간섭하지 않으며 ③ 여하한 경우에도 현존 정전협정의 효력을 존속시키자는 것이라고 밝히고 "이 협정을 맺어 놓고 앞으로 통일이 될 때까지 남북이 서로 평화공존을 해나가면서 그동안에 서로 대화를 활발히 하고 교류와 협력을 실시해서 평화통일의 기반을 하나 하나 다져 나가자."고

44) 우리나라는 1959년 제1회 이탈리아 토리노 유니버시아드 대회에 옵서버 자격으로 6명이 참가하였다. 이후 1973년 제7회 모스크바 대회에 3개 종목 35명의 선수단이 참가하였다.

역설했다.

1974년 8월 15일 광복절기념사를 통해 '평화통일 3대 기본원칙'을 제시하였다. 이는 1970년의 '평화통일구상선언'의 연장선상으로 그동안 우리측이 제안한 내용을 모두 포괄한 개념이다. 또한 '선평화 후통일'의 정책기조를 확고하게 유지하고자 하는 것이었다.

이것은 '선건설 후통일론'에서 '선평화 후통일론'으로 정책이 변환되는 계기가 되었다. 또한 경제건설에 집중할 수 있는 토대를 구축하겠다는 의도였다.

평화통일 3대원칙의 특징은 한반도 평화정착 → 상호 문호개방과 신뢰회복 → 남북한 자유총선거 라는 3단계로 이루어졌으며 그 내용은 다음과 같다.

① 한반도에 평화를 정착한다. 이를 위해서 남북은 '상호불가침협정'을 체결한다.
② 남북 간에 상호문호를 개방하고 신뢰를 회복한다. 이를 위해서 남북대화를 성실히 진행하고 다각적인 교류 협력을 보장한다.
③ 이 바탕위에서 공정한 선거관리와 감시하에 토착인구비례에 의한 남북한 자유총선거를 실시하여 통일을 이룩한다.

6·23 선언 1주년인 1974년 6월 23일 박 대통령은 담화를 통해 "북한공산주의자들은 하루 속히 무력이나 폭력에 의한 적화통일노선을 버리고 7·4 남북공동성명의 정신으로 돌아와 남북적십자회담과 남북조절위원회를 정상화하고 상호 교류와 협력을 실현하고자 하는 우리의 노력에 즉각 호응하라."고 촉구했다.

박 대통령은 이 담화에서 1973년 남북대화의 중단이후 북한에 의해 더욱 격화되고 있는 대한민국에 대한 군사도발과 내정간섭 등 적대적 행동의 일체 중지를 촉구하고 "북한은 더 이상 지체하지 말고 불가침협정의 체결을 위한 협상에 응하라."고 말했다. 그러나 대화의 길은 멀었고 평화를 정착시키는 일은 더 어려웠다. 소련을 비롯하여 세계의 여론은 긍정적이었지만 북한은 그렇지 않았다. 북한은 후견국의 역할을 해온 소련이 남한과 우호적인 관계를 유지하는 것이 부담이었을 것이다. 북한은 불만의 표시로 모스크바 유니버시아드 대회에 불참하기까지 하였다. 남과 북은 오히려 과거에 비해 더욱 더 극렬한 관계가 유지되고 있었다. 과거로의 회귀였다.

4. 과거로 회귀하는 남북관계

1974년 8월 15일에 장충동 국립극장에서 열린 제29주년 광복절 기념식장에서 재일교포 2세인 문세광에 의한 대통령 암살을 노린 저격사건이 발생하였다.[45] 대통령은 피격을 면했지만 육영수 여사는 사망하였다. 1974년 11월 15일에는 남침용 땅굴이 발견되었다.

1976년 8월 18일 오전에는 판문점 공동경비구역에서 북한군에 의해 미군장교 2명이 도끼에 살해되는 비극이 발생하기도 하였다. 당시 판문점 내에는 남북을 가르는 경계선이 별도로 구분되어 있지 않았다. 유엔군은 경계에 지장이 있는 미루나무의 가지 치기 작업을 노무자를 이용하여 하고 있었다. 이를 감독하고 경계하는 미군장교 2명을 북한군이 도끼로 살해한 것이다. 이로 인하여 미 항공모함 미드웨이호가 한반도로 급파되었고 데프콘 3이 발령되었다.[46] 한반도는 전쟁의 문턱에까지 다다르고 있었다. 김일성은 유감을 표명하고 사과문을 유엔군에게 제출함으로써 사건은 겨우 봉합되었다. 이처럼 연속으로 발생한 극한을 내달은 사건은 남북관계를 회귀시키기에 충분한 상황이었다.

朴대통령被擊…危機모면

8·15慶祝式場(國立劇場)서

陸女史머리負傷

現場서 日旅券가진

제1彈 不發·第2彈 演壇左側 빗나가·제3彈 陸女史狙擊

犯人, 안경을 낀 健壯한체격

座席서 뛰어나와 고함지르며銃擊

李台山씨가 발로걷어차 쓰러뜨려

1974년 8월 15일 광복절 경축식장에서 경축사를 낭독하던 박 대통령을 저격하는 사건이 발생하였다. 대통령은 피격을 피했으나 영부인은 두부 관통상을 당하여 5시간의 수술을 받았으나 서거하였다.

출처 : 경향신문(1974.8.15.)

---

45) 대통령 관련 암살모의는 이전부터 있어 왔다. 1970년 5월 15일 북한공산주의자들은 간첩 김병섭에게 공군조종사를 매수하여 청와대와 주한미대사관을 폭격하라는 임무를 주어 남파했다. 1970년 6월 22일 박은섭 외 2명의 북한무장간첩들은 사흘 뒤인 6월 25일 국립묘지를 참배하는 박 대통령 및 정부요인들을 폭살할 목적으로 국립묘지 현충문에 원거리조종 발파폭약장치를 가설하다가 가설도중 폭약의 폭발로 박은 현장에서 폭사하고 다른 2명은 도주했다. 1970년 11월 14일 공군조종사를 매수하여 청와대를 폭격하든가 청와대요리사를 매수하여 대통령을 독살하라는 임무를 가지고 남파되어 기회를 엿보고 있던 북한간첩 정시일이 체포되었다. 1971년 7월 29일 북한공산주의자들은 북한노동당연락부소속 정정학에게 서울운동장 등 행사장소나 골프장에서 박 대통령을 저격, 암살하라는 지령을 주어 남파하기도 하였다.

46) 적의 공격이 우려되는 상황에서 발령되는 전투준비태세를 말한다.

[8·18 판문점 도끼만행사건]

박정희 대통령은 '선경제건설 후통일'을 기조로 하였다. 이러한 그의 기조는 집권기를 전·후반기로 구분하여 보면 쉽게 나타난다. 전반기에 해당하는 1960년대에는 경제개발에 매진하였으며, 대화제의는 집권 후반기에 나오게 되었다. 남북대화는 남과 북의 극단적으로 이질적인 체제간의 대화였다. 남북대화의 궁극적인 목표는 물론 남북의 통일이었다. 그러나 남북의 대화는 남북이 지닌 극단적으로 이질적인 체제의 차이 때문에 크게 이견을 보였다. 이러한 상이한 체제간의 통일은 필연적으로 양자택일을 의미하는 것이기도 하였다. 때문에 그 동안 남북이 제시한 방안은 서로의 체제로 통일시키기 위한 것이었다. 즉, 흡수통일을 추구한 것이다. 또한 서로 간에는 불신의 골이 너무 깊었다. 심화된 불신관계로 인한 상호사상과 이념의 대립, 6·25라는 엄청난 전화, 정전 후 계속된 북한의 대남 간접침략행위, 남한의 개방체제와 북한의 폐쇄체제의 차이, 그리고 극단적인 상호 부정 및 적대관계 등은 넘기 힘든 벽이었다. 그러므로 남북한 간의 화해를 위한 어떠한 움직임도 그것은 1차적으로 이러한 불신관계의 해소와 신뢰관계의 회복에 이바지하는 것이어야 한다. 북한의 김일성은 1970년 11월 2일 북한 노동당 제5차 전당대회에서 그가 행한 사업총화보고 가운데서 조국통일의 전제는 '남조선혁명'의 수행이라고 단정하고, '남조선혁명'의 목적은 남한의 현정권을 뒤엎고 '인민민주주의정권'을 세우는 것이라고 단언했다. 이것이 북한의 기본통일노선이자 정책이었으며 본심이었다. 최고권력자들의 이러한 생각 앞에 신뢰회복은 요원한 것이었다.

박 대통령은 집권 후반기로 볼 수 있는 1970년대 들어 계속적인 정권유지를 낙관할 수 없는 상황에 이르렀다. 특히 1971년의 대통령 선거에서 김대중 후보의 득표는 다음 선거를 불안하게 만들었다. 따라서 박 대통령은 정권을 지속적으로 유지하기 위한 방안으로 유신을 단행하기에 이르게 되었다. 정권의 안정을 위해서 '반공과 안보'보다 더 없이 적절한 것은 없었다. 여기에 조국의 평화통일을 위하여 특단의 조치가 필요하다고 하면서 장기집권체제를 정당화하였다. 1970년대가 시작되면서 세계는 데탕트의 분위기가 지배하고 있었다. 마냥 북한을 적대시하는 정책으로 일관할 수는 없었다. 실제로 집권 전반기로 볼 수 있는 1960년대에는 통일과 남북문제에 대한 적극적인 제스처가 없었다. 일반인들이 통일과 남북대화를 언급하는 것은 금기시 된 시절이었다. 그러나 1970년대 들어서는 이를 방치할 수 없는 상황이 도래한 것이다. 북한과의 적절한 대치국면을 이어가면서 긴장국면을 조성하는 한편 세계적인 추세에 부합하기 위해서는 대화를 제의하는 것이 필요한 시점이었다. 이처럼 남북한의 최고권력자들은 국민의 여론을 충분히 반영한 통일문제를 논의하기 보다는 정권유지의 필요에 의하여 남북대화를 이용한 측면이 있다. 결론적으로 이러한 각자의 계산법에 따라 남북한 간에는 서로의 이견을 좁히는 통일방안의 도출은 고사하고 대화마저 중단되는 결과를 가져왔다.

해방 전에는 일본군 장교였으며 해방 후에는 남노당의 핵심당원이었던 박정희의 이력은 본인 스스로가 가장 두려워 했을 것이다. 이러한 떳떳하지 못한 그의 이력은 국민과 역사 앞에 인정받고 싶은 강한 욕구를 불러오기에 충분하였다. 여기에 더하여 민주혁명으로 세운 정부를 사회혼란을 명분으로 전복시킨 그의 심정은 무언가의 돌파구가 필요하였을 것이다. 당시에 세계 최난민국 중의 하나였던 대한민국 국민의 소망은 마음껏 따뜻한 밥 한 그릇을 먹어보는 것이었다. 그가 선택한 것은 '경제개발'이었다. 그는 이것을 개인의 돌파구이자 국민의 돌파구로 보았으며 결과는 적중하였다. 한강의 기적이라고 불리는 비약적인 경제성장을 이끌어낸 것이다. 그러나 그의 한계는 물러날 때를 통찰하지 못하였던 것으로 보여진다. 또한 물러나지 않기 위하여 남북관계를 활용하고자 한 것은 개인의 불행이자 국가의 불행이었다.

조국통일 5대 강령[47)]

배경

북한은 1970년대 세계적 데탕트 분위기가 조성되자 유엔에서의 활동을 본격적으로 펼쳐나갔다. 그동안의 외교정책을 바꾸어 스웨덴, 핀란드 등 북유럽 5개국과 수교하였고, 각종 유엔 산하기구와 WHO 등 전문기구에 가입하기 시작한 것이다. 또한 베트남전쟁이 종결단계로 접어들고 미국이 대아시아 개입정책으로부터 전환을 추진하는 데 따라 한반도 문제를 민족내부 문제화하여 주한미군 철수를 얻어내고 남조선 혁명의 여건을 성숙시킬 절호의 기회로 삼으려고 했다. 이와 함께 내부적으로는 김일성 유일사상체계를 확립하고 김정일 후계체제를 구축하는 데 전력을 기울이던 시기였다.

이러한 상황에서 북한은 무력경쟁 중지와 군대 감축 등 평화공세를 펴면서 한미 이간과 주한미군 철수를 겨냥하는 한편, 한국이 유엔에 가입하는 것을 막고자 했다. 이와 관련하여 북한은 그 이전까지 통일방안으로 제시하였던 과도적 연방제를 수정하여 국호를 고려연방공화국 하나로 하고 이 단일국호로 유엔에 가입하자는 새로운 입장을 내놓을 필요가 있었다. 이에 따라 1973년 6월 23일 체코공산당 제1서기 후시크를 환영하는 평양시 군중대회에서 김일성이 연설을 통하여 강령을 발표하였다. 이날은 박 대통령이 6·23 평화통일외교선언을 한 날이기도 하다.

주요내용

조국통일 5대강령의 주요내용은 ① 남북 간 군사적 대치상태의 해소와 긴장상태 완화 ② 남북 간 다방면적인 합작과 교류의 실현 ③ 남과 북의 각계각층 사람들과 정당·사회단체 대표들로 구성되는 대민족회의 소집 ④ 고려연방공화국의 단일국호에 의한 남북연방제 실시 ⑤ 단독 유엔가입 반대 및 고려연방공화국 단일국호에 의한 유엔가입 등이다.

특히 ①항과 관련하여 이를 실현시키기 위한 구체적 조치로 무력증강과 군비경쟁의 중지, 모든 외국군대의 철수, 군대와 군비의 축소, 외국으로부터의 무기 반입 중지, 서로 무력을 행사하지 않을 것을 보장하는 평화협정 체결을 제시하였다. 이 내용은 남북조절위원회에서 북한측이 주장하던 내용과 동일하다.

북한측이 제안한 ①항과 관련한 5개 제안의 핵심은 주한미군의 철수였다. 그것은 북한이 '남조선혁명'을 추구하는 데 있어서 미군을 주된 투쟁대상으로 여기고 있기 때문이다. 여기에서 주목되는 점은 두 가지이다. 하나는 이때까지도 북한은 평화협정을 남북간에 체결하는 것을 염두에 두고 있었다는 점이다. 북한이 미국과의 평화협정 체결을 추구하고 평화문제는 북미 간에, 통일문제는 남북 간에 협의를 해야 한다는 입장으로 선회한 것은 1974년에 들어와서이다. 또 하나는 1960년대와 내용이 달라진 연방제를 내놓고 있다는 점이다. 우선 남북한 정부대표로 구성되는 최고민족위원회라는 기구가 없어지고 그 대신 군중집회 형태의 대민족회의를 전면에 부각시킴으로써 대한민국 정부의 정통성과 권위를 인정하지 않으려는 태도를 보였다. 또한 국호만 제시되어 있지 연방정부와 지역정부와의 관계에 대해서는 언급치 않았는데, 단일국호로 대외활동을 하자는 것으로 비추어 볼 때 지역정부의 독자적 활동은 인정하지 않겠다는 것으로 보인다.

북한은 이후 남한의 6·23 선언이 2개 조선을 획책하는 분열주의 노선이라고 맹비난을 하였다. 그러면서 6·23 선언을 빌미로 남한이 7·4 남북공동선언을 완전히 뒤집어 엎었다고 주장하고 남북조절위원회 회의와 남북적십자회담 등 남북 간의 대화를 중단시켜 버렸다.

북한은 1970년대 내내 대민족회의 개최 등 조국통일 5대강령에 입각한 조치들을 남북대화를 재개시키는 조건으로 내걸거나 대남 제의를 해오는 것으로 일관하였다. 이와 함께 북한은 1970년대 중반 이후 8·15 경축식장 대통령 저격사건, 대남침투용 땅굴 굴착, 판문점 도끼만행사건 등 다시 대남 도발을 지속함으로써 남북관계는 긴장상태를 벗어나지 못했다.

평가

1970년대에 들어오면서 북한은 동서 긴장완화 등 국제정세의 변화에 따라 남한의 남북대화 제의에 호응해 오는 한편, 남조선 혁명 투쟁을 지속하는 양면전략을 추구하기 시작하였다. 조국통일 5대 강령은 평화공세의 일환으로 남북 간의 실질적인 화해와 협력을 실현하기 위한 제의가 아니었다.

즉, 조국통일 5대 강령은 남한의 유엔 동시가입 주장을 비난하고, 연방제 통일 등을 주장하면서 북한이 통일지향적인 것처럼 대외적으로 선전하고자 하는 의도를 가지고 있었다. 또한 주한미군 철수, 대민족회의 소집 등을 주장하며 남한에서 민족해방 인민민주주의혁명 전략을 구현하기 위한 수단으로 삼으려 한 것이었다.

47) 통일부 통일교육원, 『북한지식사전』, pp.572~575에서 발췌.

CHAPTER

05 제5공화국 전두환 대통령

제 1 절　제5공화국 출범과 국제정세

1. 제5공화국 출범

가. 유신독재 종말과 찾아 온 '서울의 봄'

1979년 10월 26일 저녁 7시 50분경 중앙정보부의 궁정동 안가에서 만찬을 즐기던 박정희는 측근 중의 측근으로 인정받는 김재규 부장의 권총에 쓰러졌다. 이른바 10·26 사태가 발생한 것이다. 유신헌법을 통하여 장기집권을 위한 제도적 장치는 구축하였지만 이 땅의 민주화는 이를 용인하지 않은 결과였다. 김재규 중정부장은 1979년 12월 18일 육군보통군법회의에서 비공개로 진행된 최후진술에서 "우리나라의 민주주의가 5·16 혁명과 10월 유신에 의해 말살됐다. 10·26 혁명은 건국이념이자 국시인 자유민주주의를 회복하기 위해 결행한 혁명"이라고 하였다.[1] 그가 박정희를 시해할 수밖에 없었던 이유와 유신헌법이 반민주적인 헌법이었음을 말해 주는 대목이다.

박정희의 몰락을 몰고 온 가장 큰 영향은 유신에 있었다. 유신헌법은 장기집권체제 구축을 위한 헌법개정에 불과하였다. 그러나 박정희는 헌법개정의 이유를 '조국의 평화통일'을 위해서라고 역설하였다. 즉, 자신에게 통일에 필요한 모든 권력을 집중시켜 줄 것을 요구한 것이다. 따라서 이에 대한 철폐 주장은 끊임없이 제기되었다. 1973년 8월부터

朴正熙大統領逝去

金載圭 中央情報部長 銃彈에

車智澈室長과 言爭끝에 偶發事故

車室長등 5명絶命

崔總理 權限代行

全國에 非常戒嚴

北傀는 激變惡用말라

'박정희대통령 서거'라는 제목의 신문기사. 경호실장과 중정부장의 말다툼에서 우발적인 충돌사태가 야기되어 중정부장이 발사한 총탄에 운명했다고 발표하였다. 그리고 전국에 비상계엄이 선포되었다.

[박정희 대통령 서거] 출처 : 경향신문(1979.10.27.)

---

1) 동아일보, '10.26 혁명 위해 유신심장 쏘았다', 1996.9.19.

야당과 재야 및 학생들의 반유신 민주화운동이 더욱 확산되었다. 이에 박 대통령은 1974년 1월 8일과 1월 13일에 헌법비방과 개헌논의를 금지하는 대통령 긴급조치 1호와 2호 및 3호를 연속적으로 발동하였다. 그러나 이를 잠재울 수는 없었다. 야당인 신민당은 11월 14일 개헌 추진의 원외투쟁을 선언하고, 현역의원들이 가두투쟁을 벌이기도 하였다. 또한 12월 5일 국회에서 무기한 농성에 돌입하는 등 개헌투쟁의 강도를 높여갔다. 재야도 12월 25일 민주회복국민회의를 결성하고 개헌서명 국민운동을 전개하였다. 이쯤 되면 민의를 통찰했어야 마땅했다.

그렇지만 박 대통령은 1975년 1월 22일 헌법논쟁에 따른 정국의 혼란을 예방하고 국론통일을 위해 유신헌법과 유신체제 유지 여부를 묻는 국민투표를 실시하겠다고 발표했다. 이와 함께 특별회담을 통해 이번 국민투표는 현행 헌법에 대한 찬반뿐 아니라 대통령에 대한 신임 여부도 함께 묻겠다고 하면서, 국민이 원할 경우 즉각 대통령직에서 물러날 것임을 밝혔다. 초강수를 둔 것이었다. 이에 따라 2월 12일 유신헌법 찬반 및 대통령 신임 여부를 묻는 국민투표를 실시하였다. 결과는 73.1%라는 압도적 찬성으로 가결되었다.

이로써 국민의 여론을 등에 업고 국정운영의 동력을 확보하였다. 비민주적인 유신헌법이 정당성을 확보하는 절차를 통과한 것이었으며, 이후의 정국을 예상하게 해 주는 결과였다. 그 이후 5월 13일 유신헌법에 대한 일체의 논의를 금지하는 긴급조치 9호를 발동하였다.

國民投票案 가결
現行憲法 지지·朴대통령 再信任
贊成, 유효표의 73.1%
投票率 79.9% 서울60.2%

유신헌법과 대통령의 신임을 묻는 국민투표가 가결되었음을 알리는 신문기사이다. 박 대통령은 이날 특별담화를 통하여 "북한 공산주의자들의 방해책동에도 불구하고 국민대다수가 주권을 행사하였다며 경하해 마지 않는다."고 하였다.

[유신헌법 국민투표 가결] 출처 : 경향신문(1975.2.13.)

그러나 1976년 3월 1일 재야는 명동성당에서 유신헌법 및 긴급조치의 폐지, 유신정권의 퇴진을 요구하는 민주구국선언문을 발표하여 민주회복의 열망을 지속시키는 촉매역할을 하였다. 1970년대 후반은 국내외적으로 매우 혼란한 상황이었다. 경제적으로는 석유파동으로 인하여 곤란을 겪고 있었다. 이것은 경제위기를 몰고 왔다. 가뜩이나 어려운 처지에 있던 중소기업들의 도산과 부도가 이어졌으며, 이는 도시하층민들의 생활에 더욱 영향을 미쳤다. 정치적으로는 1978년 총선에서 김영삼이 이끄는 신민당에 여당이 패배하는 상황이 발생하여 국정을 주도할 동력이 상실되고 있었다.[2] 또한 대외적으로는 미국의 카터 행정부와 불화가 지속되는 상황이었다. 이러한 혼란한 상황은 1979년에 이르자 마침내 한계에 봉착하였다. 이즈음에 '부마항쟁'이 발생하였다. 1979년 10월 16일 아침 10시경에 부산대학교 구내 도서관 앞에서 약 500명의 학생들이 모여 반정부시위를 벌였다. 이것은 마산으로까지 확산되면서 시민들이 가세하게 되었으며 정부는 계엄령 선포 등의 강경책으로 대응하였다. 부마항쟁은 1970년대 유신체제 하에서 쌓였던 정치·사회·경제·문화·종교 등 각 부문에 걸친 여러 모순의 폭발이었고, 사실상 박정희 정권의 붕괴를 촉진시킨 결정적인 사건이었다.[3] 부마항쟁은 'YH 무역노조[4], 신민당사 농성 사건,

金泳三의원 除名

與, 法司委거쳐 本會議

新民의원들 壇上占

白의장, 開會선언 14초

'김영삼의원 제명'의 신문기사. 그의 제명의 직접이유는 NYT와의 회견이었다. 그러나 그 이면에는 YH 사건 등이 있었다. 그렇지만 결과는 YS의 제명이 아닌 유신의 제명으로 이어졌다. 그는 제명되면서 "닭 모가지를 비틀어도 새벽은 온다."는 유명한 어록을 남기기도 하였다. 새벽은 한국의 민주주의를 말하고 있었다.

[김영삼의원 제명] 출처 : 경향신문(1979.10.4.)

2) 1978년 12월 12일 제10대 국회의원총선거에서는 야당인 신민당이 32.8%를 득표하여 31.7%를 얻은 여당인 민주공화당을 앞섰다. 그러나 정당별 의석수는 민주공화당 68석, 신민당 61석, 민주통일당 3석, 무소속 22석, 유신정우회 77석으로 지역구 국회의원선거 득표율에서 앞선 신민당이 전체의석의 3분의 1에 미치지 못하였다. 이는 1선거구에서 2인을 선출하는 중선거구제와 국회의원 3분의 1을 대통령이 추천하고 통일주체국민회의에서 선출하는 선거제도 때문이었다. 출처 : 대한민국 국회

3) 『한국민족문화대백과사전』에서 발췌.

4) 1979년 8월 9일 가발 제조업체인 YH 무역 노동조합원들이 벌인 농성사건이다. 이들은 회사의 일방적인 폐업에 항의하며 신민당사를 점거하고 농성을 벌이게 되었으며, 이로 인해 당시 이들을 보호해 준 신민당 총재였던 김영삼은 정부와의 대립이 격화되었으며 그 후에 제명되는 사태를 맞기까지 하였다.

緊急措置9호 解除

拘束者 68명 釋放

2百24명 免訴

文益煥·咸世雄씨등

百93명엔 殘刑면제

최 대통령은 긴급조치 9호를 해제하고 68명을 석방하였다. 그 후 687명의 정치인 등에 대한 복권조치에 대한 담화를 발표하였다. 이로써 시민들은 '서울의 봄'이 다가오고 있다는 생각을 하게 되었다.

[긴급조치 9호 해제] 출처 : 경향신문(1979.10.27.)

YS 제명사건[5])' 등과 함께 유신체제를 아래로부터 붕괴시킨 결정적인 사건으로 평가되고 있다. 불과 10여일 후에 10·26 사건이 발생한 것이다.

사건의 조사결과는 그해 11월 6일 전두환 보안사령관에 의해 발표되었다. 그가 대중 앞에 출현하는 순간이기도 하였다. 발표문에는 "식사도중 박정희 대통령은 김재규 중정 부장에게 부산사태는 정보부재에서 비롯된 것 아니냐는 힐책조의 말을 들었으며, 이와 관련하여 차지철 경호실장으로부터 10월 18일 부산지역 계엄선표에 관련된 정보부의 무능한 업무처리에 대하여 과격한 공박을 받고 흥분상태에서…"[6]) 등의 내용이 포함되어 있었다. 이를 보았을 때 부마항쟁은 유신체제를 붕괴시키고 '서울의 봄'이 오게 한 직접적인 원인으로 볼 수 있을 것이다. 이러한 일연의 사건들로 인하여 마침내 유신은 비참하게 종말을 맞이한 것이다. 이 사태를 계기로 국민들은 유신체제에서 벗어나 민주주의시대가 도래할 것으로 기대하고 있었다. 이른바 '서울의 봄'을 기대하고 있었던 것이다. 곧 이어 꽃피는 봄이 도래할 것으로 믿고 있었다. 대통령 최규하[7])는 1979년 12월 8일 긴급

5) 1979년 8월 11일 경찰이 신민당사에서 농성 중이던 YH 여공들을 강제해산시키는 과정에서 발생된 YH 무역사건은 정치문제로 비화되었고, 유신체제에 대한 국민적 저항이 증폭되는 계기가 되었다. 이와 같은 상황 하에서 1979년 10월 4일 여당은 김영삼 신민당총재의 뉴욕 타임즈와의 기자회견 발언내용을 문제 삼아 의원제명을 야당이 점거·농성 중인 본회의장을 피해 국회별실에서 의결하였다.

6) 매일경제신문, 「정권탈위 목적 김재규의 계획된 범행」, 1979.11.6.

7) 대통령 사망 후 권한대행을 거쳐 1979년 12월 6일 치러진 선거에서 제10대 대통령으로 취임하였다.

조치를 해제하고 구속자 68명을 석방하는 등의 조치를 취하여 그동안 정치활동을 하지 못하고 있던 재야정치인사들이 복권되었다. 그 후 1980년 2월 29일에 재야 정치인·학생·종교·교직자 등 687명에 대한 복권조치를 단행하자 민주화에 대한 열망은 더하여 갔다.[8] 곧 민주주의라는 꽃이 만개할 것으로 믿고 있었다.

그러나 혼란한 계엄령 상황에서 보안사령부가 대통령 시해사건의 수사를 주도하게 되면서 서울의 봄은 서서히 저물어갔다. 보안사령관 전두환을 중심으로 한 군부의 등장이었다. 곧 이어 보안사령관 전두환은 합동수사본부장에 임명되었다. 이로써 국가의 핵심정보를 장악하게 된 전두환의 군부는 12·12 군사반란[9]을 통하여 군부뿐 아니라 국가의 모든 권력까지 장악하여 나갔다. 후에 이들을 신군부라 부르게 되었다. 국민과 학생들은 1980년 봄부터 신군부의 정권장악 의지를 규탄하며 대규모 시위를 벌이기 시작하였다. 다시 동토의 땅으로 변하고 있었던 것이다.

나. 동토로 회귀한 제5공화국 출범

신군부는 1980년 5월 17일 비상계엄령을 전국으로 확대하면서 김대중을 비롯한 정치인과 재야인사들을 체포하였다. 신군부를 중심으로 한 일단의 군부세력이 정권을 장악하기 위한 야욕을 보임에 따라 1980년의 상황은 이를 규탄하는 시위의 연속이었다. 시민들은 또 다시 동토의 계절이 되는 것을 원하고 있지 않았다. 이에 대한 절정은 남녘의 끝에 있는 광주에서 타올랐다. '광주 민주화항쟁'이 그것이다. 5월 18일 전남대학교 정문 앞에서 대학생과 계엄군 사이에 충돌이 빚어지면서 이는 광주 민주화운동의 불씨가 지펴졌다.[10] 광주 민주화항쟁은 광주에서의 공수부대 중심의 무력진압이 학생과 시민의 분노를 유발하였고 진압의 강도가 높아짐에 따라 자연스럽게 시민들의 무력저항으로 발전하였던 것이다. 광주민주화항쟁은 학생시위에서 시민봉기로 다시 무력항쟁으로 타올랐다. 그러나 공수부대의 총칼 앞에 시민의 힘은 한계를 보일 수밖에 없었다. 민주화항쟁을 무자비하게 진압한 전두환은 항쟁의 주동자로 김대중을 지목하여 기소하였다. 결국 1980년 9월 17일에 공판을 열어 김대중에게 사형을 선고하기에 이르렀다.

광주의 피를 밟고 전두환은 정권을 장악하기에 이르렀다. 이로써 나타나는가 싶었던 '서울의 봄'도 저물게 되었다. 정권을 장악한 전두환은 국가보위비상대책위원회(국보위)

---

8) 경향신문, 「긴급조치 9호 해제, 구속자 68명 석방」, 1979.12.8.

9) 1979년 12월 12일 군부의 실세였던 전두환·노태우 등이 중심이 되어 일으킨 군사반란사건을 말한다. 이들이 이끌던 군부 내 사조직인 '하나회' 중심의 신군부세력이 당시 최규하 대통령의 재가도 없이 휘하 부대 병력을 동원하여 계엄사령관이었던 정승화 육군참모총장을 강제로 연행하는 과정에서 일어난 군사반란사건이다. 출처 : 한국민족문화대백과사전

10) 이근호, 『한국사를 움직인 100대 사건』, p.198.

당시에는 '광주사태'로 호칭되었다. 신문기사는 당시의 항쟁 장면을 담고 있다. 광주 민주화항쟁은 1980년대 민주화운동의 기폭제가 되었으며 한국의 민주화와 인권신장에 크게 기여를 하게 되었다.

[광주사태] 출처 : 경향신문(1980.5.24.)

를 구성하였다. 국보위는 '안보태세 강화, 경제난국 타개, 사회안정과 사회악 일소'를 명분으로 각종 조치를 취하였다. 그 중에서 지금까지 지탄을 받는 것이 '삼청교육대' 설치이다. 그는 이를 통하여 사회악을 일소한다는 구실로 일명 '순화교육' 대상자를 선정하여 군부대에 설치한 교육대에 입소시켰다. 이 과정에서 억울하게 검거된 사람도 다수 포함되었으며 인권유린이 발생하기도 하였다.

그로부터 10년이 지난 2007년 국방부 과거사진상규명위원회는 삼청교육대 설치의 불법성과 교육과정에서의 인권유린을 인정하였다. 국보위는 박정희 시절의 '국가재건최고회의'와 유사한 성격을 갖고 있었다.

제5공화국은 1981년에 들어서 전두환은 제12대 대통령으로 임기를 시작하였다.[11] 1981년은 남북으로 분단된 채 절대적인 대치상태로 서로 이질적인 사회체제를 유지해온 우리 민족에게는 36년이라는 세월이 지나고 있는 시점이었다. 세월의 깊이만큼 상호불신과 이질화가 남북 간에 존재를 넘어 심화되고 있는 상태였다. 대통령에 취임하는 전두환은 취임사에서 다음과 같이 통일에 대하여 언급하였다.

11) 전두환은 1980년 8월 27일 제11대 대통령 선거에서 당선되었다. 통일주체국민회의 대의원 2,525명 중 찬성 2,524표, 기권 1표의 결과였다. 그 후 헌법을 개정하여 제12대 대통령으로 다시 당선되어 제5공화국 시대를 열었다.

"국민 여러분 민주복지국가를 건설하려는 우리의 의지는 궁극적으로 조국의 평화통일에로 이어지는 것입니다. 정부는 이 민족적 지상과업을 달성하기 위해서 앞으로도 남북대화를 끈기 있게 추진할 것이며 쉬운 문제부터 점진적으로 풀어나가는 노력을 기울일 것입니다. 남북한 문제에 대해서는 추후에 다시 언급할 기회가 있을 것으로 믿고 있습니다만 한반도에서 전쟁은 방지되어야 하고 민족과 국토의 통일은 반드시 평화적인 방법에 의해 달성되어야 한다는 것이 본인의 소신입니다."

취임사에서 밝힌 '쉬운 문제부터 해결하자'는 것은 통일은 점진적인 노력을 통하여 이룩해야 한다는 것으로 전임 정부와 맥락을 같이 하고 있다.

2. 국제정세

1970년대 초반에 밀려왔던 데탕트의 기류는 1980년에 들어서면서 미국과 소련의 대립이 다시 시작되는 신냉전체제로 회귀하고 있었다. 이러한 분위기는 이미 1970년대 중반부터 진행되고 있었다. 1975년 캄보디아의 급진적 좌익무장단체인 크메르루즈군은 1975년 4월 17일 수도 프놈펜을 장악하였다.[12] 월남은 1973년 1월 27일 파리평화협정으로 정전이 성립되었으나 1975년 4월 30일 패망하여 공산화되었다. 한 때 50만에 달했던 주월미군을 비롯한 한국군 등 연합군 전투부대가 베트남에서 철수한지 2년을 겨우 넘기고 공산화되고 만 것이다.

월남패망은 30여 년 지속된 전쟁의 종말이자 인도차이나 반도에서 공산주의 세력팽창과 미국의 무력이 약화됨을 의미하고 있었다. 또한 북한의 김일성 입장에서는 소위 그들이 말하는 '조국해방'에 대한 꿈에 부풀게 될 계기가 될 수도 있었다. 1975년 4월 18일 북한의 김일성은 중국정부와 당중앙위원회의 초청으로 중국을 방문하였다. 김일성은 북경 방문에서 공동성명을 발표하였는데 '중국측이 한반도의 독립되고 평화로운 통일을 위한 북한의 투쟁을 지원한다.'고 선언하였다. 여기서 중국은 한국통일이 김일성에 의해 제시된 원칙 및 제안에 입각해서 실현되어야 한다고 하였으며, 유엔사 해체와 주한미군 철수를 주장하기도 하였다. 북경을 방문한 김일성은 모택동과의 회담에서 "제국주의 식민체제가 완전 붕괴과정에 있는 이때 한국에서의 미국 역할도 온전하지 못할 것이며, 적이 전쟁을 도발할 경우 우리도 단호히 전쟁으로 맞서 침략자를 완전 섬멸할 것이다. 전쟁이 일어나면 군사분계선은 없어지고 우리는 통일을 이룩할 것이다."라고 말하였다.[13] 당시

12) 경향신문, 「캄보디아 비동맹 중립 선언」, 1975.4.18.

13) 경향신문, 「모택동·김일성 회담」, 1975.4.19.

越南 무조건 降伏

印支 30년戰爭 屈辱的 끝장

모든 權力을 베트콩에 移讓

민大統領 일방적 休戰발표

베트콩 勝利 이후의

越南의 將來는?

美國의 對亞政策 붕괴

統一엔 아직도 먼時間

'월남 무조건 항복'의 신문기사. 월남은 월맹군에게 1975년 4월 30일 항복함으로써 공산화되었다. 이를 계기로 국내에서는 반공과 안보교육이 한층 강화되었다.

[월남 무조건 항복] 출처 : 경향신문(1975.4.30.)

의 세계정세를 보았을 때 우려되는 행보였다. 북한은 1972년 미국의 닉슨 대통령이 중국을 방문하는 등의 변화에 따라 1972년 7·4 남북공동성명을 발표하면서 대화에 임하기도 하였다. 그러나 인도차이나 반도에서의 연이은 공산화에 따라 북한은 한반도 적화를 다시 꿈꿀 수 있는 상황이기도 하였다. 이에 분위기에 따라 국내에서는 반공과 안보강화를 외치며 각계에서 궐기대회가 잇달아 열리기도 하였다. 한반도에는 또다시 긴장의 국면이 조성되기 시작한 것이다.

1979년 12월에는 소련의 아프카니스탄 침공이 있었다. 소련은 1978년 4월부터 아프카니스탄의 공산당계를 지원하기 시작하여 본격적으로 군사력을 투입한 것이었다. 인도차이나에서의 캄보디아, 라오스, 월남이 공산화되었으며 아프리카의 앙골라도 공산화되었다. 이러한 일련의 상황은 소련의 새로운 팽창이 시작된 것이며 신냉전이 도래한 것으로 볼 수 있는 상황이었다.

제 2 절 민족화합 민주통일 방안 천명

1. 추진배경

가. 1·21 제의와 6·5 제의

'민족화합 민주통일 방안'을 천명하기에 앞선 대북제의를 알아볼 필요가 있다. 전 대통령은 1981년 1월 12일 청와대 집무실에서 TV 및 라디오 생방송을 통해 발표된 '81년도 국정에 관한 대통령연설'에서 "민족적인 신뢰를 회복하고 동족간의 전쟁 재발을 방지하며 중단된 남북대화를 무조건 재개하여 평화통일의 길을 열기 위한 역사적 계기를 마련하기 위해 남북한 당국의 최고책임자가 번갈아 상호방문할 것을 제의한다."고 말하였다. 또한 "북한의 김일성 주석이 아무런 부담과 조건없이 서울을 방문하도록 초청한다."고 밝히면서, "본인도 같은 조건으로 북한방문을 초청받으면 언제라도 방문할 용의가 있다."고 말하였다. 전두환 대통령은 남북간에 존재하는 불신의 해소와 일촉즉발의 위기상태를 타개하고 평화통일의 역사적 계기를 마련하기 위하여 '남북한 당국 최고책임자의 상호방문'을 제의하고 "북한의 김일성 주석이 아무런 부담과 조건없이 서울을 방문하도록 초청한다."고 선언한 것이다. 이를 '1·21 제의'라 한다.

'1·21 제의'의 의의는 남북한당국의 최고책임자의 방문이 실현되면 방문 그 자체가 이미 상호 신뢰회복의 바탕이 될 것이라는 것이다. 또한 상대방지역에 살고 있는 민족의 실태를 직접 눈으로 확인하는 것으로부터 신뢰는 조성되어 갈 것이라는 것이다. 대한민국 사회의 과감한 개방을 표명함과 함께 북한측이 전 대통령의 방북을 초청하여 북한사회를 개방하도록 요구한 것으로 볼 수 있다. 분단 36년을 통하여 남북한 간에는 수많은 제의가 오고 갔지만 국가 최고통치권자가 쌍방 최고책임자의 상호방문을 공식으로 선언한 예는 없었다. 최고책임자의 상호방문은 직접적인 행동과 실천에 의해 상호신뢰의 바탕을 마련한다는 것이었다.

이에 대해 북한은 1월 19일 낮 12시부터 15분간에 걸쳐 북한의 평양방송 및 조선중앙방송을 통해 발표된 성명에서 이를 거부하였다. 그 이유로 "1·12 제의는 평화통일을 위한 것이 아니라 첫 출발부터 흐지부지 시간이나 끌면서 두 개의 조선을 조작하려는 분열책동"이라고 비난하였다. 또한 반공정책 포기, '6·23 선언 철회, 주한미군 철수' 등 상투적인 주장을 되풀이했다. 이것은 납득할 만한 이유로는 부족한 감이 많이 있었다.

이어서 전두환 대통령은 1981년 6월 5일 제1차 평화통일정책자문회의[14]의 개회사를

14) 1981년 평화통일자문회의법에 따라 구성된 기관이다. 1987년에 민주평화통일자문회의로 개칭되었다.

통하여 북한측에 대해 '남북한 당국의 최고책임자회담'을 제의하였다. 이는 전두환 대통령이 1981년 1월 12일 새해 국정연설을 통하여 북한측에 대해 '남북한 당국의 최고책임자 상호방문'을 제의한 1·12 제의를 발전시켜 보다 구체화한 것으로 평가할 수 있다. 제5공화국은 분단된 조국의 평화적 통일이 남북의 6천만 겨레의 주체적 노력에 의해서 꼭 이룩되어야 할 과제임을 규정하고, 1·12 제의와 6·5 제의를 통하여 민족 전체의 자유의사와 평화적 방법에 의해서 통일의 대로를 개척해야 한다는 것을 거듭 강조한 것이다. 6·5 제의는 1·12 제의의 단순한 부연에 끝나지 않고 김일성에게 회담의 시기와 장소의 선택권을 일임함으로써 남북관계의 개선과 통일에의 접근을 과감하게 시도했다는 점에서 차이가 있다. 아울러 분단된 민족의 통일염원이 결코 무력에 의해 이루어질 수 없다는 점과 만일 전쟁이 재발되면 승자도 패자도 없는 파괴와 폐허만이 남는 민족자멸의 상태를 초래할 뿐이라는 현실인식을 분명히 하면서 북한측의 긍정적 호응을 거듭 촉구하였다. 1·12 제의가 '남북한 당국의 최고책임자 상호방문' 제안이었다면 6·5 제의는 이에 대한 권한을 북한에 일임한 제의였다. 또한 '언제 어디서든지 김일성과 직접 회담을 갖고 상호방문 문제를 비롯하여 그동안 남북한당국이 제의했던 모든 통일방안을 포함하는 문제'들에 대하여 허심탄회하게 의논할 것과 그 시기는 '빠를수록 좋다'는 희망을 함께 밝혔다. 6·5 제의는 1·12 제의에 대한 보완적인 성격을 띠고 있지만 상호교환방문을 제외하고는 1·12 제의에서 보다 구체적이고 실천 용이한 내용을 압축하고 있다. 특히 남북한 쌍방이 지금까지 제기한 모든 문제를 논의하자고 함으로써 의제마저도 완전히 개방한 것은 남북한 간의 상호불신과 오해에서 비롯된 통일논의로부터 탈피하여 긍정적·적극적으로 통일문제를 협의하자는 것이었다고 볼 수 있다. 또한 김일성에 대하여 주석이라는 호칭을 사용함으로써 거부반응을 완화시키려 한 점도 주목된다. 이러한 면모는 북한에 대한 남한의 자신감이 반영된 것으로 볼 수 있다. 두 제의에 대한 차이점을 정리해 보면 다음과 같다.

[1·21 제의와 6·5 제의 비교]

구 분	1·21 제의	6·5 제의
호 칭	김일성 주석	김일성 주석
초 청	최고 책임자 상호방문	최고 책임자 상호방문 · 장소·시기·의제 등은 북한 일임
개 방		체육·문화·학문·우편·경제교류촉구 → 완전개방 촉구
통 일 방 법	· 단일의 자주·민족·민주국가로 통일 · 민족적 신뢰회복의 결정적 계기	민족전체의 자유의사 + 평화적 방법

민주적 평화통일정책의 수립 및 추진에 관하여 대통령에게 건의하고 자문에 응하는 기구이다. 헌법에서 명시한 평화통일에 부응하기 위하여 각계각층의 인사를 총망라하여 통일주도세력으로 집결시킨다는 목적의 기구이다.

북한측은 6월 10일 그들의 소위 당기관지인 로동신문과 방송들을 통해서 우리측의 내정을 또다시 격렬히 비방하면서 6·5 제의는 "통일문제를 논하자는 것이 아니라 불순한 다른 목적을 노리고 있음이 분명하다."고 강변하였다. 1980년 제6차 당대회에서 다시 들고 나온 '고려민주연방공화국' 안이 합리적, 현실적 통일방안이라고 말하면서 이를 거부하였다. 그 이유로는, 북한은 서로의 사회를 전면 개방할 경우 지난 30여 년 동안 철저한 폐쇄 속에서 유지한 모든 체제에 대한 불안감 등이 표면화될 수 있다는 우려를 한 것으로 보여진다.

나. 한미정상회담을 통한 대북 자신감 증대

제5공화국은 정통성 문제에서 자유롭지 못하였다. 12·12 군사반란과 광주 민주화항쟁을 피로 진압한 정부라는 꼬리표가 따라 다녔다. 따라서 1981년 2월 한미정상회담은 미국으로부터 정권을 승인받는다는 긍정적인 신호로 받아들일 수 있었다. 양국의 정부는 이전 정부로부터 정권을 이양 받은 지 얼마 지나지 않았다는 공통점도 갖고 있었으므로 세계의 관심을 집중시키는 효과도 있었다.[15] 또한 그동안의 안보 불안감도 많은 부분을 해소할 수 있었다.

[레이건 대통령과 정상회담] 출처 : 대통령 기록관

15) 전 대통령은 제11대 대통령으로 1980년 9월부터 임기를 시작하였으며 1981년 2월 25일에 실시되는 제12대 대선에 출마를 준비하고 있었다. 레이건 대통령은 취임 13일째를 맞고 있었다. 레이건 대통령으로서는 취임 후 처음 회담하는 셈이었다.

그동안 박정희 정부는 카터 미대통령과의 갈등을 겪으면서 주한미군 감축계획에 따른 안보불안에 대한 우려에 시달리고 있었다. 레이건 미대통령과의 정상회담은 이러한 안보 불안감을 해소했음은 물론이고 미국으로부터 정권을 인정받았다는 효과도 있었다. 정상회담에서 미국은 공동성명을 통하여 주한미군 철수계획16)을 백지화하겠다고 발표했음은 물론이고 1·21 대북제의를 전폭 지지하겠다는 입장을 밝혔다. 한미정상회담에서 전두환으로 하여금 대북정책에 자신감을 갖게 해 준 대목을 간추려 보면 다음과 같다.

① 안보문제에 있어서는 미군 철군계획 백지화와 국군 현대화계획에 대한 지원 등을 밝혔다. 이것은 북한의 힘에 대응할 수 있는 힘을 제공하고 지원하겠다는 것이었다.
② 대북정책의 지지이다. 안보문제와 결부시킬 수 있는 것으로 힘의 우위를 통한 한반도에서의 평화를 유지하면서도, 대화에 의한 평화를 지지한다는 것이다.
③ 상호주의 원칙을 천명하였다. 미국은 한국의 참여 없이 북한과 교류하지 않겠다고 표명하고, 중국과 소련이 한국과 접촉하지 않는 한 미국도 북한과는 접촉하지 않는 다는 상호주의 원칙을 밝혔다.
④ 미국과의 경제협력 문제이다. 양국의 교역확대와 미국의 대한투자 확대 등을 밝혔다.

이처럼 미국으로부터 전폭적인 협력과 지원을 받게 되자 대북정책에서 자신감을 얻게 되었다. 또한 같은 해 9월 올림픽 유치가 결정됨으로써 국민을 결집시키는 호기가 조성되었다. 이에 따라 전 대통령은 당시까지 대한민국 정부가 취해온 대북정책을 집대성하여 통일의 원칙과 과정, 미래상을 포괄하는 통일방안을 제시했다.17) 이것이 바로 '민족화합 민주통일방안'이다.

민족화합 민주통일방안이 나오기 전까지 한국이 추구했던 통일정책은 1974년 8월 15일 박정희 대통령의 광복절 기념사를 통해 천명된 '평화통일 3대 기본원칙'에 바탕을 두고 있었다. 즉, '한반도 평화정착, 남북한 문호개방 및 상호신뢰구축, 공정한 선거관리와 감시하의 남북한 총선거 실시' 등을 그 핵심으로 하는 것이었다. 민족화합 민주통일방안은 그 기조를 그대로 이어받고 있으며, 단계적이고 기능주의적 통일접근 시각을 좀 더 구체화했다고 볼 수 있다.18)

16) 주한미군 철수는 1969년 닉슨 독트린으로부터 시작되었다. 그 후 1977년 2월 취임한 카터 대통령이 주한미군철수계획을 언급하였다. 그러나 카터 대통령은 군부의 거센 반발과 우리나라의 외교공세에 밀려 1981년 말까지 미2사단 병력 등을 계속 주둔시키겠다고 발표한 바 있다.

17) 통일부 통일교육원, 『남북관계지식사전』, p.410.

18) 통일부, 앞의 책, p.410.

2. 주요내용

'민족화합 민주통일방안'은 1982년 1월 22일, 제109회 국회 본회의에서 행한 국정연설에서 통일방안을 천명하였다. 조국통일의 근본원칙과 그 실현방법, 통일까지의 과정 및 통일조국의 미래상을 구체적으로 밝혔다. 연설에서 "평화통일을 성취하는 가장 합리적인 길은 남북 간에 민족적 화합을 이룩하여 민족 전체의 통일의지를 한데 모아 '통일헌법'을 채택하는 것"이라 밝혔다. 또한 통일헌법을 마련하는 구체적인 방법을 밝혔다. "통일헌법을 마련함에 있어서는 쌍방 주민의 뜻을 대변하는 남북대표로 가칭 '민족통일협의회의'를 구성하고 그 기구에서 민족·민주·자유·복지의 이상을 추구하는 통일민주공화국을 실현하기 위한 통일헌법을 기초하도록 하는 것이 좋을 것이며, 통일헌법의 초안이 마련되면 쌍방은 남북한 전역에 걸쳐 민주방식에 의한 자유로운 국민투표를 실시하여 통일헌법을 확정, 공포하고 그 헌법이 정하는 바에 따라 총선거를 실시, 통일국회와 통일정부를 구성함으로써 대망의 통일국가를 완성할 수 있을 것"이라고 하였다.[19] 주요 핵심내용을 요약하여 살펴보면 다음과 같다.

[민족화합 민주통일방안]

구 분	주 요 내 용
원 칙	민족자결, 민주적 절차, 평화적 방법
방 법	민족 전체의 통일의지 결집 → 통일헌법 제정
통일헌법 채택방법	① 쌍방 주민의 남북대표(가칭 : 민족통일협의회의) 구성 ② 민족통일협의회의를 통한 헌법초안 마련 ③ 남북한 전역에서 국민투표로 통일헌법 확정 및 공포
최종상태	① 통일헌법이 정하는 바에 따라 총선거를 실시 ② 통일국회와 통일정부를 구성 ③ 대망의 통일국가 완성

통일원칙으로 '민족자결, 민주적 절차, 평화적 방법'을 제시하였다. 또한 구체적인 방법론으로 쌍방 주민대표로 '민족통일협의회의'를 구성해 통일헌법을 기초하고 국민투표로 확정하면 이에 따라 총선거를 실시하여 통일국가를 완성한다는 것이었다. 과거의 정부에서 일관되게 추진하여 온 긴장완화와 신뢰회복을 통한 통일완성이라는 점진적 접근법을 견지하면서 구체화된 측면을 갖고 있다. 또한 이를 추진하는 과정에서 민족적 화합을 위한 관계개선에 대하여 다음과 같은 실천방안 7개항을 언급하였다.[20]

---

19) 대통령 기록관, '전두환 대통령 국정연설'에서 발췌.

20) 대통령 기록관, '전두환 대통령 국정연설'에서 발췌.

관계개선 실천방안 7개항

1. 호혜평등 원칙에 입각한 상호관계 유지
2. 분쟁문제는 무력과 폭력을 지양하고 대화로서 평화적으로 해결
3. 서로 상대방의 정치질서와 사회제도를 인정하고 내정문제 불간섭
4. 정전체제를 유지하고 군비경쟁 지양과 군사적 대치상태 해소문제 협의
5. 다각적인 교류, 협력을 통해 상호 사회개방 추진
   * 이산가족재회, 교역, 교통, 우편, 통신, 체육, 학술, 교육, 문화, 보도, 보건, 기술, 환경보존 등
6. 통일까지 전세계 모든 나라들과 각기 체결한 쌍무적 다자간 국제조약과 협정을 존중하고 민족이익에 관한 문제 서로 협의
7. 서울과 평양에 각기 상주 연락대표부 설치

통일 과정이 완성되기 전까지 분단상태를 관리하고 남북관계를 정상화하기 위해 남북이 준수할 내용을 말한 것이다. 정리하여 보면 다음으로 요약해 볼 수 있다. 남과 북은 호혜평등의 원칙, 상호 체제인정 및 내정불간섭, 군사적 대치 상태 해소, 교류협력을 통한 사회개방, 상호 상주연락대표부 설치 등을 주요 내용으로 한 '남북한 기본관계에 관한 잠정협정'을 체결하자고 제의한 것이다. 이어서 이 모든 문제를 협의하기 위해 남북한 당국 최고책임자 회담을 개최할 것을 재차 촉구하였다. 민족화합 민주통일방안의 주요특징을 살펴보면 다음과 같다.

① **조국의 평화통일원칙을 명확히 밝히고 있다.**

통일은 민족자결의 원칙에 의거하여 남북한 6천만겨레 전체의 자유의사가 반영되는 민주적 절차와 평화적 방법으로 성취되어야 한다는 것이다. 어느 일방이 자기의 사상·이념·제도를 상대방에게 강요해서는 안되며, 어느 특정계층이나 집단에 의하여 독점적·배타적으로 주도되어서도 안되며, 무력이나 폭력의 방법으로 추구되어서도 안된다는 것이다.

② **통일의 방법과 통일조국의 미래상을 제시하고 있다.**

방법으로는, 민족적 화합의 실현을 도모하고 이 바탕 위에서 평화통일의 원칙에 입각한 총선거를 통해 통일을 달성해야 한다는 것이다. 미래상은 민족·민주·자유·복지의 이상을 추구하는 통일민주공화국의 실현을 지향하고 있다는 것이다.

③ **민족화합을 위한 '통일헌법' 제정을 제시하고 있다.**

통일헌법은 남북한 겨레의 통일의지를 집대성하기 위한 정부형태, 국회구성을 위한 총선거의 절차와 방법 등을 규정하여 민족화합의 대헌장으로 정립하자는 것이

다. 만약 이렇게 된다면, 이것은 앞으로의 통일문제 논의에 있어서 합헌적 기초가 된다.

④ **민주적 절차를 강조하고 있다.**

통일헌법 초안을 마련하기 위한 가칭 '민족통일협의회의'의 구성을 제의하고 있다. '민족통일협의회의'는 쌍방 주민의 뜻을 대변하는 남북대표로 구성한다는 것이다. 남북의 대표는 민주적 절차를 준수하여 구성되며 이들은 통일헌법의 초안을 마련하는 것을 그 임무로 하는 남북공동기구이다. 즉, 대의기구인 것이다.

⑤ **통일까지 이르는 로드맵을 명시하고 있다.**

먼저 '민족통일협의회' → '통일헌법' 초안이 마련 → 남북한 주민 전체가 참여하는 국민투표 실시 → '통일헌법' 초안 확정 → 확정된 통일헌법에 따라 남북한 전역에서 총선거를 실시 → 통일국회와 통일정부 수립 → 통일민주공화국으로 통일국가를 완성에 이르는 이정표를 제시고 있다는 것이다.

⑥ **과도기적인 관리를 위한 '남북한 기본관계잠정협정'의 체결을 제의하고 있다.**

민족통일협의회의에서 통일헌법 제정 작업이 순조롭게 추진되려면 쌍방간에 우선 신뢰를 조성하고 민족생활의 모든 영역에서 통일저해요인이 해소되어야 한다. 이를 위하여 기본관계에 관한 잠정협정을 체결하여 상호관계를 정상화하고 이를 토대로 한 민족적 유대강화와 통일저해요인과 전쟁방지를 위한 실천사항을 제시한 것이다.

이에 대한 후속조치의 일환으로 손재식 국토통일원장관은 2월 1일 특별기자회견을 갖고 북측에 민족화합 민주통일방안을 실현하기 위해 20개 항에 걸친 구체적인 시범사업을 함께 추진해 갈 것을 제의하였다. 그 20개 항은 다음과 같다.

20개 시범실천사업

1. 남북간에 자유로운 통행보장 조치로 서울·평양간 도로를 연결, 개통한다.
2. 남북 이산가족들의 우편교류 및 상봉을 실현한다.
3. 설악산 이북과 금강산 이남지역을 관광·휴양지로 설정하여 자유관광 공동지역으로 개방한다.
4. 해외동포들의 조국방문을 공동으로 주관하고 판문점을 통과하여 쌍방지역을 자유로이 방문하도록 한다.
5. 남북 간의 자유로운 교역을 위하여 인천항과 진남포항을 우선적으로 개방한다.
6. 남북 간에 상호이해를 증진하기 위하여 모략방송 장치와 방송청취 통제장치를 제거하여 쌍방 정규방송을 자유로이 청취하도록 한다.

7. 1986년 아시안경기대회 및 1988년 올림픽대회에 북한측 선수단이 판문점을 통과하여 참가하도록 한다.
8. 남북을 방문하려는 모든 외국인들에게 판문점을 통과하여 쌍방지역을 자유로이 왕래할 수 있도록 보장한다.
9. 남북 어부들의 불편을 덜어주기 위하여 자유로운 공동어로구역을 인정한다.
10. 남북간의 관계개선 및 신뢰증진을 위하여 정치인, 경제인, 청년학생, 근로자, 문예인, 체육인 등 각계인사간의 상호 친선방문을 실시한다.
11. 남북사회의 실상을 올바르게 전달하기 위하여 쌍방기자들의 상대방지역 내에서의 자유로운 취재활동을 보장한다.
12. 민족문화의 계승·발전을 위하여 민족사의 공동연구를 추진한다.
13. 남북 간에 각 종목별 체육친선교환경기를 개최하며 각종 국제경기대회에 단일팀을 구성하여 참가한다.
14. 쌍방 주민의 생활편의를 도모하기 위하여 일용생산품의 교역을 실시한다.
15. 민족경제 번영을 위하여 남북간 자연자원의 공동개발 및 공동이용을 실현한다.
16. 남북간의 산업발전에 기여하기 위하여 동일 제조업체간의 기술자 교류 및 생산품 전시회를 교환·개최한다.
17. 비무장지대 내에 공동경기장시설을 마련하고 남북간의 친선경기에 이용한다.
18. 비무장지대 내의 동식물 자연생태계를 연구하기 위한 공동학술조사를 실시한다.
19. 남북 간에 군사적 긴장을 완화하기 위하여 비무장지대 내의 군사시설을 완전히 철거한다.
20. 남북 간에 군비통제 조치를 협의하며 쌍방 군사책임자간에 직통전화를 설치·운용한다.

당시에 발표한 20개 시범실천사업은 그동안의 군사적 긴장상태 등 고려할 때 전향적이고 시대를 앞서가는 과제들이었다. 남북간에 자유로운 통행을 보장하는 서울-평양간 도로의 연결과 개통, 이산가족들의 우편교류와 상봉, 자유관광 공동지역의 개방, 모국방문사업의 공동주관과 쌍방지역의 자유방문, 인천항과 진남포항의 개방, 공동어로구역의 설정, 일용생산품의 교역 등은 실천이 된다면 남북 모두에게 경제적인 이익과 민족적인 유대감이 증대되는 것들이었다. 또한 자연의 보고라 일컬어지는 비무장지대에서의 공동학술조사로 얻어지는 성과는 세계적인 자산으로 내놓을 수도 있는 것이다. 자연자원의 공동개발 및 공동이용을 비롯해서 기술자 교류 및 생산품 전시회, 쌍방 정규방송의 자유청취는 그동안 알지 못했던 상대측에 대하여 이해의 폭을 넓힐 수 있는 것이었다. 뿐만 아니라 비무장지대내의 군사시설을 완전히 철거하고 쌍방군사책임자간의 직통전화를 설치하여 운용한다면 남북 간의 군사적 긴장은 자연 완화될 것이 틀림없다. 특히 정치인, 경제인, 근로자, 문예인, 체육인 등 각계인사가 남북을 상호 방문할 수 있고 쌍방 기자들의 자유로운 취재활동 등은 남북 간의 관계개선과 신뢰증진에 크게 기여할 것이다. 각종 국제 경기대회에의 단일팀 참가는 스포츠정신에 부합되며 이를 계기로 세계의 이목을 집중시키는 효과도 충분한 것이다. 그러나 아쉽게도 이러한 실천사업에 대하여 제대로 된 협의도 하기 전에 남북관계는 급속하게 얼어붙는 사건이 발생하였다. 이 사업들은 상당수가 그 이후에 추진되었으며 현재까지도 이어지고 있다.

한편 북한은 주한 미군, 반공정책, '2개 조선' 정책 등 통일의 장애요소를 먼저 제거하여야 하며, 고려민주연방공화국 창립방안을 논의하기 위한 통일협의기구를 구성하자고 주장함으로써 이 제안을 거부했다.[21] 종전의 주장과 동일한 내용을 반복하면서 인정하지 않은 것이다.

3. 국내 및 북한의 반응

가. 국내반응

대통령이 민족화합 민주통일방안을 천명하자 국회는 1983년 1월 22일 제109회 본회의에서 '민족화합 민주통일 방안'에 대한 지지결의안을 여야 만장일치로 채택하였다. 결의안에서 국회는 '북한당국은 조국의 평화적 통일을 위해 남북한기본관계에 관한 잠정협정을 체결하고 통일헌법 제정을 위한 민족통일협의회의 구성에 적극 호응하라.'고 촉구하였다. 또한 세계각국에 대해서는 전 대통령의 이번 제의가 실현되도록 협조해 줄 것을 호소하였다. 평화통일 정책자문회의는 1월 23일에 지역협의회를 개최하고 전폭적인 지지를 표명하였다. 또한 각 언론사들도 이에 대하여 지지를 표명하는 사설을 내보냈다. 경제·사회·예술·문화·종교 등 각계의 민간단체들도 일제히 성명을 발표하고 민족화합 민주통일방안을 '조국의 평화통일을 이룩할 수 있는 가장 합리적이고 구체적인 방안'이라고 환영하면서 지지를 표명하였다. 주요 일간신문의 1월 22일과 23일자 사설내용을 살펴보면 대체로 다음과 같이 내용을 분석하고 있었다. 첫째로, 통일민주공화국의 당위성을 높게 평가하고 있다. 우리민족 최대의 소원과 목표는 통일국가를 이루는 것임을 고려할 때 당연한 평가로 볼 수 있는 대목이다. 둘째는, 구체적이고 진취적인 선언으로 평가하였다.

통일의 로드맵을 제시하였고 절차 등에 대하여 보다 구체적인 내용을 담고 있으며 종전의 통일방안보다는 시대를 앞선 진취성을 높이 평가하였다. 셋째는, 민주적이고 합리적인 방안으로 평가하고 있다. 대표에 의한 기구 구성과 절차적 민주주의를 통한 통일접

---

21) 통일부 통일교육원, 앞의 책, p.412.

근은 민주적이고 합리적인 방안으로 평가하였다. 하지만 당시는 언론이 권력의 눈치를 보는 상황에서 문제점 위주로 반응을 내보내기는 크게 제한을 받았을 것이다.

나 북한반응[22)]

북한은 1월 23일 그들의 흑색방송매체인 이른바 통혁당 방송을 통해 우리의 민족화합민주통일방안을 '통일의 외피를 쓴 분열론'이라고 비방하는 첫 반응을 보인 이후 같은 논지의 흑색선전을 되풀이 해 오다가 지난 1월 26일 그들의 중앙방송으로 발표된 이른바 '김일 담화'를 통해서는 '현실을 외면한 한낱 정치학상의 도식에 불과한 것'이라고 평가절하하면서 공식적으로 거부의 의사를 밝혔다. 북한의 부주석 겸 조국평화통일위원회 명의로 발표된 김일은 담화에서 다음과 같이 주장하였다.

북한이 밝힌 거부 이유

1. 김일성이 6차당대회에서 제시한 '고려연방안'이 우리나라의 현실로 보나 주변정세로 보나 전민족이 함께 택할 수 있는 유일하게 가능하고 현실적인 통일방안이다.
2. 이번에 남조선 집권자가 내놓은 총선거방안은 '우리나라 현실을 외면한 한낱 정치학상의 도식에 불과한 것'이다.
3. 더욱이 남북한 기본관계에 관한 잠정협정 체결문제는 '분열의 현실을 법적으로 고정화하여 2개 국가, 2개 민족으로 살자는 것'이다.
4. 진정으로 통일문제를 해결하려면 '남조선 당국자들이 우선 통일의 첫 단계 조치로 미군을 철거시키고 민주화를 실현하여 반공법 폐지, 반공단체해산 등 반공대결정책에 종지부를 찍는 통일의 선결적 근본문제들을 해결해야 하며, 모든 정치범을 석방하여 정치활동의 자유를 주어야 한다.'

북한은 이러한 주장과 함께 전제조건을 다시 들고 나온 것이다. 또한 김일은 동담화에서 "우리는 남조선 집권자들이 이 같은 통일의 장애물을 제거함으로써 자기의 새 출발을 행동으로 표시한다면 그들과 내일이라도 만날 용의가 있다."고 하면서 "문제는 통일의 장애요인을 안고 있는 남조선 집권자들이 어떻게 하는가에 전적으로 달려있다."는 상투적인 주장을 하였다. 이처럼 북한이 이를 거부한 이유는 남북대화의 단절과 통일문제 미해결의 책임을 우리에게 전가시키려 하는 것과, '고려연방' 안이 유일하게 정당하고 현실적인 통일방안이라는 점을 강조하고자 한 것으로 풀이된다.

---

22) 통일부, 『남북대화 28호』, p.48에서 요약 정리.

`전두환 대통령의 '민족화합 민주통일 방안'은 이전 정부와 비교해 볼 때 진일보한 통일정책임에는 틀림없어 보인다. 또한 구체적인 방안은 물론이고 시범사업을 제시한 것은 북한과의 관계개선을 진정으로 원하고 있었음을 알 수 있다. 그러나 1983년 10월 버마(미얀마)에서의 테러사건으로 수행요원들이 사망하게 되는 사건이 발생하자 남북관계는 급랭하게 되었다.

폭발참사는 1983년 10월 9일 오전 10시 23분에 발생하였다. 당시 전두환 대통령은 서남아시아와 오세아니아 6개국 순방에 나선 길이었으며, 미얀마는 그 첫 순방국이었다. 미얀마는 당시에 우리와는 교류가 거의 없는 나라였다. 표면상 중립을 표방하고 있었지만 북한과의 우호가 더 깊은 나라였다. 이 사건으로 11월 6일 북한과 국교를 단절하고 북한 외교관을 추방하기도 하였다. 미국은 우리의 대응을 예의주시하며 사건이 확대되지 않기를 바라고 있었다. 따라서 한국의 안보에 대한 공약을 약속하면서 한·미·일 삼각방위체제를 강화하고자 하였다. 정권차원에서는 이를 기회로 '반공과 총화단결' 의식을 주입하고자 하였으며 이를 계기로 정권의 안정화를 찾고자 하였다. 당시의 상황은 그동안 억눌린 민주화 요구가 분출되기 시작하고 있었다. 1983년 초에는 김영삼의 민주화요구 단식투쟁이 있었으며, 미문화원 방화사건이 발생하는 등 정권에 대해 우호적인 분위기는 아니었다. 따라서 이 사건을 이용한 사회안정은 정권의 안정이기도 하였다. 1986년 10월 30일에는 '평화의 댐' 사건이 발생했다. 이것은 북한의

버마 아웅산國立墓地 大爆發 慘事

徐副總理등16명 殉國

全大統領내외無事…오늘새벽歸國

어제낮 12시55분 李基百 합참의장등 15명 重輕

묘소참배 대기중 천정서 터져

北傀가 장치 종류미상 爆發物

北傀 악랄한도발 완벽하게대비

全大統領, 비상國務서 강조 事後처리에 만전

犧牲者유해

1983년 10월 9일 미얀마(버마) 국립묘지를 참배할 대통령 암살을 노린 폭탄 테러가 발생하였다. 그러나 대통령이 묘지에 도착하기 전에 폭발하여 해를 입지는 않았다. 수행한 부총리 등 16명이 순국하였으며, 북한공작원 소행으로 밝혀졌다.

[버마 아웅산 국립묘지 대폭발 참사] 출처 : 매일경제신문(1983.10.10.)

금강산댐 건설이 남한을 수공(水攻)하려는 계획이라고 발표한 대국민 사기극이었다.

북한의 수공이 시작되면 중부지방까지 수몰된다는 뉴스를 발표한 것이다. 이에 따라 평화의 댐을 건설해야 한다는 분위기를 조성하고 거국적인 모금운동까지 벌이게 되었다. 그러나 1993년 김영삼 정부에서 5공 비리를 파헤친 결과 정권말기 정치적으로 궁지에 몰린 전두환 정권이 이를 돌파하기 위해 날조한 사건임이 밝혀졌다. 다시 한번 북한을 정권유지에 이용한 것이다. 그러나 이러한 점은 북한도 마찬가지였다. 이처럼 남북관계는 진정한 목적의 대화가 아닌 정권유지 차원으로 이루어져 왔다. 그렇기 때문에 대화제의는 애초부터 거부되거나, 시작은 하였다 하여도 반복되는 결렬의 결과를 가져 오고 있었던 것이다.

金剛山댐 軍事惡用되면 核폭탄 위력

12, 16시간뒤 首都圈 완전 수몰

中部前線 3개軍團 시설 피해

北傀 댐건설의 영향

北傀軍의 「平和건설」선 안으로는 攻勢戰力 중

북한을 이용한 대국민 사기극에는 언론도 덩달아 가세하고 있었다. '금강산댐 군사 악용되면 핵폭탄 위력'이라는 자극적인 문구의 기사를 내보내기도 하였다. 국민들은 앞 다투어 이를 막을 '평화의 댐' 건설의 성금대열에 동참하기도 하였다. 이를 통해 총화단결과 반공으로 혼란한 정국을 모면하고자 파렴치한 행태를 보인 것이다.

[금강산댐 핵폭탄 위력] 출처 : 동아일보(1986.11.6.)

국정연설 중 '민족화합 민주통일 방안' 내용

그동안 펼쳐진 역사의 교훈에 비추어 볼 때 남북한 쌍방 중 어느 일방이 자기의 사상, 이념, 제도를 앞세워 자기가 원하는 방식의 통일만을 고집하는 한 통일은 결코 이루어질 수 없을 것입니다. 통일은 장구한 세월에 걸쳐 한 핏줄, 한 역사, 같은 문화와 같은 전통을 이어 온 하나의 민족이라는 입장에 서서 이를 해결하려 할 때라야 비로소 이루어질 수 있는 것입니다. 또한 통일은 어느 특정계층이나 집단에 의하여 독점적, 배타적으로 주도되어서도 안되고 무력 또는 폭력의 방법으로 추구되어서도 안될 것입니다. 통일은 어디까지나 민족자결의 원칙에 의거하여 겨레 전체의 자유의사가 반영되는 민주적 절차와 평화적 방법으로 성취되어야 한다고 본인은 믿어 의심치 않는 바입니다. 본인이 지난해 1월 12일과 6월 5일 두 차례에 걸쳐 남북한 당국 최고책임자의 상호방문과 직접회담을 제의했던 것도 바로 민주적 절차와 평화적 방법에 의한 통일의 길을 허심탄회하게 찾아보자는 데 그 뜻이 있었던 것입니다. 이 제의가 실현되도록 지금까지 기울여온 노력을 앞으로도 꾸준히 계속할 것을 분명히 하면서 오늘 본인은 남북한 당국 최고책임자 회담이 실현될 경우 제시하려고 구상했던 통일방안을 밝힘으로써 북한당국과 전세계에 대하여 우리의 참뜻을 이해하는 기회를 부여하고자 합니다.

평화통일을 성취하는 가장 합리적인 길은 남북한 간에 민족적 화합을 이룩하여 민족 전체의 통일의지를 한데 모아 통일헌법을 채택하고 그 헌법에 따라 통일국가를 완성시키는 것이라고 본인은 확신하는 바입니다. 통일헌법을 마련함에 있어서는 쌍방 주민의 뜻을 대변하는 남북대표로 가칭 '민족통일협의회의'를 구성하고 그 기구에서 민족·민주·자유·복지의 이상을 추구하는 통일민주공화국을 실현하기 위한 통일헌법을 기초하도록 하는 것이 좋을 것입니다. 통일헌법 초안이 마련되면 쌍방은 남북한 전역에 걸쳐 민주방식에 의한 자유로운 국민투표를 실시하여 통일헌법을 확정 공포하고 그 헌법이 정하는 바에 따라 총선거를 실시, 통일국회와 통일정부를 구성함으로써 대망의 통일국가를 완성할 수 있을 것입니다.

통일조국의 정치이념과 국호, 대내외정책의 기본방향, 정부형태와 국회구성을 위한 총선거의 방법과 시기 및 절차 등은 민족통일협의회의가 구성되어 쌍방이 통일헌법을 기초하는 과정에서 토의, 합의할 문제들입니다. 우리가 구상하는 통일헌법초안은 민족통일협의회의에서 제시될 것입니다. 북한측이 진정 조국의 자주적 평화통일을 바란다면 그들도 우리와 마찬가지로 민족통일협의회의에서 그들이 구상하는 통일헌법 초안을 정정당당하게 내어놓고 우리측의 초안과 비교·검토하는 가운데 하나의 단일안을 만드는 절차에 동의하여야 할 것입니다. 남북 쌍방간에 이같은 통일헌법의 마련을 위한 역사적인 작업이 순조롭게 추진되려면 우선 신뢰가 조성되어야 하고 민족생활의 모든 영역에서 통일을 저해하는 요인들을 착실하게 해소시켜야 할 필요가 있다고 본인은 생각하는 바입니다.

따라서 남북 쌍방은 그동안의 민족자해적이며 비정상적인 관계에 종지부를 찍고 하루

속히 민족적 화합을 실현할 수 있는 민족자애적인 정상관계로 전환해야 할 것입니다. 이상과 같은 견지에서 본인은 남북 쌍방이 무엇보다도 상호관계를 정상화하고 이 기초 위에서 민족화합을 구체적으로 실현해 나가기를 희망하면서 통일을 이룩할 때까지의 실천조치로서 다음의 합의사항을 내용으로 하는 '남북한 기본관계에 관한 잠정협정'을 체결할 것을 제의합니다.

첫째, 쌍방은 장차 통일국가가 수립될 때까지는 호혜평등의 원칙에 입각하여 상호관계를 유지해 나간다.

둘째, 쌍방은 쌍방간 분쟁문제 해결에 있어서 모든 형태의 무력 및 폭력의 사용 또는 위협을 완전히 지양하고 모든 문제를 상호 대화와 협상을 통해 평화적 방법으로 해결한다.

세째, 쌍방은 상호관계에 있어서 현존하는 상이한 정치질서와 사회제도를 상호 인정하며 서로 상대방의 내부문제에 일체 간섭하지 아니한다.

네째, 쌍방은 한반도에서의 긴장완화와 전쟁방지를 위하여 현존 정전체제를 유지하면서 군비경쟁의 지양과 군사적 대치상태의 해소조치를 협의한다.

다섯째, 쌍방은 분단으로 인한 민족의 고통과 불편을 해소하며 민족적 신뢰와 화합의 분위기를 조성하기 위해 상호 교류와 협력을 통하여 사회적 개방을 추진해 나가기로 한다. 쌍방은 이산가족의 인도적 재회문제를 포함해서 남북간의 자유로운 인적 왕래와 다각적인 교류를 촉진할 수 있도록 교역, 교통, 우편, 통신, 체육, 학술, 교육, 문화, 보도, 보건, 기술, 환경보존 등 제분야에서 협력하며 이를 통하여 민족의 이익을 증진시키는 구체적인 노력을 경주하기로 한다.

여섯째, 쌍방은 통일이 이루어질 때까지 사상, 이념, 제도의 차이에 구애됨이 없이 전세계 모든 나라들과 각기 체결한 모든 쌍무적 및 다자간 국제조약과 협정을 존중하며 민족의 이익에 관한 문제에 있어서는 서로 협의한다.

일곱째, 쌍방은 각료급 전권대표를 임명하여 각기 서울과 평양에 상주 연락대표부를 설치한다. 쌍방은 상호 협의에 의하여 연락대표부의 임무를 구체적으로 정하며 자기측 관할영역에 주재하는 상대편 연락대표부의 임무수행에 지장이 없도록 필요한 편의와 협조를 제공한다.

본인은 북한측이 하루속히 남북한당국 최고책임자간의 회담에 호응하여 이 자리에서 이상의 모든 문제들에 관하여 허심탄회한 협의가 이루어질 수 있게 되기를 희망합니다. 또한 본인은 조속한 시일 안에 각료급을 수석대표로 하는 남북쌍방의 고위대표단간의 예비회담을 개최하여 남북한당국 최고책임자간의 회담을 실현시키는데 필요한 절차를 마련할 것을 북한측에 제의하는 바입니다. 대한민국 정부는 만약 북한측이 이은 예비회담 개최 제의에 동의한다면 이 예비회담에 소정의 대표단을 파견할 모든 준비를 이미 갖추어 놓고 있다는 사실도 밝혀 두고자 합니다.

CHAPTER

06 제6공화국 노태우 대통령

제 1 절 제6공화국 출범과 국제정세

1. 제6공화국 출범

가. 민주화 열기와 6·29 선언

1988년은 우리나라에서 올림픽이 개최되는 해였으며 이 시기를 전후한 당시의 민주화 열기는 그 어느 때보다도 뜨겁게 달아오르고 있었다. 이 시기의 민주화 열기가 갖는 의미는 이것이 통일에 대한 열기로 이어졌다는 점에서 주목할 필요가 있다. 학생과 시민을 중심으로 한 민주화를 위한 항쟁은 개헌을 관철시켰으며 그 이후의 정국은 통일을 향한 열기로 이어지게 되었다. 국제정세는 소련의 고르바초프 등장을 기점으로 대결과 대립으로 표현되던 냉전시대에서 데탕트시대로 향하고 있었다. 이즈음에 우리나라에서는 민주화 열기가 불어 닥치고 있었으며 통일에 대한 논의도 뜨거워지고 있었다. 이전까지의 분위기는 국제정세를 양분하는 냉전논리와 국가보안법 등으로 통일에 대한 개인의 의견을 피력하기가 곤란한 시대였다. 즉, 통일논의는 정부의 독점으로 여겨지고 있던 시대였다. 그렇다면 통일논의까지 끌어들인 이 시기의 주요 민주항쟁 기록을 살펴보기로 하자. 전두환 정권말기에 접어든 1987년은 민주화 투쟁을 벌이던 수많은 민주인사들이 고문과 탄압으로 시달리던 시기였다. 그해의 주요 이슈가 된 사건을 열거해 보면 다음과 같다. 1월 14일에 서울대생 박종철이 고문으로 사망하는 사건이 발생하였다. "책상을 탁치니 '억' 하고 죽었다."는 발표는 시민과 학생을 더욱 분노하게 만들었다. 이 사건은 이 후의 6월 민주항쟁의 시발점이 된 사건으로 평가받는다. 6월 9일에는 연세대생 이한열이 시위 도중에 최루탄을 맞아 사망하였다. 6월 10일에는 국민운동본부[1]의 '박종철 고문치사 조작·은폐 규탄과 호헌 철폐 국민대회'가 열렸다.[2] 또한 전대협[3]은 연세대에서 '6·10 남북청년학생회담' 출정식을 갖고 판문점을 향해 행진하다가 경찰과 충돌하였다. 또한 이보다 앞서 3월 29일에 서울대총학생회장 후보였던 김중기 학생(철학과 4년)이 선거유세에서 '김일성대학 청년학생에게 보내는 공개서한'을 밝히면서 통일논의에 불을 붙였다.

이것이 통일논의에 대한 본격적인 시작으로 볼 수 있다.[4] 통일논의는 6월을 정점으로

---

1) 5월 1일 김대중과 김영삼은 내각제 개헌에 동조하던 신민당을 탈당하고 통일민주당을 창당하였다. 그리고 재야인사들과 함께 '민주헌법쟁취국민운동본부를 5월 27일에 발족하였다.

2) 노태우는 이날 민정당의 대통령 후보로 지명되었다.

3) '전국대학생대표자협의회'는 1987년 7월 5일 연세대생 고 이한열 학생의 장례절차를 논의하기 위한 자리에서 결성되었다. 1987년 6월 항쟁 이후 대학생들의 투쟁을 전국적으로 조직화하기 위해 발족한 협의체이며 약칭은 전대협이다. 1993년 한국대학총학생회연합으로 재발족하였다.

4) 김중기는 낙선하였으나 이를 계기고 전대협은 '조국의 평화와 자주적 통일을 위한 특별위원회'를 설치하

大學生 경찰調査받다 死亡

檢察서 死體부검 고문드러나면 搜査官구속

무릎찰과傷 손가락사이 멍

오른쪽肺 탁구공크기 출혈

목과 가슴주위 피멍많았다

民民鬪관련

서울대 언어학과 3학년 박종철은 1987년 1월 13일 자정 무렵 하숙집에서 치안본부 대공분실 소속 수사관 6명에 의해 연행되었다. 박종철은 치안본부 대공수사단 남영동 분실 509호 조사실에서 물고문과 전기고문을 받다가 14일 숨졌다. 경찰은 초기 발표에서 책상을 "탁" 치니 "억" 하고 죽었다는 상식에도 어긋나는 조사결과를 발표하였다. 그러나 시체부검 결과 전기고문과 물고문에 의한 것이 사인으로 밝혀졌다는 기사내용이다. '고문치사 사인 은폐 조작 기도사건'으로 치안본부장이었던 강민창은 실형이 선고되기도 하는 등 사회적인 파장이 대단하였다.

[대학생 경찰 조사받다 사망] 출처 : 동아일보(1987.1.16.)

전국적으로 민주화를 외치는 항쟁이 전개되면서 확산되기 시작하였다. 그러나 제5공화국은 올림픽 개최를 한해 앞둔 1987년 4월 13일에 전두환 대통령은 "평화적인 정권이양과 88서울올림픽의 성공적 개최를 위하여 국력을 낭비하는 소모적인 개헌논의를 지양한다."는 요지의 선언을 하였다.[5] 그렇지만 민주화 열망을 원하는 국민들은 이를 용인하지 않았다. 1987년 6월 민주항쟁은 그동안 누적되어온 군부독재정권의 억압을 타파하고 민주화에 대한 열망이 표출된 것이었다. 거국적으로 불타오르는 민의를 당시의 정부는 외면

게 되었으며, 이른바 운동권에서 통일논의를 본격적으로 시작하는 계기로 이어졌다.

5) 1987년 1월 14일 대학생 박종철이 고문으로 숨진 사건을 시작으로 수많은 학생과 시민들은 '살인정권 퇴진'과 '직선제 개헌'을 요구하였다. 내각제 개헌을 통하여 집권 연장을 꾀하던 임기 말을 앞둔 대통령 전두환은 입장을 선회하였다. 4월 13일에 이른바 '호헌조치'를 발표한 것이다. 제5공화국 헌법(8차 개헌)을 유지하여 간접선거로 7년 단임제 대통령을 선출하겠다는 것이었다.

하려 했으나 이미 대세는 기울어져 있었다. 이러한 현상은 정권재창출을 원하는 정권실세들로 하여금 민의를 수용할 수밖에 없는 상황으로 몰고 갔다. 그 결과 여당의 대표이자 대통령 후보였던 노태우는 6월 29일에 시국수습을 위한 선언을 하였다. 이것이 이른바 6·29 선언[6]인 것이다. 당시의 집권 여당인 민정당 대표이자 대통령 후보였던 노태우는 '대통령 직선제'를 골자로 하는 개헌을 하겠다고 선언하였다. 주요내용은 ① 대통령 직선제 개헌 ② 1988년 평화적 정부 이양 ③ 언론기본법 폐지, 지방 주재 기자제 부활 등 언론 자유 보장 ④ 지방자치제 및 교육자율화 실시 ⑤ 정당활동 보장 ⑥ 사회정화 조치 실시 ⑦ 유언비어 추방 ⑧ 지역감정 해소 등을 통한 신뢰성 있는 공동체 형성 등 8개 항이었다.

이러한 결과는 국민의 승리였으며 국민의 민주화 요구에 대한 집권세력의 '항복'을 의미하였다. 그러나 민주화 세력은 단일대오를 형성하지 못한 채 그해 대통령 선거를 치르게 되었다. 선거결과는 분열된 민주화세력의 패배였으며 그 결과 집권당의 노태우 후보에게 권좌는 돌아가게 되었다. 노태우는 이를 통하여 제13대 대통령에 선출되었다. 이처럼 제6공화국은 1987년 6월 민주항쟁을 거쳐서 탄생하였으나 제5공화국의 계승이라는 태생적 한계와 비판 속에서 출범하게 되었다. 6월 민주항쟁의 도화선이 된 고 박종철은 2001년 2월 26일 서울대학교 언어학과 명예졸업장을 받았다. 그리고 그를 기리는 이들이 중심이 되어 '민주열사 박종철기념사업회'가 활동하고 있다. 2008년 6월 10일 박종철 군이 물고문으로 숨진 현장인 옛 남영동 대공분실(현 경찰인권보호센터)에 박종철기념관이 개관되어 당시의 신문기사, 박종철 열사의 친필 편지 등의 유품이 전시되어 있다.

나. 제6공화국 출범

6월 민주항쟁을 거쳐 직접선거로 선출된 노태우 정부를 제6공화국이라 하며 집권기간은 1988년 2월부터 1993년 2월까지였다. 제6공화국의 통일노력으로는 출범이후 '7·7 특별선언'과 '대통령의 제43차 유엔총회연설', '한민족공동체 통일방안' 발표, '민족대교류 선언', '남북고위급회담' 개최 등을 들 수 있다. 이처럼 제6공화국은 주변 정세의 변화에 발맞추며 북한을 '통일을 향한 민족공동체의 일원'으로 포용해 나가려는 차원의 적극적이고 전향적인 정책을 모색하여 추진하였다. 앞에서 언급했듯이 제6공화국이 출범한 전후의 국내상황은 그 어느 때 보다도 재야세력과 학생들의 민주화요구와 투쟁의 강도가 높았으며 통일논의가 활발했던 시기였다. 또한 제6공화국은 이전의 공화국과 달리 국민에 의한 직접선거로 태동한 정부였다. 비록 민주화와는 거리가 먼 12·12 사태 주역 중의

6) 이 선언은 권위주의를 타파하고 민주화를 지향하자는 것이었으나 이를 선언한 배경은 당시의 민주화 항쟁으로 위기에 몰린 제5공화국의 어쩔 수 없었던 선택으로 평가되기도 한다.

정통성 시비에서 태생적 한계는 있었으나 이전의 공화국에 비해 다소 자유로운 제6공화국 노태우 대통령의 대표적 업적은 '북방외교'이다. 그는 이를 통하여 남북관계의 획기적 변화를 도모하려 하였다.

[1988년 2월 25일 거행된 제13대 대통령 취임식]

하나로 거명되는 노태우였지만 국민에 의한 직접선거로 선출된 대통령이었던 것이다.[7)]

이 때문에 제6공화국은 정치적 정통성에서 과거의 정부에 비하면 자유로울 수 있는 장점을 갖고 있었다. 이전 정부와 비교되는 이러한 강점을 바탕으로 노태우 대통령은 북방외교[8)]로 불리는 과감한 대외정책을 활발하게 추진하였으며, 통일문제에서도 선제적인 제안들을 내놓았다. 북방외교는 중국, 소련과의 관계개선을 도모하여 한반도 평화와 안정을 유지하고자 추진되었다. 또한 사회주의 국가와 경제협력을 통한 경제이익의 증진을 도모하였다. 주변 강대국의 영향을 크게 받고 있는 한반도의 상황을 유리하게 전개시키기 위해서는 이들과의 관계개선이 필요하다는 전략적인 판단과 당시의 국제정세가 반영된 결과였다. 또한 북방정책을 활용한다면 북한과의 교류 및 협력관계를 획기적으로 발전시킬 수 있는 길이기도 하였다. 북방정책은 직접적으로는 공산권과의 외교관계를 적극적으로 추진한다는 것으로, 그동안 친서방정책에 편중해 온 외교정책의 전환을 의미하는 것이기도 했다. 북방정책은 노태우 대통령이 1988년 2월 25일 취임사에서 대외정책 기조로 설정하면서 구체화되었는데 최초에는 '북방외교'라는 용어로 표현하였다.

---

7) 득표율은 36.6%로 과반에는 달하지 못하는 수치였다.

8) 노태우 대통령은 1988년 2월 25일 취임사에서 처음으로 '북방외교'를 언급하였으며 이를 통하여 통일정책을 지향할 것임을 밝히고 있었다. "우리와 교류가 없던 저 대륙국가에도 국제협력의 통로를 넓게 하여 북방외교를 활발히 전개할 것입니다. 이념과 체제가 다른 이들 국가들과의 관계개선은 동아시아의 안정과 평화, 공동의 번영에 기여하게 될 것입니다." 이처럼 취임사에서는 '북방외교'로 표현하였으나, 1990년 신년사에서는 "우리는 북방정책을 통해 북한의 개방을 촉진할 것입니다."에서 언급하고 있듯이 '북방정책'이라는 용어로 변화하였다.

"이념과 체제가 다른 이들 국가들과의 관계개선은 동아시아의 안정과 평화, 공동의 번영에 기여하게 될 것입니다. 북방에의 이 외교적 통로는 또한 통일로 가는 길을 열어 줄 것입니다. (중략) 한반도 문제는 기본적으로 남북한 당사자들이 민주적 방식을 통해 평화적으로 풀어나갈 것입니다."

취임사에서 언급된 내용에서 알 수 있듯이 '북방외교의 성공 = 동아시아의 안정과 평화 = 통일'의 관계로 설정하고 있다.

제6공화국은 나름대로 구축된 강점을 민족의 염원이며 주변 강대국의 관심이 집중되는 통일 및 대북정책의 핵심으로 '북방외교'를 적극 활용함으로써 군부정권의 계승이라는 취약점을 극복하고 정세를 안정시키려 했던 것이다. 우리나라 대통령으로는 최초로 모스크바를 방문하여 세계를 놀라게 하였다. 소련은 동서냉전의 주역이었으며, 우리나라는 전쟁을 치룬 냉전체제의 가장 큰 피해국 이었다. 이러한 국가의 지도자가 수교 후 불과 3개월 만에 평화선언(모스크바 선언)을 도출했다는 것은 의미가 컸다. 이는 한반도의 평화통일을 향한 걸림돌을 제거하고 평화로 가는 과정에서 소련의 지원을 확보한 것으로 평가할 수 있다. '북방외교'의 근원은 박정희 대통령 시대로 거슬러 올라간다. 1972년 7·4 남북공동성명이 발표되었고 한동안 남북 간의 화해 분위기가 유지되었다. 이후 박정희 대통령이 1973년 6월 23일 이른바 '6·23 평화통일외교선언'을 발표하였다. 성명의 내용은 제3공화국 편에서 언급한 '남북한의 상호 내정 불간섭, 남북한 유엔 동시 가입, 북한과 수교한 나라와는 외교관계를 맺지 않는 원칙 폐지와 모든 국가에 문호 개방' 등의 내용이

노태우 대통령이 모스크바를 1990년 12월 13일부터 15일까지 방문하였다. 소련의 고르바초프 대통령과 크렘린궁에서 한반도의 냉전종식과 평화정착을 협력을 강화하기로 하면서, 모스크바 선언에 서명하고 있다.

[모스크바 선언에 서명하는 노 대통령] 출처 : 국가기록원

었다. 즉, 북방외교를 천명한 것으로 볼 수 있다. 노태우 대통령의 '북방외교'는 공산권과의 수교를 그 첫걸음으로 하고 있었으므로 이는 6·23 평화통일선언이 선언을 그 근원으로 보아야 할 것이다. 북방외교는 중국, 소련, 동유럽국가, 기타 사회주의국가는 물론이고 북한을 대상으로 하는 대(對)공산권 외교정책을 통칭하는 것이었다.

2. 국제정세

앞에서 언급했듯이 소련에서의 고르바초프[9] 등장은 동북아지역의 국제관계를 크게 변화시켰다. 1990년대에 들어서면서 세계질서는 큰 변화를 겪게 되었다. 강대국을 중심으로 한 이러한 변화는 한반도를 변화시키기에 충분한 요인이었다. 그동안의 남한과 북한은 서로가 한반도의 유일한 합법정부임을 주장하면서 대립해 오고 있었다. 1972년에 남북한이 함께 공동성명을 발표하면서 훈풍이 부는 듯하였다. 그렇지만 그러한 분위기는 오래 유지되지 못하였고 또 다시 냉랭한 분위기를 유지하면서 대결의 구도를 형성하고 있었다. 결국 남북문제는 한발자국의 진전도 없는 셈이었다. 그러나 국제적으로 냉전체제가 이완되는 시대적인 변화는 거대한 물결로 다가 왔으며 우리나라도 주변국과의 새로운 관계정립을 통하여 격변을 맞고 있었다. 대표적인 사례가 1990년 9월에 소련과의 국교를 수립하였으며,[10] 1990년 10월에는 중국과의 무역대표부 설치에 합의한 일이다. 우리나라의 대한무역진흥공사사장과 중국의 국제상회회장이 20일 베이징 중국국제상회 회의실에서 무역대표부 상호개설 합의문에 서명하였다. 이것은 한국과 중국이 공식관계로 가는 이정표였다. 형식적으로는 민간기구였지만 양국의 공식관계로 가는 중간역할이었다. 이는 북한과 대만과의 관계가 있었기 때문이었다. 그 후 1992년 8월 24일에 베이징에서 양국의 외무장관은 공동서명함으로써 국교가 수립되었다.

해방 후 분단과정과 6·25 전쟁을 통하여 적대국으로 간주해 왔던 국가와 동반자의 관계를 형성한 것이다. 그리고 무엇보다도 큰 변화는 1991년 9월에 남북한이 동시에 유엔에 가입하게 된 것을 들 수 있다. 1991년 8월 유엔 안전보장이사회는 남한과 북한의 유

---

9) 1985년부터 1991년까지 소련 공산당 제8대 서기장과 러시아 초대대통령을 역임하였다. 고르바초프는 서방국가에 문호를 개방하는 정책을 폈으며, 1991년 소련의 해체를 이끌었다. 이로써 냉전체제는 실질적인 종말을 알리게 되었다.

10) 북한은 1990년 4월 6일에 한소수교의 진행에 대하여 다음과 같이 보도한 바 있었다. "소련이 남조선과 외교관계를 설정한다면 그것은 조선에 두 개 국가의 존재를 법적으로 승인하고 분단상태를 더욱 고착시키는 것이기 때문에 두 개 조선의 합법화와 분열을 고착시키는 그 어떤 행위도 허용할 수 없다."고 하였다. 또한 소련이 북한을 '유일한 합법국가'로 인정한 첫 번째 나라이고 또 쌍방의 관계가 '우호협조 및 동맹조약'(1961.7.6. 체결)에 의해 밀접히 결합되어 있으므로 소련이 이를 어기고 한국을 인정할 것이라고는 생각하지 않는다고 말하였다. 출처 : 동아일보, 「한소수교 용납못해」(1990.4.9.)

한중무역대표부 개설은 정치적으로는 한중수교의 중간과정이었으며 거대한 중국시장의 진출을 의미하는 것이기도 하였다.

[중국무역대표부 임명장 수여] 출처 : 국가기록원

엔 가입 결의안을 만장일치로 채택하였다. 이어서 9월 17일에 열린 제46차 유엔총회에서 국명표기 알파벳 순서에 따라 북한(D.P.R.K)을 160번째, 남한(R.O.K)을 161번째로 하는 유엔 회원국으로 받아들였다. 우리로서는 1949년 1월 19일에 유엔가입 신청을 처음으로 하였다. 그로부터 42년이 지나 유엔 가입국이 된 것이다. 남북한의 유엔 가입은 남한과 북한이 국제사회로부터 주권을 가진 국가로 인정을 받게 되었음을 의미한다.

즉, 남한과 북한을 유엔에서는 각각의 국가로 인정하였다고 볼 수 있다. 그러나 우리나라의 헌법 제5조 '대한민국의 영토는 한반도와 그 부속도서로 한다.'라는 조항을 놓고 보면 이것은 상충되는 결과이다. 남한과 북한의 관계는 국가 간의 관계이기 이전에 남과 북이 하나의 국가이자 민족인 것이다. 다만 일시적인 분단으로 인하여 남한고 북한 모두 남북통일을 미래과제로 삼을 수밖에 없는 특수한 관계이며 민족의 관계인 것이다.[11] 이러한 일련의 변화는 남북관계의 개선을 가져오게 되었다. 그동안 적대시 하고 있었던 소련과 중국과의 관계 개선은 남북한에 변화를 가져오기에 충분한 계기가 되었다.[12] 또한 남북한의 유엔 동시 가입은 한반도에서의 '유일한 합법적 정부'라는 정통성 주장을 마무리하는 계기와 함께 새로운 남북관계 정립이 필요하게 된 것이다. 즉, 탈냉전시대의 동북아 질서가 재편되는 과정이었으며 이것을 한반도에 국한시켜 보면 남북 화해 및 평화공존을 추구하는 변화를 몰고 온 것이다.

11) 통일부 통일교육원, 『2018 통일문제 이해』, p28.

12) 제1차 남북고위급회담은 1990년 9월 4일부터 7일까지 서울에서 열렸으며, 제8차는 1992년 9월 18일 평양에서 열렸다. 이후 북한은 1993년 1월 29일 대화중단을 선언하였다. 소련과 중국과의 관계개선 등은 제1차 회담과 비슷한 시기에 이루어 졌으나, 이를 위한 예비회담은 1989년부터 총 8차례 진행되었다.

韓·蘇 오늘부터 修交

양국頂上교환방문 합의

서울-모스크바에 곧 大使館개설

國交단절 86년만에 다시 正常化

崔-세바르드나제 署名·공동발표

◇역사적 署名

北韓의 폐쇄노선 한계

今世紀내 平和的통일 확신

盧대통령 국군의날기념식 致辭

軍조직 통제형전환

합동참모本部 창설

[한·소 오늘부터 수교] 출처 : 매일경제신문(1990.10.1.)

소련과의 수교가 1990년 9월 30일에 체결되었다는 기사이다. 양국의 외무장관은 유엔의 안보리 소회의실에서 회담을 갖고 9월 30일자로 대사급 외교관계를 수립한다는 내용에 서명하고 발표하였다. 1904년 구한말에 '한·러 수호조약'이 폐기된 후 86년 만에 국교를 정상화 한 것이다. 이러한 성과는 그동안 정부가 추진한 '북방정책'의 결실로 볼 수 있다. 이것은 세계의 관심을 끌기에 충분한 뉴스였다. 한편 독일은 10월 3일 0시를 기하여 통일이 됨을 선언하였다. 이 시기의 세계는 데탕트가 무르익고 있었다.

제 2 절　7·7 특별선언

1. 추진배경

노태우 대통령은 취임 첫해인 1988년 7월 7일에 제6공화국 통일정책의 기본방향으로 평가받는 '7·7 특별선언'을 발표하였다. 이것은 남북관계와 북방정책에 획기적인 전환점을 이룩해야겠다는 의지와 비전을 바탕으로 한 선언이었다. 이 선언이 나오기 이전의 통일에 관한 대통령의 주요발언을 보면 다음과 같다. 1988년 3월 1일 삼일절 경축사에서 "조국통일의 길을 열기 위해 저는 언제 어디서나 누구와도 만날 것이며 그것이 아무리 험난하다 해도 그 길을 터나갈 것"이라고 강조하였다. 그리고 그해 4월 21일에는 기자회견을 열고 "올림픽을 계기로 해서 우리의 주변정세는 급격스럽게 변하고 있지 않습니까? 그래서 북한의 내부도 필경 변화되지 않을 수 없다고 생각합니다. 이래서 저의 앞으로의 임기를 남북이 협력해서 평화통일을 열어 나아가는 시대로 선언을 했습니다." 또한 대통령은 통일논의에 대한 인식의 변화에 대해서도 언급하였는데, "지금까지 통일이라고 하면 거의 많은 사람들이 부정적으로 생각했습니다. 이것도 이제는 긍정적인 사고로 바꾸어야 합니다. 이렇게 해서 통일을 위한 본격적인 준비 시기가 다가오게 될 것입니다. 여러 가지 방법이 있겠지만, 가장 효과적인 방법은 남북책임자 정상회담을 통해서 해결해 나가는 것이 아니냐고 생각합니다."[13] 기자회견에서 대통령은 남북 간의 화해와 협력을 통해 평화통일의 길을 열어 나가는 시대로 삼겠다는 의지, 통일논의 활성화와 최고책임자와의 회담을 밝힌 것이다. 기자회견에서 김일성 주석과의 회담을 공개적으로 희망하고 있음을 밝힌 것은 통일정책에 대한 강한 의지와 자신감이 바탕이 된 것으로 보인다.

5월 28일 청와대에서 있었던 야당총재들과의 회담에서는 "민족이 함께 잘 사는 공동체를 이룩한다는 입장에서 통일정책을 추구할 것"임을 밝힌 바 있었다. 그 후 7월 7일에 이와 같은 통일정책의 기조 위에서 '민족자존과 통일번영을 위한 내용'을 주요 골자로 하는 '7·7 특별선언'을 발표한 것이다. 이 선언의 배경은 민주화의 진전, 경제의 지속적 성장, 주변환경의 변화, 서울올림픽 개최와 함께 남북한의 새로운 관계 발전을 국민적 기대감 등이 배경이 되어 나온 것이다.[14] 즉, 탈냉전 등의 국제정세의 변화와 올림픽 유치로 증명된 우리나라의 국력신장 등은 남북관계의 재정립이 필요하였다. 따라서 정부의 대북정책 기조는 그동안의 대결구도에서 벗어나 북한을 개방시키겠다는 새로운 남북관계를 선제적으로 모색하고자 했던 것이다. 우리는 그 동안 온 국민의 단합된 힘과 강열한 의지

13) 출처 : 국가기록원, '노태우 대통령 연설기록'에서 발췌.

14) 통일부 통일교육원, 앞의 책, p.793.

로 경제의 지속적 성장과 아울러 민주화의 발전을 가속화시켜 왔으며, 그 결과 민족의 장래에 대한 확고한 자신을 가지게 되었다.

또한 세계적인 화해분위기 속에서 우리 민족사상 최초이며 인류 최대의 대제전인 88서울올림픽 개최를 앞둔 시점에서 우리와 교류가 없었던 나라들과 국제협력의 통로를 넓힘으로써, 아시아·태평양의 주역국가로서의 국제적 신뢰와 지위향상에 따라 민족적 자긍심이 고조되고 있었다.

이와 같은 국민적 자신감과 자긍심은 조국통일에 대한 국민의 기대와 열망으로 확산되었으며, 통일정책 추진에 있어 새로운 인식과 발상의 전환에 대한 요청으로 나타난 것이다. 제6공화국의 문을 연 노태우 대통령은 취임 첫해이자 올림픽이 개최되는 1988년에 분단 40여 년간 대결과 경쟁으로 이어져 온 남북한 관계를 과감히 청산하겠다는 의지를 구현하고자 한 것으로 볼 수 있다.

2. 주요내용 및 통일정책 방향

특별선언이 발표되기 이전의 북한에 대한 인식은 상이한 체제로 인하여 동일한 민족이지만 적대적으로 보면서 대화의 상대가 아닌 타도의 대상으로 삼아왔다. 그러나 남북이 비록 체제를 달리하고 있으나 그보다는 하나의 민족이라는 민족공동체 의식에서 출발하고자 한 것이다. 즉, 다름보다는 같음에서 동질성을 회복하여 민족의 일원으로 포용하여 교류와 협력을 활발히 추진해 나가겠다는 것이다. 이러한 과정을 거치면서 남북 간에는 긴장이 완화되는 것은 물론이고 평화통일의 길로 나아가자는 것이었다. 그 내용면에 있어서는 냉전적 사고에서 과감히 탈피한 선제적이고 능동적인 것이었다. 이전까지의 북한을 봉쇄하는 통일정책에서 북한 사회의 개방과 발전을 유도하는 등 보다 개방적이고 적극적인 통일정책 전환을 의미하고 있다. 큰 줄기로 보았을 때 북한에 대한 인식과 통일정책의 전환으로 요약해 볼 수 있다.

가. 주요내용과 의미

'7·7 특별선언'의 주요내용은 크게 6개 항으로 이루어졌다. 주요 핵심내용은 인도주의 차원의 문호개방과 이산가족에 대한 조치, 경제교류와 협력, 국제무대에서의 민족 공동이익 추구, 주변국과의 교류 협력에 대한 협조 등과 관련한 내용이다. 각각의 내용을 요약하여 정리하면 다음과 같다.

7·7 특별선언 주요내용

1. 정치인·경제인·언론인·종교인·문화예술인·체육인·학자·학생 등 남북 동포의 상호교류를 적극 추진하며 해외동포들이 자유로이 남북을 왕래하도록 문호를 개방
2. 이산가족의 생사 및 주소 확인, 서신왕래, 상호방문을 적극 주선하고 지원
3. 남북 교역의 문호를 개방하고 남북 간 교역을 민족 내부의 교역으로 간주
4. 남북 모든 동포의 삶의 질을 향상시킬 수 있도록 민족경제의 균형적 발전이 이루어지기를 희망하며 비군사적 물자에 대해 우리 우방들이 북한과 교역을 하는 데 반대하지 않음
5. 남북 간 소모적인 경쟁 및 대결외교 지양, 남북대표가 국제무대에서 자유롭게 만나 민족 공동이익을 위해 협력
6. 한반도 평화정착을 위해 북한의 대미·대일 관계개선에 협조, 또한 남한의 중·소를 비롯한 사회주의 국가와 관계 개선 추구

6개항에 이르는 선언의 핵심내용에 따르는 원칙은 '자주·평화·민주·복지'에 입각하여 민족자존과 통일번영의 새 시대를 열어나가야 한다는 기본정신을 밝히고 있다. 특별선언을 분석해 보면 자주·평화·민주·복지의 원칙을 견지하고 있음을 알 수 있다.[15)]

① **자주원칙**

외세의존이 아닌 남북한 당사자에 의해 이산가족문제 해결, 자유왕래 등을 제안한 것은 대표적인 자주원칙에 해당한다. 또한 국제사회의 일원으로서 개방과 협력에 동참하고 남북한이 상호협력하여 민족적 권익을 추구하고자 한 점이다.

② **평화원칙**

남북한 간의 평화유지는 물론이고 그동안 적대시한 국가들과의 관계개선을 통하여 지역 및 세계평화를 동시에 추구한다는 점이다. 전쟁을 겪으면서 적대시해온 정책을 과감히 탈피하여 긴장완화와 평화정착을 바탕으로 한 통일 지향적인 남북관계를 수립하는 적극적이고 능동적인 평화개념으로의 전환을 강조하고 있다.

③ **민주원칙**

문호개방의 대상을 특정인이 아닌 광범위한 대상으로 제시한 점은 민족성원 모두의 자유의사에 따른 참여를 말하는 것이다. 즉, 국민의 자유의사에 의한 공동체를 실현하겠다는 것이며, 이는 특정계급이나 소수계층의 독점적 이익추구를 배제한다는 것을 밝히고 있다.

15) 통일부, 『남북대화 제45호』, p48에서 요약 정리

④ **복지원칙**

민족공동체의 구성원인 남북의 주민은 물론 재외 동포까지를 포함하고 있다. 이는 민족복지의 향상을 추구하는 것이다. 특히 북한 동포의 삶의 질을 향상시키고 민족경제의 균형적 발전을 도모하고자 한다는 것이다.

나. 통일정책 방향

각각의 항에서 밝히고 있는 내용과 이를 종합하여 분석해 보면 통일을 위한 추진방향을 가늠하게 해 준다. 그것은 '공동체의식 회복 → 신뢰회복 → 개방 → 협력관계 유지 및 지속'을 통하여 통일을 이루겠다는 것으로 볼 수 있다.

그 동안 반세기가 지나고 있지만 분단의 상황을 극복하지 못하고 있는 근본적인 이유는 남과 북이 하나의 뿌리를 지닌 민족공동체라는 의식을 확고히 발전시키지 못한 채 서로 간에 불신을 누적시켜 온 데 있다는 것이다. 따라서 남북 간에 쌓인 불신을 씻고 민족통합의 길로 나가기 위해서는 무엇보다도 서로가 같은 민족으로서 교류와 협력을 통해 남북간 상호 이해와 민족적 유대감을 증진시켜 나가는 것이 중요하다고 하겠다. 통일은 혼자서만 할 수 있는 일이 아닌 상대와 함께 하는 일이다. 그렇다면 상대에 대한 존중과 인정은 마땅히 선제적인 조건이 되어야 한다. 이러한 면에서 7·7 특별선언은 상대를 신뢰하고 인정하겠다는 전향적인 내용을 포함하고 있다.

제1항에서 밝힌 남북한의 인적 교류 추진은 분단의 장기화에 따른 남북의 첨예한 대치상태에서 상호 불신과 단절을 증대시켰으며 '한민족 공동체'라는 의식이 아닌 타도할 대상으로 삼아 왔던 것이다. 따라서 이러한 의식을 전환시키는 것이 공동체 의식을 회복하는 것이고 이것은 상호교류를 통하여 가능하다는 것이다.

제2항에서 밝힌 이산가족들의 생사·주소확인, 서신왕래, 상호방문을 적극 주선하고 지원한다는 것은 신뢰를 회복하자는 단계이다. 43년에 걸친 분단으로 인해 누구보다도 고통과 불행을 감수하고 있는 사람은 1천만에 이르는 이산가족이다. 이들의 고통을 해소해 주는 것은 인도주의적 견지에서도 일차적인 과제라 할 수 있으며 신뢰를 회복하는 계기가 되는 것이다. 정부는 1971년 이래 이러한 인식을 바탕으로 남북한 대화를 통해 이산가족의 문제를 해결하기 위해 최선의 노력을 경주해 왔다. 그 결과 1985년 9월 27일에는 있었던 '남북 이산가족 고향방문 및 예술공연단 교환방문'은 바로 그와 같은 노력의 성과였다.[16]

---

16) 1985년 9월 27일에 제한된 인원과 지역에 국한되기는 하였으나 역사에 길이 남을 이산가족상봉 행사가 있었다. 남북 각각 151명(고향방문단 50명, 예술공연단 50명, 수행기자 및 기타 51명)의 '남북이산가족 고향방문 및 예술공연단'이 분단 이후 40년 만에 처음으로 서울과 평양을 직접 방문하였다. 세계의 이목을 집중시킨 혈육 상봉의 행사였다. 이것은 남북적십자회담이 시작된 이래 최초로 이룩한 성과였다.

[남북이산가족 고향방문 및 예술공연단 교환방문] 출처 : 대한뉴스 화면 캡처

이번 선언은 이와 같은 남북간의 현실을 토대로 정부가 모든 방법을 통해서 이 문제를 최우선적으로 주선해 나가고자 하는 확고한 의지를 밝힌 것이다.

제3항은 남북 교역의 문호를 개방하고 남북 간 교역을 민족 내부의 교역으로 간주하자는 것은 점진적인 개방을 이루어 경제공동체를 이루자는 것이다. 이미 남북간에는 수재물자 인도·인수 등을 통해 상부상조의 선례를 마련한 바 있다. 이러한 실천을 통하여 남북이 점차 개방의 단계로 나아가자는 것이다. 이번 남북한 간의 교역에 대한 문호개방 선언은, 남북 간의 관계를 독립된 국가 간의 관계가 아니라 상호통일을 지향하는 '잠정적 특수관계'로 인식하여 남북한의 교역 그 자체를 민족 내부교역으로 간주하고 있다는 데 큰 특징이 있다고 볼 수 있다.

제4항의 우방국과 북한간의 비군사적 물자교역에 불반대, 제5항의 국제사회에서의 남북한간 자유접촉과 협력 희망, 제6항의 한반도 평화정착을 위해 북한의 대미·대일 관계개선에 협조 등은 협력관계 유지 및 지속으로 볼 수 있다. 선언 당시의 남북한의 경제격차는 이미 상당히 벌어져 있었다. 남북은 그동안 국제사회에서 협력의 관계가 아닌 대결의 상대였다. 그러나 이제는 우리의 우방국과 북한과의 교역이 북한 주민의 민생을 안정시키고 복지를 증진시키는 데 기여한다면, 우리 정부는 이를 결코 반대하지 않는다는 것이 이번 선언을 통해 표명된 입장이다. 협력의 관계로 전환하자는 것이었다. 이와 같은 조치는 결과적으로 북한을 국제사회의 일원으로서 참여케 하고 개방을 촉진시킴으로써 한반도의 긴장을 완화하고 민족공동체를 이룩해 나가는 데 기여하게 될 것으로 보였다. 그동안 제3세계와 유엔 등 국제기구에서의 상호 경쟁은 물론 국제적 입장의 강화를 위해 상대방을 비난하여 왔다. 국제회의 석상에서마저도 서로의 접촉을 회피해 왔던 것이 사실이다.

이념과 체제를 달리하는 타민족에게까지 문호를 개방하고 있는 우리는 이제 국제적 선망과 찬사를 받는 세계 속의 한국으로서의 의연함과 성숙함으로 북한을 포용하고 협력의 대상으로 삼아 한민족의 공동이익을 극대화해 나가는 데 외교의 중점을 협력에 두겠다는 것이었다. 따라서 유엔 및 비동맹 등 국제무대에서 외교 대결을 지양하며, 북한의 국제기구 가입 및 이사국 진출을 위해서 협력하겠다는 것이었다.

다. 북한에 대한 인식 변환

반만년의 역사를 이어 오면서 우리민족은 동일한 민족이라는 인식은 갖고 있었다. 이러한 인식을 견지하고 있었기에 비록 분열의 역사도 있었지만 통일을 이룰 수 있었다. 따라서 남북이 동일한 민족이라는 인식은 대단히 중요한 것이며 이것이야 말로 통일의 원천이 되는 것이다. 그러나 전쟁을 거치면서 동일민족이라는 인식보다는 서로를 경쟁에서 이겨야할 대상, 격멸하여 없애야 할 대상으로 굳어지고 있었다. 따라서 지금은 이해하기 어려울 수도 있으나 당시로서는 획기적인 선언내용이었다. 그 당시에는 북한을 지칭하는 용어로 '북괴(北傀)'라는 단어가 더 익숙한 때였다. 또한 '무찌르자 공산당, 때려잡자 김일성'이라는 구호가 매스컴에서도 심심찮게 볼 수 있었던 내용이었다. 더욱이 북한 공작원에 의해 탑승객 115명 전원이 사망한 KAL기 폭파사건이 얼마 지나지도 않은 시점이기도 하였다.[17]

[KAL기 폭파 규탄대회] 출처 : 국가기록원

17) 1987년 11월 29일 KAL 858기는 이라크 바그다드를 이륙하여 서울로 향하고 있었다. 비행도중 여객기는 공중에서 폭발하여 승객과 승무원 등 115명이 숨졌다. 그렇지만 비행기 추락지점이 확인되지 않는 등 의문이 제기되었다. 당시의 조사결과는 북한의 지령을 받고 북한 공작원 김현희가 폭파를 저지른 것으로 보도되었다. 체포되어 한국으로 압송된 김현희는 사형선고를 받았지만 1990년 특별 사면으로 석방되었다. 현재까지도 유족들은 진상규명을 촉구하는 등 의문을 제기하고 있다.

이러한 의식은 시간이 지남에 따라 더욱 굳어지고 있었다. 그러나 7·7 특별선언에서는 북한을 민족으로 포용하여 상호 신뢰·화해·협력을 바탕으로 공동번영을 추구하는 민족공동체의 일원으로 인식하게 되는 계기가 되었다. 이것은 대북한관에 있어서 일대 전환을 의미하는 것이다. 남북한이 상호 단절과 불신 속에 민족자해 행위를 지속한다면 민족역량의 낭비는 물론 민족자존을 훼손한다는 점에서 이제 남과 북은 한 겨레, 한 역사와 문화를 가진 민족공동체라는 의식을 조속히 회복해야 할 시점에 이르렀다. 사실 남북한이 상호 불신, 비방하는 데 그치지 않고 국제사회에서 조차 서로 헐뜯고 다투는 데 골몰한다면 이는 우리의 발전수준, 성숙한 국민의식, 올림픽을 치른 국민의 자긍심에도 부합하지 않을 것이다. 따라서 이번 선언의 근본취지는 하나의 민족적 공동체 아래 남과 북에 2개의 체제가 있다는 사실을 전제로 북한의 현실적 존재를 인정하고 상호 화해와 협력의 증진을 통해 민족통합을 지향해 나가고자 하는 데 있다고 하겠다. 다시 말하면, 이 선언을 통해 우리는 남북한 관계를 독립된 국가 간의 관계가 아닌, 통일이 될 때까지의 잠정적 관계로서 한 민족공동체안의 특수관계로 보고자 한 것이다. 이는 남북 간의 교역을 국가 간의 교역이 아닌 민족내부의 교역으로 간주하고자 하는 점에서도 분명히 나타나고 있다. 민족통일에 관한 구체적이고 실질적인 접근이라는 측면에서 이번 선언은 한 민족 안의 두 체제 간에 분단의 장벽을 허물고 적극적인 교류·개방·협력을 통해 사회·문화·경제 부문에서 공동체로 통합해가며, 이를 바탕으로 정치적 공동체로 발전시켜 궁극적으로 하나의 나라로 통일을 실현한다는 통일이념을 담고 있다.

우리 민족이 비록 상이한 이념과 체제로 인하여 남북으로 분단되었지만 민족공동체가 하나로서 존재할 수 있는 기틀을 마련키 위한 민족의 뿌리는 여전히 살아 있다. 이제 우리는 우리 민족 본래의 참모습인 동시에 또한 지향해야 할 목표이기도 한 민족공동체를 회복시켜 발전시킴으로써 민족구성원 모두가 함께 잘 사는 민족자존과 통일번영의 새로운 시대를 하루속히 열어 나가야 하는 것이다.

3. 특별선언 후속조치를 위한 노력

정부는 '7·7 특별선언' 직후 이 선언의 내용을 구체적으로 실천하기 위한 일련의 후속조치들을 발표하여 추진했다. 그 추진내용을 발표순서대로 정리해 보면 다음과 같다.

가. 남북적십자 실무회의 개최 제의

대한적십자 총재는 7월 13일 북한적십자회 앞으로 보낸 전화통지문에서 중단된 '남북적십자회담'의 조속한 재개를 거듭 촉구하였다. 그리고 그 이전이라도 이산가족의 고통을 해소하기 위해 '남북적십자 실무회의'를 갖고 제2차 고향방문단 교환실현 등 실무협의만으로 가능한 4개항의 사업을 우선 추진하자고 제의하였다. 주요 제의내용은 다음과 같다.

1. 이산가족의 생사 및 주소확인을 위한 신청서와 회보서의 상호교환
2. 1985년 '이산가족 고향방문단' 교환시 상봉가족 및 쌍방 적십자를 통해 생존과 거주지가 확인된 이산가족 간의 서신교환 주선
3. 해외거주 이산가족들에게 생사 및 주소확인, 서신왕래, 가족상봉의 기회 알선
4. 금년 중 제2차 남북이산가족 고향방문단 교환 등 사업을 추진할 것을 북측에 제안하고 이를 위해 남북적십자 실무회의를 7월 30일 내에 판문점에서 개최

남북한의 인도적 사업을 위하여 대한적십자사는 지난 1971년 8월 12일 북한의 적십자사에 남북적십자회담을 제의한 이래 많은 노력을 하였다. 그러나 1985년 12월 3일 제10차 남북적십자회담이 서울에서 개최된 이후 3년이 지나도록 아직까지 제11차 본회담이 열리지 못하고 있는 매우 안타까운 상황이었다. 이것은 인도적 차원의 남북관계가 단절되어 있다는 것을 뜻하는 것이기 때문이다. 양측은 70년대의 7차례 회담에 이어 80년대에 들어와 3차례의 회담을 가졌었다. 그 결과 40년 만에 처음으로 '남북이산가족 고향방문 및 예술공연단'의 상호교환 방문을 성사시킴으로써 이산가족 재회사업의 전망을 한층 밝게 해 준 바 있었다. 마지막으로 열렸던 제10차 남북적십자회담에서 쌍방이 내놓은 제안을 비교해 볼 때 합의서 형식과 일부 내용상에 차이점이 있기는 하였으나 의제 5개항 사업실시를 위한 방법 등 기본문제에 의견 접근을 보였다.[18] 따라서 양측이 심도 깊은 실무회담을 거친다면 본회담 개최가 가능할 것으로 예측되었다. 그리고 무엇보다도 지난 7월 7일 대통령 특별선언을 통해 남북 간의 교류·협력·화해를 위한 정책을 발표한 것이다. 여기에서 남북적십자회담이 재개되기 이전이라도 남북이산가족들의 생사 및 주소 확인, 서신왕래, 상호방문을 적극 주선하고 지원하겠다고 하였다. 이것은 순수한 인도적 차원에서 이산가족들의 고통을 우선적으로 덜어주자는 것이었다. 이러한 차원에서 중단된 남북적십자회담을 하루속히 개최할 것을 북한적십자사에 제의한 것이다. '민족자존과 통일번영의 시대'를 열어 가는 데 있어 최우선적으로 해결되어야 할 문제가 바로 일천만이 넘는 남북이산가족들의 고통을 해결하는 사업이다. 이것은 동질성을 회복하는 첫걸음이

18) 5개항의 의제는 ① 남북으로 흩어진 가족들과 친척들의 주소와 생사를 알아내며 알리는 문제 ② 남북으로 흩어진 가족들과 친척들 사이에 자유로운 방문과 자유로운 상봉을 실현하는 문제 ③ 남북으로 흩어진 가족들과 친척들 사이의 자유로운 서신거래를 실시하는 문제 ④ 남북으로 흩어진 가족들의 자유의사에 의한 재결합 문제 ⑤ 기타 인도적으로 해결할 문제 등이었다. 제10차 회담에서 5개항 의제의 일괄 타결과 자유왕래에 대하여 원칙적인 합의를 이룩하였다. 다만 합의서는 일부 의견차이로 도출에는 이르지 못하였다.

되는 것이며, 인도적인 차원에서 최우선적으로 해결할 과제인 것이다.

그러나 북한의 손성필 위원장은 7월 16일 전통문을 통해 거부의 뜻을 밝혔다. 그동안 진행된 회담의 결렬이 남한의 반공대결정책과 전쟁소동으로 중단될 수밖에 없었다는 것이었다. 그러면서 "적십자회담의 재개를 가로막는 제반요인들이 제거되어야 한다."는 주장을 덧붙였다. 북한은 과거의 회담에서도 남한의 정책을 들어 중단을 거듭한 전례를 갖고 있다. 주요내용은 '반공태세철폐, 주한미군철수, 팀스피리트 훈련중지' 등이었다. 그러나 이것은 인도적 차원의 적십자회담과는 관련이 없는 정치적이며 군사적인 문제를 앞세운 것이다. 이번에도 우리측의 거듭된 대화재개 촉구에도 불구하고 반복되는 태도로 일관한 것이다.

나. 북한이 유엔의 모든 기구 참가와 우리의 우방국과의 교류 환영

1988년 7월 16일에 대북한 외교정책을 발표하였다. 북한이 유엔의 모든 산하기구와 전문기구, 정부 간의 지역협력개발기구 등에 가입하는 것을 환영하고 협력할 용의가 있다고 밝혔다. 또한 북한이 세계 어느 지역에서 개최되는 모든 문화와 예술행사 등에 참가하는 것도 환영한다고 하였다. 또한 남북의 공관이 설치되어 있는 국가에서는 모든 기회를 활용하여 남북외교단의 접촉과 대화를 추진하겠다고 덧붙였다. 정부의 이러한 조치는 소모적인 경쟁으로 일관되던 대결의 외교를 종결하겠다는 의지로 풀이할 수 있다. 이것은 7·7 특별선언의 제5항에 명시된 '남북 간의 소모적인 경쟁 대결 외교 종결'과 관련이 있는 것이다. 이와 관련하여 정부가 밝힌 대북외교의 주요내용은 다음과 같다.

대북외교정책 주요내용

1. 북한이 국제기구 가입 등 국제사회의 책임 있는 일원으로 참여하도록 협조[19)]
2. 북한의 경제개발을 우리가 국제기구를 통하여 협조
3. 국제외교무대에서의 소모적인 남북한 상호 비방과 중상 지양
4. 국제회의 등에서 남북한 대표의 접촉과 대화 유지
5. 남북공관이 있는 국가에서의 외교적 협력 강화
6. 북한 외교관과 우방국 외교관의 접촉과 대화에 협력
7. 미국과 일본 등의 우방이 북한과 비군사적 물자 교역과 민간교류를 갖는 것에 반대하지 않으며 협력
8. 우리의 우방이 북한의 민간상사의 지사 또는 지점을 평양 설치 시 찬성
9. 북한이 세계 어느 지역에서 개최되는 모든 문화·예술·학술·스포츠 행사 등에 참가하는 것을 환영
10. 북한이 비동맹 제3세계국가와 관계를 정상화하는 데 협조

대북외교에서 밝힌 주요내용을 분석해 보면, 그동안 북한의 폐쇄적인 외교를 우리의 적극적이고 전향적인 방향전환으로 개방을 유도하겠다는 것으로 분석할 수 있다. 그동안 북한이 취해온 폐쇄성은 우리정부의 남북문제 해결에 많은 지장을 주었다. 특히 미국·일본과의 민간교류를 북한이 원할 경우에는 적극 협력하겠다고 한 점은 북방정책 추진에 많은 곤란을 겪고 있었음을 짐작하게 해 주는 대목이다.

발표된 외교시책 변화는 국제무대에서의 남북관계, 북한과 우리 우방국 및 제3세계국가와의 관계, 그리고 직접적인 언급은 하고 있지 않으나 우리와 소련·중국·동구권국가와의 관계개선 등을 통하여 한반도의 안정을 도모하려는 데 중점을 두고 있음을 알 수 있다.

당시의 수교국 현황은 우리나라가 130개국, 북한이 99개국이며 남북 동시 수교국도 69개국이나 되었다. 하지만 남북한은 그 동안 상호간의 정통성 경쟁 등 지나친 대결외교로 말미암아 국제사회에서 민족자존의 훼손과 소모적인 갈등이 심한 상황이었다. 따라서 소모적인 대결외교를 지양하는 대신에 북한도 국제사회에서 책임 있는 성원이 될 수 있도록 협력하는 체제를 구축함으로써 올림픽을 치르는 민족으로서의 자긍심을 드높여야 한다는 것이었다. 여기에서 주목할 부분 중 하나는 '북한이 세계 어느 지역에서 개최되는 모든 문화·예술·학술·스포츠 행사 등에 참가하는 것을 환영한다.'는 것이다. 이는 서울에서 개최되는 올림픽에 북한이 참가할 것을 간접적으로 촉구한 것이다. 또한 국제행사에도 남북한이 함께 참가할 수 있다는 가능성을 보였다는 점과 미국·일본 등과의 스포츠 교류에 대해서도 반대하지 않는다는 것을 밝힌 것이다. 이러한 외교정책을 공표한 것은 국력의 신장에서 비롯된 외교적 자신감이 자리 잡고 있었다.

다. 월북 및 납북작가의 작품 해금조치

1988년 7월 19일 문화공보부는 문단 및 학계의 월북문인 해방 전 작품의 전면 해금 건의에 따라 해방 이전의 순수문학작품을 해금한다는 기본방침을 세워 추진하였다. 이것은 10여 년 전인 1977년 통일원 고문회의에서 처음 거론되었던 내용이다. 6·29 선언 후에 문화계에 거세게 밀려왔던 민주화와 자율화의 영향이 컸다. 40여 년간 거대한 벽으로 존재했던 사상의 벽이 무너진 것이다. 6·25 전쟁이 끝난 직 후 남북은 철천지 원수처럼 되었으며 적대감이 팽배하였다. 이러한 분위기로 문학과 예술작품의 금지조치는 1954년에 본격적으로 이루어졌던 것이다. 당시의 금지조치는 작품의 내용이 아닌 작가의 소재에 있었다. 즉, 북한에 거주한다는 자체가 금지의 대상이었다. 그러나 이제는 많은 세월이 지났으며 우리국민의 사상적 수준 또한 이를 충분히 판단하고 수용할 수 있을 정도로 향상되었다. 더욱 이번의 해금조치는 해방 이전의 작품으로 한정되기 때문에 사상적 혼

19) 그 당시 북한은 총 21개의 국제기구에 가입되어 있었으며, 우리는 총 51개에 가입되어 있었다.

越北작가 해방전作品 解禁

제한없이 出版허용

洪命熹등 5명제외

정부는 19일 盧泰愚대통령의 7·7특별선언 후속조치로 洪命熹등 5명을 제외한 林和등 1백20여명의 월북작가들의 해방전 문학작품을 전면해금하고 앞으로 출판을 허용한다고 발표했다.

鄭漢模문화공보부장관은 이날 「문화사의 단절극복과 문화적 유산계승에 따른 민족문화의 정통성확보를 위해 林和 李泰俊 朴泰遠 玄德 安懷南 李庸岳 白石 吳章煥 金南天 朴魯甲 薛貞植 崔明翊 朴八陽등을 포함, 월북작가들의 8·15해방이전 문학작품들을 공식적으로 출판허용한다」고 밝혔다. <명단10면>

鄭장관은 「그러나 월북작가중 北의 공산체제구축에 적극적으로 협력활동하였거나 현재 현저한 활동을 한 洪命熹 李箕永 韓雪野 趙靈出 白仁俊등 5명은 제외한다」고 밝혔다.

鄭장관은 지금까지 월북작가들의 해방전 작품들이 내용상의 문제점보다는 그들의 정치·사상적 이유로 출판이자제·출판되어왔다고 전제, 「분단상황 극복을 위한 국민적 열망과 남북문화교류추진을 앞두고 남북한이 문화적공동체라는 인식의 필요와 평화적 통일지향이란 관점에서 이번조치가 이루어졌다」고 배경설명을 했다.

이번 해금에서 제외된 洪命熹는 「임꺽정」의 작가로 최고인민회의 대의원을 지내다 지난68년 사망했으며 李箕永은 「두만강」의 작가로 문화예술총연맹위원장을 지내다 지난84년 사망했다.

이밖에 韓雪野는 문예총위원장, 趙靈出은 현재 조선문학예술총동맹부위원장, 白仁俊은 조선문학예술총동맹위원장을 역임하고 있는 것으로 알려졌다.

[월북작가 해방전 작품 해금] 출처 : 경향신문(1988.7.19.)

문공부는 북한의 공산체제 구축에 적극적으로 협력 활동한 홍명희[20] 등 5명[21]을 제외한 임화 등 120여명의 월북작가들의 해방전 문학작품을 전면해금하고 출판을 허용한다고 7월 19일에 발표하였다. 그 후 1차 해금에서 배제되었던 홍명희 등은 다음해인 1989년 2월 20일에 추가로 해금되었다.

란은 최소화될 것이라 판단한 결과였다. 이러한 해금조치로 그들이 써내려간 식민지시절의 아픔을 간직한 작품들은 빛을 보게 되었다. 문학사적인 의미에서는 우리의 신문학이 전성기를 이루었던 1920년대 이후부터 해방까지의 문학사적 공백을 메울 수 있게 되었다. '7·7 특별선언'에서 밝힌 '문화교류 개방원칙'의 기본정신을 문화적 차원에서 구현해 나간다는 취지였다. 정부의 전향적인 조치로 상호간 문화교류를 통한 공동체의식의 발전에 크게 기여할 수 있는 여건을 마련한 것이다. 최초의 월북작가 작품전시회는 1989년 7월 26일부터 8월 6일까지 신세계 미술관에서 열린 청계 정종녀[22]전이었다.

20) 호는 벽초, 『林巨正』의 작가이며 1948년에 월북하여 북한에서 부수상과 최고인민회의 대의원을 지냈다.

21) 5명은 홍명희, 이기영, 한설야, 조영출, 백인준 등이었다. 이들은 모두 북한의 정권에 적극적으로 협력한 이들이었다. 이 중에서 백인준은 북한의 '문예총' 위원장을 지냈으며 1985년 남북적십자사 고향방문단 및 예술공연 교환방문 예술단장으로 서울을 방문하기도 하였다. 출처 : 통일부, '북한주요인사 인물정보', (2018)

22) 1950년 전쟁 당시 서울 함락 후 공산치하에서 '조선미술동맹' 회원으로 활동하다가 월북하였다. 그는

라. 해외 거주 북한 국적 동포에게 자유로운 모국방문을 보장

1988년 7월 19일에 발표된 또 다른 하나의 조치는 해외에 거주하는 북한 국적의 동포에게 자유로운 모국방문을 보장하고, 대한민국 국민으로서 해외에 생활 근거를 둔 영주권 이상 보유자들의 북한 방문을 허용하겠다는 발표였다.

이로써 우리나라 해외동포의 북한방문을 허용하는 전향적인 조치를 이룬 것이다. 또한 북한 국적의 동포가 대한민국을 자유롭게 방문하는 것을 보장한다는 것이었으며 북한의 상응하는 조치를 촉구하였다. 이러한 조치에 따라 북한국적으로 중국에 살고 있는 한영숙(당시 45세, 여)씨가 12월 19일 오후 5시 홍콩을 경유해 대한항공 618편으로 김포공항에 도착하였다. 북한의 공민증을 소지한 해외동포로서는 분단된 이래 최초의 남한 방문자로 기록되었다.

在外동포 南北방문
신변보장 協議제의
崔외무

정부는 19일 해외동포의 북한방문허용과 관련, ▲해외동포의 범위를 해외에 생활근거를 둔 영주권 소유자로 한정하며 ▲북한방문시 사전·사후에 신고를 권유토록하는 후속조치를 발표했다.

崔侊洙외무부장관은 이날 하오 기자회견을 갖고 「해외에 생활근거를 둔 영주권소지자나 영주권에 준하는 장기체류허가를 취득한 한국거주여권소지자에게 북한방문을 허용한다」고 밝히고 「해외거주 북한국적소지자의 자유로운 한국방문도 보장한다」고 말했다.

崔장관은 「북한을 방문하는 해외동포들의 신변안전보장에 관해 남·북한 관계당국간에 협의할것을 북한측에 제의한다」고 밝히고 우리측의 문호개방조치와 관련, 북한측도 해외동포들이 북한을 자유로이 방문할 수 있도록 상응한 개방조치를 취할 것을 촉구했다.

이당국자는 북한을 방문하

외무부장관은 재외동포의 남북방문 시 신변 보장에 대한 협의를 북한에 제의했다. 우리측의 문호개방과 함께 북한에서도 이에 상응한 개방조치를 요구한 것이다. 이에 따라 남북 당국은 해외동포들의 남북한 자유방문에 필요한 조치를 마련하자는 제의를 하였다는 기사내용이다.

[재외동포 남북방문 신변보장 협의 제의] 출처 : 경향신문(1988.7.20.)

월북 당시에 남쪽에 부인과 1남3녀가 있었다. 남겨진 가족들은 남한에서 생활하였으며 전시회 작품은 가족들이 소장하고 있었던 것과 수장가들이 보관하고 있던 한국화, 병풍 등 40여 점이었다.

마. 전방지역에서의 대북비난방송을 전면 중단 조치[23)]

정부는 7월 19일 0시를 기해 전방지역에서의 대북 비난방송을 중단하겠다는 발표를 하였다. 휴전선에서 확성기를 통한 대북 비난방송을 전면 중단하고 한국방송공사사회교육방송을 통한 대북방송 시에도 '김일성·김정일 부자' 등 북측의 지도자에 대한 인신공격을 지양하기로 하는 조치를 단행하겠다고 하였다. 지난 5일 통일원에서는 대북비난방송을 중지하겠다고 의사를 밝힌바 있었는데 특별선언 이후 그 시기를 앞당기기로 한 것이다. 따라서 19일 0시부터는 김일성 부자에 대한 비난 등의 방송은 중지하고 설득을 통한 체제비판은 계속될 것이라고 밝혔다. 쌍방 간의 비난방송 중단조치는 한 차례 시행된 바 있었다. 1972년에 7·4 남북공동성명이 발표되었을 때였다. 공동성명의 제2항에 '신뢰분위기를 조성하기 위해 상대방을 중상하지 않는다.'에 의거하여 1년 동안 시행되었으나 북측에서 일방적으로 파기시켜 버렸다. 대북비난중지조치는 '7·7 특별선언'에 따라 적극적인 평화의 손짓을 한 것이다. 또한 북한자료 개방과 재외교포들의 북한방문 등을 고려해 볼 때, 이러한 조치는 대북접촉의 선행조건이며 민족공동체를 지향하는 것과도 부합되는 것이다. 외교정책 노선에서도 밝혔듯이 민족끼리 계속하여 상호 중상과 비방하는 행위는 대외적으로도 부끄러운 일인 것이다.

바. 북한 및 공산권 자료 공개

주요내용은 그동안 금기시되었던 통일논의를 개방하고 공산권 및 북한 관계자료를 개방토록 조치하겠다는 것이었다. 당시로서는 과감한 조치로 평가할 수 있다. 이에 따라 정

金日成부자 人身공격등

비난放送 중단

정부는 7·7선언에 따른 후속조치로 KBS의 사회교육방송을 통해 실시해온 對北비방방송을 중단한 것으로 11일 알려졌다.

KBS의 한관계자는 「7·7선언직후 자체 프로그램변경을 통해 金日成父子에 대한 비방과 인신공격을 중지해왔다」고 말하고 「對北방송을 통한 인신공격을 중지하지만 설득을 통한 체제비판

[김일성부자 인신공격 등 비난방송중단] 출처 : 경향신문(1988.7.20.)

---

23) 1962년에 북한에서 대남 확성기 방송을 시작하였고 이에 대응하여 우리측에서는 1963년 5월 1일 서해쪽 MDL 일대에서 처음으로 대북 확성기 방송을 하였다. 7·4 남북공동성명으로 잠시 중단되었다가 다시 시작하였으며 2004년 6월 4일에 제2차 장성급 군사회담에서 '서해 우발충돌 방지와 군사분계선 일대 선전활동 중지'에 대한 합의로 방송시설이 철거되었다. 그러나 2010년 3월 천안함 피격사건 이후 MDL일대에서 철거한 확성기 방송시설을 재구축하였다. 2015년 북한의 DMZ 지뢰 도발로 재개했다가 중단하는 등의 과정이 있었다. 2016년 1월 북한의 제4차 핵실험에 대한 대응으로 대북확성기 방송을 전면 개시했으나 2018년 제3차 정상회담 후속조치로 남측에서 먼저 5월 1일부로 중지하였다.

「로동신문」등 北韓자료 전면開放

文公部,「共産圈」포함 映像物도 일반인에 公開

金日成부자讚揚 제한적 게재

統一院內 자료센터설치 추진

문화공보부에서는 북한의 '로동신문' 등 공산권 자료를 일반이 열람할 수 있게 공개한다는 기사이다. 이러한 조치는 대통령의 '7·7 특별선언'에 따라 대북문호 개방정책을 실천하고 공산권 국가와의 상호주의에 입각한 국제 협력을 증진하기 위한 조치라는 설명을 하고 있다. 당시로서는 과감한 조치라는 평가를 받는 일이었다. 그해 우리나라는 '88 서울올림픽' 개최 등으로 경제력 향상 등 국력 신장에 대한 자신감이 충만한 시절이기도 하였다.

[로동신문 등 북한자료 전면개방] 출처 : 경향신문(1988.9.3.)

부는 1988년 9월 3일에 공산권 자료의 공개방침을 발표하여 그동안 '불온간행물'로 취급되던 북한의 로동신문 등을 전면개방하기로 한 것이다.[24] 이에 따라 일반인도 열람의 목적이 타당하고 주민등록증을 소지하여 신분확인이 명확하면 개방한다는 것이었다. 또한 북한을 찬양·고무할 목적이 아니면 인용하여 잡지 등에 게재가 허용된다고 말하였다. 이러한 조치는 북한의 실상을 폭넓게 이해하고 건전한 통일논의의 필요성을 대폭 수용한 것으로 풀이할 수 있다.

사. 지속적인 추진을 위한 법률제정

특별선언의 핵심인 전향적인 남북한의 교류와 협력을 지속적으로 보장하기 위해서는 법률적 보장이 필요하였다. 따라서 1989년 2월 13일 정부가 '남북교류협력에 관한 특별법안'을 국회에 제출하였다. 법안에 대한 정부안과 정당안이 마련되어 토론을 거친 뒤에

---

24) 이 같은 조치는 국가보안법 폐지와는 관계가 없다. 정부는 '반국가단체를 찬양·고무할 목적'의 열람은 금하며, 이를 위반시는 국가보안법 제7조에 따라 법적조치를 취해 나갈 것이라고 밝혔다.

'남북교류협력에 관한 법률안'이 마련되었다. 이후 1990년 7월 14일 국회 본회의에서 통과되었으며, 1990년 8월 1일 정부가 '남북교류협력에 관한 법률'을 공포하였다. 8월 9일 '남북교류협력에 관한 법률 시행령'을 제정하여 공포했다. 1990년 11월 9일에는 '남북교류협력에 관한 법률 시행규칙'을 제정하였다. 또한 기금의 필요성이 제기되어 1990년 8월 1일에는 '남북협력기금법'을 제정하였다.

4. 국내 및 북한의 반응

가. 국내반응

국내반응은 주요 일간신문의 사설을 통하여 대체로 다음과 같이 내용을 분석하고 있었다. 첫째로, 7·7특별선언을 새 공화국의 통일외교정책의 기본방향을 제시한 것으로 평가하였다.[25] 이러한 선언이 가능한 배경으로 우리의 축적된 자신감이 바탕을 이루고 있음을 밝히고 있으며 남북 평화공존과 민족통일을 위한 진일보한 대북한 정책으로 평가하였다. 또한 북한에 성의 있는 호응을 촉구하는 요지의 사설을 일제히 게재하였다. 둘째는, 이번 선언은 북한을 더 이상 대결과 경쟁의 상대로 보지 않고 이념의 차원을 뛰어넘어 민족공동체의 일부로 수용, 공동 번영을 추구하면서 궁극적으로 통일을 실현하려는 '새로운 통일이념과 구체적인 정책'을 밝힌 것으로 보았다. 또한 지금까지의 남북대결시대를 청산하고자 하였으며 이를 위한 방법으로 '개방, 교류, 협력, 동반자'로 보고 있었다. 이것은 지금까지의 대북정책 중에서 전향적인 인식으로 남북관계의 획기적인 전환을 가능하게 하는 조치로 높이 평가했다.

나. 북한반응

북한은 7월 11일 '조국평화통일위원회'명의로 7·7특별선언을 거부하였다. 그들은 남북관계의 개선과 평화통일을 위해서는 한반도에서의 긴장상태 해소와 전쟁위협을 제거하는 것이 전제되어야 한다고 주장하였다.

그리고 이를 위해 '남북연석회의'가 개최되어야 한다고 주장하였다. 또한 민족공동체를 실현하기 위해서는 서울올림픽을 공동개최해야 한다고 평양방송을 통하여 보도하였다.

남북연석회의는 김일성이 1988년 신년사에서 제의한 '남북한 당국 정당 사회단체연석회의'의 약칭이다. 북한은 지난 1월 14일에 판문점을 통해 이를 위한 예비회의를 2월 19일 판문점에서 개최하자는 내용의 서신을 보낸 바 있었다. 북한에서 주장하는 연석회의

25) 통일부, 『남북대화 제45호』, p.46.

북한, 7·7특별선언 거부

"교차접촉 통한 분단 영구화 겨냥"

북한은 노 대통령이 제의한 특별선언이 '통일에 관한 해결이 되지 못한다.'고 밝히면서 이를 거부한다는 기사내용이다.

[북한, 7·7 특별선언 거부] 출처 : 한겨레신문(1988.7.12.)

내용은 ① 쌍방당국과 제정당 사회단체의 위임을 받은 대표단 5명~7명으로 구성 ② 팀 스피리트 훈련 등 군사연습 중지문제, 올림픽 공동개최문제, 상호비방중상을 중지하는 문제, 다국적 군축회담을 마련하는 문제 등 네 가지 사항을 협의 ③ 장소는 서울과 평양에서 열자는 것이었다. 북한은 우리측에서 수용하기 곤란한 제의를 의도적으로 함으로써 서울올림픽으로 인한 그들의 내부동요 등을 그들이 정한 수순에 따라 대응하려는 것으로 분석할 수 있다. 특히 정권기관이나 당국차원이 아닌 노동당의 외곽단체에 불과한 조국평화통일위원회 명의로 거부반응을 보인 것은 실질적 접촉과 회담을 기피하려는 태도로 보여지는 대목이기도 하다. '조국평화통일위원회'의 성명요지는 다음과 같다.

조국평화통일위원회의 성명요지

"이른바 7·7 특별선언은 이미 미국의 각본에 따라 선임자가 내놓았던 영구 분열안인 민족화합 민주통일방안과 교차접촉안을 문구와 표현을 바꾸어 각색한 낡은 문서의 변종에 불과한 것임. 남조선 당국자들의 특별선언은 무엇보다도 통일문제 해결에서 나서는 근본적이고도 원칙적인 문제를 외면하고 있음. 남북관계를 개선하고 평화통일의 길을 열어나가자면 나라에 조성된 긴장상태를 해소하고 전쟁위험을 가시는 문제부터 해결하여야 함. 우리는 7·7 특별선언이 두 개 조선을 위한 분열주의적 단계론으로 시작되고 단계론으로 관통되어 있으며 교차접촉으로 결속되고 있는 사실에 특별히 주목을 돌리지 않을 수 없음. 모든 사실은 미제가 남조선에 있고 그들의 식민지정책이 계속되는 한 남조선 당국자들이 두 개 조선정책서 벗어날 수 없고, 투철한 통일의지도 가질 수 없으며, 똑똑한 통일정책도 내놓을 수 없다는 것을 보여주고 있음. 우리는 남조선 당국자들이 진심으로 대화와 통일을 원한다면 이제라도 우리의 남북연석회의 소집제안에 호응하여야 함."

5. 남북정상회담 개최 제의

가. 제의내용과 의미

제43주년 광복절 기념사에서 대통령은 김일성 주석과의 회담을 희망한다고 밝혔다.

광복절 경축사에서 "남북의 지도자가 서로 만나 민족의 장래문제를 허심탄회하게 논의하는 데 있어 장소, 의제, 절차 그 어느 것도 장애요인이 될 수 없을 것"이라고 밝히면서 올림픽 개최 민족으로서 통일의 시대를 열자고 하였다. 또한 정상회담만이 "모든 문제를 푸는 가장 효과적이고 빠른 방법"임을 말하였다. 정상회담의 제의는 광복절 경축사에서 뿐 아니라 대통령 후보시절부터 일관되게 언급하고 있었다. 1987년 9월 당시 민정당 총재로서 미국을 방문한 노태우 대통령은 15일 내셔널 프레스클럽 기자회견에서 "남북한 최고책임자의 서울·평양 교환방문이 실현되도록 힘을 기울이겠다."고 천명하였다. 또한 민정당의 대통령 선거 공약사항에서도 이를 재확인했다. 그리고 앞에서도 밝혔듯이 제13대 대통령 취임사에서도 "어느 누구와도 진지하게 대화할 용의가 있다."고 하였다. 3·1절 기념사에서도 "조국통일의 길을 열기 위해서는 언제 어디서나 누구와도 만날 것이며, 그것이 아무리 험난하다 해도 주저하거나 두려워하지 않고 그 길을 터 나갈 것"이라고 강조하였다.

대통령 취임 후 첫 번째 가진 기자회견에서도 "통일과 관련한 가장 효과적인 방법은

[광복절 경축사에서 정상회담을 제의하는 노 대통령] 출처 : 국가기록원

남북정상회담을 통해서 해결해 나가는 것"이라고 하였다. 일련의 발언을 상기해 보면 통일문제의 가장 효과적 방법은 정상 간의 직접적인 대화라고 본 것이다. 그간의 남북대화를 살펴보았을 때 실무급 수준에서는 근본적인 문제해결에 한계가 있었음을 보았기 때문이다.

이러한 문제점을 해결하기 위해서는 최고책임자 수준에서의 고도의 정치적 결단이 필요하다고 본 것이다. 독일의 경우를 살펴보면 1970년 3월에 브란트 서독 수상의 동독방문과 그해 5월 동독 수상의 서독방문이 있었다. 그 결과 양국 간의 기본조약이 체결되어 관계정상화의 바탕을 이루게 되었다. 최고책임자의 역할 중요성을 알게 해 주는 좋은 본보기였다.

남북정상회담 제의에서 '김일성 주석'이라고 호칭한 것도 특징이다. 이러한 점은 북한을 적대적 관계가 아닌 동반자의 관계로 보조를 맞추자는 것을 의미하는 것이다. 즉, 민족공동체 형성을 위해서는 쌍방을 인정하고 존중하는 열린 자세가 필요하다는 인식으로 풀이된다. 앞으로의 통일문제를 민족화합의 차원에서 남북정상이 책임을 갖고 노력하자는 제안으로 볼 수 있다. 이와 관련된 경축사 주요내용은 다음과 같다.

"오늘 나는 남북의 모든 동포들에게 번영된 통일조국을 하루빨리 실현하기 위해 대화합의시대를 다 함께 열어 나갈 것을 호소합니다. 이제 남과 북은 대결과 전쟁이 아니라 화해와 협력만이 분단의 고통과 시련에서 벗어나 민족의 진정한 진보와 통일을 가져온다는 신념을 실천할 때입니다. 지난 7월 7일 나는 남과 북이 이제는 공동의 번영을 추구하는 민족공동체로서의 관계를 발전시켜 나가야 한다고 선언한 바 있습니다. 40년이 넘은 같은 민족 간의 분단장벽은 이제 개방과 교류, 협력으로 허물어야 합니다. 그리하여 하루빨리 통일의 여건을 성숙시켜 평화적 통일의 전기를 마련해야 할 것입니다.

그러자면 남북한 당국의 최고책임자가 만나서 대화를 해야 합니다. 그것이 모든 문제를 푸는 데 있어 가장 효과적이고 빠른 방법입니다. 내외 정세로 보나 우리의 민족적 현실로 보나 그와 같은 만남은 지체없이 이루어져야 할 때가 되었습니다. 나는 오늘 광복 43주년을 맞아 북한의 김일성 주석에게 6천만 동포의 염원에 따라 민족의 통합을 실질적으로 추진해 나가기 위해 가능한 한 빠른 시일 안에 나와 만나 회담할 것을 제의합니다.

남북의 지도자가 서로 만나 민족의 장래문제를 허심탄회하게 논의하는 데 있어 장소, 의제, 절차, 그 어느 것도 장애요인이 될 수 없을 것입니다. 나는 이러한 나의 제의에 북한측이 호응해 옴으로써 민족사에 새로운 장을 열게 되기를 충심으로 희망합니다." (후략)

나. 북한의 반응

제43주년 광복절 경축사를 통해 제의된 남북정상회담에 대하여 북한의 김일성은 어떤 형태로든 반응을 보여야 했다. 북한은 우선 그 시기를 저울질했을 것으로 보인다. 광복절이라는 민족사적으로 의미가 깊은 날을 선택하여 남북의 정상이 만나자는 제의는 북한으로 하여금 날짜 선택에서도 신중을 기하게 하였을 것이다. 북한에서도 나름 의미 있는 날짜를 선택하였다. 그 날은 북한의 정권수립일인 '9·9절'을 하루 앞둔 9월 8일 경축보고대회를 하는 자리에서였다. 여기에서 김일성은 남북정상회담에 관해 직접 언급하였다. 무엇보다도 북한의 정상인 김일성이 직접반응을 보였다는 것은 의미를 갖는다. 한 달여 만의 침묵 속에서 그가 던진 말은 정상회담을 위한 전제조건이었다. '연방제 논의를 전제로 한 노 대통령의 평양행을 환영'한다는 것이었다. 남북한이 각자의 정치 및 경제체제를 그대로 유지하는 연방공화국을 기초로 통일문제를 모색하기 위한 남북한위원회 설립을 논의하기 위해 평양을 방문하는 것은 환영한다는 내용이었다. 또한 그들의 단골주장인 '주한미군철수'를 주장하였다. 통일문제를 해결하는 가장 실질적인 방법은 북한과 미국 간의 평화협정체결, 남북불가침협정체결을 전제로 한 '고려민주연방공화국'[26)]을 건설하는 것이라는 종전의 주장을 나열하였다. 우리측의 남북정상회담제의에 대해 계속 침묵을 지키던 김일성 자신이 직접 처음으로 공식반응을 보였다는 점에서 이번 제의는 의미가 있다. 특히 김일성은 이번 연설을 통한 제의에서 종전의 군사문제 우선해결을 주장하였다.

즉, 김일성은 고려연방제를 단일의제로 하고 주한미군철수, 남북불가침선언 채택 등을 전제조건으로 한 남북정상회담을 밝히고 있었다. 이날 김일성이 연설한 평양체육관에는 북한의 노동당 주요간부는 물론이고 다수의 동구권 지도자들이 동석하고 있었다. 김일성은 이번 연설에서 북한의 주민뿐 아니라 그들의 주요 동맹국에게도 통일정책에 관해 자신의 의지를 내보인 것이다. 따라서 전제조건을 붙였지만 대화에는 응하겠다는 요지의 그의 발언은 데탕트 시대를 맞아 변화하는 세계적 추세에 보조를 맞추라는 중국과 소련 등을 포함한 동구권 국가들의 압력이 작용했을 것으로 분석된다.

---

26) 고려민주연방공화국은 김일성이 1980년 10월 북한은 노동당 제6차 대회를 열어 김정일로의 후계체제 완성을 대외적으로 공식화했을 때 사용되었다. 아울러 김일성은 제6차 당대회 개막일인 10월 10일 당중앙위원회 사업총화 보고를 통해 통일문제와 관련하여 다음과 같이 언급하였다. "우리 당은 조국을 자주적으로, 평화적으로, 민족대단결의 원칙에서 통일하는 가장 현실적이며 합리적인 방도는 북과 남에 있는 사상과 제도를 그대로 두고 북과 남이 연합하여 하나의 연방국가를 형성하는 것이라고 인정한다." 이른바 북한의 '고려민주연방공화국 창립방안'은 이렇게 김정일의 공식 등장과 더불어 7년 만에 소집된 노동당 당대회라는 극적인 형식을 통해 등장했다. 그 후 1991년에 와서 김일성은 신년사를 통해 소위 '느슨한 연방제'를 제안했다. 느슨한 연방제는 남북한의 제도를 그대로 두고 연방통일국가를 형성하되 지역정부의 권한을 확대하고 정치적 결합을 느슨하게 하는 것으로서, 중앙정부의 권한집중을 바탕으로 한 고려민주연방공화국 창립방안과는 차별화된 연방제라고 볼 수 있다. 출처 : 『북한지식사전』, p.54.

金日成 "南北정상회담 用意"

聯邦制논의 前提…盧대통령 平壤行 환영

"資本主義국가와 經協원해"

북한의 김일성은 평양에서의 남북정상회담 용의가 있음을 정권수립일 하루 전에 개최된 경축연에서 전제조건을 제시하면서 밝혔다는 신문기사이다. 이후 김일성은 김영삼 대통령 시절인 1994년 7월 25일부터 27일까지 정상회담에 합의하였으나 김일성의 급작스런 죽음으로 이루어질 수 없었다. 회담성사의 배경에는 카터 전 미국대통령이 6월 15일부터 18일까지 평양을 방문하여 북한의 김일성과 회담하면서 시작되었다.

[김일성 남북정상회담 용의] 출처 : 동아일보(1988.9.9.)

다. 북한반응에 대한 각계의 평가

북한 김일성의 이러한 제안에 대하여 국내의 주요정당에서는 정상회담 성사를 촉구하였다. 평민당과 민주당은 긍정적 제의라는 반응을 보인 반면 집권여당인 민정당은 신중한 검토를 해야 한다고 했으며, 공화당은 입장표명을 유보하였다. 김대중 평민당 총재는 "이 제의가 지난 8월 15일 노태우 대통령이 제안한 정상회담에 대한 회답으로 볼 수 있다."고 전제하고 "노 대통령은 당시 의제나 장소에 상관없이 가능한 빠른 시일 안에 대화할 용의가 있다고 한만큼 이번 제의를 긍정적으로 받아들여 회담을 성사시켜야 할 것"이라고 말했다. 그는 총재 명의의 논평에서 "고려연방제는 현 시점에서는 그 실시가 불가능한 내용을 담고 있으나 이런 문제는 대화를 통해 논의될 수 있을 것"이라고 말하고 "남북정상회담과 함께 남북 국회회담과 학생교류 기타 남북간의 전면적인 대화와 교류가 적극 추진되어야 한다."고 덧붙였다. 김영삼 민주당 총재는 "김일성 주석의 남북정상회담 제의는 남북관계에 있어 북측 입장의 진일보라고 본다."고 말하고 "정부측은 이를 진취적으로 받아들여 실무회담을 검토해야 할 것"이라고 밝혔다. 김 총재는 또 "실무회담은 현재 공개적 창구로 마련되어 있는 남북국회회담[27] 예비접촉을 통해서도 가능할 것"이라

27) 1984년 9월 북한의 대남 수해물자 지원을 계기로 남북접촉 창구가 다시 열리고 1984년 하반기부터

고 지적하면서 “기타 비공식 창구에 의한 접촉도 있을 수 있을 것”이라고 말했다. 그는 “지난 70년대부터 김일성과의 회담 용의가 있음을 밝혀왔으며 국회 대표연설에서도 통일을 위해서라면 평양, 베이징, 모스크바를 방문하겠다고 밝혔다.”고 상기시킨 뒤 남북 양쪽이 전제조건을 달 필요 없이 자유롭게 대화하기 위해 김일성 주석과 만날 용의가 있음을 비쳤다. 민정당 김중위 대변인은 “노 대통령의 8·15 제의에 대해 북한이 반응을 보인 것은 긍정적으로 평가한다.”고 밝히고 그러나 “북한의 진의를 파악하기 위해 보다 신중한 검토를 해 보아야 할 것”이라고 말했다. 각 정당의 입장을 보면 대체로 이를 긍정적으로 평가하고 있다. 주목할 점은 적극성을 보여야 한다고 밝힌 김영삼은 대통령에 당선된 후 김일성과의 정상회담을 성사시켰으나 김일성의 갑작스런 죽음으로 자연적으로 무산되었다. 역시 적극성을 보여야 한다고 밝힌 김대중 대통령은 김정일 국방위원장과 최초의 남북정상회담을 성사시켜 남북관계의 전향적인 계기를 마련하였다.

1985년까지 남북 사이에 대화와 교류가 이어지는 가운데 1985년 4월 9일 북측은 최고인민회의 상설회의 의장 양형섭 명의로 남측의 채문식 국회의장 앞으로 서한을 보내 ‘남북불가침 선언’ 채택 문제를 논의하자며 양측 국회의원(북한은 최고인민회의 대의원)간 회담을 제의하였다. 이것이 남북국회회담의 출발점이 되었다. 출처 : 한민족문화대백과사전.

제 3 절　한민족공동체 통일방안

1. 추진배경

‘한민족공동체 통일방안’은 제6공화국의 민족통일에 대한 방안을 제시한 것이다. ‘7·7 특별선언’과 1988년 10월 18일 유엔총회 연설에서 북한에 대한 인식을 통일로 향한 민족공동체의 일원이라고 밝힌 바 있었다. 이와 같이 북한을 대립과 대결의 대상이 아닌 동일민족으로서 포용해 나가려는 차원에서 통일정책을 전개하고자 하였다. 이러한 통일정책의 전환은 전반적인 주변의 환경변화에서도 영향을 받고 있었다. 6월의 민주화 항쟁을 거치면서 노태우 대통령은 6·29 민주화선언을 직접 선언하였다. 이러한 급변한 국내상황은 특히 통일문제에 대한 논의가 어느 때 보다도 활발하게 하였다.

따라서 대내적으로는 사회 각계의 통일논의가 활성화되면서 통일에 대한 관심과 열망

「韓民族공동체」統一方案 확정

盧대통령 11일 國會본회의에서 발표

주요내용

① 최고지도기구 南北頂上회의 설치
② 南北同數 각료회의…交流협력 논의
③ 議員평의회 구성 統一헌법등 제정
④ 憲法따라 總選…統一의회·정부구성

한민족공동체 통일방안으로 ‘최고지도기구 남북정상회의 설치, 남북동수 각료회의, 의원평의회 구성 통일헌법 등 제정, 헌법에 따라 총선’ 등을 주요내용으로 하는 통일방안을 발표하였다.

[한민족공동체 통일방안] 출처 : 동아일보(1989.9.6.)

이 분출되고 있었다. 또한 88 서울올림픽의 성공적 개최와 북방정책의 성과 등으로 국민 스스로가 통일추진역량에 대한 자신감을 갖고 있었다. 대외적으로는 동서화해와 공산권 국가들의 개혁과 개방화 추세 등으로 세계질서 자체가 근본적인 변화를 보이고 있었다.

이처럼 급변하는 국내와 국제정세는 한반도의 긴장완화는 물론이고 남북한의 화해와 협력을 요구하는 분위기가 지배적이었다. 그렇지만 북한은 대남적화전략을 여전히 유지하고 있었다. 북한의 대남정책이 불변하고 있는 상황에서 남북관계를 크게 변화시키겠다는 구상은 어려운 문제였다. 그러나 국제정세와 국내환경의 변화는 이미 돌이킬 수 없는 물줄기로 변해가고 있었다. 이러한 변화는 종전과는 다른 획기적이고 전향적인 통일정책으로 전환할 것을 요구하고 있었다. 통일방안 수립에 대한 견해는 1988년 10월 4일에 국회에서 행한 '1989년도 예산안 제출에 즈음한 국정연설'에서 밝혔다. 대통령은 연설 서두에서 통일방안 수립에 대한 의원들의 협조를 당부하였다. "우리의 목표는 우리민족 모두가 자유와, 인간으로서의 기본권을 누리며 행복한 삶을 영위할 수 있는 동시에 민족공동체가 영원히 번영, 발전할 통일국가를 이룩하는 데 있습니다. 민족통일의 방안은 편협한 냉전논리나 어느 일방에 선 주장에서 벗어나 그것을 남북 양측이 받아들여 실현해 나갈 수 있는 것이 되어야 할 것입니다. 이러한 면에서 우리 내부의 다양한 통일논의는 물론 북한측에서 제시해 온 방안 중에서도 통일에 도움이 된다고 생각되는 부분은 긍정적으로 수용할 수 있다고 생각합니다. 전진적이며 실현 가능한 통일방안을 수립함에 있어 국민을 대표하는 국회와 의원여러분들의 적극적인 협조를 기대합니다."[28] 이처럼 국회에서 국정연설을 통하여 통일방안의 수립을 이미 구상하고 있었다. 이후 '한민족공동체 통일방안'은 제44주년 광복절 경축사에서 그 윤곽을 밝혔다. 그간의 과정을 정리해 보면, 1988년의 국정연설에서 통일방안 수립을, 1989년 광복절 경축사에서 통일방안의 윤곽을 그리고 1989년 9월 11일 정기국회 개회식 특별연설을 통하여 구체화된 '한민족공동체 통일방안'을 천명한 것이다. 제44주년 광복절 경축사에서의 통일과 관련한 연설 내용의 일부를 참고해 보면 다음과 같다.

28) 대통령기록관, '연설기록' 중에서 발췌.

제44주년 광복절 경축사에서의 통일과 관련한 연설

(전략) "동포 여러분,

우리는 우리의 힘으로 분단을 막지 못했지만, 통일은 우리민족의 뜻에 따라 우리의 역량에 의해 자주적으로 이루어져야 합니다. 또한 우리의 통일은 전쟁이나 어느 일방에 의한 상대방의 전복을 통해 이루어질 수 없으며, 반드시 평화적으로 이루어져야 합니다.

통일된 조국은 6천만 민족성원 모두가 주인이 되며, 각자의 자유와 인권과 행복이 보장되는 민주국가여야 합니다. 민족의 운명이 걸린 통일에 이르는 길도 분명히 민주적인 원칙과 절차에 따라야 할 것입니다. 따라서 통일은 어디까지나 민족자결의 정신에 따라 자주적으로, 무력행사에 의거하지 않고 평화적으로, 그리고 민족대단결을 도모하고 민주적으로 실현되어야 합니다. 그러나 서로 다른 이념과 체제를 가진 남과 북이 깊은 불신과 오랜 대결, 적대의 장벽을 그대로 두고 통일을 이룰 수 없는 것이 오늘의 현실입니다. 남과 북은 통일을 이루는 중간단계로 우선 서로가 서로를 인정하는 바탕 위에서 공존공영하면서 개방과 교류, 협력을 통하여 민족공동체를 회복·발전시켜나가야 합니다. 남과 북이 이렇게 하나의 사회적·문화적·경제적 공동체를 이루어나가면서 정치적 통합의 여건을 성숙시켜 하나의 나라를 이루는 통일을 달성해야 할 것입니다. 작년에 발표한 '7·7 특별선언'은 이러한 저의 통일구상에 따라 남북 간에 화해와 협력의 시대를 열어 통일로 나아가기 위한 전진적 조처였습니다.

북한은 아직 그들의 태도를 바꾸지 않고 있으나 우리는 '7·7 특별선언'의 정신을 일관성 있게 밀고나가 그들의 변화를 촉진할 것입니다." (후략)

2. 주요내용

가. '한민족공동체 통일방안'의 개념 및 핵심내용

대통령이 특별연설에서 밝힌 '한민족공동체 통일방안'은 통일의 원칙과 과정, 과도기적 통일체제, 통일국가 수립절차, 통일국가의 미래상, 민족공동체헌장 등으로 구분하여 그 개념과 주요내용을 정리해 보겠다.

구 분	개념 및 핵심내용
통일원칙	ㅇ 자주 : 민족자결의 정신에 따라 자주적으로 ㅇ 평화 : 무력행사에 의거하지 않고 평화적으로 ㅇ 민주 : 민족대단결을 도모하고 민주적으로
통일과정	① 공존공영의 토대구축 → ② 단일민족사회(남북연합) → ③ 단일민족국가(통일민주공화국)
과도기적 통일체제	ㅇ 명칭 : 남북연합(The Korean Commonwealth) ㅇ 성격 : 통일국가 실현의 중간과정 ㅇ 역할 : 공존공영, 민족사회의 동질화, 민족공동생활권 형성 ㅇ 구성 – 남북정상회의 : 최고결정기구 – 남북각료회의 : 공동의장(남북쌍방 총리)과 남북 각기 10명 내외의 각료급 • 남북간 현안문제와 민족문제 협의·조정, 그 실행을 보장 • 5개 상임위원회(인도, 정치·외교, 경제, 군사, 사회·문화) • 이산가족 재결합 문제 • 정치적 대결상황 완화 문제 • 국제사회에서의 민족역량 낭비 방지 및 해외동포의 권익신장 문제 • 남북사회 개방과 다각적인 교류·교역·협력 추진 문제 • 민족문화의 창달 문제 • 공동번영의 경제권 형성 문제 • 군사적 신뢰구축과 군비통제 문제 • 현 정전협정체제의 평화체제로의 대체 문제 등 – 남북평의회(100명 내외, 동수의 남북 국회의원) • 남북각료회의에 대한 자문, 통일헌법 기초 및 통일실현 방법과 절차 마련 – 공동사무처 • 남북각료회의와 남북평의회의 업무지원, 합의사항 이행을 비롯한 실무적 문제 관장 – 상주연락대표 : 남북 각기 서울·평양에 파견 ㅇ '평화구역'을 비무장지대 내에 설정 – '남북연합' 기구·시설 등 설치 – '통일평화시(Unification-Peace City)'로 발전
통일국가 수립절차	ㅇ 통일헌법안을 민주적 방법과 절차를 거쳐 확정·공포 ㅇ 통일헌법에 따라 총선거 실시, 통일국회와 통일정부 구성

위에서 정리한 개념에 따라 통일국가의 과도기적 과정을 거쳐 통일국가를 이룩했을 때의 미래상은, 단일국가의 체제를 유지하며 민족성원 모두가 주인이 되는 하나의 민족공동체로서 각자의 자유·인권·행복이 보장되는 민주국가로 발전을 이루는 것을 목표로 했음을 알 수 있다.

나. 주요특징

① 통일방안의 윤곽과 과정제시

'한민족공동체 통일방안'에서 대통령은 통일실현에 대한 원칙과 중간단계의 필요성을 밝히고 있는데 이는 통일방안의 윤곽을 밝힌 것으로 볼 수 있다. 원칙으로는 자주·평화·민주의 3원칙을 제시하였다. 이것은 1972년 7월 4일에 발표된 남북공동성명의 '자주, 평화, 민족대단결'이라는 원칙에 대한 합의를 재확인한 것이다. 또한 '한민족공동체 통일방안'에서 민주의 원칙은 민족대단결을 도모한다는 전제를 두었다. 이것은 '민족대단결'이라는 명분으로 어떠한 이념과 체제라도 통일만 이룩되면 좋다는 식의 해석을 우려한 것이라 할 수 있다. 따라서 통일은 무분별한 진행이 아니라 반드시 민주적 절차와 과정에 따라 이루어져야 한다고 말한 것이다.

남북통일의 중간단계의 필요성을 제기하였다. 분단 40여 년 간 이어져온 남북 간의 대결국면을 해소하기 위해서는 남과 북이 각기 상대방의 체제와 제도를 인정하고 존중하는 것이 필요하다. 이러한 분위기를 구축하면서 상호공존적이며 협력적인 관계로 전환시켜 나가야 한다. 따라서 이 같은 민족공동체를 회복하고 발전시키기 위한 중간과정이 필요하다는 것이다. 이와 같은 과정이 있어야만 이념과 체제가 서로 다른 남북한을 평화적으로 통일시킬 수 있는 길로 보았다. 통일국가의 미래상에 대해서는 '6천만 민족성원 모두가 주인이 되며 각자의 자유와 인권과 행복이 보장되는 민주국가'라고 밝히고 있다. 이것은 통일을 명분으로 민주주의를 버릴 수 없다는 의미였다. '한민족공동체 통일방안'에서 밝힌 노태우 대통령의 통일구상은 앞선 정부에서 선언한 통일방안과 정책을 계승하면서 보다 구체적인 방안을 제시한 것으로 볼 수 있다. 즉, '7·4 남북공동성명'과 '민족화합 민주통일방안'을 계승하면서 '7·7 특별선언'의 토대 위에서 통일방안을 마련한 것이다.

② 공통체 의식을 통한 공감대 형성

우리민족은 혈연뿐 아니라 언어·풍속·예술·의식주 등에 이르기까지 동일한 문화를 간직하여 왔다. 즉, 혈연공동체·문화공동체로서의 결속력을 가지고 있는 민족이다.

그러나 강대국에 의한 국토분단과 전쟁을 거치면서 상이한 이념은 이질화의 심화를 가져오고 있다. 분단이 장기화 된다면 이질화의 심화에 따른 민족사회 그 자체가 분열될 위험마저 있다. 민족은 공동체를 통해 자아를 실현하며, 이익을 넓히고 자존을 세울 수 있다. 따라서 민족공동체 의식의 회복과 발전 없이는 어떠한 통합도 어려운 것이다. 특히 이념에 따라 체제를 달리하는 정치통합은 불가능에 가깝게 될 것이다. 즉, 영원히 두 개의 국가로 존재할 수밖에 없음을 예측할 수 있다. 따라서 통일을 추구하는 과정에서 공동체의식을 회복하는 것은 무엇보다 중요하며 선행되어야 한다. 따라서 통일을 위한 접근으로 공동체의식이 형성되는 공존공영의 토대를 구축하고 이를 바탕으로 단일민족사회(남북연합)를 이루어 궁극에는 단일민족국가(통일민주공화국)을 수립해야 한다는 것이다.

③ 구체적인 통일국가의 최종모습 제시

인류의 보편적 가치는 자유로운 행복의 추구이다. 따라서 통일된 우리의 조국은 자유가 보장되고 국민전체의 참여와 기회가 균등하게 보장되는 국가의 모습을 갖추어야 한다. 즉, 민주공화국의 체제를 최종목표로 두어야 보편적인 인류의 가치에 부합할 수 있는 것이다. 따라서 통일은 우리민족 최대의 지상과제이지만 자유와 민주를 희생하는 통일은 받아들일 수가 없는 것이다. 이것은 모든 국민의 일치된 합의로 보아도 무방하다. 그러므로 통일이 갖는 의미를 외면하고 무조건 통일을 하고 보자는 식의 통일지상주의로 흐르는 것은 지극히 위험한 논리이다. 또한 북한이 주장하는 연방제와 같이 1민족 2정부식의 통일은 완전한 통일로 볼 수 없다는 것이다. 따라서 이러한 불완전한 상태를 극복하기 위해서는 중간단계가 필요하다는 것을 주장하였다. 이러한 중간과정을 원활히 하기 위하여 '한민족공동체 통일방안'은 통일국가의 국회를 지역대표성에 입각한 상원과 국민대표성에 입각한 하원으로 구성되는 양원제를 제안한 것이다. 이것은 지역 간의 균형과 모든 민족구성원의 참여를 함께 고려한 것이다. 최종적으로 수립되는 통일국가는 단일민족국가여야만 하며, 이것이 민족공동체의 완전한 회복인 것이다.

④ '평화구역' 설정을 통한 평화정착 제시

'한민족공동체 통일방안'의 원칙에서 평화를 보장하기 기초적인 방안을 제시하였다. 이것은 비무장지대 내의 적정지역을 선정하여 '평화구역'으로 설정할 것을 제시한 것이다.

여기에 공동사무처 등 '남북연합'의 기구 등이 사용할 건물과 각종 회의장소를 설치하자는 제안을 한 것이다. 또한 이 시설을 이용하여 남북 간의 다양한 교류와 협력의 통로를 제공하고 쌍방이 공동으로 이용할 제반 시설들을 건설해 나감으로써 민족공동체를 발전시키는 시범지역으로써의 기능을 수행하게 한다는 것이다. 점진적으로는 남북의 합의에 따라 '통일평화시'로 확대 발전시켜 나갈 수 있다는 비전을 제시하였다.

⑤ 북한측 주장에 대한 신축적 자세유지

대화는 상대에 대한 갈등해소와 배려가 필요하다. 이번에 제시한 '한민족공동체 통일방안'에 대한 대화의 상대는 북한이다. 따라서 통일에 대한 우리의 주장과 입장만을 내세운다면 대화는 불가능해진다. 따라서 북한측의 입장을 충분히 고려하고 갈등을 해소하기 위한 방안을 제시하여 대화를 유지하겠다는 입장을 견지하였다. 따라서 북한의 주장을 우리로서는 받아들이기 힘든 비현실적인 부분이 있지만 이를 해결하기 위한 방안을 밝히고 있다. 무엇보다도 갈등은 불신에서 비롯되며 그간의 남북은 군사적인 분야에서 이러한 경향이 누적되었다. 이러한 불신을 해소하고 북한을 대화의 장으로 유도하기 위한 내용을 제시하고 있다. 그 내용으로 과도체제를 발족시키기 위한 민족공동체헌장에서 상호 불가침에 관한 사항이 포함되도록 하였다. 또한 과도체제인 '남북연합'에서 군사분야를 다룰 상임위원회를 설치하고 '군사적 신뢰구축과 군비통제문제, 현 정전협정체제의 평화체제로의 대책문제' 등을 협의하고 조정토록 하였다.

한편 통일헌법을 기초하는 등 통일국가 수립을 위한 준비회의의 역할을 하게 될 '남북평의회'를 인구비례가 아닌, 남북이 동수의 국회의원으로 구성토록 한 것도 북한의 입장을 적극 고려한 것이라 할 수 있다.

3. 국내 및 북한 반응

가. 국내반응

'한민족공동체 통일방안'은 지금까지 나왔던 그 어느 통일방안보다 구체적이고 실현 가능성이 높은 것으로 대체로 평가하고 있다. 특히 '민족화합민주통일방안'의 미비점으로 지적되어 온 통일실현의 중간과정으로 '남북연합'이라는 과도적 통일체제를 설정한 데 대해 타당성과 함께 현실감을 부여한 것으로 평가했다.

또한 통일국가의 미래상을 세계사의 흐름에 따라 '민족성원 모두의 자유와 인권과 행복이 보장되는 민족국가'로 분명히 제시한 점, 의회민주주의의 가치체계를 기본으로 한 통일국가 수립의 절차와 방법을 중시한 점에 대해서는 전적인 공감을 표시하였다. 이와 함께 북한을 대화의 장으로 유도하고 그들의 현실을 고려하여 '남북연합' 내의 모든 기구를 남북동수로 구성토록 한 것은 단순히 우리측 입장만을 고수한 것이 아니라는 평가를 하였다. 신뢰를 구축하기 위한 정치·군사문제도 협의한다는 적극적인 자세는 북한과의 의견일치를 위한 합의의 영역을 넓힌 획기적인 진전이라고 평가하였다. 그러나 통일방안이 마련되었다고 당장 남북관계가 개선되고 통일의 길이 열리는 것은 아니며, 북한을 폐쇄와 고립으로부터 개방으로 유도하는 데 성의를 다해야 할 것이라고 지적하면서 북한의 호응을 기대했다.

나. 북한반응

북한의 반응은 의외로 빠르게 나왔다. 9월 11일 노동신문에 '가장 합리적이고 확신성 있는 통일방안'이라는 제하의 장문의 논설을 게재하였다. 여기에서 기존에 주장하던 '고려연방제 통일방안'의 타당성을 주장하였다. 이어서 9월 12일 '민민전 방송'을 통해 "분열주의적 정체를 가리기 위한 권모술수에 지나지 않으며, 중간단계론은 현 분단상태를 고착시켜 두 개 한국을 조작하려는 수작"이라는 첫 반응을 보였다.

또한 9월 14일에는 노동신문을 통해 "두 개 조선에로의 분열을 고착시키고 나라의 통일을 한정 없이 끌려는 제2의 분열방안이며, 정치현실을 외면한 이상주의자의 공론"이라고 공식적으로 거부 입장을 명백히 했다. 이후 북한은 방송과 신문논평 등을 통해 연일 유사논조를 전개하면서 '한민족공동체 통일방안'을 매도하고 대내외 지지확산을 견제하고자 하였다. 북한은 이와 관련하여 '고려연방제 통일방안'이야말로 최선의 방도가 된다면서 '한민족공동체 통일방안'에 대해 "중간단계로서의 남북연합은 두 개 국가를 합법화하는 동서독방식을 모방한 것이며, 단일제도에 기초한 통일은 어느 일방이 타방을 먹지 않는 한 실현불가능" 하다고 강변하였다.

한편 북한은 9월 28일 이른바 '민족통일협상회의'를 제의하면서 동회의가 소집되면 한국내 여러 통일방안 중의 하나로서 '한민족공동체 통일방안'도 토의대상으로 삼을 수 있다는 식의 외견상 태도변화의 입장을 보이는 듯했다. 그러나 이는 '한민족공동체 통일방안'을 격하시키려는 의도로 읽혀지는 대목이다. 목적지를 향해 함께 가야할 남북은 아직도 냉랭한 마음을 해소하지 못하고 있었다.

대통령 특별연설 전문(한민족공동체 통일방안)

존경하는 국회의장, 그리고 국회의원 여러분,

제147회 정기국회의 개회를 축하합니다.

이번 국회는 파란과 성취가 교차한 1980년대를 마무리 짓고 희망의 1990년대를 여는 뜻깊은 정기국회라고 생각하며, 국민의 여망에 부응하는 많은 결실이 이번 국회에서 거두어 지기를 기대합니다.

저는 오늘 국민의 대표가 한자리에 모인 이 민의의 전당에서 우리 민족사의 소망이며 우리 민족의 염원인 통일을 실현할 방안을 밝히게 된 것을 뜻깊게 생각합니다.

의원 여러분,

이제 우리는 나라를 빼앗긴 시련으로 시작된 20세기를 영광으로 마무리 지어야 할 이 세기의 마지막 연대를 맞고 있습니다. 이 세기에 들어서면서 주변정세에 능동적으로 대처할 힘이 모자라 끝내 나라를 잃고만 우리 민족은 해방의 날을 맞았음에도 그 불운의 연장선상에서 국토분단과 동족상잔의 엄청난 비극을 겪어야 했습니다. 오늘을 사는 우리들 모두는 어떠한 어려움이 있더라도 지혜와 힘을 모아 민족분단의 장벽을 허물고 통일의 길을 열어가야 합니다. 나라와 민족을 양단한 이 분단의 아픔은 우리들 다음 세대, 다음 세기로 넘길 수 없습니다.

이제 우리는 겨레의 뜻과 열망을 한데 모아 통일의 횃불을 높이 들고 민족통일의 길을 힘차게 개척해 나갈 것입니다. 저는 앞으로 다가오는 10년이야말로 우리의 넘치는 민족적 역량으로, 통일의 길을 열 수 있는 역사적 시기라고 확신합니다. 정치·경제적으로, 그리고 모든 분야에서 이제 우리는 조국의 통일을 우리 스스로 이룰 수 있는 당당한 힘을 쌓았고 그것을 실천할 능력을 갖췄습니다.

북한의 전면남침으로 불바다가 되었던 잿더미 위에서 일어나 우리는 세계에서 가장 빠른 경제성장을 이룩하여 세계 10대 무역국가에 들어선 신흥산업국가를 만들었습니다. 우리는 작년 민주주의의 새로운 활력 속에 서울올림픽을 사상 가장 훌륭한 대회로 치렀습니다. 동서남북 세계 160개국의 젊은이들이 이념과 체제, 인종과 종교의 벽을 넘어 서울의 한마당에 모인 이 인류화합의 대축제는 국제질서 속에서 피동적인 존재로 비켜서 있던 우리 민족이 세계에 화해의 물결을 주도한 위업이었습니다. 통일의 여건을 조성하려는 우리의 노력은 이 같은 성취에 힘입어 사회주의 국가들과 교류협력하는 적극적인 관계를 이룩함으로써 국제사회에서 새로운 지평을 열고 있습니다. 세계는 지금 커다란 변화의 소용돌이 속에 있습니다. 소련과 중국, 동구 사회주의 국가 안에서 일고 있는 개방과 개혁의 물결은 그들 내부 체제와 정책의 변화는 물론, 국제질서에 새로운 변화를 몰아오고 있습니다.

우리에게 분단을 안겨주었고 그것을 40여년 고착시켰던 세계의 질서와 힘의 구조 자체에 근본적인 변화가 일고 있습니다. 저는 이같은 거대한 안팎의 변화를 주체적으로 수용하여 통일의 길을 열어나가기 위해 주도적인 노력을 기울여 왔습니다. 저는 작년 7월 남북한이 더 이상 적대·대결하는 상대가 아니라 공동의 번영을 향해 협력해 가는 동반자의 관계로 발전시켜 나가기 위한 정책을 선언했습니다. 또한 작년 10월 유엔총회연설을 통해 남북한 간의 화해와 협력을 바탕으로 한반도와 동북아시아에 평화의 구조를 정착시키기 위한 구상을 전 세계에 밝혔습니다. 북한을 폐쇄와 고립으로부터 개방으로 이끌어 한반도에 화해와 평화를 이룩하고 통일의 여건을 조성하려는 우리의 정책은 동서세계로부터 지지와 호응을 받고 있습니다.

의원 여러분,

40여 년의 세월동안 우리 스스로와 세계를 바꾸어 놓은 변화에도 불구하고, 변화를 거부하는 장애가 통일의 길목에 가로놓여 있습니다. 한반도를 가르는 휴전선을 사이에 두고 세계에서 가장 밀집된 군사력이 대치하고 있으며 긴장과 대결은 늦추어지지 않고 있습니다. 산천도 변한다는 10년의 세월이 네 번을 거듭하여도 북한을 지배해온 경직된 체제는 변하지 않았을 뿐만 아니라 오히려 변화의 거대한 물결을 거부하고 있습니다. 남쪽을 공산화함으로써 적화통일을 이루겠다는 기본전략이나, 모든 것이 통제된 북한사회 내부도 아직은 바뀐 것이 없습니다. 통일을 향해 나아가는 우리의 열정은 뜨겁지만 우리가 맞고 있는 분단현실은 이처럼 냉엄합니다. 저는 이러한 상황을 직시하면서 북한은 도도한 세계적 변화의 물결이 도달하는 마지막 해안이 될는지는 모르나, 결코 이 물결을 끝내 거역할 수 없을 것이라고 확신합니다. 폐쇄노선에 한계상황을 맞고 있는 북한은 변화의 물결에 순응하여 끝내는 개방과 협력의 길로 나올 것입니다. 우리는 그것이 앞당겨지도록 돕고 이끌 것입니다. 여기에 얼마나 많은 우리의 땀과 인내, 겨레의 슬기와 뭉친 힘이 들어가야 할지라도 우리는 이 모든 것을 쏟아 그들이 통일의 길로 나오도록 할 것입니다.

의원 여러분,

작년 10월 4일 저는 이 자리에서 우리 겨레의 뜻을 모아 새로운 정세변화에 부응하여 실현가능하고 타당한 조국의 평화적 통일방안을 밝히겠다고 약속드렸습니다. 그동안 정부는 전문가를 포함한 각계 국민들의 광범한 의견과 지혜를 모으고, 국회공청회를 거쳐 겨레의 소망을 실현할 새로운 통일방안을 마련하였습니다. 헌법이 대통령에게 부과하고 있는 엄숙한 의무에 따라 저는 남북이 자주·평화·민주의 3원칙을 바탕으로 남북연합의 중간과정을 거쳐 통일민주공화국을 실현하는 '한민족공동체 통일방안'을 밝히고자 합니다.

의원 여러분, 그리고 내외동포 여러분,

통일된 우리의 조국은 민족성원 모두가 주인이 되는 하나의 민족공동체로서 각자의 자유와 인권과 행복이 보장되는 민주국가여야 합니다. 민족성원 모두의 참여와 기회균등이 보장되고 다양한 주의·주장이 자유로이 표현되고 대변되는 민주공화체제는 온 겨레의 오랜 소망이며 민족의 대단결을 도모할 수 있는 통일된 나라의 유일한 선택일 것입니다. 이에 따라 통일된 조국에서 어느 특정인이나 어느 집단, 어느 계급도 특권이나 주도적인 지위를 누리거나 독재로 전횡하는 일은 용인될 수 없을 것입니다. 통일된 조국은 민족성원 모두의 복지를 증진하며 민족의 항구적인 안전을 보장하면서 모든 나라와 선린 우호관계를 이루어 세계의 평화와 인류의 복리에 기여하는 나라가 되어야 합니다. 우리 민족은 하나입니다. 따라서 통일된 우리나라는 단일국가여야 하며, 이것이 민족의 소망입니다. 이념과 체제가 다른 두개의 나라를 영속시키는 형태는 온전한 통일이라 할 수 없을 것입니다. 통일을 이루는 원칙은 어디까지나 민족자결의 정신에 따라 자주적으로, 무력행사에 의거하지 않고 평화적으로, 그리고 민족대단결을 도모하고 민주적으로 실현되어야 합니다.

의원 여러분,

통일은 하루빨리 실현되어야 합니다.

그러나 서로 다른 이념과 체제를 가진 남과 북이 분단 40여 년간 누적된 깊은 불신과 오랜 대결·적대의 관계를 그대로 두고 하루아침에 통일을 이룰 수 없는 것이 우리의 현실입니다. 우리는 분단이 있기까지 5천년의 긴 역사를 통해 한 핏줄, 같은 언어, 같은 문화전통, 그리고 같은 삶의 터전 위에서 하나의 민족공동체를 이루어 살아왔습니다. 이 민족공동체야말로 현재도 남북으로 갈라진 민족을 하나로 묶고 있는 바탕이며 우리 민족의 통합을 이루어야 하는 당위이자 이를 보장하는 근본인 것입니다. 우리나라의 국토분단은 좌우익간의 유혈투쟁과 6·25 전쟁으로 인한 동족간의 처절한 전쟁을 겪으면서 민족의 분열로 심화되었습니다. 적대하는 두 체제로 나뉘어 반세기 가까이 서로 다른 삶을 살아온 남북의 겨레는 생활양식과 가치관마저 달라지고 있습니다. 이렇게 갈라지고 이질화된 민족사회를 그대로 두고 하나의 국가를 만들 수는 없습니다. 민족공동체를 올바로 회복·발전시키는 일이야말로 통일을 앞당기는 길입니다. 통일로 가는 중간단계로서 먼저 남과 북은 서로 다른 두 체제가 존재하고 있다는 현실을 바탕으로 서로가 서로를 인정하고 공존공영하면서 민족사회의 동질화와 통합을 촉진해 나가야 합니다. 남북간에 개방과 교류·협력을 넓혀 신뢰를 심어 민족국가로 통합할 수 있는 바탕을 만들어가야 합니다. 이와 같이 하여 사회·문화·경제적 공동체를 이루어 나가면서 남북간에 존재하는 각종 문제를 해결해간다면 정치적 통합의 여건은 성숙될 것입니다. 통일을 촉진할 이 과정을 제도화하기 위해 쌍방이 합의하는 헌장에 따라 남북이 연합하는 기구를 설치하는 것이 필요합니다. 이러한 연합체제 아래에서 남과 북은 민족공동생활권을 형성하여 공동의 번영을 이룩하고, 민족동질성을 회복토록 하여 민족공동체의 발전을 보다 가속화시켜 나가야 할 것입니다.

이것은 완전한 통일국가로 가는 중간과정의 과도적 통일체제라 할 수 있습니다. 남북연합은 최고 결정기구로 '남북정상회담'를 두고, 쌍방 정부대표로 구성되는 '남북각료회의'와 남북국회의원으로 구성되는 '남북평의회'를 설치하는 것이 바람직합니다. 남북은 각료회의와 평의회의 업무를 지원하고 합의사항 이행 등 실무를 위해 공동사무처를 두고 서울과 평양에 상주연락대표를 파견할 수 있을 것입니다. 공동사무처를 비롯한 남북연합의 기구와 시설을 비무장지대 안에 평화구역을 만들어 설치할 수 있을 것입니다.

평화구역은 점차 '통일평화시'로 발전시켜 나가는 것이 바람직할 것입니다. '남북각료회의'는 남북의 총리를 공동의장으로 하여 각각 10명 내외의 각료급위원으로 구성하고, 그 안에 인도, 정치·외교, 경제, 군사, 사회·문화분야 등의 상임위원회를 둘 수 있을 것입니다. '남북각료회의'는 남북간의 모든 현안과 민족문제를 협의 조정하고 그 실행을 보장하되 구체적으로는 각 상임위원회 별로 다음과 같은 업무를 수행할 수 있습니다.

인도적으로는 1천만 이산가족의 재결합문제를 해결해 나가야 할 것입니다.

정치·외교분야에서는 남북 간에 정치적 대결상황을 완화시키고 국제사회에서 민족역량의 쓸모없는 낭비를 막으며 해외동포의 권익은 물론 민족적 이익을 함께 신장시킬 것입니다. 경제 및 사회·문화분야에서는 우선 남북사회의 개방과 다각적인 교류·교역·협력을 추진하고 민족문화를 함께 창달시켜야 할 것입니다. 특히 공동번영의 경제권을 형성하면 남북 모두의 발전을 이루고 민족성원 모두의 삶의 질을 향상시킬 수 있을 것입니다.

군사분야에서는 과도한 군비경쟁을 지양하고 무력대치 상태를 해소하기 위하여 군사적 신뢰구축과 군비통제를 실현해 나갈 수 있을 것입니다. 또한 현재의 정전협정체제를 평화체제로 바꿔 나가는 것도 가능할 것입니다. '남북평의회'는 100명 내외로 쌍방을 대표하는 동수의 남북국회의원으로 구성하되, 통일헌법의 기초와 통일을 실현할 방법과 그 구체적 절차를 마련하고, '남북각료회의'의 자문에 응할 수 있을 것입니다. '남북평의회'는 통일헌법의 기초과정에서 통일국가의 정치이념·국호·국가형태 등을 논의하고, 대내외정책의 기본방향이나 정부형태는 물론 국회구성을 위한 총선거의 방법·시기·절차 등을 토의하여 합의해야 할 것입니다. 남북은 각기 구상하는 통일헌법 초안을 '남북평의회'에 내놓고 합리적인 단일안을 만드는 데 노력해야 할 것입니다. 통일헌법안이 마련되면 민주적 방법과 절차를 거쳐 확정·공포하고, 이 헌법이 정하는 바에 따라 총선거를 실시하여 통일국회와 통일정부를 구성할 수 있습니다. 통일조국의 국회는 지역대표성에 입각한 상원과 국민 대표성에 입각한 하원으로 구성되는 양원제로 할 수도 있을 것입니다. 이렇게 함으로써 우리는 마침내 통일민주공화국을 수립하여 통일의 대업을 완수할 수 있을 것입니다.

의원 여러분,

저는 이 '한민족공동체 통일방안'이 우리 겨레의 이상과 의사에 맞고, 남북의 현실에 부합하는 가장 합리적이고 현실적인 방안이라고 확신합니다. 새 공화국 출범이후 저는 남북 간에 화해와 통일의 전기를 마련하는 데 가장 실효성 있는 방법이 남북의 정상이 서로 만나는 것임을 여러 차례 강조한 바 있습니다. 저는 남북정상회담이 가능한 한 빨리 열려 본격적인 남북협력과 통일의 시대를 열 헌장에 합의하는 노력이 이루어지기를 희망합니다. 이 헌장에서는 평화와 통일을 위한 기본방안, 상호불가침에 관한 사항, 통일의 중간단계로서 남북이 연합하는 기구의 설치와 운영에 관한 포괄적인 합의가 담겨질 수 있을 것입니다. 저는 하루속히 이 같은 민족공동체헌장이 마련되어 온 겨레 앞에 공포되기를 기대합니다. 분단 45년이 되는 내년 8월 15일까지는 남북이 평화와 통일로 나아가는 돌파구를 열어야겠습니다. 그리하여 민족사에 통일을 이룩하는 새로운 장을 펼쳐 우리 세대에게 부여된 역사의 소임을 다해야 할 것입니다.

의원 여러분, 그리고 내외동포 여러분,

두 차례 세계대전에서 치열한 전쟁을 치렀던 유럽의 여러 민족과 국가들은 지금 하나의 공동체를 성공적으로 이루어 함께 번영을 일구는 시대를 만들어가고 있습니다. 영국·프랑스·서독·이탈리아를 포함한 유럽공동체 국가들은 지난날의 적대와 대결을 동반자의 관계로 바꾸어 1992년 완전한 경제통합체를 이루며 정치적 통합으로 나아가고 있습니다. 다른 민족의 지배 아래서도 하나의 민족공동체를 지켜왔던 우리가 분단의 벽을 넘어 수천 년 이어온 공동체의 삶을 회복하지 못할 이유는 없습니다.

의원여러분,

오늘날 사회주의 국가들도 자유와 인권의 폭을 넓히며 다양한 의사를 대표하는 복수정당제를 인정하는 방향으로 나아가고 있습니다. 자유와 인간의 존엄성을 존중하는 것은 이념과 체제를 떠난 보편적 가치입니다. 나는 민족의 화해를 실현하기 위해 북한이 우리의 북한동포에게 자유와 인권을 보장하도록 강력히 촉구합니다. 그들이 이 같은 조처를 취하지 않고는 개방의 길로 나설 수도 없고, 우리와 교류·협력·연합하여 민족공동체에 합류하기도 현실적으로 어려울 것입니다. 북한은 말로만 평화통일을 외칠 것이 아니라 적화통일노선을 실질적으로 포기해야 합니다. 그것 없이 자주·평화·민주적 통일의 길은 열릴 수 없습니다.

나는 지난 광복절 경축사에서 밝힌 바와 같이 북한이 평화통일의 여건을 조성할 이 같은 일을 실천할 경우 남북한 관계에 새로운 기원을 여는 조처를 취할 것입니다.

의원 여러분, 그리고 내외동포 여러분,

분단의 장벽이 높고 두터운 만큼 통일의 길은 험난합니다.

분단의 고통과 비극이 큰 만큼, 그것을 가시게 하는 데는 우리의 더 큰 역량과 지혜, 무한한 참을성과 피땀을 쏟아야 합니다. 이 모든 준엄한 현실을 외면한 안일한 환상이 우리에게 가져다 줄 것은 조국의 통일이 아니라 겨레의 더 긴 시련일 뿐입니다. 민족문제를 해결할 통일에 관한 한, 우리의 내부적인 이견과 갈등, 반목과 분열은 민주주의의 거대한 용광로 속에 녹여 무쇠와 같은 민족의 통일의지를 창조해내어야 합니다. 민주번영으로 우리의 통일역량이 더한층 커질 때 분단의 벽은 무너질 것이며, 겨레의 단합된 힘이 통일의 날을 앞당길 것입니다.

온갖 고난을 이겨내 오늘의 발전을 이룩한 겨레의 보람 위에 아무도 생각지 못했던 가장 훌륭한 올림픽이 이 땅에서 열렸듯이, 온 민족의 지성이 응집되어 통일의 날은 반드시 다가올 것입니다. 오늘 온 겨레의 염원을 담은 통일방안을 밝히면서 통일의 빛나는 그 날을 여러분과 함께, 7천만 동포 모두와 함께 힘차게 열어갈 것을 다짐합니다.

제 4 절　남북고위급회담과 남북기본합의서

1. 추진경과

격랑처럼 밀어 닥친 주변정세의 변화와 활발한 통일논의는 북한의 태도변화에도 영향을 미쳤다. 북한은 어떠한 형태로든 대화의 격식을 차려야 했다. 이러한 일련의 변화로 말미암아 북한은 대화의 장으로 나왔다. 수차례의 예비회담과 실무회담을 거친 끝에 드디어 오랜 대결과 갈등의 관계를 종식시키기 위한 최초의 남북고위급 간의 회담을 성사시킬 수가 있었다. 남북고위급회담 예비회담 남측대표단과 북측대표단은 1989년 2월 8일부터 1990년 7월 26일에 이르기까지 판문점에서 8차례의 예비회담과 2차례의 실무대표접촉을 통하여 회담을 위한 노력을 경주하였다. 그리고 남북한의 총리는 1991년 12월 13일 마침내 남북고위급회담 제5차 회담에서 결실을 가져왔다. 남북관계에서 역사적인 문건으로 평가받는 남북기본합의서(남북 사이의 화해와 불가침 및 교류협력에 관한 합의서)를 탄생시킨 것이다. 고위급회담을 성사시키기 위한 예비회담과 실무회담을 거쳐 본회담에서 서로의 입장차를 극복하기 위한 각고의 노력 끝에 나온 산물이었다. 제8차 예비회담에서는 양측의 수석대표 간에 최종합의서에 서명하고 교환하는 최종적인 절차를 갖게 됨으로써 역사적인 남북고위급회담이 열리는 마지막 관문을 열었다. 길고 긴 토의와 협상을 통하여 제1차 예비회담을 시작한지 1년 반 만에 맺은 중간결산이었다. 합의서 내용은 총 19개 항으로 이루어졌으며, 이에 이르기 위한 과정을 살펴보면 다음과 같다.

남북고위급회담 개최에 관한 합의서

남북고위급회담 예비회담 남측대표단과 북측대표단은 1989년 2월 8일부터 1990년 7월 26일까지 사이에 판문점에서 8차례의 예비회담과 2차례의 실무대표 접촉을 가지고 쌍방 총리를 수석대표로 하는 남북고위급회담 개최문제에 대하여 다음과 같이 합의하였다.

1. 회담명칭

　회담명칭은 '**남북고위급회담**'(이하 '회담'이라고 한다)으로 한다.

2. 회담날짜

　제1차 회담은 1990년 9월 4일부터 9월 7일까지 하며, 제2차 회담은 1990년 10월 16일부터 10월 19일까지 한다. 다음 회담날짜는 매차 회담 때 쌍방이 합의하여 정한다.

3. 회담장소

회담은 서울과 평양에서 번갈아 가면서 하되 제1차 회담은 서울에서, 제2차 회담은 평양에서 한다.

4. 회담의제

회담의제는 '남북간의 정치·군사적 대결상태 해소와 다각적인 교류협력 실시 문제'로 한다.

5. 회담대표단 구성

회담대표단은 총리를 수석대표로 하여 7명으로 하되 대표는 장·차관급으로 구성한다. 회담대표단의 군대표는 참모총장급을 포함하여 2명 이내로 하며 그 수는 각기 편리한 대로 한다.

그러나 합의서를 교환한 양측의 대표의 환영연설은 남북관계의 주도권을 확보하기 위한 날선 비판으로 이어졌다. 먼저 우리측의 송한호 수석대표가 연설하였다. 그는 "남북고위급회담은 민족분단사를 청산하고 평화통일로 나아가는 데 있어 결정적인 국면을 열어놓는 초석이 될 것이다. 남과 북이 평화와 통일의 길로 나아가기 위해서는 상대방의 체제를 인정하고 존중하는 토대 위에서 상호교류와 협력을 통해 공존공영관계를 도모하면서 민족공동체를 회복·발전시켜 나가야 하며, 그러기 위해서는 무엇보다도 책임 있는 당국간의 대화와 협상에 의해 이를 위한 조치들을 과감히 실천해 나가야만 한다."고 강조하였다. 북측의 백남준 단장은 예비회담의 폐막 발언을 하였다. 그의 발언을 살펴보면 북한이 회담에 임하는 자세를 알 수 있다. "대화의 전제조건인 '콘크리트장벽' 철거[29], 국가보안법이 폐지되어야 하며, '범민족대회'[30]의 개최가 보장되지 않으면 남북고위급회담의 개최에 좋지 못한 영향을 준다."고 발언하였다. 또한 북방정책을 언급하면서 "나라의 분열을 합법화하기 위한 활동을 계속한다면 남북고위급회담 개최에 찬물을 끼얹는 것으로 된다."고 하였다. 이는 예비회담에서 어렵게 타결된 고위급회담의 성공을 기원하는 일반적인 정서와는 맞지 않는 연설이었다.

당시의 노태우 정부는 북방정책을 추진하면서 소련과 중국과의 관계정립을 새로이 하고 있었다. 이러한 측면에서 볼 때 남북고위급회담을 개최한다는 것은 그동안 야심차게 추진해 온 북방정책과 대북화해정책에 대한 결실이라고 평가할 수 있을 것이다.

29) 북측은 예비회담에서 우리측의 대전차방어용 군사시설물 철거를 주장하였다.

30) 1980년대 말 국제적 긴장완화의 분위기가 전개되면서 국내에서도 정부는 물론이고 시민사회단체 등의 통일운동이 활발하게 이루어지고 있었다. 1988년에 제기되어 1990년 8월 15일에 제1차 범민족대회가 열렸다. 이후 반정부 행사로 규정되어 대회가 순탄하게 진행되지 못하였다.

2. 남북고위급회담 개최

남북고위급회담의 산물인 남북기본합의서는 제5차 남북고위급회담에서 합의를 보았다. 그만큼 서로의 이견을 좁히는 것은 세월의 흐름만큼이나 긴 시간을 필요로 한 것이다.

제1차 남북고위급회담(1990.9.4.~9.7, 서울)은 분단 사상 처음으로 남북의 총리가 만나 남북 간의 제반문제를 포괄적으로 협의하기로 하였다는 보도로 관심이 지대하였다. 따라서 9월 4일 오전 10시 북측 대표단 90명이 판문점을 통과하는 모습은 국내 뿐 아니라 해외의 관심을 집중시키기에도 충분하였다. 판문점에서는 홍성철 통일원장관을 비롯한 우리측 대표 6명이 이들을 맞았다. 수석대표인 강영훈 국무총리는 숙소에서 정무원[31) 연형묵 총리 등 북측 인사를 영접하였다.

고위급회담이 성사된 시기는 분단의 세월이 50여 년을 향하여 가고 있던 시대였다. 따라서 남과 북은 서로가 공감대를 형성할 수 있는 동질적인 부분보다는 이질적인 부분이 증대되고 있었다. 평화와 통일이라는 민족의 숙원을 이루기 위해서는 무엇보다도 이러한

[북한 연형묵 총리, 방명록에 서명] 출처 : 국가기록원

31) 정무원은 1948년 '조선민주주의인민공화국 헌법'에 규정되었던 국가주권의 최고집행기관인 내각이 1972년 '조선민주주의인민공화국 사회주의헌법' 제정 이후 개칭된 것이다. 그러나 그 후 1998년 헌법 개정시 다시 '내각'으로 부활하였다.

현실을 인정하고 서로의 체제를 존중할 때 가능한 것이다. 즉, 쌍방의 책임 있는 정부 당국 간에 상호 인정과 존중을 통하여 모든 문제를 대화로 해결해 나가는 것이 기본이라고 볼 수 있는 것이다. 따라서 우리측은 이 회담에 임하는 중점 목표를 첫째, 남북 당국 간의 대화체제를 정착시키는 계기로 삼는다. 둘째, 남북 간의 다각적인 교류·협력과 정치·군사적 신뢰구축을 통해 남북 간의 공존공영 관계를 도모한다는 것이었다. 이러한 중점 목표에 따라 우리측은 제1차 회담의 제1일차 회담에서 남북관계 개선을 위한 공통의 합의기반이 마련되어야 한다는 점에서 ① 상대방 체제의 인정·존중 ② 상대방에 대한 파괴·전복행위 중지 ③ 대화와 협상을 통한 대립과 분쟁의 평화적 해결 ④ 상호 비방 중지 및 내정 불간섭 ⑤ 자유왕래와 다각적인 교류협력 및 사회개방과 민족적 유대회복 ⑥ 군사적 신뢰구축과 군비 감축 ⑦ 국제무대에서의 협력과 민족이익을 위한 공동노력 ⑧ 정전체제를 평화체제로의 전환 등을 포함한 8개항의 '남북관계 개선을 위한 기본합의서(안)'을 제안하였다. 우리측은 이와 같은 기본합의를 바탕으로 할 때 남북고위급회담의 의제로 합의한 '남북간의 정치·군사적 대결상태 해소와 다각적인 교류·협력 실시문제'가 쉽게 풀려나갈 수 있을 것이라 확신하고 있었다. 또한 그동안의 대결구도를 종식시키는 길은 남북 간의 자유왕래와 사회개방은 물론 다각적인 교류·협력을 실시하는 데 있다고 밝혔다. 이러한 차원에서 10개 항의 '다각적인 교류·협력 실시방안'을 제시하였는데 ① 이산가족의 자유방문과 재결합을 조속히 실현하고 60세 이상 이산가족의 고향방문 즉각 실현 ② 민족명절과 기념일 전후 민족대교류 실현 및 문화행사 교환 개최 ③ 각 분야별 남북동포 간의 교류 협력방안 협의·실현 ④ 교역 문호 개방 및 물자교류 ⑤ 자원 공동개발 및 합작투자, 경제분야에서의 공동 대외진출 및 대외협력사업 추진 ⑥ 관광자원공동개발 및 관광사업 공동추진 ⑦ 남북간 철도·도로 복원 및 해로·공로 개설 ⑧ 우편물 교환 및 전신·전화 개통 ⑨ 통행·통신· 통상에 관한 합의서 채택 ⑩ 부총리급 경제협력 공동기구 설치 등의 내용이었다. 이와 함께 남북간의 대결상태를 해소하기 위해서는 무엇보다도 먼저 신뢰구축을 통해 상호 간에 누적된 불신을 해소하려는 노력부터 착수해야 한다고 강조하고 8개항의 '정치·군사적 신뢰구축 방안'을 제시하였다. 그 주요방안은 정치와 군사분야로 구분하여 제시하였다. 정치적 신뢰구축을 위해서는 ① 상호 체제인정 및 존중의 바탕 위에서 상대방 지명 공격, 비방·중상 등의 중지 ② 신문, 방송 및 출판물 상호 개방 ③ 서울·평양에 상주 연락대표부 설치 등이며, 군사적 신뢰구축을 위해서는 ④ 군 인사 상호 방문 및 교류실시 ⑤ 군사정보 상호 공개 및 교환 ⑥ 군부대 이동 및 기동 훈련의 사전 통보와 상대방 초청 참관 ⑦ 한국의 국방부장관과 북한의 인민무력부장 간 직통전화 설치운영 ⑧ 비무장지대의 비무장화 실현 및 평화적 이용 등이었다. 또한 남북간의 군비감축 추진방향 5개 항을 제시하였다. 그리고 쌍방총리를 수석대표로 하는 현재의 남북고위급회담이 쌍방 최고위당국자가 만나는 남북정상회담으로 발전되어야 한다고 강조하고 북측의 긍정적인 호응을 촉구하였다. 우리측은 제안한 내용에 대하여 북측에서 그 취지와 목적을 충분히 인식하여 공감을 할 것으로 보았다.

그러나 북측은 회담에서 준수해야 할 3개 원칙과 3개 항의 긴급문제라는 것을 제안하였다. 3개 원칙은[32] ① 7·4 남북공동에서 천명된 3대 원칙의 재확인 및 준수 ② 민족공동이익의 우선 ③ 회담분위기를 흐리게 하거나 회담 진전에 저촉되는 일을 하지 않아야 한다는 것 등 이었다. 북측이 주장한 3대 원칙은 아래에 언급하고 있는 3개항 긴급문제를 염두에 두고 있었다. 그들은 이를 우선적으로 해결해야 할 선결과제라고 주장하면서 정치·군사적으로 대결하는 상황에서 대화와 교류를 하는 것은 불신만 깊게 하고 또 하나의 대결로 될 수밖에 없다고 강변하였다. 그리고 정치·군사적 대결상태를 해소하기 위한 15개 항의 정치·군사적 대결상태 해소방안을 제시하였다.

북측은 군사적 대결상태 해소방안과 함께 남북 사이에 불가침선언을 채택하고 대미 평화협정을 체결해야만 대결관계와 정전상태를 종식시킬 수 있다고 밝히고, 이상과 같은 정치·군사적 대결상태가 해소되어야 상호 신뢰의 바탕 위에서 각 분야별 협력과 교류를 실현할 수 있게 될 것이라고 주장했다. 북측은 3대 원칙과 함께 시급히 해결해야 할 3개 항 긴급문제는 ① 유엔가입 문제 ② 팀스피리트[33] 문제 ③ 밀입북자 구속에 대한 석방문제[34] 등이라고 하였다. 이 중에서 정치적으로 긴급히 해결할 문제가 '유엔가입문제와 구속자 석방문제'이며, 군사적 대결상태를 해소하기 위해 가장 긴급한 문제는 '팀스피리트 합동군사연습 문제'라면서 이 세 가지를 긴급과제로 제시하면서, 이를 제1차 회담에서 우선적으로 협의·해결하자고 주장했다. 이와 같이 북측이 회담 시작부터 3개 원칙과 3개 항의 긴급문제 선결을 내건 것은 사실상 남북관계 개선 차원보다는 통일전선식 대화에 주력하려는 의도를 나타낸 것으로 평가된다. 다시 말해 북측은 '하나의 조선' 정책을 내

32) '민족공동의 이익 우선'은 우리의 유엔가입 저지, '회담분위기 조성'은 팀스피리트 훈련중지, 미군철수, 구속자 석방, 국가보안법 철폐의 명분 축적을 목적으로 한 것으로 볼 수 있다. 이것은 그들의 '고려연방제 통일방안'의 전제조건과 성격이 같다고 볼 수 있다

33) 1976년부터 1993년까지 연례적으로 실시되었던 한미 양국군의 연합군사훈련을 말한다. 팀스피리트 훈련과 관련해 북한은 북침을 위한 공격훈련이라고 비난하면서 훈련 중지를 고집해 왔다. 북한은 이 훈련을 각종 남북회담과 연계시켜 남북대화 중단과 한반도 긴장상태에 대한 책임을 한국측에 전가시키기도 했다. 1994년 3월 3일 국방부는 북핵문제의 성공적인 해결과 남북관계의 개선을 위해 팀스피리트 훈련의 조건부 중단을 공표하였는데, 이것은 팀스피리트로 명명된 한미간 연합훈련의 종결을 의미하였다. 출처 : 다음 한국민족문화대백과사전

34) 1989년 3월 25일 전국민족민주운동연합 상임고문 문익환 목사가 북한의 조국평화통일위원회의 초청으로 평양을 방문한 사건이 있었다. 이외에도 북한은 1989년 7월 1일 평양세계청년학생축전의 초청장을 우리나라의 전국대학생대표자협의회(전대협)에 보냈다. 이를 받은 전대협에서는 임수경(당시 한국외대생)을 전대협 대표자격으로 방북하게 하였다. 그 후 이들은 국가보안법 위반으로 구속되어 수사를 받고 실형을 선고받았다.

세워 상호체제의 인정·존중을 거부하였으며 정치·군사 문제의 우선 해결 입장을 고수함으로써 회담의 실질적 성과 도출에 대해서는 생각하지 않고 있었던 것으로 보여진다. 이러한 행태는 그들이 회담에 응한 이유를 분석해 볼 수 있는 대목이다. 그들은 회담의 목적보다는 회담을 수단으로 삼기 위해 회담에 응했다고 볼 수 있다. 당시의 세계적 정세는 급격하게 화해의 시대로 접어들고 있었다. 북한은 세계적인 흐름인 개혁과 개방이라는 대외적 압력을 피하기 어려웠을 것이다. 따라서 대화에 응하지 않고는 이러한 세계사적인 흐름에 역행하여 고립을 자초할 수밖에 없는 상황이었다. 피할 수 없는 상황에서 대화에 응할 수밖에 없다면 이러한 기회를 이용하여 우리 내부에 통일전선을 형성하고자 하는 전략적인 판단을 했으리라 짐작된다. 즉, 대화에 응함으로써 세계적인 추세와 함께 하는 개혁과 개방성을 보일 수 있으리라 여겼을 것이다. 또한 이를 계기로 대서방 접근을 도모하면서 남측에는 통일전선을 형성하고자 한 것으로 보여진다. 북측은 3개 원칙과 3개 항 긴급문제와 함께 '정치적 대결 상태 해소방안' 6개 항, '군사적 대결상태 해소방안' 9개 항을 제시하며 이에 합의할 것을 제안하였다. 특히 북측에서는 다음과 같은 요지의 '불가침선언' 채택을 주장하였다. "북과 남 사이에 서로 상대방을 침략하지 않을 데 대한 불가침선언을 채택하고 조미사이에 평화협정을 체결함으로써 지금까지 유지되어온 대결관계와 정전상태를 끝장내고 북남, 조미 관계를 새로운 기초 위에서 발전시켜 나가야 할 것입니다. 북과 남이 채택할 불가침선언에서는 서로 상대방을 무력으로 침공하지 않을 데 대하여 확약하는 동시에 그를 위한 실질적인 담보를 예견하여야 할 것입니다. 우리는 그러한 불가침선언의 구성요소로서 최소한 다음과 같은 문제들이 포함되어야 한다고 인정합니다. 그것은 첫째, 상대방을 반대하여 호상 무력을 사용하지 않을 데 대한 문제. 둘째, 의견 상이와 분쟁문제들을 대화와 협상을 통하여 평화적으로 해결할 데 대한 문제. 셋째, 불가침의 경계선을 확인하는 문제. 넷째, 상대방에 대한 외국의 침략과 무력간섭에 가담하지 않을 데 대한 문제. 다섯째, 불가침을 확고히 담보하기 위한 조치로서 북과 남의 무력감축과 미군철수를 비롯한 기본적인 군사적 대책을 확인하는 문제입니다. 이와 같은 불가침선언이 채택되면 서로의 안전은 믿음직하게 담보될 것이며 북과 남 사이의 평화는 더 확고하게 보장될 것입니다. 우리는 이것이 조미 사이의 평화협정을 체결하고 조국의 자주적 평화통일을 앞당기는 새로운 계기점으로 되리라고 확신하고 있습니다."

북측은 이러한 주장과 함께 유엔에 하나의 의석으로 가입하는 문제, 팀스피리트 합동군사연습 중지 문제, 문익환 목사와 임수경 학생, 문규현 신부 등 방북인사들을 석방하는 문제가 해결되어야 정치·군사적 대결상태를 해소할 수 있다고 종래의 주장을 되풀이 하였다.

양측에서 제안한 통일방안에 대한 내용에 대해서는 다음과 같이 분석해 볼 수 있다.

우리측의 입장은 '상호 체제를 인정하고 평화를 추구한다.'는 것이다. 즉, 평화공존과 협력을 이룩하여 통일을 달성한다는 것이다. 반면 북측은 '하나의 조선'을 앞세우고 있었다. 즉, 통일에 방해가 되는 요소를 제거하고 '하나의 조선'을 지향하자는 것이다. 일면 북한의 주장이 보다 통일지향적인 것으로 보일 수 있다. 그러나 45년이라는 분단의 기간을 고려해 보면 당시의 남북한은 동질적인 부분보다는 이질적인 부분이 점대 증대되고 있었다. 이러한 현실에서는 쉬운 내용부터 해결하는 것이 합리적인 방안으로 볼 수 있다.

제1차 고위급회담에서 의견의 일치를 본 것은 유엔가입 문제와 적십자회담 재개였다. 유엔가입 문제는 쌍방의 대표들이 별도로 접촉을 갖기로 하였다. 분단 45년 만에 남북의 고위급인 총리가 처음 만났다는 사실과 서로의 입장을 보다 잘 알 수 있었다는 점에서 제1차 회담의 의미를 찾을 수 있다. 또한 예비회담 등을 거치면서 회담의제 선택을 위해 서로의 입장을 조율하려는 노력은 나름의 큰 의의가 있었다고 할 수 있다. 제1차 고위급회담에서는 뚜렷한 성과를 도출할 수는 없었으나 각자의 입장에 대해서는 충분히 인식할 수 있는 자리였으며 통일의 길은 쉽지 않음을 절감한 자리였던 것이다.

제2차 남북고위급회담(1990.10.16.~10.19, 평양)은 대동강 상류에 위치한 백화원에서 열렸다. 제1차 남북고위급회담 이후 2차 회담이 열리기까지 1개월여 동안에는 국내외적으로 큰 변화가 있었다. 한·소 수교, 북한의 대일수교 추진, 독일의 통일 등은 엄청난 화해의 조짐을 알리는 사건들이 발생하였다. 제1차 회담에서와는 달리 우리측이 주장하였던 '상호 실체존중'의 주장에 대해 "남과 북의 다른 권력의 실체나 체제의 존재를 부인하지 않는다.", "상대방의 사상과 제도를 인정하고 존중해야 한다."라고 언급하기도 하였다. 이러한 점은 제1차 회담시와 비교해 보면 서로의 입장차를 좁힌 결과로 볼 수 있다. 정치·군사적 대결상태해소와 교류·협력 실현문제에 대해서는 이를 추진하기 위한 실천방법에서 이견을 보였다. 이 사항은 성질상 차이가 분명하였다. 그러나 북측은 이를 각각 분리하지 않고 '일괄합의'와 '동시집행'이라는 원칙을 내세웠으며 불가침선언의 명칭 합의에만 관심을 보였다. 이러한 북한의 태도는 남북고위급회담을 인도적 분야와 경제협력 등은 배제하고 군사회담화하고자 한 것으로 풀이된다. 양측의 이러한 차이는 본질적인 시각차이가 여전히 남아 있음을 의미하고 있었다. 그러나 제2차 회담은 서로의 입장을 더욱 강조하기도 하면서도 여러 부문에서 의견이 동일함을 알 수 있는 회담이었다. 우리측은 '남북기본합의서'를 북측은 '상호불가침선언'을 주요 관심사로 갖고 있다는 것을 확인한 회담이었다. 그렇다면 북측이 '상호불가침선언'을 그토록 강조한 이유는 무엇일까?

북측은 그 이후에도 남북관계에 있어서 '주한미군철수'를 줄곧 강조하였다. 이러한 점을 고려해 본다면, 북측은 상호불가침선언을 통하여 이를 미국과의 평화협정체결과 주한 미군철수로 연결하고자 했던 것으로 풀이할 수 있을 것이다.

제3차 남북고위급회담(1990.12.11.~12.14, 서울)에서 그들이 왜 불가침선언에 집착하는지를 대화에서 찾아볼 수 있다. "평화를 보장하기 위하여 남과 북 사이에 불가침선언을 채택하고 미국과 북한 사이에 평화협정을 체결하며, 남과 북의 무력을 대폭 줄이고 남조선에서 핵무기와 미군을 철수해야 한다."고 말함으로써 저의를 나타내기도 하였다.

제3차 회담에서도 의견 접근은 쉽지 않았다. 따라서 우리측은 1, 2차 회담에서 쌍방이 제안한 내용 중에서 의견이 접근된 실현 가능한 문제부터 합의하여 실천하자고 하였다.

이를 위한 구체적 내용으로 '남북간 상호 비방과 중상중지, 1991년 음력 설날을 전후한 제2차 남북이산가족 고향방문단 교환' 등의 5개 분야에 걸친 실천방안들을 제시하였다.

그러나 북측은 이를 거부하면서 또 다시 성과 없는 회담이 되고 말았다. 제3차 회담의 의미는 양측의 견해 차이를 좁히기 위해 본격적인 절충과 타협을 도모했다고 할 수 있다.

제3차 회담에서는 양측이 기본적인 문건 채택의 필요성에 대해서는 인정하였으며 합의문을 채택해야 한다는 점에는 의견의 일치를 보았던 것이다.

양측은 제4차 회담을 1991년 2월 25일부터 28일까지 평양에서 열기로 합의하고 폐회하였다. 이와 같이 제3차 회담도 양측의 기본입장 차이로 인해 공동의 합의문 채택이 필요하다는 점은 인정하였으나 제4차 회담의 개최일자에 합의한 것 이외에는 아무런 가시적 성과를 거두지 못한 채 끝나고 말았다. 회담기간 중에 북측은 지켜야 할 쌍방합의[35]를 무시하고 한국외국어대학교 학생회와 임수경 양 집 등을 임의로 방문해 우리 국민들을 경악케 하였다. 이것은 단순한 해프닝이 아니라 스스로 회담에 임하는 그들의 저의가 정치적인 목적을 갖고 있었음을 드러내기도 한 것이다.

12월 12일 제1일 회의가 진행되는 동안 북한기자들이 우리측과 아무런 사전협의 없이 몰래 숙소를 빠져나갔다. 취재라는 미명하에 대학생들과 임수경 양 가족들을 만나 그들의 통일노선에 대한 정치선전활동을 벌이는 무례하며 합의서에 명시한 기본적인 준수사항을 무시한 행동이었다. 우리측은 이와 관련하여 책임연락관을 통해 공식 항의하는 한편, 회담의 분위기를 저해하는 그와 같은 행위에 대해 일체의 안전보장을 할 수 없음을 통보하고 앞으로의 재발방지를 강력히 요구하였다.

35) 고위급회담을 위한 합의서 17항에서 "쌍방은 상대측 지역에 체류하는 동안 초청측의 안내와 질서에 따른다."고 명시하고 있다.

北韓기자 「기습 취재활동」

北측에 엄중항의

合意사항 위배

北韓기자 「大學취재」

林양에 깊은 관심 "위대한 수령…"선전도

[북기자 기습취재, 북측에 엄중 항의] 출처 : 동아일보(1990.12.13.)

12월 13일 북한의 기자가 합의서를 무시하고 한국외국어대학과 임수경 양 자택을 임의로 방문하여 취재활동을 하였다. 대학에서는 학생회를 방문하여 "학생회 여러분이 임양의 석방과 조국통일을 위해 장한 일을 하고 있어 인사를 하러 왔습니다." 등의 말을 하였다는 내용과 우리측이 북측에 엄중항의를 하였다는 내용을 신문기사는 전하고 있다.

제4차 남북고위급회담(1991.10.22.~10.25, 평양)

제3차 남북고위급회담에서 1991년 2월에 제4차 고위급회담을 개최하기로 합의하였다. 그러나 북한은 2월 18일 평양방송을 통해 남측에서 보여주는 정세로 인하여 남북고위급회담을 개최할 수 없다는 일방적인 통보를 하였다. 그 이유로는 우리측의 걸프전쟁과 관련한 경계태세와 팀스피리트 한미연합군사연습을 들었다. 이에 따라 25일 평양에서 개최될 예정인 제4차 남북고위급회담이 예정대로 열릴 수 없게 되었다고 일방적으로 선언한 것이다. 북측은 이날의 방송에서 우리측이 남조선 전역에 비상전시체제를 선포하고 사상 유례없는 공포분위기를 조성하고 있다고 하면서 팀스피리트 한미연합군사연습에 대해서도 위험한 전쟁으로 분위기를 끌어가고 있다고 비난했다. 이러한 남측의 행동으로 제4차 남북고위급회담을 예정대로 할 수 없게 되었으므로 모든 책임은 전적으로 우리측에 있다고 하였다. 그러나 사실관계를 파악해 보면 북측이 회담을 결렬시키기 위해서 억지로 만든 논리에 불과하였다. 걸프전쟁으로 인해 우리측은 유엔안전보장이사회의 결의에 따라 의료지원과 수송단 파견 등 국제사회의 수익자로서 당연한 의무이행을 했을 뿐이었다. 북측이 말하듯 '비상전시체제'를 선포한 적이 없었다. 그러한 비상에 준하는 행동은 북측에서 전개되고 있었다. 걸프전쟁 후 북한 전역에 대규모 방공소개 훈련을 실시하는 등 긴장상태를 조성하고 있었던 것이다. 또한 팀스피리트 훈련은 공개적이고 방어적 훈련이었으며 중립국감독위원회 성원국들도 참관 확인한 바 있었다. 이해하기 힘든 부분은 이뿐만이 아니었다. 북한은 팀스피리트 훈련으로 인해 고위급회담은 거부한다고 하면서도 이 기간 중에 체육회담은 진행시키고 있었다. 북측이 주장하는 이러한 이유들은 회담을 중단하기에는 명분이 약한 것이었다. 오히려 다시 한번 그들의 정치적 술수를 의심하게 하는 대목이었다. 북측의 이러한 태도에 대하여 소련의 모스크바 방송조차도 부정적인 시각이었다. 그들은 "북측의 회담중단 선언은 대결해소와 냉전종식에 도움이 되지 않는다."고 논평하는 등 내외의 여론들도 세계적 추세를 무시하는 구시대적 행태라고 비판하였다. 우리측에서도 하루 속히 대화의 마당으로 돌아올 것을 강력히 촉구하였다.

계속되는 재촉과정에서 그들은 다시 한번 회담재개 불가의 이유를 들고 나왔다. 6월 16일 노태우 대통령이 통일관계장관회의에서 독일 통일과정을 연구하여 통일을 위한 실질적 준비작업에 만전을 기할 것을 지시하였다는 보도가 있었다. 그러나 분명한 것은 독일과 같은 흡수통일방식은 한반도에 적용하기는 어렵다고 판단하였으며 '남북연합'을 거쳐 통일에 접근하는 기존의 통일정책을 계속 추진한다는 것이었다. 이와 관련하여 북측

「南北연합」 거쳐 統一로

獨逸방식은 무리 판단

기존정책 고수 南北교류 절차 간소화

崔통일원, 盧대통령에 보고

"쌀시장開放 반대"

정부는 독일과 같은 흡수통합방식을 한반도에 적용하는 것은 현실적으로 어렵다는 판단에 따라 기존의 '남북연합'을 거쳐 통일에 접근하는 정책을 계속 추진할 방침이다. 대통령은 통일 독일을 철저히 연구하여 성공적인 조치와 정책을 우리나라 실정에 맞게 발전시키라고 지시했다는 기사 내용이다. 북한은 이를 흡수통일을 기도하는 것이라고 비난한 것이다.

[남북연합 거쳐 통일로] 출처 : 경향신문(1991.6.18.)

은 6월 26일 남북고위급회담 북측대표단 대변인 담화를 발표하였다. 그 내용은 대통령의 발언은 '흡수통일'을 염두에 두고 있다는 것이었다. 북측은 이를 비난하면서 남북고위급회담의 재개에 부정적인 입장을 계속 보였던 것이다. 북측은 담화를 통하여 다시 한번 남북고위급회담 재개의 전제조건으로 '반공국시와 국가보안법 철폐, 불법방북자 석방, 팀스피리트 훈련 중지' 등을 주장하였다. 이러한 북측의 담화에 대하여 우리측은 6월 27일 통일원 대변인 논평을 보냈다. 여기에서 북측이 제시한 회담재개 조건의 부당성을 지적하고 조건 없이 조속히 회담재개에 응해 나올 것을 촉구하였다.

1991년 들어 북한의 동향을 살펴 보면 그들의 회담연기 배경을 이해할 수 있는 대목이 나온다. 북한은 김일성 신년사를 통하여 "조국통일 방도에 대한 전민족적 합의를 이룩하기 위하여 빠른 시일 안으로 북과 남의 당국과 정당·단체대표들이 한자리에 모여 조국통일방도를 확정하는 '민족통일정치협상회의'를 소집"하자고 제의했다. 김일성의 이러한 발언은 고위급회담에서는 크게 득이 없다고 판단한 것이라 보여 진다. 이에 따라 북한은 1월 8일 이른바 정부·정당·단체 대표들의 '연합회의'라는 것을 열어 우리 당국과 정당수뇌및 단체대표들에게 보내는 편지를 채택하였다. 뒤이어 정무원 총리 연형묵은 이 편지를 1월 9일 우리측에 전달하겠다고 우리측 노재봉 국무총리에게 전화통지문을 보내왔다. 이에 대해 우리측은 1월 9일 노재봉 국무총리 명의의 대북회신을 통해 '민족통일정치협상회의'는 우리측에 대한 적대적 혁명책략에서 나온 발상이라는 점을 지적하면서, 남북간의 대화와 교류의 분위기를 깨뜨리고 긴장을 조성하는 행동을 되풀이하지 말 것을 촉구한다는 회신문을 전달하였다. 그러나 북측은 이에 응하지 않았다. 이러한 모습은 시간이 흐를수록 인도적이고 도덕적이지 못하다는 비판에 직면하고 있었다. 회담에 응하지 않은 것을 분석해 보면, 내부단속이 필요했을 것으로 판단된다. 대규모의 대표단과 기자단의 상호교류는 자유로운 남한의 풍경에 대한 동경의 분위기가 확산되는 계기가 될 수도 있었다. 북측은 이러한 불리점을 타개하고 내부단속의 여유를 확보하고자 고의로 이를 지연시킨 것으로 볼 수 있다. 이처럼 계속되던 회담의 연기는 북측이 7월 11일에 오는 8월 27일부터 평양에서 개최할 것을 제의하면서 다시 활기를 찾게 되었다. 제4차 회담의 성과는 고위급회담에서 채택할 합의서의 기본사항에 의견을 일치시켰다는 것이며, 그 내용은 다음과 같다.

공동발표문(전문)

남과 북은 1991년 10월 23일에서 24일까지 평양에서 개최된 제4차 남북고위급회담에서 남북 간의 정치군사적 대결상태 해소와 교류협력 실시 문제에 대해 협의를 진행하고 다음과 같이 합의하였다.

1. 남과 북은 남북 간의 정치군사적 대결상태 해소와 교류협력 실현을 위해 단일문건으로 된 합의서를 채택하기로 하였다.
2. 남과 북은 합의서의 명칭을 '남북 사이의 화해와 불가침 및 교류협력에 관한 합의서'로 하기로 하였다.
3. 남과 북은 합의서의 내용구성을 서문, 남북 화해, 남북 불가침, 남북 교류협력, 수정 및 발효조항 순으로 중간 제목을 설정하여 해당 내용을 정리 구성하기로 하였다.
4. 남과 북은 합의서의 내용 조정과 문안 정리를 위한 대표접촉을 빠른 시일 안에 판문점 '평화의 집'과 '통일각'에서 번갈아 개최하기로 하였다.
5. 남과 북은 제5차 남북고위급회담을 오는 12월 10일부터 13일까지 서울에서 개최하기로 하였다.

1991년 10월 24일
평양

제4차 고위급회담에서의 성과는 1년간 끌어온 회담의 교착상태를 타개한 것과 '화해와 불가침 및 교류·협력'을 명기한 단일합의서를 채택키로 한 것을 들 수 있다. 비록 합의서의 구체적인 문안내용에까지 완전한 합의는 하지 못했으나 합의서의 명칭과 내용구성 체계에 합의하고 양측의 대표접촉을 통하여 의견조율을 계속하기로 한 것은 회담의 결실로 평가할 수 있다.

제5차 남북고위급회담(1991.12.10.~12.13, 서울)은 그동안의 이견에 대하여 좀 더 진전된 합의를 이끌어 낸 결과 공동발표문을 내게 되었다.

공동발표문

1. 남과 북은 1991년 12월 13일 '남북 사이의 화해와 불가침 및 교류·협력에 관한 합의서'에 서명하였으며 빠른 시일 안에 각기 발효에 필요한 절차를 거치기로 하였다.
2. 남과 북은 한반도에 핵무기가 없어야 한다는 데 인식을 같이 하면서 핵문제를 협의하기 위하여 12월 안에 판문점에서 대표접촉을 갖기로 하였다.
3. 남과 북은 제6차 남북고위급회담을 1992년 2월 18일부터 21일까지 사이에 평양에서 개최하기로 합의하였다.

1991년 12월 13일
서울

제5차 남북고위급회담의 성과는 남북의 대표들이 이견을 좁히기 위해 노력한 결과 공동의 발표문과 '남북기본합의서'로 부르는 '남북 사이의 화해와 불가침 및 교류·협력에 관한 합의서'에 양측의 대표가 서명하게 되었다는 것이다. 그리고 문건에서도 밝히고 있듯이 남과 북의 관계는 국제관계가 아니라 통일을 지향하는 과정에서 잠정적으로 형성되는 특수관계라는 관계설정을 들 수 있다. 그리고 무엇보다도 외세의 간섭 없이 남북의 고위급 대표가 만나서 오랜 시간을 거쳐 합의한 문건이라는 것이다. 또한 '핵 없는 한반도'에 공동인식을 하면서 이를 협의하기 위한 대표접촉까지도 이끌어 냈다는 점을 들 수 있다.

대표접촉을 세 차례 한 끝에 '한반도 비핵화에 관한 공동선언'을 1992년 1월 20일에 다음과 같이 하게 되었다.

한반도의 비핵화에 관한 공동선언

남과 북은 한반도를 비핵화함으로써 핵전쟁위험을 제거하고 우리나라의 평화와 평화통일에 유리한 조건과 환경을 조성하며 아시아와 세계의 평화와 안전에 이바지하기 위하여 다음과 같이 선언한다.

1. 남과 북은 핵무기의 시험, 제조, 생산, 접수, 보유, 저장, 배비, 사용을 하지 아니한다.
2. 남과 북은 핵에너지를 오직 평화적 목적에만 이용한다.
3. 남과 북은 핵재처리시설과 우라늄 농축시설을 보유하지 아니한다.
4. 남과 북은 한반도의 비핵화를 검증하기 위하여 상대측이 선정하고 쌍방이 합의하는 대상들에 대하여 남북핵통제공동위원회가 규정하는 절차와 방법으로 사찰을 실시한다.
5. 남과 북은 이 공동선언의 이행을 위하여 공동선언이 발효된 후 1개월 안에 남북 핵통제공동위원회를 구성·운영한다.
6. 이 공동선언은 남과 북이 각기 발효에 필요한 절차를 거쳐 그 문본을 교환한 날부터 효력을 발생한다.

1992년 1월 20일

남 북 고 위 급 회 담	북 남 고 위 급 회 담
남측대표단 수석대표	북측대표단 단 장
대 한 민 국	조선민주주의인민공화국
국무총리 정 원 식	정무원총리 연 형 묵

제6차 남북고위급회담은 1992년 2월 18일부터 21일까지 3박4일간 평양에서 개최되었다. 회담의 의의는 남북 간의 역사적 기본 합의문건인 '남북 사이의 화해와 불가침 및 교류·협력에 관한 합의서'와 '한반도의 비핵화에 관한 공동선언'을 발효시키는 절차를 갖는 회담이었다. 이 회담에서 양측의 대표는 공동발표문을 통하여 '남북사이의 화해와 불

가침 및 교류·협력에 관한 합의서'와 '한반도의 비핵화에 관한 공동선언'을 발효시키고, '남북고위급회담 분과위원회 구성·운영에 관한 합의서'를 서명·발효시켰다고 발표하였다. 한반도에 평화의 꽃봉우리가 맺히는 성과였다. 우리나라에서는 제6차 남북고위급회담이 열리고 있는 1992년 2월 19일에 노태우 대통령의 '남북기본합의서 발표에 즈음한 특별담화문'이 발표되었다. 그 내용은 "성실하게 실천에 옮겨야 하며, 북한은 핵무기 개발에 대한 의혹을 완전히 불식시키기 위하여 국제사회에서 제시한 모든 의무를 촉구한다."는 것이었다. 북한에서도 김일성 주석에 의한 담화문이 발표되었다. 그는 "북남 사이의 화해와 불가침 및 협력, 교류에 관한 합의서와 조선반도의 비핵화에 관한 공동선언이 발효를 보게 된 것은 나라의 평화와 통일을 지향해나가는 데서 하나의 리정표로 되는 획기적인 사변입니다. 북남합의서와 공동선언이 발효됨으로써 북과 남은 불신과 대결로 이어진 과거와 결별하고 화해의 새 전기를 마련하게 되였으며, 전쟁의 위험을 가시고 나라의 평화와 평화통일의 밝은 전망을 내다볼 수 있게 되었습니다."라는 내용을 담고 있었다. 또한 "남북이 화해를 약속한 이상 대결관념을 버리고 외세에 외존 할 것이 아니라 동족을 신뢰하고 민족자주역량에 의거해야 하며, 북과 남은 불가침에 합의한 조건에서 군비경쟁을 중지하고 군축을 실현하여야 하며, 외국군대도 있을 필요가 없으며 외국의 군사기지도 있을 조건이 없다."고 하였다. 긴 여정을 거치며 최초의 남북기본합의서는 결실을 보았다. 이처럼 남북의 분단은 그 세월이 길어지면서 이견도 많이 발생하였다. 그러나 우리민족 특유의 끈질긴 인내심으로 성과를 도출하였다. 특히 한반도 비핵화선언은 핵문제 해결의 출발점이 되었다. 그러나 1993년 3월 1차 북핵 위기로 공동선언이 무효화되는 결과를 맞기도 하였다.

평화공존의 토대가 되는 남북 기본합의서에 서명함으로써 남북관계는 새로운 전기를 맞게 되었다. 이는 최초의 남북총리 회담이 이루어낸 성과였다.

[서명 후 남북 총리 모습] 출처 : 매일경제신문(1991.12.13.)

3. 남북기본합의서 주요내용 및 의의

가. 주요내용

남북기본합의서는 4개의 장과 25개의 조항으로 구성되어 있다. 각 장은 ① 남북화해 ② 남북불가침 ③ 남북교류·협력 ④ 수정 및 발효이다. 또한 이를 이행하기 위한 구체적인 내용을 담은 분야별 '부속합의서'도 3건이 채택되었다.

구 분	주 요 내 용
제1장 남북화해	체제 인정, 상호 내정 불간섭, 쌍방에 대한 비방과 중상의 중지, 상대방 파괴전복 행위의 금지, 평화상태가 이룩될 때까지 현 군사정전협정 체제의 준수 등
제2장 남북불가침	무력 침략의 금지, 남과 북의 경계선 및 구역에(군사정전협정이 규정한 군사분계선과 지금까지 쌍방이 관할하여온 구역) 대한 합의, 비무장지대의 평화적 이용, 단계적 군축 실현 및 검증 문제 등 군사적 신뢰 조성과 군축의 협의·추진 '우발적 무력충돌과 그 확대를 방지하기 위하여 쌍방 군사 당국자 사이에 직통전화를 설치·운영한다.'는 조항 등
제3장 남북교류협력	민족내부 교류로서 자원공동 개발·물자교류·투자 등 경제교류와 협력 추진, 과학·기술·문화 등 제반 분야에서의 교류협력 추진, 이산가족의 상봉 및 방문, 철도·도로 연결, 해로·항로의 개설, 우편·전기통신 및 교류의 비밀 보장 등. 제반 분야의 교류협력 대상에는 환경을 비롯하여 신문·라디오·텔레비전 등의 언론 등도 포함
부속합의서36)	① 남북화해의 이행과 준수를 위한 부속합의서 - 제5장 '정전 상태를 평화 상태에로의 전환'을 이루기 위한 방도로서 '한반도 비핵화 공동선언의 성실 이행 및 준수' - 비방행위 중지 항목에는 언론, 삐라 및 그 밖의 수단과 방법을 통한 비방 금지(특정인에 대한 비방금지도 포함) ② 남북불가침 관련 부속합의서 - 남북불가침 선언의 이행과 준수 및 군사적 대결상태 해소 등 - 군사직통전화 설치 운영 - 협의기구로 남북군사공동위원회 구성 및 운영 등 ③ 남북교류협력 관련 부속합의서 - 경제교류협력과 사회문화교류협력, 인도적문제 해결로 구분 - 경제교류에서는 '남북 철도 연결 및 해로 항로 개설' 등 - 사회문화교류에서는 '국토종단행진, 자유로운 왕래' 등 - 인도적문제에서는 '이산가족의 자유로운 서신·왕래·상봉 및 방문의 실현 위한 대책' 등

36) 남북기본합의서는 1992년 2월 19일에 양측의 최고지도자가 인준한 문본을 교환함으로써 발효되었으며 부속합의서들은 이후 분과위원회에서 추가적인 논의를 통해 1992년 9월 17일 채택되었다.

나. 의의

남북기본합의서는 남북고위급회담이 시작된 지 1년 3개월 만에 구체적인 성과물로 나왔으며 역사성, 남북의 관계정립, 상징성, 미래지향성을 갖고 있다. 남북기본합의서의 역사성은 역대정부와 통일정책의 맥을 잇고 있다는 것이다. 남북기본합의서 전문에서 밝혔듯이 "분단된 조국의 평화적 통일을 염원하는 온 겨레의 뜻에 따라 7·4 남북공동성명에서 천명된 조국통일 3대 원칙(자주, 평화, 민족대단결)을 재확인하고, 정치·대결상태를 해소하여 민족적 화해를 이룩하며, 무력에 의한 침략과 충돌을 막고 긴장완화와 평화를 보장하며, 다각적인 교류·협력을 실현하여 민족공동의 이익과 번영을 도모한다."고 명시하였다. 여기에서 7·4 남북공동성명의 정신을 계승하고 있음을 명확히 한 것이다. 북한의 연형묵 총리는 제5차 회담의 폐회발언에서 이점에 대하여 "1972년 7·4 남북공동성명이 발표된 이후 북남 당국자 사이에 처음으로 이룩된 가장 귀중한 성과"로 평가한다고 언급하기도 하였다. 남북의 관계정립으로는 "남북은 나라와 나라 사이의 관계가 아닌 통일을 지향하는 과정에서 잠정적으로 형성되는 특수관계"라는 것을 언명하였다. 상징성으로는 형식면에서 쌍방의 고위책임자가 최초로 비준한 합의문서라는 점이다. 또한 대립과 반목이라는 구태에서 탈피하여 화해와 협력이라는 남북관계를 지향하기 위한 합의문이었다. 미래지향성으로는, 그동안 남북한은 서로의 체제를 인정하지 않고 상대를 파괴와 전복 심지어는 섬멸시킬 대상으로 취급하였다. 그러한 관계로 한반도에는 항상 무력침략의 위협이 상존했으며 이로 인해 남북의 국력은 소모적이었다. 그러나 남북기본합의서를 통해 쌍방이 평화공존을 약속함으로써 미래지향적인 관계로 향하게 되었다는 점이다. 또 다른 의의는 이를 근거로 유엔 등에서 대북제재 결의를 위한 중요한 근거자료로 역할을 한다는 것이다.

그러나 7·4 남북공동성명은 남북관계의 악화 등을 거치면서 지켜지지 않았다는 교훈을 갖고 있다. 남북이 발표한 7·4 남북공동성명과 남북기본합의서는 모두 법적인 구속력을 갖고 있지는 않다. 그렇다고 국가간의 조약도 아니다. 국제관계에서 흔히 볼 수 있는 공동성명인 것이다. 이에 대하여 1992년 4월 9일에 법무부에서는 '남북합의서는 조약이 아니라 남북 사이에 성의 있는 이행을 약속하는 공동성명 또는 신사협정에 준한다.'는 유권해석을 내린 바 있었다.[37] 그러나 이러한 성명이나 협정은 한 순간에 의미 없는 종이조각으로 변할 수도 있다는 것을 역사는 말하고 있다. 대표적인 예로 1973년 1월 27일 프랑스 파리에서 미국과 월맹이 체결하였던 '파리평화협정'이다. 그 서문에는 '전쟁을 종식시키고 평화를 회복하기 위해'라는 문구를 적어서 협정을 맺었지만 지켜지지 않았다. 이러한 점은 하나의 교훈으로 간직해야 할 부분이다.

---

37) 한국자유총연맹, 『남북합의서와 평화통일』, p.92.

노태우 대통령은 이전의 일명 '체육관 선거'로 당선된 대통령이 아닌, 국민이 직접 선출하여 출범한 정부였다. 비록 5공 정권의 연장선에 있었지만 정통성 면에서는 보다 자유로운 측면이 있었다. 따라서 통일정책에 있어서도 보다 적극적인 노력을 전개하였다. 특히 헌법에 대통령의 평화적 통일에 대한 의무와 평화통일 원칙이 명문화되기도 하였다. 국제정세도 냉전체제가 해체되는 상황이었으므로 과감한 북방정책의 추진도 보다 수월한 여건을 갖고 있었다. 북방정책은 대북관계에 있어서 북한을 간접적으로 압박하는 효과가 있었다. 공산권 국가와의 교류를 활성화한 것은 남북관계에 있어서 북한의 태도를 변화시키는 성과로 나타나기도 하였다. 고위급회담에서 합의문을 이끌어 낸 것은 이러한 결과와 무관하지 않다. 또한 북한을 대결의 상대에서 동반자적 관계로 본 것 등은 북한과의 관계개선에 진정성과 강한 의지를 갖고 있었다는 표현이기도 하였다. 남북연합을 최초로 제안하여 북한이 주장하는 연방제안과의 절충점을 찾고자 하였으며, 국제관계를 통한 통일을 지향했다는 점도 이전의 정부와는 비교되는 부분이다. 다양한 분야에 대한 개방이 이루어졌으며, 이것은 활발한 통일논의로 이어지기도 하였다. 1991년 일본에서 열린 세계탁구선수권 대회에 남북단일팀이 구성된 것은 분단 후 처음의 일이었다. 결론적으로 제6공화국의 통일정책의 특징은 내부의 힘만으로 통일을 지향한 것이 아니라, 국제사회와의 공조로 북한의 변화를 도모하여 스스로 대화의 장으로 나오지 않을 수 없게 했다는 점이다. 이때 나온 비핵화 선언과 남북기본합의서는 이후에도 통일정책의 기본원칙으로 삼고 있다.

탁구단일팀 오늘 日서 감격해후

46년分斷빗장 푼다

교포들 理念초월 공항서

내일부터 보

"성원에 보답" 남북탁구단일팀 남쪽임원·선수들이 25일 일본 전지훈련을 떠나기 앞서 김포공항에서 손을 흔들어 보이고 있다.

1991년 일본 지바에서 열린 세계선수권 대회에서 우리의 단일팀은 최강의 실력을 보유한 중국을 허물고 금메달의 쾌거를 이루었다. 탁구는 '원조 단일팀' 종목이다.

[남북의 빗장 푼 탁구 단일팀] 출처 : 경향신문(1991.3.25.)

남북 사이의 화해와 불가침 및 교류·협력에 관한 합의서

남과 북은 분단된 조국의 평화적 통일을 염원하는 온 겨레의 뜻에 따라 7·4 남북공동성명에서 천명된 조국통일 3대 원칙을 재확인하고 정치 군사적 대결상태를 해소하여 민족적 화해를 이룩하고 무력에 의한 침략과 충돌을 막고 긴장완화와 평화를 보장하며 다각적인 교류·협력을 실현하여 민족공동의 이익과 번영을 도모하며 쌍방 사이의 관계가 나라와 나라 사이의 관계가 아닌 통일을 지향하는 과정에서 잠정적으로 형성되는 특수관계라는 것을 인정하고 평화통일을 성취하기 위한 공동의 노력을 경주할 것을 다짐하면서 다음과 같이 합의하였다.

제1장 남북화해

제1조 남과 북은 서로 상대방의 체제를 인정하고 존중한다.

제2조 남과 북은 상대방의 내부문제에 간섭하지 아니한다.

제3조 남과 북은 상대방에 대한 비방·중상을 하지 아니한다.

제4조 남과 북은 상대방을 파괴·전복하려는 일체 행위를 하지 아니한다.

제5조 남과 북은 현 정전상태를 남북사이의 공고한 평화상태로 전환시키기 위하여 공동으로 노력하며 이러한 평화상태가 이룩될 때까지 현 군사정전협정을 준수한다.

제6조 남과 북은 국제무대에서 대결과 경쟁을 중지하고 서로 협력하며 민족의 존엄과 이익을 위하여 공동으로 노력한다.

제7조 남과 북은 서로의 긴밀한 연락과 협의를 위하여 이 합의서 발효 후 3개월 안에 판문점에 남북연락사무소를 설치·운영한다.

제8조 남과 북은 이 합의서 발효 후 1개월 안에 본 회담 테두리 안에서 남북 정치분과위원회를 구성하여 남북화해에 관한 합의의 이행과 준수를 위한 구체적 대책을 협의한다.

제2장 남북불가침

제9조 남과 북은 상대방에 대하여 무력을 사용하지 않으며 상대방을 무력으로 침략하지 아니한다.

제10조 남과 북은 의견대립과 분쟁문제들을 대화와 협상을 통하여 평화적으로 해결한다.

제11조 남과 북의 불가침 경계선과 구역은 1953년 7월 27일자 군사정전에 관한 협정에 규정된 군사분계선과 지금까지 쌍방이 관할하여 온 구역으로 한다.

제12조 남과 북은 불가침의 이행과 보장을 위하여 이 합의서 발효 후 3개월 안에 남북군사공동위원회를 구성·운영한다. 남북군사공동위원회에서는 대규모 부대이동과 군사연습의 통보 및 통제문제, 비무장지대의 평화적 이용문제, 군인사 교류 및 정보교환 문제, 대량살상무기와 공격능력의 제거를 비롯한 단계적 군축실현 문제, 검증문제 등 군사적 신뢰조성과 군축을 실현하기 위한 문제를 협의·추진한다.

제13조 남과 북은 우발적인 무력충돌과 그 확대를 방지하기 위하여 쌍방 군사당국자 사

이에 직통전화를 설치·운영한다.

제14조 남과 북은 이 합의서 발효 후 1개월 안에 본 회담 테두리 안에서 남북군사분과위원회를 구성하여 불가침에 관한 합의의 이행과 준수 및 군사적 대결상태를 해소하기 위한 구체적 대책을 협의한다.

제3장 남북교류·협력

제15조 남과 북은 민족경제의 통일적이며 균형적인 발전과 민족 전체의 복리향상을 도모하기 위하여 자원의 공동개발, 민족내부교류로서의 물자교류, 합작투자 등 경제교류와 협력을 실시한다.

제16조 남과 북은 과학·기술, 교육, 문학·예술, 보건, 체육, 환경과 신문, 라디오, 텔레비젼 및 출판물을 비롯한 출판·보도 등 여러 분야에서 교류와 협력을 실시한다.

제17조 남과 북은 민족구성원들의 자유로운 왕래와 접촉을 실현한다.

제18조 남과 북은 흩어진 가족·친척들의 자유로운 서신거래와 왕래와 상봉 및 방문을 실시하고 자유의사에 의한 재결합을 실현하며, 기타 인도적으로 해결할 문제에 대한 대책을 강구한다.

제19조 남과 북은 끊어진 철도와 도로를 연결하고 해로, 항로를 개설한다.

제20조 남과 북은 우편과 전기통신교류에 필요한 시설을 설치·연결하며, 우편·전기통신교류의 비밀을 보장한다.

제21조 남과 북은 국제무대에서 경제와 문화 등 여러 분야에서 서로 협력하며 대외에 공동으로 진출한다.

제22조 남과 북은 경제와 문화 등 각 분야의 교류와 협력을 실현하기 위한 합의의 이행을 위하여 이 합의서 발효 후 3개월 안에 남북경제교류·협력공동위원회를 비롯한 부문별 공동위원회들을 구성·운영한다.

제23조 남과 북은 이 합의서 발효 후 1개월 안에 본 회담 테두리 안에서 남북교류·협력분과위원회를 구성하여 남북교류·협력에 관한 합의의 이행과 준수를 위한 구체적 대책을 협의한다.

제4장 수정 및 발효

제24조 이 합의서는 쌍방의 합의에 의하여 수정 보충할 수 있다.

제25조 이 합의서는 남과 북이 각기 발효에 필요한 절차를 거쳐 그 문본을 서로 교환한 날부터 효력을 발생한다.

1991년 12월 13일

남 북 고 위 급 회 담	북 한 고 위 급 회 담
남측대표단 수석대표	북 측 대 표 단 단 장
대 한 민 국	조선민주주의인민공화국
국무총리 정 원 식	정무원총리 연 형 묵

CHAPTER

07 문민정부 김영삼 대통령

제 1 절 문민정부 출범과 국제정세

1. 문민정부 출범

김영삼 대통령의 취임은 32년간의 군정을 끝내고 문민정부 시대를 개막했다는 의미가 있다. 그는 1954년 제3대 국회의원 선거에서 만 26세의 나이로 역대 최연소 국회의원에 당선되었다. 9선 의원을 지내면서 영원한 라이벌이자 동지였던 김대중과 민주화운동의 한 축을 형성하면서 우리나라의 민주화에 큰 기여를 하였다. 그런 그가 마침내 제14대 대통령에 당선되어 1993년 2월 25일에 취임식을 갖게 되었다. 그의 이력이 말해 주듯이 그동안의 정부와는 달리 정통성 시비에서는 자유로운 출발을 하였다. 특히 군부독재와 맞서 싸운 민주화투사로 국민들에게는 각인되어 있었다. 또한 박정희의 군사정변 이후 최초로 국민이 직접 선출한 순수한 민간인 출신이라는 점이었다. 직선제에 의한 대통령 선출은 앞의 노태우 대통령도 동일했으나, 그는 신군부로부터 정권을 물려받은 것으로 규정지어졌기 때문에 정통성 문제에서는 자유롭지 못하였다. 제6공화국까지의 국정 최고 지도자는 항상 정통성 시비로부터 곤란을 겪어 왔다. 그러나 김영삼의 대통령 당선으로 더 이상의 정통성 시비는 마감되는 계기가 되었다.

정통성에서 자유롭다는 것은 정치적 안정을 추구할 수 있는 토대를 마련했다고 볼 수

[제14대 김영삼 대통령 취임식] 출처 : 대통령기록관

있다. 그러나 그도 정치적 한계는 갖고 있었다. 그것은 3당 합당[1]을 통하여 집권의 꿈을 이루었기 때문이다. 3당 합당 시 그는 "호랑이를 잡으려면 호랑이 굴에 들어가야 한다."고 하면서 '신한국' 건설을 외치며 '변화와 개혁'을 약속하면서 최선의 선택임을 강조하기도 하였다. 김 대통령은 취임식에서 '신한국 창조'를 국정지표로 제시하고 이를 위한 당면과제로 '부정부패의 척결, 경제회복, 국가기강 확립'을 열거하였다. 이날 취임사에서는 김일성 주석에게 "세계는 대결이 아니라 평화와 협력의 시대로 나아가고 있다."고 하면서 "진정한 화해와 통일을 원한다면, 이를 논의하기 위해 우리는 언제 어디서라도 만날 수 있다."며 남북정상회담을 제의하였다.

보다 안정된 정통성을 바탕으로 군부의 실세였던 '하나회'를 몰락시켰으며 금융실명제를 전격적으로 실시하여 국민의 지지를 전폭적으로 받기도 하였다. 이 법의 시행으로 노태우의 4천억 비자금이 발견되기도 하였다. 이러한 조치는 실로 개혁적인 사건으로 평가

김영삼 대통령은 역사 바로 세우기의 차원에서 국립중앙박물관으로 사용 중인 조선총독부 건물 해체를 1993년 8월 9일 지시하였다. 사진은 건물 첨탑이 해체되는 장면이다. 당시의 여론은 철거찬성 51%, 반대 31%였다. 또한 김영삼 대통령은 1996년 일본 총리의 "독도는 일본 영토"라는 발언에 대해 "버르장머리를 고쳐 놓겠다."는 격한 반응을 보이기도 하였으며, 국민들은 환호를 보냈다.

[조선총독부 건물[2] 해체] 출처 : 동아일보(1995.8.15.)

---

1) 1990년 1월 22일 당시 집권여당인 민주정의당의 노태우 대통령과 통일민주당의 김영삼 총재, 신민주공화당의 김종필 총재가 3당 합당을 선언했다. 그 결과 세 정당은 민주자유당(약칭, 민자당)으로 당명을 정하였다. 이를 두고 김영삼은 '야합했다'는 비판을 받았다. 노태우는 12·12 군사반란의 주역이었으며 김종필은 5·16 군사정변의 주역이었다. 정치인생에서 줄곧 군부독재 타도를 외치던 그가 이들과 합당을 했다는 것은 비판을 받기에 충분하였다.

2) 이 건물은 일제에 의해 1926년 경복궁의 정면을 가로막는 형태로 세워졌다. 해방 이후에는 미군정청, 정부수립 후에는 중앙청으로 쓰였으며, 철거 당시에는 국립중앙박물관으로 사용 중이었다.

받았으며 개혁드라마로 국민에게 각인되었다. 역사 바로 세우기의 차원에서 일제잔재의 청산에도 주력하여 총독부 건물을 폭파시켰으며, 일제 강점기인 1941년부터 부르던 '국민학교'를 초등학교로 고쳐 부르는 등 민족정기 확립에도 주력하였다.

1994년 5·18 민주화운동 피해자 32명은 전두환과 노태우 등 5·18 학살 책임자 35명을 고소·고발하였다. 그러나 이들에 대해 검찰이 불기소 처분을 내리자, 시민사회가 강력히 항의하였으며 책임자 처벌에 대한 사회여론이 달아올랐다. 이들에 대한 비판여론이 고조되는 가운데 1995년에 노태우 비자금사건이 터지게 되었다. 여론이 급격히 악화되자 김영삼은 5·18 특별법 제정을 지시하는 결단을 내렸다. 그에 따라 1995년 12월 21일 국회에서 '5·18 민주화운동 등에 관한 특별법'(약칭, 5·18 특별법)이 통과되어 5·18 관련자 처벌이 가능하게 되었다. 이에 따라 전두환과 노태우 등 핵심인물 16명을 12·12 군사반란사건과 관련하여 군사반란 및 내란죄 등으로 기소하였다. 1996년 8월 1심 재판부는 전두환과 노태우에 대해 반란죄·내란수괴죄를 적용하여 사형과 무기를 선고하는 등 피고인들에게 중형을 선고하기에 이른다. 그러나 최종심인 대법원에서 전두환은 무기징역으로, 노태우는 17년 형으로 감형되었다. 그러나 1997년 12월 22일 15대 대선이 치러지고 국민대화합의 명분으로 특별사면 되었다. 국민의 요구에는 부족한 감도 있었지만, 이러한 일련의 조치는 문민정부라는 정통성을 갖고 있었기에 가능했던 부분으로 평가할 수 있다. 문민정부를 대표하는 키워드는 '신한국 건설, 세계화, 역사 바로 세우기, 지방자치제 확대' 등으로 선진국으로 도약하겠다는 희망을 안고 출범하였다.

2. 국제정세

문민정부가 출범할 당시의 세계정세는 탈냉전이 가속화되고 있었다. 무엇보다 가장 큰 변화는 그동안 자본주의와 맞서고 있던 소련의 사회주의 체제가 붕괴를 가져왔다는 것이다. 소련의 보수파가 주도한 쿠데타가 실패하자 붕괴가 가속화되었다. 소련인민대표회의는 1991년 9월 4일 연방에의 참여를 거부하고 완전독립을 원하는 공화국들의 독립을 사실상 인정하는 내용을 담은 '소련인민대표회의 결의안'을 승인하였다. 이로써 사실상 소련은 해체되었으며 새로운 국가체제가 구성될 때까지 과도체제에 들어가게 되었다.

1985년 서기장으로 선출된 고르바초프는 1985년 4월부터 개혁정책을 추진하였다. 그는 소련의 스탈린주의의 병폐에서 벗어나고자 정치·경제·사회·외교 분야에서의 개혁정책을 추진하였는데 이를 페레스트로이카라 한다. 러시아어로 '다시'를 뜻하는 '페레'와 건축을 뜻하는 '스트로이카'가 합성된 말로 개혁·재건을 뜻한다.[3] '국가정책의 개혁'이란 의

3) 출처 : 다음 역사용어사전.

"冷戰종식 새時代" 선언

美·蘇 몰타회담 폐막

東歐개혁 환영·支援다짐

軍縮문제엔 異見…내년6월 再會同합의

[냉전종식 새 시대 선언] 출처 : 경향신문(1989.12.4.)

몰타회담에서 두 정상은 냉전종식을 선언하였으며 이를 계기로 탈냉전의 가속화를 가져오는 시대를 맞이하였다.

미로 널리 사용된다. 페레스트로이카 정책은 소련 최초의 민주화 시도였으며, 경제분야에서는 시장경제적 요소를 도입하였다. 페레스트로이카 정책이 추진되는 가운데 국가경제에 대한 통제권을 잃지 않으려는 기득권층들의 저항 또한 만만치 않았다. 그러나 민중의 개혁에 대한 열망은 이와 첨예하게 대립했다. 이러한 개혁정책은 우여곡절을 거치면서 1991년 말 소련은 해체되었으며, 15개 독립국으로 나뉘어졌다. 러시아연방이 소련의 후계국이 되었다. 자본주의체제가 사회경제체제보다 우수하다는 것을 증명한 역사적인 사건이 되었으며 탈냉전에 불을 붙이는 계기가 되었다.

1989년 12월 2일과 3일에 걸쳐 페레스트로이카의 주역인 소련의 고르바초프와 미국의 부시대통령은 몰타[4]에서 만나 정상회담을 갖고 냉전종식을 선언하였다. 몰타회담에서의 냉전종식은 미소의 정상이 주도함으로써 이루어진 것이 아니다. 냉전종식은 세계사의 흐름 속에서 자연스럽게 나타나고 있었으며, 양 진영의 맏형격인 두 나라의 지도자가 이를 추인했다고 볼 수 있다. 즉, 새 시대가 개막된 후 미소정상에 의한 선언을 한 것이다.

4) 이탈리아 반도의 남쪽 지중해에 있으며 면적은 326㎢의 작은 섬나라이다.

제 2 절 통일정책 '3단계 3기조'

1. 통일정책 3단계 방안

문민정부가 출범하고 김영삼 대통령은 1993년 7월 6일 제6기 민주평화통일자문회의 개회사를 통해 새 정부의 통일정책을 내외에 천명하였다. 김영삼 대통령은 제6공화국의 '한민족 공동체 통일방안'을 기본으로 하며, 제6공화국의 '남북 사이의 화해와 불가침 및 교류·협력에 관한 합의서'의 기조를 이루는 화해와 협력을 내용으로 하는 통일정책을 천명하였다. 여기에서는 통일과정을 '화해와 협력' → '남북연합' → '통일국가'의 3단계로 구분하였다. 그리고 이를 추진하는 기조로 '민주적 국민합의', '공존공영', '민족복리'의 3가지를 천명하였다. 이처럼 단계를 설정한 것은 분단의 세월에 따라 남북의 모든 체제는 일치되는 것보다는 이질화된 경향을 고려한 것이다. 따라서 통일은 점진적이고 단계적인 접근으로 나아가야 한다는 기존의 방침을 존중한 것이기도 하다. 즉, 남북간의 민족공동체를 회복시키며 이를 발전시켜 궁극적으로 하나의 체제, 하나의 정부, 하나의 국가로의 통일을 실현하자는 것을 말한다.

① 화해·협력 단계

화해·협력단계는 남북한이 냉전구조의 산물인 적대와 불신관계를 청산하고 신뢰 속에서 화해와 협력관계로 발전해 가는 단계이다. 이를 위해서는 먼저 한반도에 현실적으로 존재하는 두 개의 정치체제를 서로 인정하고, 상대방을 타도의 대상으로 볼 것이 아니라 오히려 공존공영의 협력자로 보아야 한다. 이것은 이미 남북 기본합의서에서 약속한 것으로 이 약속을 철저히 이행·준수해야 한다는 현실적이고 합리적인 상황판단에 따른 것이다. 화해·협력은 또한 상대방의 실체를 인정하는 것만으로 부족하며 다각적인 교류·협력을 통해 상호 신뢰를 쌓음으로써 이루어질 수 있다. 이 단계에서는 무엇보다도 국민적 합의가 대단히 중요하다. 통일문제에 있어서 국민적 합의가 이뤄질 때 비로소 남북 당국자 간에나 민간수준에서 교류와 협력은 활발해지고 참여의 폭도 넓어질 것이다.

② 남북연합 단계

남북한간의 교류와 협력이 활성화되고 제도화되면서 남북상호간의 신뢰가 쌓여 가면 남북간의 평화구조를 제도화해야 하는데 이 단계가 바로 남북연합 단계인 것이다.

남과 북은 이 단계에서 민족공동생활권을 형성하면서 사회적·문화적·경제적 공동체를 이룩해 나갈 것이며, 또 이 단계에서 남북이 공동으로 구성하는 기구를 통해서 국가통합을 위한 여러 방법을 논의할 수 있다.

③ 통일국가

통일국가를 이룩하기 위해서는 남북 의회대표들이 민주적 절차에 따라 통일헌법을 확정한다. 이 통일헌법에 따라 민주적인 선거에 의해 통일정부와 통일국회를 구성하고, 남북한 두 체제의 기구와 제도를 통합함으로써 1민족 1국가의 통일을 완성할 수 있을 것이다.

2. 통일정책 3대 기조

화해·협력 → 남북연합 → 통일국가의 3단계 통일방안을 정당하고 효율적으로 실천해 나가기 위해 민주적 국민합의, 공존공영, 민족복리를 통일정책을 추진하는 3대 기조로 삼고 있다. 특정 이념과 체제보다는 민족구성원의 자유와 복지와 인간존엄성이 구현되는 보편적 가치로서 한민족 전체의 삶의 질을 향상시키는 민족복리를 우선하고, 꾸준한 교류협력을 통해 공존공영의 1민족 1국가라는 통일체제를 세우자는 것이다.

① 민주적 국민합의

민주적 국민합의는 다른 두 기조의 기초로 작용하는 첫 번째 요건이며, 맨 먼저 다져야 할 통일정책의 국내적 기반이다. 진정한 국민적 합의 없이는 공존공영과 민족복리는 성취되기 어려울 것이다. 현 시점에서 우리에게 필요한 것은 감상적 통일지상주의가 아니라 통일에 대한 합의이다. 즉, 통일은 현실적인 문제를 무시해서는 안 되는 것이며, 이것이 후유증을 최소화하는 것이다. 국민합의라는 정책기조는 한편으로는 국민들의 자발적 지지를 토대로 통일문제를 민주적으로 풀어 나간다는 의미를 지니고 있다. 정부의 정통성이 부족했던 지난날에는 이를 공론화시켜 국민적 합의를 이루는 일에 제한이 따랐다.

그로 인해 반목이 심했으며, 북한은 우리 내부의 소모적 통일논쟁을 유발하기 위한 대남 선동과 선전공세를 강화함으로써 남북관계는 답보상태에서 벗어나지 못했고 국내정국도 불안했었다. 또한 이를 정권유지의 수단으로 활용하고자 한 의도까지 있었다. 그러나 이제는 정통성이 확보됨으로써 이미 국민적 합의를 위한 기초는 마련되어 있으므로 보다 합리적이고 국민의 의견이 반영된 통일정책을 마련할 수 있다.

② 공존공영

공존공영이란 남과 북이 대립과 반목의 자세를 버리고 함께 자유와 풍요를 누리면서 공존하는 것을 말한다. 우리는 이미 1992년 2월 19일 '남북 사이의 화해와 불가침 및 교류·협력에 관한 합의서'를 발효시켜 공존공영의 기본적인 틀을 마련했다.

진정으로 남과 북이 공존공영하기 위해서는 먼저 상대방을 존중해야 하며, 상호 제도와 사상의 차이를 인정하고 내정에 간섭하지 않는 새로운 인식과 신뢰관계를 쌓아나가야 하며, 대화와 협력의 대상으로 존중해야 한다. 한편 공존은 공영으로 이어져야 한다. 서로 간에 부자연스럽게 공존하는 것은 의미가 퇴색된다.

③ 민족복리

민족복리는 한민족 전체의 삶의 질이 향상되고 복지가 신장되어 민족구성원 개개인의 자유·인권과 행복이 보장되는 민족통합국가를 완성시키는 기조이다. 민족구성원 모두의 존엄성이 구현될 수 있도록 개인의 자유와 인권이 보장되고, 복지화되어 미래의 민족통일국가를 만들어 나가는 것이다. 이 같은 민족복리의 기조는 인류보편의 가치이며 통일정부가 가장 소중히 추구하는 목표로 선정한 것이다.

제6기 민주평화통일자문회의 개회사(1993.7.6.)

친애하는 민주평화통일자문위원 여러분, 7천만 내외동포 여러분,

오늘 민주평화통일자문회의가 문민시대를 맞아 새롭게 출범하게 된 것을 뜻깊게 생각합니다. 평화통일은 7천만 겨레의 간절한 소망입니다.

우리는 통일을 현실로 만들어 가려는 우리의 결의를 다지기 위해 이 자리에 모였습니다. 민주평통은 평화통일에 대한 국민적 합의를 이룩하고, 국민의 의지와 역량을 한 데 모으는 막중한 사명을 가지고 있습니다. 그동안 통일의 기반을 구축하기 위해 헌신해 오신 국내외 1만여 자문위원 여러분의 노고에 충심으로 감사드립니다. 저는 오늘, 새로 위촉된 제6기 자문위원 여러분이 혼신의 힘을 다해 통일조국 건설의 밑거름이 될 것이라는 믿음을 갖습니다. 이번 자문위원 중에는 도덕성과 개혁의지를 갖춘 많은 인사들이 참여하고 있습니다. 그만큼 큰 기대를 갖게 합니다.

자문위원 여러분, 우리는 지금 역사적 전환기에 서 있습니다.

세계는 이념의 대결에서 경제 경쟁으로, 군사적 대립에서 평화의 경쟁으로 변화하고 있습니다. 유독 우리 한반도만이 해빙과 화해의 바다 한가운데 떠 있는 냉전의 섬으로 남아 있습니다. 지구상의 유일한 분단국이라는 불명예를 씻지 못하고 있습니다. 그러나 1천 3백여 년간 '1민족·1국가'체제를 유지해 온 우리 겨레에게 반세기도 안 되는 분단은 아주 짧은 기간에 불과합니다. 우리의 조국은 반드시 통일되어야 합니다. 분단은 우리 겨레 모두에게 엄청난 고통과 한을 주었습니다. 이제 이 고통은 사라져야 합니다.

그러나 우리는 내실없는 통일을 감상적으로 바라서는 안 됩니다.

통일없는 자유가 불완전하다면, 자유없는 통일은 더 불완전합니다.

통일없는 번영에 문제가 있다면, 번영없는 통일에는 더 문제가 많습니다.

통일된 조국에서는 정치적, 경제적 자유가 보장되고 복지와 인권이 존중되어야 합니다. 통일로 가는 과정은 민주적이어야 하며, 통일의 길은 바로 민족번영의 길이 되어야 합니다. 통일은 먼저 화해와 협력의 단계를 거쳐 '남북연합' 단계로 발전되어야 할 것입니다. 남북연합 단계에서 남북간의 교류·협력은 더욱 활발해지고 제도화 될 것입니다. 이 과정에서 남북간의 냉전구조와 대결의식은 서서히 사라질 것입니다. 이를 통해 남과 북은 점차 1민족 1국가의 통일조국으로 나아가게 될 것입니다. 이것은 바로 우리의 3단계 통일방안입니다.

자문위원 여러분,

저는 임기 안에 남과 북이 '남북연합' 단계에 들어 설 수 있도록 최선의 노력을 다할 것을 다짐하면서, 이를 위한 통일정책의 세 가지 기조를 밝히고자 합니다.

첫째, 민주적 절차의 존중입니다.

새 정부는 국민적 합의를 바탕으로 3단계 통일정책을 강력하게 추진해 나갈 것입니다. 새 문민정부는 정통성, 도덕성, 대표성을 가진 민주정부입니다. 이런 정부만이 국민의 자발적 지지를 토대로 통일을 실현할 수 있습니다. 새로운 문민정부가 통일정책을 정권유지에 이용하는 일은 절대로 없을 것입니다. 이제 북한 당국도 우리 내부의 불신과 갈등을 조장하겠다는 헛된 생각을 버려야 합니다. 정통성을 지닌 정부만이 민족과 국민의 운명을 결정하는 중대한 문제를 해결해 나갈 수 있습니다. 이 점을 북한 당국은 깊이 인식해야 합니다.

둘째로, 공존공영의 정신입니다.

남북간의 평화공존은 반드시 공동번영으로 이어져야 합니다. 서로 가난하게, 부자유스럽게 공존하는 것이 무슨 의미가 있습니까? 남북이 다 함께 자유와 풍요를 누리면서 공존해야 합니다. 제가 북한을 흡수통일 할 뜻이 전혀 없다고 여러 차례 밝힌 것은 바로 이런 정신에서 나온 것입니다.

세째로, 민족복리의 정신입니다.

통일은 민족전체의 '삶의 질'을 높이는 방향으로 추진되어야 합니다. 민족구성원 모두에게 자유와 복지와 인간의 존엄성이 보장되는 통일민주국가, 이것이 바로 민족 전체의 복리가 구현되는 통일된 조국의 모습입니다. 이 같은 민족복리의 가치는 인류 보편의 가치입니다. 세계와 함께 호흡하는 '열린 민족주의의 가치'입니다. 우리는 북한이 이처럼 열린 세계로 나올 것을 기대합니다. 우리는 결코 북한의 고립을 원하지 않습니다.

자문위원 여러분, 지금 남북관계에서 가장 중요한 것은 상호신뢰입니다.

신뢰는 합의와 약속을 지킬 때 생길 수 있습니다. 남과 북은 비핵화 공동선언을 통해 핵무기를 갖지 않고, 핵에너지를 오직 평화적 목적으로만 쓰기로 합의했습니다. 또한 핵시설을 상호 사찰하기로 약속했습니다. 그러나 이 약속은 아직까지 이행되지 않고 있습니다. 오히려 이 합의가 이루어지고 나서 북한의 핵개발 의혹이 세계적인 문제로 비화되었습니다. 핵문제의 해결 없이는 남북관계 개선을 통한 한반도의 평화도, 세계평화도 보장될 수 없습니다. 나는 이 자리를 빌어 북한이 하루빨리 핵무기 개발 의혹을 씻어냄으로써 남북관계를 개선하고 국제평화에 이바지할 것을 촉구합니다.

지금은 남북대화가 끊어진 상태입니다.

그러나 새 정부는 민족공멸의 불행을 막아야 한다는 마음에서 대화의 문을 계속 활짝 열어 놓을 것입니다. 어떠한 일이 있더라도 대화가 중단되어서는 안됩니다. 같은 민족끼리 대화를 중단해야 할 문제가 일어났을 때야 말로, 대화가 더욱 필요할 때입니다. 이제 남북관계도 새롭게 전개되어야 합니다. 남북간에 이기고 지는 대화, 어느 일방에게만 유리한 대화는 더 이상 있을 수 없습니다. 쌍방 모두가 함께 이기는 대화가 필요합니다.

그런 마음으로 교류를 점차 확대하고 실천 가능한 문제로부터 하나씩 해결해 나가야 합니다. 무엇보다도 남북으로 갈라진 이산가족의 아픔을 해소해 주는 노력이 먼저 결실을 거두어야 합니다. 특히 나이가 드신 분들의 가족재회가 생전에 이루어질 수 있도록 서두르지 않으면 안됩니다. 우리는 이미 인도적 차원에서 이인모 노인의 북한방문을 허용한 바 있습니다. 저는 북한 당국이 이 문제에 대하여 보다 성의있는 자세를 보여줄 것을 촉구합니다.

민주평통자문위원 여러분,

정전이 된 지 올해로 40년이 되었지만 전쟁의 상처는 아직도 아물지 않았습니다. 우리는 과거를 잊어서는 안됩니다. 그러나 과거의 포로가 되어서도 안됩니다. 지난 날 쓰라린 민족상잔의 경험을 거울삼아 앞으로 아름다운 민족통일의 새 역사를 만들어가야 합니다. 통일을 위해서 지금 우리가 할 일은 내부적으로 튼튼한 힘을 기르고, 국민 모두가 자신감을 갖도록 하는 것입니다. 부정부패를 척결하고, 경제를 되살리고, 국가기강을 바로잡는 일이야 말로 통일에 대비하고 통일을 앞당기는 가장 분명한 길입니다. 새 정부가 내세운 '신한국 창조'의 과업은 통일조국의 건설로 완결될 수 있습니다. 통일은 바로 우리 민족이 다함께 이루어야 할 가장 큰 개혁이기 때문입니다.

지금 우리 안에 불붙은 개혁의 열기를 결집해 나가는 일이야말로 통일로 가는 지름길입니다. 그런 뜻에서 민주평통이 현 단계의 통일운동은 바로 개혁운동이라고 방향을 설정한 것은 참으로 적절한 인식입니다. 각 지역과 직능의 대표성을 갖춘 인사들로 구성된 민주평통이 변화와 개혁을 솔선수범할 때, 개혁은 더욱 성공적으로 완수될 수 있을 것입니다. 자문위원 한 사람 한 사람이 개혁의 선도자 역할을 다할 때 지역사회가 변하고, 일터가 달라질 것입니다. 이러한 노력은 의식개혁과 도덕성 회복의 기폭제가 될 것입니다. 통일실현의 원동력이 될 것입니다.

민주평통 자문위원 여러분,
개혁의 대장정은 이제부터 시작입니다.
우리의 개혁은 더 깊고, 더 넓게 확산되고 발전되어야 합니다.
민주평통이 통일의 주체, 개혁의 주체로서 소임을 다해 줄 것을 거듭 당부드립니다.
감사합니다.

1993년 7월 6일

민주평화통일자문회의 의장
대통령 김영삼

제 3 절　민족공동체 통일방안

1. 추진배경

김영삼 대통령은 1994년 8월 15일, 광복 49주년 기념식 경축사에서 통일의 기본철학과 원칙, 과정 등을 구체화한 새 정부의 종합적인 통일방안을 제시하였다. 이를 '한민족공동체 건설을 위한 통일방안'이라 하며, 약칭으로는 '민족공동체 통일방안'이라 한다. 이것을 3단계 통일방안이라 부르기도 한다. 김 대통령은 경축사에서 "남북한 사이의 체제경쟁은 이미 끝났다."고 선언하고 "통일은 계급이나 집단중심의 이념보다도 인간중심의 자유민주주의가 바탕이 돼야 한다."며 자유민주주의 방식의 통일이 이루어져야 한다고 하였다.

이는 제6공화국의 노태우 대통령이 1989년에 제시한 한민족공동체 통일방안과 맥을 같이 하는 것이다. 또한 1992년 2월 19일 발효된 남북기본합의서와 한반도 비핵화공동선언 등 남북이 협의하여 발효시킨 상황을 토대로 한 것이다. 통일의 방식이 자유민주주의가 바탕이 되어야 한다는 내용은, 대통령 자신이 민주화투쟁을 통해 자유민주주의 체제를 쟁취해 낸 이력에 대한 강한 자부심의 발로였다. 또한 당시의 시대적인 분위기가 소련의 해체 등으로 인해 사회주의체제는 이념경쟁에서 이미 종말을 고하였기 때문으로 풀이된다. 동·서를 대표하는 미국과 소련의 화해에 이은 공산권의 붕괴 등 세계질서 자체의 근본적 변화에 따라 자유화와 개방화가 세계사의 새로운 흐름으로 형성하고 있었다.

제49주년 광복절 기념식은 독립기념관에서 열렸다. 경축사에서 문민정부의 '민족공동체 통일방안'이 천명되었다.

[독립기념관 전경] 출처 : 독립기념관 홈 페이지

또한 평화와 번영을 위한 협력이 이념을 초월하여 가속화되고 있었다. 따라서 각국은 이념이 아닌 실리추구에 따라 우호관계를 형성하게 되었으며, 이것이 국제사회를 움직이는 동력원이 되고 있었다.

국내적으로는 문민정부 출범 이후 민주주의가 확고히 뿌리내린 가운데 일제의 잔재를 제거하고 민족의 정기를 되살리기 위한 노력이 한창이기도 하였다.[5] 또한 문민정부라는 정통성에 자부심을 느끼며 사회 전반에 걸친 개혁작업이 과감하게 진행되고 있었다. 이러한 국내외적인 변화와 정권의 자부심, 그리고 경제력을 바탕으로 한 남북한 국력의 월등한 격차는 통일의 민족사를 쓸 수 있다는 자신감으로까지 확산되고 있었다.[6] 이에 반해 북한은 그동안 심화된 국제적 고립과 경제난으로 체제의 한계상황에 봉착해 있었다. 여기에 더해 북한에서는 중요한 상황이 발생하였다. 그것은 김일성의 사망이었다.

북한의 특성상 그의 아들인 김정일이 권력을 승계하겠지만, 이처럼 급변의 상황에서는 통일을 위한 방안제시로 북한의 변화를 유도할 필요성이 있는 시점이기도 하였다. 북한은 김일성의 사망으로 권력내부의 구조개편 등 커다란 변화를 겪지 않을 수 없게 된 상황이었다.

더구나 내년이면 광복 50주년을 맞는 시점이었다. 그러나 아직도 분단의 민족사를 청산하지 못하고 지구상에서 마지막 냉전지대로 남아 있는 것이 우리의 현실이었다.

이에 따라 정부는 이러한 전반적인 통일환경의 변화를 주시하면서 국민 각계의 의견을 폭넓게 수용하여 보다 자신감 있고 미래지향적인 입장에서 종합적 통일정책 추진의 구상을 밝히게 되었다.

아울러 북한의 새로운 지도부에 대한 통일의 메시지를 전할 필요성이 있었다. 즉, 북한 지도부가 평화와 협력으로 나아갈 수 있는 준비를 갖추게 하는 것이 필요하였다. 따라서 남북이 신뢰를 바탕으로 한 협력 속에서 경제적 번영을 이룩하여 민족사를 함께 쓰자는 입장을 밝히고자 한 것이다. 남북관계는 '남북기본합의서'를 언급함으로써 기존에 합의한 대로 '통일을 지향하는 과정에서 잠정적으로 형성되는 특수관계', '서로 상대방의 체제를 인정하고 존중한다.'는 것이 우리의 기본적인 남북관계에 대한 인식임을 말하였다. 이와 관련하여 정부는 북한에 대한 흡수통일을 원하지 않는다는 입장을 다시 한번 강조하였다. 낡은 이념대결의 틀 속에서 하루속히 벗어날 것을 촉구함으로써 공존번영을 도모하는 것이 세계사의 흐름에 부합됨을 알리고자 하였다.

---

5) 1995년 광복 50주년을 맞아 식민통치의 상징인 조선총독부 건물을 폭파하였다. 이 건물은 중앙청과 국립박물관으로 사용되기도 하였다.

6) 1994년의 경제력은 이미 북한과의 비교가 의미가 없을 정도로 격차가 심화되고 있었다. 1인당 GNP를 살펴보면, 우리나라는 8,483달러에 달했으나 북한은 923달러로 무려 9.2배의 차이를 보이고 있었다. 무역총액에서도 우리나라는 1,983.6억 달러였으나 북한은 2,004.7억 달러로 94배의 차이가 났다. 출처 : 통계청 앞의 자료, p.41, p.100.

2. 한반도 정세

북한의 관영 중앙방송과 평양방송은 1994년 7월 9일 정오 특별방송을 통해 "조선노동당 중앙위원회 총비서이시며 조선민주주의인민공화국 주석이신 김일성 동지께서 8일 새벽 2시 급병으로 서거하셨다."고 보도하였다. 49년간 북한을 철권통치하던 독재자의 종말을 공식적으로 고하는 순간이었다. 그의 사인은 심근경색으로 발표되었다. 7월 25일에 예정되어 있던 남북정상회담은 사실상 무산되었다. 김일성은 6·25 전쟁을 발발시킨 직접적이며 가장 큰 책임을 갖고 있었다. 그의 죽음은 전쟁 책임자가 자연적으로 사라지게 되었다는 의미도 갖고 있었다. 시간을 되돌려 남북정상회담의 성사과정과 한반도가 전쟁 일보직전까지의 배경을 살펴보기로 하자.

앞의 문민정부 출범에서 언급했듯이, 김영삼 대통령은 1993년 2월 25일 취임사에서 남북이 서로 협력할 자세를 강조하면서 김일성 주석과의 정상회담을 제의하였다.

최고 책임자의 결단을 바탕으로 남북관계를 재정립하기 위한 결단이었다. 그러나 북한은 이미 합의하여 실천단계에 들어서 있던 '남북기본합의서'와 '비핵화공동선언'의 이행을 외면하고 있었다. 그뿐 아니라 1993년 3월 12일 북한은 평양 중앙방송을 통해 '핵확

김일성주석 사망

"8일 새벽 2시 심근경색으로"

북한, 17일 장례식 공식발표

김정일 승계예상…남북정상회담 차질

■ 김주석 사망 보도문 요약

생전의 김주석

남북정상회담을 불과 17일 앞두고 그는 죽음을 맞이했다. 분단과 전쟁책임자로 각인된 김일성은 7월 8일 묘향산 특각에서 심근경색으로 사망한 것이다. 그의 사망에 따른 조문단 파견의 적절성 여부를 두고 '조문파동'이 일기도 하였으나, 조문단을 파견하지는 않았다. 그 후 북한에서는 '무례하고 불순하다.'고 비난하면서 다시 냉각기에 접어 들었다.

[김일성 주석 사망] 출처 : 한겨레신문(1994.7.10.)

산금지조약(NPT : Nuclear Non-Proliferation Treaty)에서 탈퇴한다.'고 선언하였다.[7] 북한의 핵확산금지조약 탈퇴선언은 국제원자력기구가 결의한 '특별사찰'을 거부하겠다는 의사를 공식 표명한 것으로 북한이 핵무기를 개발하고 있다는 의혹을 더욱 심화시켜 주었다. 국제원자력기구의 특별사찰 거부에 이은 핵확산금지조약(NPT) 탈퇴선언 등으로 남북 관계개선은 말할 것도 없고 미국과는 전쟁의 문턱에서 서로를 마주하고 있었다. 이때를 1차 북핵 위기라 부른다. 남북관계는 최악을 맞고 있었으며 한반도에서의 전쟁발생은 기정사실화가 되었다는 분위기를 느낄 정도의 위기였다. 이러한 상황하에서 김영삼 대통령은 1994년 2월 25일 취임 1주년 기자회견에서 "북한의 핵개발을 저지하는데 도움이 된다고 판단될 때 김일성 주석과 정상회담을 추진하겠다."고 밝혔다. 정상회담을 통해 한반도의 긴장완화와 남북관계의 돌파구를 마련하자는 의지를 담고 있었다. 전쟁의 위기를 극복하고자 1994년 6월 북한을 방문하고 돌아온 지미 카터 전 미국 대통령은 청와대로 김영삼 대통령을 방문하였다. 그는 김일성 주석의 정상회담 희망소식을 전하였다. 이에 김영삼 대통령은 "언제 어디서든 조건없이 김일성 주석을 만나겠다."며, 이를 수락하였다. 이에 따라 정부는 1994년 6월 20일 이영덕 국무총리 명의로 북한 강성산 정무원총리 앞으로 남북정상회담 개최 절차문제를 협의하기 위하여 부총리급을 수석대표로 하는 남북한 예비접촉을 6월 28일 오전 10시 판문점 우리측의 '평화의 집'에서 가질 것을 제의하는 전화통지문을 발송하였다. 이에 대해 북한은 동의한다는 전화통지문을 보내왔다. 이로써 남북정상회담 개최를 위한 예비접촉이 성사되게 된 것이다. 예비접촉과 수석대표의 회담을 거쳐 1994년 6월 28일 다음과 같은 합의를 도출하였다.

남북정상회담 개최를 위한 합의서

쌍방은 남북정상회담을 1994년 7월 25일부터 7월 27일까지 평양에서 개최하기로 한다. 체류일정은 필요에 따라 더 연장할 수 있다. 다음 회담은 쌍방 정상의 뜻에 따라 정하기로 한다. 남북정상회담 대표단 구성과 규모, 회담형식, 체류일정, 선발대파견, 왕래절차, 편의보장, 신변안전보장, 기타 실무절차문제들은 각기 예비접촉 대표 1명, 수행원 2명으로 구성되는 대표접촉에서 토의·합의한다.

대표접촉은 1994년 7월 1일(금요일) 오전 10시 판문점 북측지역 통일각에서 가진다. 쌍방은 화해와 단합, 신뢰와 이해를 도모하는 방향에서 남북정상회담 분위기를 좋게 하기 위하여 함께 노력한다.

7) 1991년 남북기본합의서가 채택되었고, 해빙무드를 타고 1992년 팀스피리트 훈련은 중지하기로 하였다. 그러나 그 후, 미국은 1992년 10월에 훈련을 1993년에 재개 한다고 선언하였다. 이에 반발한 북한은 핵확산금지조약 탈퇴라는 강수를 들고 나온 것이다.

남북정상회담을 개최한다는 소식은 분단 이후 최대의 사건이었으며 국민의 관심뿐 아니라 세계의 이목을 집중시켰다. 이것은 북한 핵문제를 비롯하여, 그동안 막혔던 남북관계의 현안을 일거에 해결할 수 있는 남북관계 진전에 중대 전기를 마련할 수 있었다. 또한 탈냉전의 예외지대인 한반도에도 마침내 진정한 화해와 협력시대가 도래한다는 기대감을 한껏 높여주었다. 정상회담으로 생이별을 하고 있는 1천만 이산가족의 염원 해소도 가능할 것으로 생각하고 있었다. 그러나 김일성의 죽음은 이를 무산시키고 말았다. 전쟁 직전까지 치달았던 핵위기는 수차례의 밀고 당기는 회담을 거치는 동안 접점을 찾게 되었다. 마침내 1994년 9월 23일에서 10월 17일 개최된 북한과 미국의 회담에서, 미국은 북한에 대해 핵개발 동결대가로 경수로 제공 등을 약속하였다. 이에 따라 한·미·일 3국은 KEDO 설립을 위한 협정을 체결하였다. 이에 대해 북한은 핵확산금지조약(NPT) 완전 복귀와 모든 핵시설에 대한 국제원자력기구(IAEA)의 사찰을 허용하면서 위기를 넘기게 되었다. 이것이 1차 북핵위기의 해결이다.

3. 주요내용

민족공동체 통일방안은 현재 우리나라의 공식적인 통일방안으로 내려오고 있으며 '3단계 통일방안'이라고도 한다. 이는 노태우 대통령의 한민족공동체통일방안을 근간으로 하여 계승된 것이다.[8] 8·15광복절 대통령 경축사를 통해 발표된 민족공동체 통일방안은 '화해·협력 → 남북연합 → 통일국가'라는 3단계로 통일을 이룩한다는 것이다. 민족공동체 통일방안은 이전 정부에서 제시한 통일방안과 맥을 같이하면서도 자유민주주의의 토대에서 자유·평화·민주를 기본적인 원칙으로 하는 3단계의 통일과정을 제시하였다. 이것은 한민족공동체통일방안의 기본틀을 유지하면서, 세계적인 탈냉전과 남북간 체제경쟁의 종결, 1992년 2월 19일에 발효된 남북 기본합의서와 한반도 비핵화공동선언 등의 변화된 상황을 반영한 것이다.

① 화해·협력 단계

남북한은 분단된 이래 전쟁과 크고 작은 무력의 위협을 과시하면서 적대와 대립의 관계를 유지하여 왔다. 통일을 위해서는 이를 극복하는 것이 필요하며, 이는 적대와 대립에서 화해와 협력의 관계로 변화되어 가는 단계이다. 이를 위해서 남북한은 이미 '남북기본합의서'에서 상대방의 체제를 인정하고, 다각적인 교류와 협력을 활성화해 나감으로써 상호신뢰를 쌓아갈 것을 천명한 바 있다. 특히 기본합의서를 비롯하여 이전에도 협의한 대

8) 통일부 통일교육원, 앞의 책, p.390.

로 인도적인 문제해결 등의 합의사항을 실천해 나간다면 신뢰구축은 당연히 이루어지게 된다. 그 중의 대표적인 사업이 이산가족을 서로 만나게 하는 일과 같은 인도적인 문제의 해결이다. 이러한 신뢰회복을 위한 과제를 이 단계에서 해결하는 것이 필요하다.

② 남북연합 단계

상호 신뢰가 구축된 후 민족공동생활권을 이룩해 나가는 단계이다. 이때의 남북은 국가 간의 관계가 아닌 민족 내부의 특수관계로서 서로를 인정하는 단계이다. 이는 이미 이전부터 남북관계를 민족 내부의 특수관계로 규정한 바를 준수하는 것이다. 남과 북은 신뢰관계를 더욱 돈독히 하며 평화를 정착시키기 위하여 경제·사회·문화공동체를 복원하고 더욱 발전시켜 나가는 단계이다. 여기에서 한 걸음 더 나아가 남북이 공동으로 협의한 후 구성한 기구에서 정치통합을 위한 여러 방법을 논의한다. 또한 남북의 대표들이 의회를 구성하여 통일을 위한 통일헌법을 제정하게 한다.

③ 통일국가 단계

남과 북의 대표로 구성된 의회에서 통일헌법을 제정한 후 민주적 절차에 따라 통일국회와 통일정부를 구성하는 것이다. 남북연합 단계의 경제·사회·문화공동체를 완성한 후 정치통합을 실현하는 단계이다. 이렇게 함으로써 1민족 1국가 1체제 1정부의 통일을 이룩하는 것이다. 즉, 1민족 1국가의 완전한 통일을 완성하는 단계이다.

④ 최종적인 통일국가의 상태

경축사에서 언급한 최종적인 통일국가의 상태는, "통일된 조국은 7천만 민족 구성원 모두가 주인이 되며, 개개인의 자유와 복지와 인간 존엄성이 보장되는 민족공동체를 토대로 건설되어야 합니다."라는 구절에 모두 함축되어 있다. 우리가 이루고자 하는 통일조국은 민족구성원 개개인의 행복은 물론이고 민족의 번영을 보장하는 나라이다. 이러한 이상의 근간을 이루고 있는 기본적 가치는 바로 자유와 복지 그리고 인간존엄성임을 명시하고 있다. 즉, 민주주의의 기본가치를 구현해야 한다는 의미를 담고 있다. 자유와 평등은 민주주의 기본원리이다. 이를 통하여 개개인은 소질과 능력을 개발하여 자아실현이라는 고귀한 목표에 도달하는 것이다. 복지는 경제적인 발전이 뒷받침되어야 한다. 이는 시장경제를 바탕으로 모두가 잘사는 부국을 이루어야 한다는 것이다. 인간존엄성이란 인권이 존중받는 국가를 건설해야 한다는 것이다. 이를 위하여 법 앞의 평등을 보장받는 정의로운 국가가 되어야 한다는 것이다.

4. 민족공동체 통일방안 의의

① 통일의 기본원칙을 제시

"통일은 우리민족의 뜻에 따라, 우리민족의 역량에 의해 자주적으로 이루어져야 합니다. 통일은 오직 평화적으로 이루어져야 합니다. 전쟁이나 상대방에 대한 전복을 통해 이루어질 수는 없습니다. 통일은 민족구성원 모두의 자유와 권리를 바탕으로 이루어지는 민주적 통일이어야 합니다."라는 구절에서 기본원칙을 읽을 수 있다. 통일의 기본원칙은 제3공화국 시절에 남북이 7·4 남북공동성명을 통하여 발표한 바 있었다. 공동성명에서 통일은 자주적·평화적·민족적으로 통일을 달성해야 한다는 내용을 담고 있었다. 문민정부에서는 여기에 '민주'의 원칙을 추가하여 원칙을 제시하였다. 세 가지의 원칙을 정리해 보면 다음과 같다.

[통일의 기본 3원칙]

구 분	기본 3원칙의 주요내용
자 주	통일은 우리민족의 문제이며 우리가 해결의 주체
평 화	통일을 이루는 방법은 대화와 협의를 통한 평화를 바탕
민 주	통일은 민족구성원 모두의 의사를 존중하는 민주적 방식으로 추진

'자주'는 외부의 압력이나 주도가 아닌 우리 스스로 결정할 문제라는 것이다. 이것은 7·4 남북공동성명의 통일원칙 중 '민족적 대단결'을 함께 포함하는 개념으로 보아도 무방할 것으로 보인다.

'평화'는 통일이 아무리 우리민족 최대의 과제이나 이를 해결하기 위하여 전쟁까지 한다면 이는 민족자체가 소멸될 수도 있다는 것이다. 따라서 통일의 방법은 대화와 협의를 통한 평화적 방법으로 이루어져야 한다는 것이다.

'민주'는 남북한 모든 국민의 자유와 권리를 바탕으로 이루어지는 민주적 통합의 방식으로 통일을 이루어야 한다는 것이다. 자유와 권리는 민주주의의 기본을 이룬다. 따라서 이것은 자유민주주의 이념을 실현하는 통일 추진이 되어야 한다는 것이다.

② 우리주도의 선제적인 통일정책

남북한 국력의 비교는 이미 의미가 없어졌다고 하여도 과언이 아니다. 따라서 미래지향적인 입장에서, 북한에 대해 민족의 복지와 번영이 약속되는 통일의 목표와 미래상을 분명히 제시하고 있다. 또한 김일성의 사망과 그동안의 경제적 침체현상을 고려할 때 상대적으로 국력의 우위에 있으며 안정적인 정국을 유지하는 우리 주도의 선제적인 통일정책으로 통일의 이정표를 스스로 계획한 것으로 평가할 수 있다.

③ 자유민주주의를 통일의 토대

이미 소련을 비롯한 동구 공산권의 붕괴는 더 이상 이념의 논쟁이 필요없게 되었다. 즉, 시장경제체제의 우수성을 입증한 것이다. 이를 계기로 시장경제를 기본으로 하고 있는 자유민주주의는 세계사의 큰 흐름일 뿐만 아니라 시대정신으로 자리 잡게 되었다. 다시말해 자유민주주의는 지향해야 할 보편적 가치로 인정받은 것이다. 또한 지난 한 세기 동안 우리는 시장경제를 토대로 부국으로 진입해 가는 여정에 있다. 그동안 산업화와 민주화의 성취를 위하여 많은 희생과 곡절을 겪었다. 그리고 마침내 이를 함께 성공시킨 저력을 갖고 있다. 따라서 통일로 나아가는 과정은 민주적이어야 하며, 결과는 자유민주주의 체제를 유지해야 함을 명백히 하였다.

④ 민족구성원 모두가 통일의 주체

정부는 통일을 추진함에 있어 우리가 지녀야 할 기본원칙으로 자주·평화·민주를 제시하는 등 과거 통일방안과의 일관성을 유지하고 있다. 또는 정부는 통일의 3원칙을 제시함에 있어 자유민주주의의 기본철학 위에서 민족구성원 개개인의 자유와 민주적 참여를 강조하고 있다. 특히 통일은 반드시 민족구성원 전체의 참여기회를 보장하는 민주적 절차에 따라야 하며, 통일된 조국은 7천만 민족구성원 모두가 주인이 되는 민주국가여야 함을 분명히 하고 있다. 7·4 남북공동성명에서 합의한 '민족대단결'의 원칙은 민족구성원 모두의 자유와 권리를 바탕으로 민주적으로 통합되어야 한다는 측면에서 민주의 원칙에 수용되어 있다.

⑤ 민족 모두가 잘 사는 '민족공동체' 건설 강조

"통일은 어떻게 권력을 분배하느냐보다는 우리민족이 어떻게 함께 살아가느냐에 초점이 맞추어져야 합니다. 통일은 계급이나 집단 중심의 이념보다도 인간중심의 자유민주주의가 바탕이 되어야 합니다. 그리고 통일은 가공적인 국가체제의 조립보다도 더불어 살아가는 민족공동체 건설에 우선을 두어야 합니다."라는 구절에 통일은 특정계층의 권력유지가 아닌 민족 구성원 전체의 사는 문제에 중점을 두어야 한다는 것이 표현되어 있다. 민족공동체는 통일의 당위성을 단적으로 나타내는 용어이다. 이는 민족을 하나로 묶고 있는 뿌리이며, 우리 민족이 재결합할 수밖에 없는 당위성을 나타내고 있다. 그러므로 그 자체가 통일의 실현을 가능케 하는 힘의 원천이다.

남과 북이 더불어 살아가는 민족공동체를 어떻게 건설해 나아가는가를 더욱 중시함으로써, 민족사회의 통일이 이루어지는 과정에서 정치적 통합의 여건이 성숙되어 궁극적으로 단일민족국가의 건설이다. 즉, 국가통일을 완성해 나아간다는 것이다.

⑥ 민족공동체 회복을 위한 통일방안 정립

"신뢰는 서로가 약속한 것을 성실하게 실천에 옮기는 데서 생겨납니다. '남북 기본합의서'와 '한반도 비핵화공동선언'은 남과 북이 세계와 민족 앞에 그 실천을 약속한 화해와 협력의 대장전입니다."라는 구절에 민족공동체를 회복하기 위해 그동안 남북이 노력한 결과를 언급하였다. 민족공동체를 회복하여 이를 통한 통일에로의 접근이라는 새로운 인식은 1989년 9월에 천명한 제6공화국의 '한민족공동체 통일방안'에서도 제시되었다. 문민정부가 출범한 1993년에 이미 정부는 '화해·협력단계' → '남북연합단계' → 궁극적으로'1민족 1국가의 통일국가를 완성'의 3단계 통일방안을 제시한 바 있다. 이번에 천명한 3단계 통일방안은 기본적으로 '한민족공동체 통일방안'의 맥을 계승하면서 1992년 2월 19일 '남북기본합의서'와 '한반도 비핵화공동선언'이 발효된 상황을 반영하여 이의 이행을 위한 '화해·협력단계'를 통일과정의 첫 단계로 설정하였던 것이다. 그동안 우리 정부의 통일방안은 적대와 대립의 장기화로 인하여 점차 이질화되어가는 민족공동체의 회복·발전의 바탕 위에서 단계적이고 점진적인 통일접근으로 발전시켜 왔다.

⑦ 북한의 변화 촉구

"북한 당국은 구시대적 대남 적화전략을 마땅히 포기해야 합니다. 또한 인권을 개선하는 과감한 개혁을 시도해야 합니다. 이산가족 문제를 기본적인 인권 문제로 인식하는 것은 물론, 억류자 문제의 해결에도 지체없이 협력해야 할 것입니다. 공허한 이념의 대결

[제49주년 광복절 경축사를 하는 김영삼 대통령] 출처 : 대통령기록관

대신에 민족의 복리 증진을 남북관계의 중심으로 삼아야 합니다. 지금은 시대의 변화를 읽고, 평화와 협력으로 나아갈 수 있는 실질적인 준비를 하나씩 갖추어 나가야 할 때입니다. 최근 북한에서는 정권 탄생 이후 처음으로 권력승계작업을 진행하는 커다란 변화가 일고 있습니다. 우리는 북한이 안정 속에서 개혁과 개방의 길로 나오기를 바라 마지 않습니다. 한국 정부와 국민은 같은 민족으로서 할 수 있는 협력과 지원을 아끼지 않을 것입니다."라는 구절에서 북한의 변화는 선택할 사항이 아닌 시대적인 변화에 부합하는 길임을 말하고 있다. 북한에 대해 '대남적화전략 포기 → 이산가족 및 억류자문제 해결을 비롯한 인권개선 → '남북기본합의서'와 '한반도 비핵화공동선언'의 성실한 이행 준수를 엄중하게 촉구하고 있다. 또한 이를 위하여 최대한의 협력과 지원을 하겠다는 의지를 밝히고 있다. 특히 정부는 북한 핵문제의 투명성이 보장되면 북한의 경수로 건설지원 등 핵에너지의 평화적 이용과 관련하여 우리의 자본과 기술을 제공할 용의를 다시 한번 약속하였다.

⑧ 통일대비를 위한 고통의 분담

3단계를 통한 점진적이고 단계적인 통일조국의 건설을 목표로 하고 있다. 그러나 통일은 우리의 의지와는 무관하게 예기치 않는 순간에 갑자기 닥쳐올 수도 있다는 점에서 우리는 모든 가능성을 점검하고 충분히 대비해 나가야 한다. 이를 위해서는 무엇보다 우리 내부로부터 통일조국의 미래상을 구현해 나아가는 것이야 말로 통일에 대비하는 가장 확실한 준비작업이 될 것이다. 특히 민족공동체를 구성하는 각 개인의 권리와 책임이 분명히 인식되어야 하며, 통일의 영광에 따른 고통과 희생을 분담할 수 있는 국민적 태세가 필요하다. 즉, 통일은 인내와 고통이 수반될 수도 있는 머나먼 여정임을 국민 모두가 공감하고 협조하여야 한다는 것이다.

김영삼 대통령은 신한국 창조를 통하여 개혁과 국제경쟁력 향상을 핵심정책으로 선정하여 자신감 있게 정책을 추진하였다. 이전의 정부는 정통성 면에서 자유롭지 못했지만 최초의 문민정부를 열었다는 사실에서 더욱 자신감을 얻게 되었다. 문민정부는 4·19 혁명, 광주민주화항쟁, 6·10 민주항쟁의 역사를 이어받은 정부라는 긍지가 있었으니 초기의 자신감은 당연하였다. 따라서 남북관계에 있어서도 자신의 통일방안에 대한 확고한 신념이 있었다. 민족공동체 통일방안은 이러한 배경 하에서 제시된 것으로 많은 지지를 받았다. 그러나 북한의 핵문제가 표면화되고, 더불어 자연재해까지 겹친 북한에서 아사자가 속출하게 되었다. 북한의 경제는 실질성장률과 1인당 GNP에서 오히려 감소하고 있었다.

[실질 성장률[9]]

구 분	1990년	1991년	1992년	1993년	1994년
우리나라	9.3%	8.4%	5.0%	5.8%	8.2%
북 한	-3.7%	-5.2%	-7.6%	-4.3%	-1.7%

북한의 1인당 GNP는 1990년 1,064달러에서 1991년은 1,038달러, 1992년 943달러, 1993년 904달러로 해가 갈수록 오히려 감소하였다. 또한 1990년대 들어 북한의 식량생산량은 감소추세를 보이면서 극심한 식량난을 보이고 있었고, 1994년은 278만t이 부족할 것으로 진단하기도 하였다.[10] 1994년부터는 이른바 고난의 행군시기를 겪으며 경제난과 기아를 극복하고자 하였다.[11] 그러나 북한의 상황은 '굶어죽을 마당에서도 돈 들여 핵을 개발'하는 형국이 계속 이어지고 있었다. 북한은 경제적으로 피폐화되고 있음에도 핵을 포기하지 않고 있었던 것이다. 북한에서 특이한 상황이 전개되고 있었던 것이다. 따라서 이러한 상황에서는 특별한 상황을 관리하기 위한 통일정책 전개가 필요할 것으로 기대하였으나, 현실의 통일정책은 그렇지 못하였다. 북한의 상황은 외부의 도움 없이는 곧 붕괴될 것처럼 보였다. 이러한 붕괴론은 김일성 사후부터 꾸준히 나오고 있었다.

김일성이 죽은 직후에는 철권통치를 이어오던 북한의 갑작스런 변화는 내부의 혼란으로 붕괴될 것이라는 주장이었다. 북한이 붕괴되면 자연히 남한으로 흡수통일 될 것이라는 그럴 듯한 내용이었다. 그러나 북한은 김일성 사후에도 붕괴되지 않았다. 그러자 열악한 경제환경을 붕괴의 조짐으로 주장하였다. 북한은 경제난의 심각성을 국제기구에 호소하기도 할 정도로 심각함을 드러내었다. 이에 따라 북한의 붕괴론은 더욱 설득을 얻었다. 김영삼은 1995년 12월 1일 통합방위중앙회의에서 북한을 '고장난 비행기' 등으로 비유하면서, "북한의 붕괴는 곧 임박했다."고 언급하기도 하였다. 그러나 북한은 붕괴되지 않았다. 이러한 영향은 별다른 통일정책을 제시하기 보다는 강경책으로 선회하는 배경으로 작용하기 시작한 것으로 보인다. 강경책으로 선회한 대북정책으로 인해 남북관계의 진전은 기대하기 어렵게 되었다. 그러나 우리나라의 한계는 미국과 공조하는 것을 제외하면 뾰족한 북한 제어책을 강구할 수 없다는 것이었다. 미국과의 공조는 북한을 압박하기 위한 연합훈련 전개 등 이마저도 제한되기는 마찬가지였다. 결국 강경책은 강경책으로 되받아치는 형국으로 돌아오고 가기를 반복할 뿐이었다. 대표적인 예가 1994년 3월 남북의 현안사업과 정상회담을 위한 특사교환을 논의하는 회담에서 '서울 불바다' 발언이 나왔다. 북한의 대표가 전쟁이 나면 서울은 무사하지 못할 것이다는 강경발언을 한 것이다. 우리의 대표가 "북측이 국제원자력기구 사찰에 성의를 보이지 않아서 유엔안보리 제재 등이 논의되고 있다."고 언급하자, 북한의 대표가 흥분하면서 "서울은 여기서 멀지 않다. 전쟁이 나면 서울은 불바다가 될 것이다."는 초강경 발언을 한 것이었다. 이 후의 남북관계는 파국의 수준으로 치달리게 되었다. 이는 북한의 상황이 시간이 지나면 붕괴될 것이라는 낙관론과 대북 우월감에서 발생한 것으로 평가할 수 있다. 가장 좋은 조건에서 출발한 문민정부는 통일문제에서 기대에 미치는 성과를 거두지는 못했다는 평가를 받고 있다.

1996년 9월 15일에는 강릉 앞바다로 무장공비 26명이 잠수함을 이용하여 침투하였다. 이 사건으로 북한에 진출한 우리기업은 곤란을 겪게 되었다. 당시에 주식회사 대우는 국내 업계에서는 처음으로 남포공단에 종업원 1,300여 명의 '조선삼천리총회사'라는 경공업 합영공장을 설립하여 1996년 8월부터 가동하고 있었다. 대우는 정부로부터 전자제품 사업자 승인을 추가로 받아 놓고 남포전자공장 합영사업을 추진 중에 있었다. 삼성물산은 캐주얼 의류를 평양 인근에서 임가공하고 있었다. LG상사는 국내최초로 북한에 연간 2만 대의 컬러 TV를 연간 2만 여대 생산하고 있었다.[12] 일련의 대치국면은 풀어질 줄 모르고 더욱 극단으로 치닫고 있었으며, 이를 관리할 능력은 찾기 어려운 형국이 계속되었다.

'서울 불바다' 발언이 나올 정도로 남북관계는 다시 긴장의 국면을 맞고 있었다. 그러나 이를 타개하기 위한 대안은 제시되지 못한 채 금융위기를 맞으면서, 문민정부는 경제는 물론이고 통일정책에서도 국민을 실망시켰다.

[눈길 돌린 악수] 출처 : 동아일보(1994.3.20.)

9) 통계청, 『남북한 경제사회상 비교』, p.40.

10) 동아일보, 「올 식량 278만톤 부족 예상」, 1994.5.30.

11) 고난의 행군은 1994년 김일성 사망 후 나라의 경제사정이 극히 어려워지자 이를 극복하기 위해 주민들의 희생을 강요하며 김정일이 내놓은 당적 구호로서, 1996년 신년공동사설을 통해 제시되었다. 국가의 배급중단으로 인하여 자체적으로 생계문제를 해결해야만 했고, 살기 위해서는 무엇이든 해야만 했던 절박한 생존의 시기를 의미한다. 이후 '고난의 행군'은 당시의 절박했던 삶과 죽음의 경계를 대표하는 하나의 상징어가 되었다. 출처 : 통일부 통일교육원, 『북한지식사전』, p.45.

12) 매일경제, 「무장공비 침투로 남북관계 급랭」, 1996.10.5.

제49주년 광복절 경축사(1994.8.15)

친애하는 국민 여러분! 제49주년 광복절을 국민과 더불어 경축합니다.

문민정부 출범 후 두 번째 광복절을 맞아, 우리는 과거 어느 때보다 조국의 장래에 대해 희망과 용기에 차 있습니다. 그동안 우리 국민은 변화와 개혁, 개방과 전진을 향해 함께 노력해 왔습니다. '깨끗한 정부'를 바탕으로 국가경쟁력을 강화해 왔습니다. 상해 임정 청사를 복원하고, 애국선열들의 유해를 고국 땅에 모셨습니다. 대한민국의 정통성은 그 어느 때보다 확고해졌습니다. 민족의 정기는 되살아나고 있으며, 우리는 민족진운의 역사를 당당하게 개척해 나가고 있습니다. 때맞추어, 새로운 문명의 중심축이 아시아, 태평양지역으로 이동하고 있습니다. 우리 민족에게 아시아, 태평양시대, 새로운 문명의 주역이 될 수 있는 기회가 다가오고 있는 것입니다. 우리 민족은 언제까지나 헤어져 살 수는 없습니다. 우리 민족의 뜻과 원기를 한 군데로 모아야 합니다. 우리 민족이 하나되어, 새로운 문명을 선도하는 위대한 한민족 시대를 열어나가야 합니다.

7천만 내외동포 여러분!

나는 대한민국 대통령으로서 7천만 민족의 안전과 생존, 그리고 통일과 번영에 대한 책임을 한시도 잊어본 적이 없습니다. 지난 7월, 남북정상회담을 추진했던 것도 바로 이러한 책임을 통감했기 때문이었습니다. 세계사와 남북관계의 흐름이 새로운 국면으로 접어드는 이 시점에서, 나는 통일에 대한 우리 정부의 기본입장을 다시 한번 가다듬고자 합니다. 지난 1세기 동안 우리는 민족의 자주독립과 자유민주주의를 위하여 부단히 노력해 왔습니다. 진정한 의미의 광복은 민주주의가 꽃피고, 번영이 넘치는 통일된 나라를 이룩할 때 완성됩니다. 세계사는 이미 자유민주주의의 승리를 선언하였고, 우리는 현재 민주주의의 시대에 살고 있습니다. 우리 국민은 오랫동안 민주화를 위해 함께 노력해 왔습니다. 문민정부의 출범으로 민주주의의 기틀이 이 땅에 확고하게 자리 잡았습니다. 국민과 더불어 이렇듯 어렵게 이룩한 우리의 자유민주주의는 어떠한 희생을 치르더라도 반드시 수호될 것입니다. 나는 자유민주주의 체제에 대한 도전은 결코 용납될 수 없다는 것을 다시 한번 분명히 합니다. 통일을 추진하는 우리의 기본철학 역시 자유와 민주를 핵심으로 하고 있습니다. 자유 없는 민주가 있을 수 없고, 민주 없이는 진정한 자유와 평화도 있을 수 없습니다. 우리는 민주주의의 굳건한 토대 위에서 민족의 자주적 역량으로 법전과 분단을 극복하고, 민족의 숙원인 평화통일을 반드시 이룩해야만 합니다.

통일은 어떻게 권력을 분배하느냐보다는 우리 민족이 어떻게 함께 살아가느냐에 초점이 맞추어져야 합니다. 통일은 계급이나 집단중심의 이념보다도 인간중심의 자유민주주의가 바탕이 되어야 합니다.

그리고 통일은 가공적인 국가체제의 조립보다도 더불어 살아가는 민족공동체 건설에 우선을 두어야 합니다. 통일은 우리 민족의 뜻에 따라, 우리 민족의 역량에 의해 자주적으로 이루어져야 합니다.

통일은 오직 평화적으로 이루어져야 합니다. 전쟁이나 상대방에 대한 전복을 통해 이루어질 수는 없습니다.

통일은 민족구성원 모두의 자유와 권리를 바탕으로 이루어지는 민주적 통일이어야 합니다.

서로 다른 이념과 체제 아래서 반목과 불신을 쌓아온 남과 북이 하루아침에 통일을 이룰 수는 없습니다. 통일은 점진적이고, 단계적으로 하나의 민족공동체를 건설하는 방향으로 이루어 나가야 합니다. 정부는 이미 하나의 민족공동체 건설을 위해 '화해·협력단계'와 '남북연합단계'를 거쳐, '1민족 1국가의 통일국가를 완성'하는 3단계 통일방안을 제시한 바 있습니다. 우선, 남과 북은 적대와 대립의 남북관계를 화해와 협력의 관계로 바꾸어 나가야 합니다. 예멘이 정치적 통일을 이루고도 내전을 치를 수밖에 없었던 것은 화해와 협력의 과정을 거치지 않고, 성급하게 외형만의 통일을 이루었기 때문입니다. 남과 북은 화해와 협력을 바탕으로 공존공영하면서 평화를 정착시키는 남북연합단계로 나아가야 합니다. 남북연합단계에서는 남과 북이 경제·사회공동체를 형성해 발전시킴으로써 정치적 통합을 위한 여건을 성숙시켜 나가야 합니다. 정부의 '한민족공동체 건설을 위한 3단계 통일방안'은 통일의 중간과정을 거쳐, 궁극적으로는 1민족 1국가로 통일을 완성해 나가는 것입니다. 통일의 길은 민주와 번영의 길이 되어야 합니다. 통일된 조국은 7천만 민족 구성원 모두가 주인이 되며, 개개인의 자유와 복지와 인간 존엄성이 보장되는 민족공동체를 토대로 건설되어야 합니다.

내외 동포 여러분!

이제 한반도에서도 냉전의 시대는 지나갔습니다. 남·북한 사이의 체제 경쟁도 이미 끝났습니다. 사회주의, 공산주의의 실험이 실패로 귀결된 20세기의 역사가 그것을 증명하고 있습니다. 전 세계와 인류는 이미 냉전 대신에 자유화, 복지화, 개방화의 길을 걷고 있습니다. 이 역사적 대세 앞에 한반도만이 예외가 될 수 없습니다. 북한 당국은 구시대적 대남 적화전략을 마땅히 포기해야 합니다. 또한 인권을 개선하는 과감한 개혁을 시도해야 합니다. 이산가족문제를 기본적인 인권문제로 인식하는 것은 물론, 억류자 문제의 해결에도 지체없이 협력해야 할 것입니다. 공허한 이념의 대결 대신에 민족의 복리 증진을 남북관계의 중심으로 삼아야 합니다. 지금은 시대의 변화를 읽고, 평화와 협력으로 나아갈 수 있는 실질적인 준비를 하나씩 갖추어 나가야 할 때입니다. 최근 북한에서는 정권 탄생 이후 처음으로 권력승계 작업을 진행하는 커다란 변화가 일고 있습니다. 우리는 북한이 안정 속에서 개혁과 개방의 길로 나오기를 바라 마지 않습니다. 한국

정부와 국민은 같은 민족으로서 할 수 있는 협력과 지원을 아끼지 않을 것입니다.

남북이 협력 속에 경제적 번영을 이룩하여 하나의 경제공동체가 형성될 때, 자연스런 통일, 바람직한 통일이 이루어질 수 있기 때문입니다. 통일은 결코 민족공동체의 선진국 진입에 장애가 되는 것이 아니라 민족의 창의와 능력을 보완, 발전시키는 것이 되어야 합니다. 우리가 흡수 통일을 원하지 않는 까닭이 바로 여기에 있습니다. 남북관계 개선의 첫 걸음은 신뢰에서부터 출발해야 합니다. 신뢰는 서로가 약속한 것을 성실하게 실천에 옮기는 데서 생겨납니다. '남북기본합의서'와 '한반도 비핵화공동선언'은 남과 북이 세계와 민족 앞에 그 실천을 약속한 화해와 협력의 대장전입니다. 지난 1년여 동안 한반도의 긴장을 고조시킨 핵문제도 '한반도 비핵화공동선언'의 준수로부터 그 해결의 실마리를 찾아야 합니다. 남북간의 화해 분위기를 위배하는 상호 비방은 중지되어야 하며, 군사적 대결을 종식시킬 수 있는 군사적 신뢰구축이 하루속히 이루어져야 합니다. 우리는 언제 어디서나 대화의 문을 활짝 열어놓고 있습니다. 북한은 세계 속으로 나와야 합니다. 우리는 결코 북한의 고립을 원하지 않습니다. 또한 북한은 핵을 무기로 하는 폐쇄지향의 모험을 중지해야 합니다. 우리는 북한이 핵 활동의 투명성을 보장한다면, 북한의 경수로 건설을 비롯한 평화적 핵에너지의 개발에 우리의 자본과 기술을 지원할 용의가 있습니다. 이것은 우리 민족공동체의 미래를 함께 설계하는 '민족 발전 공동계획'의 첫 사업이 될 수 있을 것입니다.

국민 여러분!

거듭 강조하지만, 우리는 점진적이고 단계적인 통일을 희망하고 있습니다. 그러나 통일은 예기치 않은 순간에 갑자기 닥쳐올 수도 있습니다. 우리는 모든 가능성을 점검하고 충분히 준비해야 합니다. 통일이 언제, 어떻게 오더라도 통일은 결국 남과 북의 이질화된 민족사회를 하나의 공동체로 회복, 발전시키는 일로부터 시작해야 합니다. 이를 위해서는 우리 국민 모두가 우리 사회부터 모범적인 민주공동체로 키워나가야 합니다. 우리는 통일에의 영광과 환희뿐만이 아니라, 그에 수반되는 고통과 희생도 함께 나눌 수 있는 힘과 용기를 가져야 합니다. 우리는 언제나 북한주민이 겪고 있는 생활상의 어려움을 생각해야 합니다. 북한의 문제는 곧 우리 자신의 문제입니다. 우리는 항상 같은 민족으로서 협력할 수 있는 길을 모색하고 준비해야 합니다. 우리는 이처럼 의연하고 한결 같은 자세로 민족의 화해와 통일에 임해야 할 것입니다.

내외 동포 여러분!

우리가 살아온 반세기를 돌아볼 때, 우리는 벅찬 감동과 함께 부끄러운 반성을 거듭하지 않을 수 없습니다. 해외에서, 그리고 남북에서 우리 민족이 걸어온 고난의 역정을 생각할 때 더욱 그렇습니다. 내년에 맞는 광복 50주년은 우리 민족사에서 중요한 의미를 지나는 해가 되도록 해야 합니다. 우리가 광복 50주년 기염사업을 지금부터 준비하는 것도 이 때문입니다. 나는 광복 50주년을 한마음 한뜻으로 '7천만의 한민족 시대'를 여는 계기로 삼을 것을 내외 동포 앞에 제의하는 바입니다. 나는 광복 50주년을 한마음 한뜻으로 '7천만의 한민족시대'를 여는 계기로 삼을 것을 내외 동포 앞에 제의하는 바입니다.

우리 민족은 식민시대의 압제를 들고 민족의 광복을 성취해 냈습니다. 우리 국민은 독재에 항거하여 민주주의를 쟁취해 냈습니다. 전쟁의 폐허에서 일어나 한강의 기적을 이룩해 냈습니다. 그 연장선 위에서, 이제 우리는 민주와 번영이 넘쳐흐르는 통일조국, 신한국을 기필코 창조해내야 합니다. 선열들이 조국의 광복을 위해 피를 흘린 것처럼 우리는 제2의 광복을 위해 땀을 흘려야 합니다. 그리하여 우리의 선열과 우리들이 그토록 간절하게 꿈꾸어 왔던 통일되고 번영된 조국을 우리의 후손들에게 자랑스럽게 물려줄 수 있게 되기를 바랍니다. 우리 민족은 반드시 새로운 세계문명의 중심에 우뚝 서게 될 것입니다.

제 2의 광복을 위해서 우리 다 함께 힘을 모읍시다. 우리 모두 위대한 한민족시대를 열어 나갑시다.

감사합니다.

CHAPTER

08 국민의 정부 김대중 대통령

제 1 절　국민의 정부 출범과 국제정세

1. 국민의 정부 출범

1997년 문민정부가 저물어 가면서 우리나라는 외환위기에 직면하였다. 1997년 11월 21일 우리나라는 국제통화기금(IMF)에 구제금융을 요청하였다. 구제금융을 요청했다는 것은 경제정책 전반에 대하여 IMF로부터 크고 작은 통제를 받는다는 것을 뜻한다. 당시의 우리나라는 경제협력개발기구(OECD)회원국이면서 세계 11위의 교역국이었다. 그러나 김영삼의 문민정부 5년은 경제를 도약시키기는 고사하고 파탄의 지경으로 끌고 왔다.

이것은 정권의 국가경영능력을 의심하게 하는 사건이었으며 이로 인해 국민이 부담해야 할 고난은 엄청난 것이었다. 이를 기점으로 기업들의 줄도산이 이어졌다. 그 여파는 높은 실업률로 이어졌고 소득분배를 악화시키는 결과를 가져왔다. 소득분배의 악화는 양극화라는 현상으로 나타나서 사회적 갈등을 심화시키는 원인이 되었다. 많은 기업들이 이에 따라 명예퇴직과 희망퇴직 제도를 시행하여 대규모 해고를 단행해야만 했다. 또한 정치권에도 영향을 미쳐 사상 첫 여야의 정권교체가 이루어졌다. 김대중 후보가 여당의 이회창 후보를 누르고 대통령에 당선된 것이다.

김대중의 대통령 당선은 민주화운동의 두 주역이었던 김영삼에 이은 것이었다. 군부독재와 싸우며 사형선고까지 받은 대한민국 민주화운동의 상징이자, 불의와 타협을 모르고 살아 온 김대중의 당선은 국민들의 기대를 모으기에 충분하였다. 김대중 대통령은

1998년 1월 1일 김대중 대통령 당선자가 자택에서 '세상을 다스리고 백성을 구제한다는 經世濟民(경세제민)'이라는 신년휘호를 쓴 뒤 설명하고 있다. IMF를 맞아 이를 극복하겠다는 결연한 의지를 표현하는 듯하다.

[신년휘호 쓰는 당선자] 출처 : 한겨레신문(1998.1.1.)

취임 이전부터 경제문제 해결이라는 크나 큰 과제를 부여받았다. 온 국민의 시선은 새로 취임할 대통령에게 모여졌다. 김대중 대통령은 취임 이후 IMF로부터 자금을 지원받아 경제개혁에 착수하는 것으로부터 시작하여야 했다. 따라서 초기 국정운영의 대부분은 이를 해결하는 데 집중해야 했으므로 남북관계 개선을 위한 환경은 불리한 상태에서 출발한 것이다. 이런 난국 속에서 국민들은 '금 모으기 운동'을 자발적으로 실시하여 세계적인 화제가 되기도 하였다. 제2의 국채보상운동[1]인 셈이었다. 실로 국민의 위대함을 다시 한번 느끼는 순간이었다. 대통령부터 온 국민이 힘을 합친 결과, 2000년 12월 4일 대통령은 외환위기로부터 완전히 벗어났다고 공식석상에서 발표했다. 1998년 출범시 국민의 정부가 해결할 가장 시급한 과제는 외환위기로 나락에 떨어진 경제를 복원시키는 것이었다. 이러한 위기를 3년이 채 흐르지 않은 시기에 위기에서 벗어날 수 있게 한 것이다.

'금 모으기 운동'의 사연은 다양하였다. 결혼반지, 자녀의 백일반지, 운동선수의 금메달 등 이루 말할 수 없었다. 1998년 1월 13일에는 그동안 모았던 금을 처음으로 수출하기도 하였다. 통상산업부의 1998년 1월중 수출입동향 발표에 따르면, 금 모으기 운동으로 수출된 금은 5억 8천만 달러로 16억 달러의 흑자를 내는 데 결정적인 기여를 했다고 발표하였다.[2] 이는 대외적으로 국가신용도 향상에 크게 기여하였다.

[금 모으기 운동] 출처 : 동아일보(1998.1.13.)

1) 일제가 대한제국을 경제적으로 예속하고자 차관을 제공하였다. 이에 국민들이 자발적으로 차관을 갚고자 모금에 동참하였다 1907년 대구에서 처음 시작하여 전국으로 확대되었다.

2. 국제정세

냉전체제가 종식된 후의 세계는 미국이 유일무이한 패권국의 지위를 차지하고 있었다. 따라서 미국은 소련의 팽창에 맞서기 위해 취했던 봉쇄정책을 더 이상 유효시킬 필요가 없었다. 환경의 변화에 따라 미국은 봉쇄정책을 폐기하고 '개입과 확대'라는 새로운 전략을 수립하였다. 특히 미 백악관은 1997년 1월 30일 발표한 '개입과 확대의 국가안보전략'이라는 연례보고서에서 미국의 대한반도 정책의 목표는 '비핵화된 한반도의 평화적 통일'에 있다고 밝히고 태평양 세력으로서 미국은 한국의 안보를 철저히 지킬 것이라고 하였다.[3] 또한 '한반도는 미국의 안보와 번영에 긴요한 아시아지역 평화와 안정의 핵심이 되고 있다.'고 하였다. 클린턴 대통령은 집권 2기 취임식에서 한반도를 비롯한 아시아의 안정과 평화를 위한 세계지도국으로서의 미국의 책임과 역할을 천명하였다.[4] 미국은 세계의 패권국답게 2개의 주요지역에서 전쟁이 발생해도 이를 모두 승리로 이끌 수 있는 군사전략을 구사하였으며, 동시도발 가능성에 효과적으로 대처하고 있다고 자평하였다.

[공격당한 세계무역센터] 출처 : 다음백과사전 9·11 테러

---

2) 경향신문, 「금, 애국 나라 살린다」, 1998.2.5.

3) 동아일보, 「미 한반도 정책, 비핵화 평화통일」, 1997.2.1.

4) 동아일보, 「대 아시아정책 아태안보, 경제영향력 확대 매파 국무중심 개입 강화할 듯」, 1997.1.21.

당시의 미국은 이처럼 군사력에 대한 자신감을 바탕으로 미국 주도의 세계의 질서를 위해 적극적인 개입을 하고 있었다. 이러한 미국이 2001년 9월 11일 본토를 공격당하는 일이 발생하였다.

뉴욕의 세계무역센터(WTC) 쌍둥이빌딩과 워싱턴의 국방부 건물인 펜타곤을 목표로 하여 항공기 자살테러공격을 당한 것이다. 이 사건으로 2,936명이라는 엄청난 숫자의 희생자가 발생했으며, 미 역사상 본토 공격을 당한 최초의 일이었다. 미국은 '테러와의 전쟁'을 선포하였다. 사건 직후 미국의 부시 대통령은 담화를 발표하여 테러를 전쟁행위라고 공식선언하였으며, 모든 수단을 동원하여 보복응징하겠다는 강경한 발언으로 발표를 마쳤다. 9월 15일의 테러의 배후로 알카에다의 오사마 빈 라덴을 지목하였다. 그 후 집요한 추적으로 2011년 5월 1일 오사마 빈 라덴을 사살했다고 발표하기에 이르렀다.

냉전체제의 종식은 국가간의 큰 전쟁위협은 감소시키는 계기가 되었으나 안보질서의 재편과정에서 지역분쟁 등 냉전구도 하에서 잠재되어 있던 다양한 분쟁요소들이 표출되기 시작하였다. 즉, 민족·영토·종교·자원·환경 등의 분쟁이 나타나고 있었다. 1999년 한 해 동안 세계 각지에서 발생한 분쟁은 모두 83개가 발생하였다.[5] 이때 발생한 대부분의 분쟁들은 탈냉전 이후 체제 전환과정을 겪고 있는 국가에서 주로 발생하였다. 코소보분쟁[6]은 NATO가 무력 개입함으로써 국제문제로 비화되었으며, 이 과정에서 서방과 러시아, 중국을 비롯한 구사회주의 국가간 이견이 발생하기도 하였다. 즉, 이념을 중심으로 한 냉전체제가 물러났지만 국가이익을 중심으로 한 새로운 개념의 냉전이 국지적으로 발생하게 되었다. 따라서 국가안보에 대한 개념전환이 필요한 시점이 되었다. 과거의 군사적 위협으로부터 자국의 이익을 지키는 개념으로의 전환이 요구되는 시기에 직면하였다. 이제는 경제 등의 다양한 분야의 국가이익을 지키는 것이 중요한 국가안보의 목표가 되어야 하는 시점이었다.

3. 북한의 내부정세

국민의 정부가 들어선 1998년의 북한은 김일성의 후계자로 등극한 김정일이 그의 시대를 개막하고 있었다. 1998년 9월 5일, 북한은 최고인민회의 제10기 1차 회의를 개최하여 헌법을 개정하였다. 개정된 헌법을 살펴보면, 김일성을 영원한 주석으로 추대하였으며 국방위원장을 국가수반으로 격상시켜 김정일을 추대하였다. 북한은 헌법에서 인정

5) 국방부, 『1998~2002 국방백서』, p.19.

6) 1999년 3월 NATO의 대 유고공습으로 촉발된 당시의 핵심분쟁 사태이다. 다민족국가로 구성된 유고는 소련 해체 후 지속적으로 연방해체과정을 거쳐 왔다. 이 과정에서 지역적 민족적 요인으로 극심한 내전이 발생하였다.

하는 김정일시대를 공식 출범시킨 것이다. 김정일은 1998년 공동사설과 강성대국론을 통해 '군대는 혁명의 기둥이며 주력군'이라고 말하였다. 즉, 군사우선정책을 예고하고 있었다. 남북관계를 예측하는 발언으로, 1998년 4월 18일 '남북정당·사회단체 대표자 연석회의' 50주년 기념 중앙연구토론회에 '온 민족이 대단결하여 조국의 자주적 평화통일을 앞당기자.'라는 제하의 서한을 공개하였다. 서한에서 제시한 '민족대단결 5대 방침'은 ① 민족의 대단결은 철저히 민족 자주의 원칙에 기초하여야 한다. ② 애국애족의 기치, 조국통일의 기치 밑에 온 민족이 대단결하여야 한다. ③ 우리 민족의 대단결을 이룩하자면 북과 남 사이의 관계를 개선하여야 한다. ④ 우리 민족의 대단결을 위해서는 외세의 지배와 간섭을 반대하고 외세와 결탁한 민족반역자들, 반통일세력을 반대하여 투쟁하여야 한다. ⑤ 민족의 대단결을 이룩하기 위해서는 북과 남, 해외의 온 민족이 서로 내왕하고 접촉하며 대화를 발전시키고 연대 연합을 강화하여야 한다.[7] 등이다. 이처럼 김일성이 말한 내용을 다시 한번 축약하여 언급한 것으로 보아 대남정책에는 큰 변동이 없을 것으로 짐작이 되었다. 이 시절 북한은 여전히 심각한 식량난을 겪고 있었다.

北지원 식량물자
속초~원산항 운송

서울~평양 직통전화 재가동

南北赤대표 사실상 합의

임기말까지

북한은 1995년부터 식량난이 더욱 심각해졌다. 이에 국제사회에 지원을 요청하는 형편이었고 우리나라에서도 인도주의에 입각하여 정부와 민간차원의 지원이 있었다. 그러나 이에 대한 반대론도 대두되었다. 불과 한 해 전인 1996년에 북한은 강릉으로 잠수함을 이용하여 공비를 침투시킨 사건이 있었다. 기사 내용은 북한을 지원할 식량물자에 대한 합의를 남북의 적십자사가 사실상 협의했다는 내용이다.

출처 : 동아일보(1997.5.4.)

---

7) 이는 김일성이 1993년 4월 6일 제시한 '전민족대단결 10대 강령'의 내용을 기초로 이를 압축적으로 재정리한 것이다. 그 핵심이 되는 민족대단결론은 북한정권이 역사적 정통성을 갖고 있고 통일의 중심체가 되어야 한 다는 점을 과시하면서 민족이라는 혈연적 동질성을 앞세워 광범위한 통일전선을 형성하려는 데 목적이 있다. 출처 : 통일부 통일교육원, 앞의 책, p.402.

북한의 식량난은 제3차 7개년 경제계획 실패로부터 가속화하기 시작하였다.[8] 특히 1995년 홍수 피해 이후 농작물 생산량이 급감하면서 식량난은 갈수록 심화되고 있었다. 그 결과 암시장 확산 등 경제범죄가 증가하고 주민통제체제가 약화되고 있었다. 북한은 식량난을 해소하기 위하여 세계식량기구(WFP) 등 국제기구와 서방국가들에게 식량원조를 호소하며 북한을 방문하게 하였다. 이러한 조치는 전례에 없었던 대서방 외교를 전개한 것이다. 북한은 1995년 5월 26일에 일본을 방문한 북한의 국제무역촉진위원회 리성록 위원장이 일본 연립여당의 방북단대표들과 회담 시 대북 식량지원을 요청하면서, 한국의 쌀도 조건없이 받겠다는 의사표명을 한 바 있었다. 이보다 앞서 김영삼 대통령은 1995년 3월 7일에 북한에 대한 곡물지원의사를 표명하였다. 그 후 1998년 3월 2일 북한은 중앙통신을 통하여 "3월 중순이면 식량 재고량이 떨어진다."면서 다시 한번 식량지원을 호소하였다. 이러한 북한의 요청에 따라 우리나라에서는 적십자사를 통하여 1997년 들어서는 6월 20일에 옥수수 5만 톤과 국산분유 300톤을 지원하였으며, 8월 29일에는 WFP(세계식량계획), UNICEF(유엔아동기구)[9], 세계보건기구(WHO) 등에 현금을 기탁하는 방식으로 혼합곡물과 옥수수 등 지원을 실시하였다.[10] 1997년 한해 동안 우리정부 및 민간단체에서 북한에 지원한 총액은 4,723만 달러에 달하였다. 김대중 대통령은 1998년 2월 25일 취임사에서 "정부와 민간이 합리적인 방법을 통해 북한에 식량을 지원하는 데 인색하지 않겠다."고 천명하였다. 북한은 이러한 경제난 속에서도 기존의 대남적화전략을 유지하면서 무장간첩침투, 고의적 북방한계선 침범 등을 지속적으로 시도하고 있었다. 1998년 11월 20일 북한은 강화도 근해에서 간첩선으로 침투를 기도하다 북으로 도주한 바 있었다. 1998년 12월 17일에는 반잠수정 한 척이 여수 해안으로 침투 중에 해군에 의해 격침되기도 하였다. 1999년에는 서해연평해전이 발생하기도 하였다. 또한 우리가 추진하는 대북포용정책을 대북적대정책이라고 비난하면서 의도적인 긴장조성을 하고 있었다. 긴장조성과 함께 북한은 경제난을 타개하기 위하여 김정일의 60회 생일이 되는 2002년을 '경제정상화의 해'로 정하고 '제2의 천리마운동' 등을 통하여 경제를 살리려 전력하고 있었다.

---

8) 북한은 1987년부터 1993년까지 실시된 경제계획에서 실패 이후 연속하여 마이너스 성장을 기록 중이었다. 경제성장률은 1990년부터 1998년까지는 마이너스였으며 1999년에 이르러서야 마이너스 성장에서 탈출하여 6.2%의 성장률을 달성하였다. 출처 : 통계청, 2000, 『남북한 경제사회상 비교』, p.75.

9) 개발도상국의 어린이를 구호하기 위한 유엔의 보조기구이다.

10) 통일부, 『대북지원업무편람』, p.7.

제 2 절 대북포용정책

1. 용어의 유래

대북포용정책은 '나그네의 외투를 벗기기 위해서는 바람보다는 따뜻한 햇볕이 효과적'이라는 이솝우화에서 착안한 것이며 '햇볕정책'이라고도 한다. 햇볕정책이란 말은 1993년 6월 6일 영국 런던대학에서 '북한에 대한 새로운 접근'이라는 주제로 연설하면서, "나그네의 외투를 벗기는 것은 강한 바람이 아니라 뜨거운 햇볕"이라는 이솝우화를 인용하면서 "대북정책의 시각도 적대와 경쟁이 아니라 호혜와 협조의 방향으로 바뀌어야 한다."고 하면서 사용하기 시작한 용어이다. 이는 화해와 협력을 적극적으로 추진하는 것이 햇볕의 역할이며, 이를 통하여 남북관계를 개선시키는 것을 목표로 삼은 것이다. 그 후 1997년 9월 8일 앨빈 트플러와의 대담 중에서도 통일방법론에 대한 소신을 피력하면서 햇볕정책에 대하여 언급하였다.

> "우리는 이솝우화에서 바람이 행인의 외투를 벗기는 데 실패했지만 햇볕이 성공했다는 교훈을 알고 있습니다. 서방세계도 과거 냉전시기에 소련에 대해 바람정책으로 밀어붙였을 때 냉전을 해소하는 데 이렇다 할 성과를 거두지 못했습니다. 그러나 긴장을 완화하는 데탕트정책으로 평화를 정착시키는 데 성공했습니다. 북한에 대해서도 마찬가지 입니다. 따라서 북한의 변화를 점진적으로 유도하는 포용정책이 평화적 남북관계의 형성은 물론이고 통일의 지름길이라 봅니다. 저는 3단계 통일론을 방안으로 가지고 있습니다. 첫 단계는 남북간의 남북연합을 이루는 것입니다. 이것은 약 10년 정도 예상하고 있습니다. 이 단계에서는 2개의 남북한 독립정부가 현재의 상태에서 각기 다른 체제를 그대로 유지하는 것입니다. 이 기간은 남북한의 화해와 협력을 통해서 평화와 번영을 추구하는 가운데 평화공존과 교류를 강화하는 것입니다. 그래서 신라시대 이후로 천년 이상 지속된 민족의 동질성을 회복해 나가는 것입니다. 제2단계는 연방제단계입니다. 하나의 체제 아래 외교, 국방 그리고 주요내정은 중앙정부가 장악하고 여타의 내정은 2개의 지역자치정부가 담당하게 됩니다. 이러한 노력을 성실히 수행하면 갈등은 점진적으로 치유될 수 있을 것으로 봅니다. 마지막 단계는 단일정부가 통치하는 완전통일의 단계입니다. 이 단계에서는 우리가 염원하는 완전통일국가가 실현됩니다. 그날의 실현을 위해서 우리는 인내를 갖고 노력할 준비가 되어 있습니다."

이와 같이 통일에 대한 견해를 말하면서 햇볕정책의 필요성을 언급하였다.

과거 정부의 통일정책은 흡수통일론으로 볼 수 있다. 국민의 정부에서는 이를 대체하는 이른바 '햇볕정책'으로 불린 대북포용정책을 통일정책으로 삼았다. 대북포용정책의 목표 및 3원칙, 추진기조와 방향 등에 대하여 살펴보기로 한다.

2. 목표 및 3원칙

1998년 2월 25일 김대중 대통령은 취임사를 통해 "남북관계는 화해와 협력 그리고 평화정착에 토대를 두고 발전시켜 나가야 할 것"임을 밝혔다. 이는 출범하는 '국민의 정부'의 대북정책 목표였다. 즉, '평화·화해·협력'의 실현을 통한 남북관계 개선을 대북정책의 목표로 천명한 것이다. 이는 현 단계에서는 당장의 통일을 실현하는 데 주력하기 보다는 우선 한반도의 냉전적 대결구조의 해체를 통해 평화공존과 화해·협력의 남북관계를 실현하는 것이 시급하다는 인식에 바탕을 두었다. 또한 그동안의 통일방안이 성과로 이어지지 못한 현실적인 원인을 찾아 통일원칙으로 제시하고자 하였다. 그동안 북한은 우리측의 통일방안에 대하여 경계하여 왔으며 결국에는 거부하는 수순으로 일관하는 태도를 보여 왔다. 그것은 우리의 경제력을 앞세운 사실상의 흡수통일을 내포하고 있다고 보았기 때문이다. 따라서 이를 불식시키기 위한 원칙제시가 무엇보다 필요하였다. 이를 취임사에서 명확하게 밝히고 있었다.

"남북문제 해결의 길은 이미 열려 있습니다. 1991년 12월 13일에 채택된 남북기본합의서의 실천이 바로 그것입니다. 남북간의 화해와 교류협력과 불가침, 이 세 가지 사항에 대한 완전한 합의가 이미 남북한 당국간에 이루어져 있습니다. 이것을 그대로 실천만 하면 남북문제를 성공적으로 해결하고 통일에의 대로를 열어나갈 수 있습니다. 저는 이 자리에서 북한에 대해 당면한 3원칙을 밝히 고자 합니다. 첫째, 어떠한 무력도발도 결코 용납하지 않겠습니다. 둘째, 우리는 북한을 해치거나 흡수할 생각이 없습니다. 셋째, 남북간의 화해와 협력을 가능한 분야부터 적극적으로 추진해 나갈 것입니다."

취임사에서 대북정책의 목표뿐 아니라 이에 달성하기 위한 3원칙까지 구체적으로 언급하였다. 즉, '평화를 파괴하는 일체의 무력도발 불용', '흡수통일 배제', '화해·협력의 적극 추진'을 3원칙으로 제시하였다. 이는 확고한 안보태세를 바탕으로 하면서도 흡수통일을 배제하고 남북간 교류와 협력을 활성화해 나간다는 것이다. 흡수가 아닌 포용적인 입장에서 북한의 변화를 지원하고 남북관계를 개선해 나가겠다는 목표를 분명히 제시하고 의지를 표명한 것이었다.

[대북포용정책 목표 및 3원칙]

구 분		주요내용
목 표		평화와 화해협력을 통한 남북관계 개선
3원칙	무력불용	확고한 안보태세 유지를 바탕으로 추진 평화를 지키는 안보정책 → 평화를 만드는 안보정책
	흡수통일 배제	평화를 바탕으로 단계적·점진적 통일 추구 남북간 평화공존의 관계 정착 교류와 협력을 통한 민족동질성 회복
	화해·협력	가능한 분야 → 다양한 분야의 교류협력 활성화 상호 이익과 민족의 복리 도모

이러한 목표를 달성하기 위한 3원칙을 제시하고 있는데 좀 더 부연하여 설명하면 다음과 같다. '한반도의 평화를 파괴하는 일체의 무력도발 불용'은 포용정책의 토대가 되는 첫 번째 원칙이다. 평화를 정착시키는 것은 남북관계를 개선하고 통일을 실현하는 전제조건이다. 그러나 북한의 대남적화통일노선은 아직도 변화가 없었다. 이러 상태에서 가장 필요한 것은 우리의 확고한 안보태세를 구축하는 것이다. 강한 안보력을 유지할 때, 북한은 스스로 무력에 의한 적화통일이 불가능하다는 것을 인식하고 노선의 변화를 이끌 수 있다는 것이다. 대북포용정책을 추진하는 과정에서도 북한의 군사위협은 계속되고 있었다. 따라서 이러한 도발에 의한 통일망상을 불식시키고 노선의 자진 변경을 유도하기 위해서는 강한 안보력을 갖추어야 한다는 것에서 제시된 원칙이다.

[1999년 을지연습안보회의 참석한 대통령] 출처 : 대통령기록관

일방적인 흡수통일의 배제는 통일을 단계적이고 점진적으로 이루어 나가자는 것이다. 남북의 분단상황은 오랜 세월을 거치면서 이질화가 심화되었다. 이러한 상태에서의 급작스런 통일이나 어느 일방에 의한 흡수통일은 그 후유증이 심화될 것이다. 따라서 충분한 시간을 갖고 교류와 협력으로 민족의 동질성을 회복하는 데 중점을 두고 통일을 지향해야 한다. 통일은 긴 시간을 두고 민족공동체를 이루어나가는 과정에서 이루어져야 한다는 것이다. 북한은 그동안 우리가 제시한 통일방안을 흡수통일을 전제로 하고 한다는 인식이 강하였다. 그러므로 이를 불식시키는 것이 무엇보다 필요하였다.

화해협력의 적극적인 추진은 민족동질성을 회복하기 위한 과정에서 이루어져야 하는 과정이다. 그동안의 남북관계는 전쟁까지 겪었다. 따라서 반목과 질시는 물론 동족이라는 의식마저 희미해져 가게 만들었다. 이를 극복하기 위해서는 보다 많은 대화와 접촉이 필요하며 많은 협력이 이루어져야 한다. 가능한 분야의 교류를 시작으로 하여 신뢰가 축적되는 과정을 겪으면서 보다 다양한 분야까지 협력과 교류가 이루어져야 한다는 원칙이다.

3. 추진기조[11)]

대북정책의 3원칙을 바탕으로 목표를 구현하기 위해서 안보와 화해협력의 병행추진, 평화공존 평화교류의 우선 실현, 화해협력으로 북한의 변화여건 조성, 남북한 상호이익의 도모, 남북당사자 해결 원칙하에 국제적지지 확보, 국민적 합의에 의한 대북정책 추진 등 6개의 추진기조를 설정하였다.

① 안보와 화해·협력의 병행 추진

북한은 우리의 안보를 위협하는 적대적 존재이지만, 다른 한편으로는 화해·협력을 통해 통일을 함께 이루어나가야 할 동반자이기도 하다. 이것은 예나 지금이나 남북관계에서 불변으로 고려되어야 할 상황이다. 이를 병행하여 추진한다는 것은 북한의 무력적화통일 의지를 약화시키거나 노선을 변경시키는 것이다. 따라서 국민의 정부에서도 이를 고려하여 원칙에서 '무력도발 불용'을 언급한 것이다. 따라서 확고한 안보태세를 유지하는 것이 교류와 협력의 추진을 보장할 수 있다고 본 것이다.

② 평화공존과 평화교류의 우선 실현

평화공존을 대북정책 추진기조의 하나로 설정한 것은 우선 평화공존의 남북관계를 정착시켜 분단상황을 평화적·안정적으로 관리하는 것이었다. 즉, 남북간 대결구도에서 화해·협력의 구도로 방향을 전환하기 위한 첫걸음으로 보았다. 평화공존과 함께 평화교류

11) 통일부, 『2002 대북정책』, pp.13~16에서 요약.

를 병행 추진함은 평화의 바탕 위에서 교류와 협력을 활성화함으로써 분단상황을 평화적으로 관리하고 점진적으로 통일실현에 접근해 나가기 위한 것이었다.

③ 화해·협력으로 북한의 변화여건 조성

북한의 변화는 남북관계를 개선하고 통일을 이루기 위한 가장 중요한 관건이다. 민주주의와 시장경제체제의 우월성은 이미 역사적으로 증명되었다. 더 이상의 체제를 사이에 둔 경쟁은 소모적이었다. 당시의 북한도 그들 체제의 문제점과 한계를 극복하기 위한 변화의 필요성을 인식하고 있었다. 따라서 북한은 과거의 김일성에 비해 적극적인 대서방 외교를 펼치고 있었다. 그러나 북한체제의 특성상 변화를 강요하는 것은 그들 체제의 붕괴를 의도하는 것으로 인식되어 오히려 반발을 불러일으킬 수 있었다. 따라서 정부가 화해·협력을 통해 북한 스스로 변화할 수 있는 여건과 환경을 적극적으로 조성해 나가기로 한 것이 이 같은 이유에서였다.

④ 남북간 상호이익의 도모

남북간의 교류와 협력은 민족 전체의 공동발전과 번영이라는 대승적인 목표에 부합되어야 한다. 장기적인 안목에서 남북관계 발전을 도모하기 위해서는 서로 도움을 주고 받는 것이 중요하다. 남과 북의 당시의 상황과 여건으로 볼 때 주고 받는 양과 종류 그리고 시기 등이 동일할 수는 없으나 상대방에 대한 성의를 보이는 자세가 필요하였다. 나아가 남북간의 교류와 협력은 경제적 상호 보완성에 기초하여 민족 경제공동체 형성을 도모하는 방향으로 추진시키고자 한 것이다.

⑤ 남북 당사자해결 원칙 하에 국제적 지지 확보

남북문제는 우리 자신의 삶과 민족의 장래에 직결되는 문제이다. 따라서 남북간의 대화와 협상을 통해 해결되어야 한다. 특히 권한과 책임을 가진 남북 당국간의 대화야말로 남북문제를 해결해나가는 지름길이다. 그렇지만 한반도문제의 특수성으로 인해 우리의 노력이 보다 실질적인 결과로 이어지기 위해서는 국제사회의 지지와 협조가 뒷받침이 필요하기도 하였다. 특히 한반도의 평화와 안정은 우리 자신뿐만 아니라, 동북아 전체의 안정과도 밀접히 연관되어 있는 문제였다.

⑥ 국민적 합의에 의한 대북정책의 추진

대북정책이 효율적으로 추진되고 실질적인 성과를 거양하기 위해서는 국민들의 확고한 지지가 뒷받침되어야 한다. 국민들의 다양한 의견을 지속적으로 수렴, 정책에 반영해 나가는 노력이 있을 때 추진력을 보장받는 것이다. 따라서 이를 고려하여 하나의 기조로 삼은 것이다.

4. 추진방향

대북정책의 추진방향으로 6가지를 제시하였는데 이것은 구체적인 추진과제라고 할 수 있다.[12] 특히 정경분리원칙을 기반으로 한 남북의 경제협력으로 남북경협의 본격적인 교류가 이루어지게 되었다. 남북의 교류는 제6공화국 시절에 마련한 남북한의 교류를 정착하고 제도화하기 위해 1990년 8월 1일에 '남북교류협력에 관한 법률'을 제정한 바 있었다. 또한 고위급회담을 통하여 남북기본합의서가 발효되었으며, 여기에 남북교류에 관한 내용을 포함한 바 있다. 이처럼 역대정부는 남북관계 개선을 위한 조치의 일환으로 이미 제도적인 조치를 완성시켰으며, 북한과의 대화를 거치면서 이를 합의한 바 있었다. 따라서 국민의 정부에서는 추진방향의 첫 번째로 이미 남북이 합의한 남북기본합의서 이행 및 실천을 제시한 것이다.

① 남북기본합의서 이행 및 실천

'남북기본합의서'의 주요골자는 평화통일을 위한 남북관계의 개선을 담고 있다. 따라서 이를 이행하는 것은 남북관계를 자연스럽게 개선시키는 것이다. 대북포용정책의 방향도 남북관계를 개선시켜 북한을 대화의 장으로 유도하고 대남정책을 스스로 변화시키는 것이었다. 그러므로 이를 이행하고 실천하는 것이 무엇보다 필요한 것이고 북한도 이미 합의한 문건이기 때문에 추진력을 얻을 수 있는 것이었다.

② 정경분리원칙으로 남북한 경제협력 활성화

김일성시대 말기부터 시작한 북한의 경제적 난국은 김정일시대에 들어와서도 어려운 상황이었다. 남북한의 GNP 차이는 1998년에 24.9배, 199년에 25.5배로 비교의 의미가 없는 수준까지 벌어졌다.[13] 경제상황의 악화는 탈북자 증가 등으로 이어지고 있었으며, 암거래 등으로 주민들은 시장경제를 스스로 체험하고 있었다. 이러한 상황은 경제난 극복은 물론이고 체제유지라는 부담까지 감수해야 하는 형편이었다. 북한은 1999년 당보·군보·청년보 등의 신년사설에서 '경제건설을 강성대국 건설의 가장 중요한 과업'이라고 강조하고 있었다. 즉, 군사적 토대 위에서 경제건설에 매진해야 한다는 것으로 절박한 상황을 나타낸 것이다. 따라서 북한은 경제협력에 적극적으로 나설 수밖에 없는 형편이었다. 또한 경제교류를 통하여 민족의 동질성을 확대하는 계기가 될 수도 있으며, 시장경제의 효용성을 인식시킬 수도 있었다. 시장경제의 확산을 경제적인 윤택으로 이어지는 길이다. 정경분리원칙은 민간차원의 남북경협을 활성화시키는 것이다. 그러므로 기업인은 남북의 정치적 상황의 변화가 있더라도 보다 자유롭게 경제교류를 추진할 수 있다는 판

12) 통일부, 『2002 대북정책』, p.17.
13) 국방부, 『2000 국방백서』, p.192.

단에서였다.

③ 남북이산가족 문제의 우선적 해결

남북이산가족 문제는 국가차원의 문제이다. 그 대상이 천만을 헤아리며, 무엇보다 남북의 정권이 수립되면서 발생하였고 전쟁을 겪으면서 심화되었다. 따라서 이 문제는 국가에서 적극적으로 개입하여 해결하여야 한다. 또한 지극히 인도적인 문제이므로 이를 해결하지 못하는 것은 정부의 도덕성과도 연결될 수 있었다.

④ 북한 식량문제의 해결을 위한 대북지원

북한경제는 북한식 사회주의 경제구조와 정책의 모순이 누적되어 경제성장률의 저하와 1995년부터의 수해피해는 식량 생산을 더욱 감소하게 하였다. 또한 잇단 사회주의 국가들이 붕괴되면서 경제협력 기반이 붕괴되어 식량난이 심화되었다. 따라서 북한동포의 식량난을 덜어주기 위한 인도적 차원의 지원을 계속 추진해 나가는 노력 등이 필요하며, 이를 통하여 신뢰회복과 민족동질성 복원의 효과가 나타날 수 있을 것으로 보았다.

1984년 8월 31일에 서울·경기·충청 일대에 집중호우로 많은 피해가 있었다. 이때 북한에서 적십자방송을 통해 이재민 지원을 제의하였고, 이를 수락하자 쌀, 의약품 등의 물자를 제공하기도 하였다.

⑤ 대북 경수로 지원사업 추진

북한의 경수로 지원사업은 1994년 북핵 위기상황이 타결되면서 나왔다. 그해 10월 북한과 미국은 '제네바 핵합의'에서 북한의 핵개발 동결 및 해체 등의 대가로 1,000메가와트(MW) 경수로 2기 제공, 경수로 제1기 완공시까지 연간 중유 50만 톤을 제공하기로 하였다. 또한 남북대화 재개와 경제제재 완화 등을 합의하였다. 이에 따라 우리나라와 미국·일본·EU 등이 참가하는 한반도에너지개발기구(KEDO)가 설립되었으며, 1995년 12월 15일 KEDO와 북한 간의 '경수로공급협정'이 체결되었다. 이에 대한 지원사업은 북한의 핵개발 저지를 위해 추진되고 있지만, 경수로 지원 등의 과정에서 남북교류가 추진되는 것으로 남북관계 개선 측면에서도 영향이 있었다.

⑥ 한반도 평화환경의 조성

첫째 항에서 언급한 '남북기본합의서' 이행이 평화환경 조성의 출발점이다. 한반도에서 평화적인 환경을 조성이 중요한 것은 6·25 전쟁을 생각해 보면 쉽게 이해할 수 있다. 당시에 세계 각국이 이해관계에 따라 전쟁에 참여한 바 있었다. 따라서 한반도문제는 한반도 자체의 문제를 넘어 동북아는 물론이고 세계의 평화와 직결되는 문제로 평가했으며, 현재도 그 중요성은 여전히 유효하다.

제 3 절 최초의 남북정상회담

1. 추진배경

최초의 남북정상회담은 2000년 6월에 김대중 대통령과 김정일 국방위원장에 의하여 이루어졌다. 정상회담에 관련한 역사를 살펴보면 보면 1994년 문민정부 시절로 거슬러 올라간다. 1차 북핵 위기 당시 북한을 방문했던 지미 카터 전 미국 대통령의 제안으로 남과 북은 정상회담의 개최에 합의하였다. 그러나 김일성 북한 주석의 갑작스러운 사망으로 회담은 성사되지 못하였다. 그 후 남북의 최고책임자는 교체되었으며 2000년 6월 13일, 남한과 북한의 정상이 역사상 처음으로 평양 순안공항에서 만나게 되었다. 정상회담의 추진배경을 이해하기 위해서는 김대중 대통령이 통일과 관련하여 연설한 주요내용을 살펴볼 필요가 있다.[14)]

[최초의 정상회담 소식을 다루는 세계의 언론] 출처 : 통일부

14) 대통령 기록관, '김대중 대통령 연설'에서 참조.

1. 1997년 12월 19일 대통령 당선 기자회견을 통해 "남북간 교류와 협력을 위해 특사교환을 재개하고 필요하다면 김정일 총비서와 정상회담을 할 것을 공식 제안합니다."
2. 1998년 2월 25일 취임사를 통해 "남북관계는 화해와 협력 그리고 평화정착에 토대를 두고 발전시켜 나가야 할 것입니다."
3. 1998년 8월 15일 광복절 경축사 "국민의 정부'는 남북기본합의서의 정신에 입각하여 북한의 안정과 발전을 지원할 용의가 있습니다. 우리는 금강산개발과 농업개발을 포함한 모든 경제협력을 지원하고 권장할 것입니다. (중략) 북한이 원한다면 이 모든 문제를 협의하기 위하여 대통령 특사를 평양에 보낼 용의가 있습니다."
4. 2000년 1월 20일 새천년민주당 창당대회 치사를 통해 "북한의 김정일 위원장과 남북정상회담을 열어서 민족의 화해와 한반도 평화, 그리고 남북 간의 공존공영의 상호협력에 대한 문제를 논의하도록 제의하겠습니다."
5. 2000년 2월 9일 일본 도쿄방송 회견을 통해 "남북문제를 풀어가려면 김정일 총비서와의 대화 외에 다른 길이 없으며 김총비서는 지도자로서의 판단력과 식견 등을 상당히 갖추고 있는 것으로 알고 있습니다."
6. 2000년 3월 1일 삼일절 경축사에서 "햇볕정책은 북한에 대해서 그 안전을 보장하고 경제회복을 도와주며 국제적 진출을 지원하겠다고 약속하고 있습니다. 동시에 북한은 대남 무력도발을 포기하고 핵무기와 미사일에 대한 야망을 완전히 버려야 합니다."
7. 2000년 3월 9일에 김대중 대통령이 유럽 순방 중 독일 베를린자유대학에서 연설을 하게 되었다. 이것이 '한반도 평화와 통일을 위한 남북화해협력 선언'이며, 이를 '베를린선언'이라고도 한다. 주요내용은 '대북 경제지원, 평화정착, 이산가족 문제해결 및 당국 간 대화 등 한반도문제 전반을 포괄하고 있다.

대통령은 튼튼한 안보를 바탕으로 화해협력과 평화공존을 추구하는 대북포용정책을 일관성 있게 추진하겠다는 의지를 수시로 밝혀왔다. 그 중에서도 '베를린선언'은 이전에도 여러 차례 북한에 제안하였던 내용들을 종합하고 있다. 김대중 대통령은 2000년 3월 9일, 독일 베를린의 베를린 자유대학에서 열린 연설에서 한반도 평화 정착을 위한 선언을 하였다. 이를 베를린선언이라 한다. 이 선언은 남북한 당국의 직접대화로 경제협력을 논의하고, 한반도에서의 냉전상태 종식과 이산가족 문제의 조속한 해결 등을 위한 특사교환을 주된 내용으로 하고 있다. 한반도에서의 냉전종식과 평화공존을 이룩하기 위해 남북간 화해협력을 적극 추진해 나간다는 실천의지를 전 세계에 천명한 것이다. 선언에서 말하는 특사교환은 정상회담을 염두에 둔 것이었다. 그러므로 베를린선언은 남북정상회담을 성사시키려는 정부의 강한 의지가 반영되어 있었던 것이다. 그로부터 3개월 후 실제로 역사적인 남북정상회담의 결실을 이루었다. 이러한 점에서 베를린선언이 정상회담

2007년 5월 16일 베를린 자유대학에서 한국 민주주의 발전과 한반도 평화증진에 기여한 공로를 인정해 1회 자유상 수상자로 김대중 전 대통령을 결정하였다. '자유상'은 베를린 자유대학이 정치, 사회, 학술분야에서 자유의 이상 실현을 위해 헌신한 인물에게 수여하기 위해 제정한 상이다.

[자유상 수상] 출처 : 김대중 평화센터

에 기여한 측면은 지대했다는 평가를 받고 있다.

2000년 3월 9일에 김대중 대통령이 유럽 순방 중 독일 베를린자유대학에서 '독일 통일의 교훈과 한반도 문제'라는 주제로 연설을 하였다. 베를린 선언의 내용은 '독일과 대한민국의 역사적 유사성과 독일과의 인연, 독일의 통일교훈과 햇볕정책에 미친 영향, 북한에 대한 3가지 원칙 제시' 등이었다. 베를린선언의 주요내용은 다음과 같다.

① 독일과의 역사적 유사성은 '분단과 경제기적'의 공통점을 갖고 있다. IMF 당시에도 독일을 포함한 국제사회의 협력에 힘입어 성공적으로 극복한 것에 대한 감사함도 함께 표현하였다.

② 독일로부터 얻은 교훈으로, 독일통일은 '민주주의와 시장경제를 함께 발전시켜 온 서독 국민의 저력, 동독과의 접촉을 통한 변화로 요약되는 동방정책 추진으로 신뢰회복, 현실적인 어려움과 제약이 있었음에도 불구하고 인내심과 성의를 가지고 동서독간의 화해와 교류·협력 정책을 일관되게 추진'한 것을 통일요인으로 작용하였다.

이러한 서독의 대동독정책은 우리 한국의 햇볕정책 추진에 매우 귀중한 교훈이 되고 있음을 말하였다.

③ 북한에 제시한 세 가지의 원칙은, '북한의 무력도발을 절대 불용, 북한을 해치거나 흡수통일을 추구하지 않으며, 남북이 화해·협력하자'는 것이었다. 독일 베를린대학 연설문(베를린 선언)에는 그 밖에 화해협력을 이루기 위한 방안을 담고 있다.

독일 베를린 자유대학 연설(베를린선언) 중 일부 내용 (2000.3.9.)

나는 대통령에 취임한 이래 아직까지도 개방과 변화를 망설이고 있는 북한을 상대로 세 가지 원칙을 제시했습니다.

첫째, 북한의 무력도발을 절대 용납치 않는다. 둘째, 우리도 북한을 해치거나 흡수통일을 추구하지 않는다. 셋째, 남북이 화해·협력하자는 것입니다. 이것이 바로 우리가 추구하는 햇볕정책의 핵심이며 냉전종식을 위한 주장입니다. 우리는 확고한 안보를 유지하지만 그것은 어디까지나 평화와 화해·협력이 목적입니다.

이와 같은 햇볕정책의 기조 위에서 우리는 북한에게 세 가지를 보장하고 있습니다. 첫째, 우리는 북한의 안전을 보장한다. 둘째, 북한의 경제회복을 돕는다. 셋째, 북한의 국제적 진출에 협력한다.

그 대신 북한도 세 가지를 보장해야 한다고 우리는 주장하고 있습니다. 첫째, 대남 무력도발을 절대 포기해야 한다. 둘째, 핵무기 포기에 대한 약속을 준수해야 한다. 셋째, 장거리 미사일에 대한 야망을 버려야 한다는 것입니다.(중략)

나는 오늘 뜻깊은 베를린 자유대학을 방문한 이 자리를 빌려 지구상에 마지막으로 남아 있는 한반도 냉전구조를 해체하고 항구적인 평화와 남북 간의 화해·협력을 이루고자 다음과 같이 선언하고자 합니다.

첫째, 우리 대한민국 정부는 북한이 경제적 어려움을 극복할 수 있도록 도와줄 수 있는 준비가 되어 있습니다. 지금까지 남북한 간에는 정·경 분리원칙에 의한 민간경협이 이루어지고 있습니다. 그러나 본격적인 경제협력을 실현하기 위해서는 도로·항만·철도·전력·통신 등 사회간접자본이 확충되어야 합니다. 또 정부 당국에 의한 투자보장협정과 이중과세 방지협정 등 민간기업이 안심하고 투자할 수 있는 환경도 조성되어야 합니다. 뿐만 아니라 현재 북한이 겪고 있는 식량난은 단순한 식량지원만으로 해결될 수 있는 것이 아닙니다. 비료, 농기구 개량, 관개시설 개선 등 근본적인 농업구조 개혁이 필요한 것입니다. 이와 같은 사회간접자본의 확충과 안정된 투자환경 조성, 그리고 농업구조 개혁은 민간 경협방식만으로는 한계가 있습니다. 따라서 이제는 정부 당국 간의 협력이 필요한 때입니다. 우리 정부는 북한 당국의 요청이 있을 때에는 이를 적극적으로 검토할 준비가 되어 있습니다.

둘째, 현단계에서 우리의 당면 목표는 통일보다는 냉전종식과 평화정착입니다. 따라서 우리 정부는 진정한 화해와 협력의 정신으로 힘이 닿는 대로 북한을 도와주려고 합니다. 북한은 우리의 참뜻을 조금도 의심하지 말고 우리의 화해와 협력 제안에 적극 호응하기를 바랍니다.

셋째, 북한은 무엇보다도 인도적 차원의 이산가족 문제 해결에 적극 응해야 합니다.

노령으로 계속 세상을 뜨고 있는 이산가족의 상봉을 더 이상 막을 수는 없는 것입니다.

넷째, 이러한 모든 문제를 효과적으로 해결하기 위하여 남북한 당국 간의 대화가 필요합니다. 나는 이미 2년 전 대통령 취임사에서 1991년 체결된 남북기본합의서의 이행을 위해 특사를 교환할 것을 제의한 바 있습니다. 북한은 우리의 특사 교환 제의를 수락할 것을 촉구합니다.

우리 대한민국 정부는 한반도문제는 궁극적으로 남북한 당국자만이 해결할 수 있다고 확신하며 앞으로도 이와 같은 정책을 성의와 인내심을 가지고 일관되게 추진할 것입니다. 독일을 위시한 국제사회도 한반도에서 냉전을 종식시키고 남북한 간 화해와 협력이 조속한 시일 내에 결실을 맺을 수 있도록 더욱 더 적극적인 성원과 지지를 계속해 주시기 바랍니다.

2. 6·15 남북공동선언

2000년 6월 13일은 역사적인 순간이었다. 김대중 대통령을 태운 전용기는 서울을 출발하여 평양순안공항에 착륙했다. 김정일 국방위원장이 공항에 깜짝 방문했고, 평양의 순안공항에서 김대중 대통령과 김정일 위원장은 손을 맞잡았다. 남북분단 55년 만에 이루어진 만남이었다. 세계의 이목을 집중시키는 순간이었으며 통일의 열망이 온 국민의 가슴에 솟아오르는 순간이었다. 최초 회담계획은 12일이었으나 회담 일정이 하루 연기돼 13일에야 만남이 성사됐다. 하루 늦어진 이유는 북측이 6월 10일 저녁 늦게 긴급 대남전통문을 통

[김대중 대통령을 환영하는 평양 시민들] 출처 : 김대중 평화센터

해 "기술적인 준비 관계로 불가피하게 하루 늦춰 김대중 대통령이 평양을 방문토록 변경해 줄 것"을 우리측에 요청해 왔기 때문이었다. 최초계획보다 하루 늦게 시작한 역사적인 남북정상회담은 6월 13일부터 6월 15일까지 북한을 방문함으로써 이루어졌다.

이어 김대중 대통령과 김정일 국방위원장은 6월 14일 오후와 저녁에 백화원초대소에서 2차례 정상회담을 가졌다. 특히, 6월 14일 오후 3시에 시작된 정상회담에서 두 정상은 4시간이 넘는 마라톤회의를 진행하면서 통일 및 남북문제 전반에 대한 상호 입장을 진지하고 허심탄회하게 교환하였다. 그 결과 몇 가지 주요한 내용들에 대해 대체적인 합의를 이루었으며, 이에 따라 양측 실무진들이 남북공동선언의 구체적인 문안을 협의하였다. 6월 14일 김대중 대통령 주최 만찬 후, 밤 11시 20분경 남북의 두 정상은 회담을 갖고 양측 실무진들이 작성한 남북공동선언의 문안을 최종 확인하고 서명·교환하였으며, 6월 15일 0시 조금 넘은 시각에 내외에 발표하였다. 역사적인 '6·15 공동선언문'이 나오는 순간이었다.

3. 6·15 남북공동선언문 내용

6월 13일부터 15일까지 북한의 백화원초대소에서 분단의 역사상 처음으로 정상회담이 개최되었고, 그 결과 공동선언문이 발표되었다. 이를 6·15 남북공동선언이라고 부른다.

분단의 시간이 흐르는 동안 남북한 정상의 최초 만남과 회담은 그 자체로도 역사적 의의가 깊은 것으로 평가받고 있지만, 남북한 정상이 직접합의하여 성과를 도출함으로써 남북관계사의 전환점이 된 회담이었고 선언문이 된 것이다. 그 전문의 내용은 다음과 같으며, 각 조항의 내용에 대하여 살펴보기로 한다.

'남북공동선언' 전문

조국의 평화적 통일을 염원하는 온 겨레의 숭고한 뜻에 따라 대한민국 김대중 대통령과 조선민주주의인민공화국 김정일 국방위원장은 2000년 6월 13일부터 6월 15일까지 평양에서 역사적인 상봉을 하였으며 정상회담을 가졌다.

남북 정상들은 분단 역사상 처음으로 열린 이번 상봉과 회담이 서로 이해를 증진시키고 남북관계를 발전시키며 평화통일을 실현하는데 중대한 의의를 가진다고 평가하고 다음과 같이 선언한다.

1. 남과 북은 나라의 통일문제를 그 주인인 우리 민족끼리 서로 힘을 합쳐 자주적으로 해결해 나가기로 하였다.

2. 남과 북은 나라의 통일을 위한 남측의 연합제 안과 북측의 낮은 단계의 연방제안이 서로 공통성이 있다고 인정하고 앞으로 이 방향에서 통일을 지향시켜 나가기로 하였다.
3. 남과 북은 올해 8·15에 즈음하여 흩어진 가족, 친척방문단을 교환하며 비전향장기수 문제를 해결하는 등 인도적 문제를 조속히 풀어 나가기로 하였다.
4. 남과 북은 경제협력을 통하여 민족경제를 균형적으로 발전시키고 사회, 문화, 체육, 보건, 환경 등 제반 분야의 협력과 교류를 활성화하여 서로의 신뢰를 다져 나가기로 하였다.
5. 남과 북은 이상과 같은 합의사항을 조속히 실천에 옮기기 위하여 빠른 시일 안에 당국 사이의 대화를 개최하기로 하였다.

김대중 대통령은 김정일 국방위원장이 서울을 방문하도록 정중히 초청하였으며 김정일 국방위원장은 앞으로 적절한 시기에 서울을 방문하기로 하였다.

2000년 6월 15일

대 한 민 국	조선민주주의인민공화국
대 통 령	국 방 위 원 장
김 대 중	김 정 일

① 제1항은 통일문제의 해결 주체를 명시

'자주적'으로 통일문제를 해결한다는 원칙이다. 이것은 이미 7·4 남북공동성명에서 통일 3원칙 중의 하나로 합의한 바 있었으며, 남북기본합의서 전문에서도 이를 명시하고 있다. 과거의 합의를 다시 한번 각인하는 내용이었다. 한반도의 문제는 민족의 문제이지만 국제적인 문제의 성격도 동시에 갖고 있다. 따라서 '자주적'이라는 말은 외세를 배격한다는 의미가 아니라 남북한이 중심이 되어 문제를 해결하되, 국제사회의 지지와 협력을 이끌어내야 한다는 것이다. 이에 대해서는 김정일 위원장도 공감을 하였다.[15] 따라서 여기서 말하는 자주적 해결은 북한이 기존에 주장해 왔던 외세 배격, 미군철수 주장 등과 연결되는 개념이 아니다. 자주적은 국제사회와의 적극적인 협조를 바탕으로 남과 북이 주인이 되어 우리의 통일문제를 해결함을 의미한다.

② 제2항은 남북한 통일방안의 공통점 인정

남한의 남북연합과 낮은 단계의 연방제에 대하여 공통점을 인정하였다. 낮은 단계의 연방제라는 표현은 여기에서 처음 등장하였다. 남북연합은 제6공화국의 한민족공동체통

15) 통일부, 『남북대화 67호』, p.8.

일방안에서 중간과정의 과도적 통일체제로 처음 제시되었다. 그 후 문민정부의 민족공동체통일방안에서 통일의 과정을 3단계로 구분하면서, 그 중간단계의 과도적 통일체계인 남북연합을 구성하여 운영한다는 내용이었다. 북한이 1980년에 주장한 '연방제'안은 1국가 2체제를 말한다. 즉, 연방정부가 외교권, 군사권을 갖되 2개의 지역정부가 자치를 하자는 것이다. 과도기적인 형태가 불필요하다는 것으로 남과 북이 완성된 형태의 연방제 통일국가를 당장 이루자는 방안이다. 정상회담에서 김대중 대통령의 '연합제' 안 설명에 대해 김정일 국방위원장은 그 현실성을 인정하였다. 따라서 '낮은 단계의 연방제'는 남북이 현존하는 2체제 2정부를 유지하면서 상호협력하여 단계적으로 통일을 지향한다는 것으로서 남북연합과 사실상 같음을 인정한 것이다.

③ 제3항은 인도적 문제 해결

남북회담에서 항상 등장한 소재 중의 하나였다. 여기에서는 이산가족의 문제뿐 아니라 납북자와 비전향 장기수의 문제까지 포함하였다. 이를 시급히 해결하기 위하여 광복절을 기해 방문단 교류를 합의하기에 이르렀다. 이러한 합의는 정치적인 문제와는 별개로 추진할 수 있는 대표적인 교류사업임을 두 정상이 인식을 같이 한 것이다.

④ 제4항은 경제 등 다양한 분야의 교류 활성화

다양한 분야에서의 남북간 교류와 협력은 신뢰를 회복하고 동질성을 재생시키는 것을 말한다. 경제분야의 교류는 민족 모두의 윤택한 생활을 위한 첩경이기도 하다. 이에 대하여 정상간의 합의가 이루어짐으로써 그 이후에 남북경협은 활성화되었다. 개성공단, 경의선철도 연결, 대북식량과 비료지원 등이 활기를 띠고 이루어진 배경이 되었다.

⑤ 당국자간 회담 개최 지속적인 통일노력 경주

남북정상회담에서 구체적이고 실무적인 사항까지 합의를 이룰 수는 없다. 따라서 이를 추진하기 위한 장관급회담 등이 이루어져야 한다는 것이었다. 그 후에 이를 시행하기 위한 국방장관회담, 경제협력추진위원회 등이 개최되었다. 또한 김정일 위원장을 초청하여 남북의 관계개선을 지속적으로 추진하고 통일을 향한 노력을 함께하자는 의지를 피력하였다.

4. 6·15 남북공동선언문 의의

① 분단 최초의 정상에 의한 역사적 결단과 합의

분단 55년 만에 처음으로 나온 남북정상간 합의를 통하여 평화와 화해·협력에 대한 의지를 확인하였다. 또한 구체적 실천사항에 합의하여 남북관계의 전환점을 마련하였으며 남북관계의 규범력을 갖게 되었다. 국제사회를 배척한 상태의 남북문제 해결이 아닌 지지와 협력을 필요로 한다는 점을 나타냈다. 즉, 남북문제의 주도권은 남북이 유지하면서 국제사회와의 교류를 통하여 그 효과를 더욱 높이겠다는 것이었다. 과거보다는 미래를 지향하는 민족 간의 평화와 화해·협력이 공동의 이익에 부합된다는 공감대를 형성한 역사적인 결단이었다.

② 한반도의 평화통일 지향은 세계평화에 기여

남북 간의 협력을 통해 신뢰구축과 공동의 이익을 지향한다는 것은 파괴적인 속성인 전쟁을 방지한다는 의미였다. 따라서 이번 남북정상회담에서 상호 교류의 확대 등은 한반도의 불안정에 대한 세계인의 우려를 해소하였다. 따라서 평화적인 방법을 통한 남북관계 정상화와 통일문제 협의의 계기를 마련하였다.

또한 남북의 현실을 인정하고 과도기적인 형태의 통일방안을 제시했다는 것은 체제의 상호인정을 말하는 것이다. 기존의 통일제의는 남북이 주장하는 통일방안을 서로 인정하지 않았으나, 이번 정상회담에서는 이를 인정하는 계기가 되었다. 이는 대화를 통한 평화적 방법으로의 통일을 남북 모두가 합의했다는 의미이다.

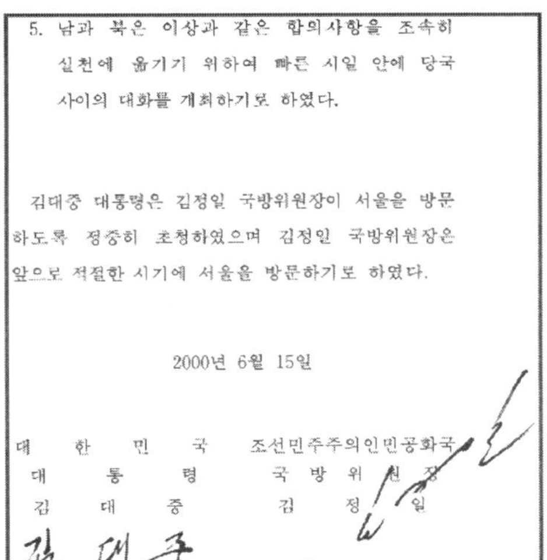
5. 남과 북은 이상과 같은 합의사항을 조속히 실천에 옮기기 위하여 빠른 시일 안에 당국 사이의 대화를 개최하기로 하였다.

김대중 대통령은 김정일 국방위원장이 서울을 방문하도록 정중히 초청하였으며 김정일 국방위원장은 앞으로 적절한 시기에 서울을 방문하기로 하였다.

2000년 6월 15일

대한민국	조선민주주의인민공화국
대통령	국방위원장
김대중	김정일

[공동선언문 선언] 출처 : 김대중 평화센터

③ 이산가족문제와 인도적 차원의 문제 해결

이산가족문제는 인도적 차원에서 시급히 해결해야 하는 것임을 남북정상이 인정하였다. 우선적으로 8·15 55주년을 기념하여 이산가족 방문단을 교환하기로 하였다. 인도적 차원에서 비전향장기수와 납북자문제를 해결해 나가기로 하였다. 이러한 점은 인도적 문제를 우선적으로 해결함으로써 신뢰회복과 교류를 확대한다는 의미를 갖는다.

④ 호혜적인 남북협력관계 증진

남북간 교류협력을 증진해 나가는 것이 민족 전체의 발전과 이익에 부합된다는 인식을 공유하였다. 또한 민족의 동질성 회복과 신뢰구축을 위해 사회·문화·체육·보건·환경 등 제반분야에서 교류와 협력을 확대시켜 나가기로 한 점은 북한의 인식이 많이 변화하였음을 짐작하게 해 주는 것이었다. 즉, 국민의 정부가 일관되게 추진해온 대북화해·협력정책에 대해 북한의 이해와 믿음이 형성되기 시작한 것으로 볼 수 있다.

5. 각국의 반응[16)]

① 남북한, 50년만에 화해 추구 협정 맺어 (New York Times, 2000.6.15.)

"남북한 두 정상은 15일, 따뜻한 분위기 속에서 놀라울 정도로 신속하게 한반도의 평화와 통일을 위한 폭넓은 협정에 서명함으로서 지난 50년 간의 긴장완화에 거보(巨步)를 내디뎠다."

② 평양에서의 약속 (Washington Post 2000.6.16.)

"김대중 대통령은 이번 정상회담을 통해 그가 한국에 평화와 통일을 가져온다는 개인적인 확신에서 나온, 오래 간직한 꿈을 실현한 것이었다. 이런 도덕적 확신을 갖고 김 대통령은 군사정권에 반대하는 길고 어려운 기간의 투쟁을 해냈다."

③ 한국 역사의 나무가 열매를 맺다 (Los Angeles Times, 2000.6.16.)

"한반도의 항구적 평화는 전 세계의 외교 역사상 중요한 하나의 기점을 이룰 것이며, 아시아에서 가장 훌륭한 역사적 전환점이 될 것이라는 길한 조짐이 보이고 있다고 하겠다."

④ 남북한의 양김이 만나다 (Financial Times, 2000.6.14.)

"남북 정상회담은 지난 한 세기 동안 한국이 운명을 결정하는 미일중러의 간섭에서 자신의 운명에 대한 통제권을 되찾을 수 있는 기회다."

---

16) 김대중 평화센터, '6·15 남북정상회담 언론보도'에서 발췌.

⑤ 양김의 정상회담 (Suddeutsche Zeitung, 2000.6.14.)

"남북 정상회담은 1970년 빌리 브란트-슈토프가 만난 동서독 정상회담에 비견될 것이며, 훗날 한반도 통일의 출발점으로 간주될 것이다."

⑥ 남북한, 드디어 서로 말해 (Le Monde, 2000.6.18.)

"남북정상회담은 반세기전 치열한 전쟁의 고통을 겪은 후 적대관계로 양분된 한반도에 새로운 시대를 열어주었다."

⑦ 남북정상회담, 이제 빙산이 녹기 시작했다 (아사히, 2000.6.15.)

"반세기 남짓 한반도 분단 역사를 뛰어 넘어 한국과 북한의 정상이 화해와 통일, 긴장완화와 평화, 이산가족의 상호방문, 경제협력, 북한의 김정일 총비서의 서울방문 등 5개 항목에 걸쳐 남북공동선언에 서명했다. 공동선언에서 특히 주목할 점은 '통일을 위한 연방'의 방향을 향해 전진할 것을 쌍방이 확인한 것이다."

⑧ 남북정상의 공동선언을 환영한다 (요미우리, 2000.6.15.)

"사상 최초의 남북정상회담을 실시한 한국의 김대중 대통령과 북한의 김정일 총비서가 합의의 성과를 의미하는 '남북공동선언'에 서명했다. 공동선언의 내용이 착실히 실행되어 최고 정상의 상호 방문이 정착되면 한반도의 냉전 구조를 무너뜨리게 된다."

⑨ 평화와 화해의 새로운 이정표 (인민일보, 2000.6.16.)

"한반도 분단이래 처음 있는 정상 간의 악수와 화해는 그 자체만으로도 이정표적 의의를 지니는 것이며, 남북관계 자체로 볼 때는 획기적인 전환의 일보라고 할 수 있다."

6. 새로운 전기를 맞은 남북관계

① 개성공단 사업[17)]

개성공단[18)] 사업은 대표적인 남북의 경제협력사업이다. 이에 대한 근원은 남북간의 경제협력에 대한 논의가 있었던 경제회담이다. 경제회담은 1984년 11월 15일 판문점 중립국감독위원회 사무실에서 처음 열렸다. 그 뒤 몇 차례 더 열렸으나 만남 자체에 의의가 있었을 뿐 실질적인 성과를 거두지는 못했다. 남북경제회담은 1985년 11월 열린 5차회담을 끝으로 중단되고 말았다. 그 뒤 정부가 1988년 발표한 '7·7 특별선언'은 남북경협의 새로운 전기를 마련했다. 7·7 특별선언은 경제인을 포함하여 남북 주민의 상호방문과

17) 통일부 개성공단사업지원단, 『개성공단 5년』, pp.13~16에서 요약정리.

18) 위치는 황해북도 개성시 봉동리이며, 서울에서 60km 평양에서 160km의 거리에 위치하고 있다.

교류를 허용하고, 남북교역을 민족 내부교역으로 간주하여 그 문호를 개방하며, 민족경제의 균형적 발전을 위해 우방국들의 대북교역을 반대하지 않는다는 내용을 포함하고 있었다. 이어 정부는 남북 간의 교류협력의 시대적 요구에 부응하여 1990년 '남북교류협력에 관한 법률'을 제정하였다. 이에 따라 남북 간의 교역은 1990년대 들어 급증하였다. 1989년 1,872만 달러에 불과하던 교역규모가 1992년에 1억 7,343만 달러로 늘었다. 위탁가공교역을 위한 대북투자도 점차 증가하였다.

남북한의 경제협력은 베를린선언에 이어 2000년 6월 개최된 남북정상회담이 가져온 성과의 산물이다. 베를린선언에서 김대중 대통령은 남북경제공동체 구축을 목표로 북한의 인프라 건설 지원을 포함한 내용을 발표하였다. 또한 남북정상회담은 남북간의 대결국면을 화해·협력 국면으로 전환시키는 계기가 되었다. 이러한 화해의 국면을 타고 2000년 8월에 현대아산과 북한 간에 '공업지구개발에 관한 합의서'가 채택되었다. 2002년 4월 대통령 특사 방북시에도 개성공단 건설에 대한 협의가 있었다. 2003년 출범한 참여정부는 개성공단을 남북 상생의 경협모델로 만들기 위해 각종 지원을 아끼지 않았다. 개성공단은 이러한 남북관계의 발전과 정부의 적극적인 지원을 배경으로 태동하게 되었다.

개성공단이 태어난 또 하나의 배경에는 북한의 내부적 요인도 있었다. 북한은 1980년대부터 경제발전을 위한 여러 가지 조치를 시행해 왔다. 1984년의 합영법과 1991년 시작된 나진·선봉 자유경제무역지대 개발이 대표적 조치이다. 그러나 이러한 외자유치활동에도 불구하고 경제체제의 경직성, 인프라 부족 등으로 인한 투자자의 외면으로 실제 성과는 미미했다. 북한은 2003년 3월 처음으로 종합시장 개설을 공식화하고, 최고가격·변동가격제를 실시하였다. 공식 배급망의 기능 저하에 대처하기 위하여 시장 기능을 수용

[공단에서 작업 중인 근로자 모습] 출처 : 개성공단 5년

금강산 품에 '하나된 남북'

반세기만의 관광

장전항부두에 붉은글씨 '동포애심정으로 환영'

안내원과 어깨동무 "우리의 소원은 통일"

[금강산 품에 '하나된 남북'] 출처 : 한겨레신문(1998.11.23.)

하기 시작하였으며, 이에 따라 '장마당'도 더욱 확산되었다. 특히 북한은 중국의 경제특구제도를 모방하여 신의주특별행정구역(2002.9.)과 금강산관광지구(2002.10.)를 지정하였다. 이어서 북한은 2002년 11월 13일 최고인민회의 상임위원회 정령에 의하여 개성공업지구를 지정하고, 11월 20일에는 '개성공업지구법'을 제정하였다. 개성공업지구법은 북한이 제정·공포한 북한법이지만 남한과 해외기업들이 경제특구에서 자유로이 경제활동을 할 수 있도록 시장경제에 기초한 법체제를 최대한 수용한 점이 특징이다. 남측 개발업자가 공단개발에 필요한 부지조성, 전력, 통신, 용수 등의 기반시설을 조성·분양하고, 남측이 임명한 이사장이 공단을 실질적으로 관리·운영하도록 했다.

② 금강산관광 활성화

금강산 관광사업은 민간차원의 경제협력사업으로 출발하였다. 1989년 1월 정주영 전 현대그룹 명예회장은 남한 기업인으로서는 최초로 북한을 방문하였다. 여기서 그는 조선대성은행 이사장 겸 조선아세아무역촉진회 고문 최수길과 '금강산 관광개발 및 시베리아 공동 진출에 관한 의정서'를 체결하였다. 금강산관광은 이렇게 출발한 것이다. 그로부터 10년 후, 1998년 4월 30일 정부의 '남북경협 활성화 조치'가 발표되고, 같은 해 6월 정주영 전 현대그룹 명예회장 일행이 북한을 방문하여 아시아태평양평화위원회와 금강산관광 및 개발사업에 합의하였다. 이어서 1998년 11월 18일 관광선 금강호가 이산가족 등 826명을 태우고 동해항을 출발하여 북한의 장전항에 입항함으로써 금강산관광이 시작되었다.

1998년 11월 18일 금강산관광선이 첫 출항한 이후 남북관계에 적지 않은 기여를 하여 왔다. 이러한 점을 고려하여 정부는 2002년 1월 금강산관광 활성화를 위한 한시적 지원 방안을 발표하였다. 그러나 한때 관광객이 급감하여 곤란을 겪기도 하였다. 북한에서의 육로이용 관광, 특구지정 등이 지연되었고 현대의 자금사정도 여의치 않았기 때문이다. 이에 따라 2002년 3월 28일 '금강산관광객에 대한 경비지원지침'을 제정하여 2002년 4월부터 초·중·고등학생에게는 70%, 이산가족, 대학생, 국가유공자, 장애인 등에게는 60%의 관광경비를 지원하기도 하였다. 이후 육로관광이 허용되면서 다시 활기를 찾기 시작하였다.

북한은 2002년 10월 23일 최고인민회의 상임위원회 정령으로 '금강산관광지구'를 지정하고, 11월 13일 정령으로 '금강산관광지구법'을 채택하였다고 11월 25일에 평양방송으로 발표하였다.

[정주영 회장의 소떼 방북] 출처 : 역사박물관

한편 금강산 관광을 성사시킨 정주영 회장은 1998년 6월 16일 소 500마리를 트럭에 싣고 판문점을 넘어 그의 고향 강원도 통천을 방문하였다. 가난한 고향에서 아버지의 소 판 돈 70원을 훔쳐서 가출한 17세 소년 정주영은 세계 굴지의 회장이 되어 고향을 방문한 것이었다.[19] 그동안 쌀집 배달원 등 힘든 일을 거쳐 현대토건사를 출발로 기업을 세웠다. 이처럼 세계적인 기업가로 성장한 그의 인생은 한편의 드라마를 연상시켰다. 그가 아버지와 고향에 진 빚을 갚기 위하여 소 500마리를 끌고 분단의 벽을 넘은 것이다. 이 장면 역시 영화 같은 장면이기도 하였다. 이후 정주영 회장은 10월에 다시 501마리 소를 몰고 북한을 방문했다. 두 차례에 걸쳐 모두 1001마리 소를 북으로 보낸 것이다. 정주영 회장에 의한 소떼 방북은 민간차원에서의 남북관계를 열었다는 데 의의가 있다. 정주영 회장이 2001년 3월 21일 86세의 나이로 세상을 떠났다. 북한의 김정일 국방위원장은 정주영 회장의 통일을 위한 노력을 높이 평가했고, 그를 특별하게 생각했다고 전해진다. 정주영 회장은 평양에 체육관을 지어주었다. 그의 사후인 2003년에 완공되었으며 그 이름을 '류경정주영체육관'이라고 하였다. 민간차원의 남북한 화해와 협력을 남북이 높게 사고 있다는 증표이기도 하다.

③ 경의선·동해선 철도·도로 연결

남북간 철도와 도로의 연결은 민족의 동맥을 잇는다는 상징적 의미와 함께 교류와 협력을 본격 추진해 나갈 수 있는 물적 인프라 구축이라는 큰 의미가 있다. 남북정상회담 직후인 2000년 7월에 개최된 제1차 남북장관급회담과 8월에 열린 제2차 남북장관급회담에서 경의선 철도(서울~신의주) 및 도로(문산~개성)를 연결키로 합의함으로써 남북간의 철도·도로 연결사업이 본격적으로 추진되었다. 착공식 지점은 다음과 같았다.

[철도 착공식 지점]

구 분	남 측	북 측
경의선	파주시 도라산역 비무장지대 제2통문 앞	개성 남쪽 봉동역
동해선	강원도 고성군 통일전망대 전방 500m	금강산 온정리 금강산역

철도·도로 연결은 1982년 제5공화국에서 20개 시범실천사업의 하나로 '서울-평양 도로연결'을 제의한 때로부터 약 20년 만에 착공하게 된 것이었다. 2000년 9월 18일 착공식 이후 남북한은 공사에 필요한 실무적 사항 등에 대한 협의를 거쳐 공사를 예정대로 진행하였다. 철도의 경우는 2007년 5월 17일 남북열차시험운행이 실시되었으며, 2007년

19) 정주영, 『이땅에 태어나서』, p.17.

12월 11일부터 경의선 도라산역에서 북한의 판문역간에 남북 화물열차를 정례적으로 운행하였다. 개성공단의 생산물품을 실어나르게 된 것이었다. 경의선을 이용해 문산역에서 개성공단을 오가던 화물열차는 지난 2007년 12월 11일부터 2008년 11월 28일까지 평일 1회 왕복운행하다 남북관계가 경색되며 지금까지 중단되었다. 그러나 문재인 대통령과 김정은 국무위원장 두 남북정상이 발표한 경의선·동해선 연결사업 재개에 따라 점검과 유지보수를 추진하였다. 따라서 지난 2008년 중단된 경의선 화물열차 재운행 가능성이 높아지고 있다.

④ 이산가족 문제 해결 노력[20]

1998년 3월부터 2002년 말까지 정부 및 민간차원에서 총 1,835건의 이산가족 상봉이 이루어졌다. 연평균 약 380건이었다. 정부차원에서는 2000년 6월 남북정상회담 이후 5차례의 이산가족 방문단 교환을 통해 5,400여 명(1,004건)의 가족과 친척들이 상봉하게 하였다. 상봉 차수별로 실시 인원을 분석해 보면 다음과 같다.

[이산가족 상봉 현황]

구 분	기 간	인 원
제 1 차	2000. 8.15. ~ 8.18	1,170여명
제 2 차	2000.11.30. ~ 12. 2	1,220여명
제 3 차	2001. 2.16. ~ 2.18	1,240여명
제 4 차	2002. 4.28. ~ 5. 3	849여명
제 5 차	2002. 9.13. ~ 9.18	875여명

⑤ 부산 아시아경기대회 북한 참가

2002년 9월 29일 '제14회 부산 아시아경기대회' 개회식에 남과 북은 단일 이름인 'KOREA'로 한반도기를 들고 공동입장하였다. 남과 북의 대표가 함께 성화를 점화함으로써 남북간 화해와 협력의 모습을 한반도를 넘어 전세계에 과시하였다.

북한은 아시아경기대회 참가사상 가장 대규모의 선수단과 응원단을 부산 아시아경기대회에 파견하였다. 대회 기간 중 부산과 경남지역 주민들로 구성된 '북측 대표팀 서포터스'는 각종 경기에서 '한반도기'를 흔들며 경기장에서 만난 북측 응원단과 하나가 되어 응원하기도 하였다.

20) 통일부, 『국민의 정부 5년, 평화와 협력의 실천』, pp.88~89에서 정리.

⑥ 국민의 북한에 대한 인식 변화

한편 2000년 남북정상회담은 북한에 대한 남한의 인식을 크게 바뀌게 하였다. TV를 통해 남북한 정상이 만나 대화하고 같이 식사하며 웃는 모습은 그 장면 자체가 새로운 충격이었다. 이후로 북한을 동포로 인식하는 경향이 크게 높아지는 계기가 되었다.

⑦ 세계의 대한민국과 북한에 대한 인식 변화

세계의 대표적 냉전지대인 한반도에서 남북한 정상이 손을 맞잡은 모습은 세계의 인식에도 많은 변화를 주었다. 한반도는 냉전지대에서 평화지대로 전환되고 있다는 인식을 갖게 만들었다. 한반도는 주변 강대국의 첨예한 이익과 연관성이 많은 지역이므로 세계의 평화와 직접적인 관련성이 큰 지역이다. 그렇기 때문에 한반도의 평화는 세계의 평화와 직결되는 특수성을 갖고 있다. 햇볕정책은 남과 북의 얼어붙었던 마음을 녹여 한반도에 화해와 협력, 평화를 가져오는 전환을 이루었다는 평가를 받았다. 이러한 세계적인 공로를 인정받아 2000년 12월 김대중은 한국인 최초로 노벨평화상을 받았다.

[김대중 대통령 2000년 노벨평화상 수상] 출처 : 역사박물관

김대중 대통령의 국민의 정부는 그동안의 정부가 보인 대결적인 구도와 우월주의적인 구도에서 탈피하여 상호이익에 기초한 화해와 협력을 바탕으로 대북정책을 추진하였다. 특히 취임사에서 '북한에 대한 흡수통일 반대'라는 분명한 원칙을 제시함으로써 진정성을 보여 북한의 신뢰를 끌어내고자 하였다. 그 결과 최초의 남북정상회담을 이끌어 내면서 교류분야에서도 많은 성과를 거두었다. 6·15 공동선언문은 남북관계의 패러다임을 전환시키는 계기가 되었다. 정경분리를 원칙으로 삼아 경제교류의 영속성을 보장하기 위한 노력을 전개한 것은 과거 정부와 비교되는 바가 대단히 큰 성과였다.

개성공단, 금강산관광, 남북철도와 도로연결 등의 대표적 사업이 이 시기에 토대를 마련한 것이었다. 이러한 전향적이고 평화를 지향한 그의 대북정책은 세계적인 찬사를 받았다. 당시에는 국민의 대북정책에 대한 긍정적인 지지도가 높은 편이었다. 특히 인도적 차원에서의 비전향 장기수 석방과 대북 식량·비료 지원사업에서는 각각 65.5%와 62.9%가 잘한 것으로 평가하고 있었다. 국민들의 대북관계에 대한 관심과 수준도 향상되었음을 보여준다. 국민들은 '상호주의에 바탕한 대북 포용정책'을 지지하는 것으로 나타났다. 예를 들어서 식량·비료를 지원하면 그에 상응하는 이산가족 상봉행사를 확대하는 것과 비전향 장기수를 북송하면 국군포로문제를 해결하는 등의 원칙을 주문하였다. 국민들의 대부분은 김대중 대통령의 대북정책을 찬성하는 경향이 큰 것으로 나타났으나, 북한에 대한 인식은 여전히 부정적 기류가 강하였다. 북한의 태도에 대해서 긍정은 36.6%, 부정은 47.9%로 나타났다.[21] 이것은 정상회담이 개최되기 이전인 1999년 조사결과였다. 김대중 대통령은 이러한 국민의 반응을 고려하여 '상호주의를 융통성 있게 적용하겠다.'고 밝히는 등 국민이 요구하는 상호주의 원칙을 수용하려고 노력하였다. 김대중 대통령의 대북정책은 이전의 정부와 비교해 볼 때 획기적인 변화를 가져왔다. 북한사회에 미친 영향도 상당히 있을 것이지만 구체적인 성과는 측정하기 어려운 환경적인 한계는 있다. 2002년에는 서해에서 남북함정 간의 교전이 일어나 남북관계가 한때 긴장국면으로 급속히 빠져들었다. 그러나 북한이 사건 1개월 만에 서해사건에 대한 유감을 표명한 이후, 남북장관급회담의 개최로 경의선·동해선의 철도와 도로 연결 등이 추진됨으로써 남북관계는 다시 정상적으로 회복되는 과정에 들어서기도 하였다. 그 후 2002년 10월 북한 핵문제의 대두로 인해 새로운 국면을 맞게 되면서 참여정부가 들어섰다. 참여정부를 지나 북핵문제가 지속되던 보수정권 시절에는 햇볕정책에 대하여 대북 퍼주기 비판이 심하게 일기도 하였다. 이와 함께 한때는 햇볕정책이 북한을 근본적으로 변화시키지 못한 정책으로 홀대받는 상황까지 전개되기에 이르렀다. 그렇지만 김대중 대통령을 기억할 때 가장 강렬한 인상은 최초의 정상회담을 위해 순안공항에서 김정일 위원장과 마주한 모습과 금융위기를 슬기롭게 극복한 대통령이었다는 것은 자주 회자되는 부분이다. 김 대통령은 국가적인 위기를 맞은 상태에서 대통령직을 수행하였다. 그러나 외환위기를 극복한 것은 물론이고 최초의 남북정상회담을 성사시켜 남북관계의 새로운 전환점을 만들었다는 것은 높게 평가할 부분이다. 그로 인해 일반국민은 대북관계에 높은 관심을 갖게 된 계기로 작용하였으며, 이러한 점은 통일열망으로 이어지는 순기능적 측면이 강하게 되었다고 볼 수 있다.

21) 한겨레신문, 「상호주의 바탕한 대북 포용정책지지」, 1999.3.1.

CHAPTER

09 참여정부 노무현 대통령

제 1 절 참여정부 출범과 국제정세

제 2 절 평화와 번영정책

제 3 절 남북정상회담

제 1 절　참여정부 출범과 국제정세

1. 참여정부 출범

참여정부가 출범할 당시의 미국은 대북정책을 재검토하고 있었다. 미국은 민주당에서 공화당으로의 정권교체가 이루어진 초반이었다. 2000년 대통령 선거에서 당선된 공화당의 부시 대통령은 민주당의 클린턴과는 다른 성향의 대북정책을 추진하였다. 또한 9·11 테러로부터 받은 충격은 대북정책에도 영향을 미쳤다. 따라서 임기말기의 국민의 정부와 부시 공화당정부와는 대북정책에서 갈등이 발생하고 있었다. 참여정부는 국민의 정부 계승자였다. 따라서 출범 당시의 상황은 그리 순탄하지 않았다. 또한 국민의 정부 말기에 발생한 2차 북핵 위기는 더욱 상황을 어렵게 만들고 있었다. 2003년 1월 10일에 핵확산금지조약 탈퇴를 선언한 것이다. 그러나 북한은 6·15 공동선언의 실천을 주장하며 경의선과 동해선 연결공사 진행을 요구하고 있었다. 즉, 실리위주의 남북교류협력을 추진한다는 것이었다. 이처럼 어려운 시기에 참여정부를 표방하는 노무현 대통령이 국정을 이끌게 된 것이다. 미국과 북한의 정세는 참여정부가 안게 될 대미관계뿐 아니라 대북관계의 험난한 파고를 예고하고 있었다. 이를 극복해야 할 노무현의 정치역정을 잠시 살펴보기고 한다. 1988년 통일민주당 소속의 노무현은 초선의원이었다. 당시의 정국은 여소야대의 상황이었다. 평민당, 민주당, 공화당의 강력한 야당은 '5·18 광주 민주화운동진상조사특별위원회 구성 결의안'과 '제5공화국 권력형 비리조사특별위원회 구성 결의안'을 통과시켰다.

[청문회에 불려나온 전두환과 답변에 항의하는 의원들]

청문회에서 노무현 의원은 일약 스타의원으로 떠올랐다. 우리나라 최초로 정치인 팬클럽인 '노사모'가 2000년 4월 13일 결성되기도 하였다. 전두환이 광주 증언 중에 '자위권' 등을 운운하자 의원들이 거칠게 항의하고 있다.

이에 따라 5공 청산을 위한 청문회가 개최되었다. 여기에서 노무현은 특유의 거침없는 논리정연한 발언과 속 시원한 질의로 국민의 뇌리에 깊게 각인되었다. 소위 '청문회 스타'가 된 것이다. 특히 그는 인권문제에 깊은 관심을 갖고 의정활동을 하였으며 마침내 제16대 대선에서 이변을 이루었다. 그 이전에 그는 지역주의를 타파하겠다며 당시 여당의 텃밭인 부산에 출마하여 2번의 낙선을 하기도 하였다. 후에 그는 '바보 노무현'이라는 별칭도 얻게 되었으며 '노사모'가 결성되는 계기도 되었다. 그가 대통령으로 당선되는 이변은 경선과정에서부터 예고하고 있었다. 쟁쟁한 이력의 민주당 경선후보들과 비교해 보면, 그는 민주당의 비주류였다. 그러나 민주당의 대통령 후보로 선출된 것이다. 그리고 마침내 2002년 12월 19일 치러진 대선에서 한나라당의 이회창 후보를 물리치고 대통령에 당선되었다. 비주류정치인으로 분류되는 노무현이 대한민국의 중심인 대통령으로 선출되는 순간이었다. 국민은 밑바닥을 체험하며 인권변호사의 길을 걸어온 대통령에게 이전의 기대와는 또 다른 기대를 하고 있었다. 어느 정도의 성과를 달성한 우리나라의 경제력과 민주화된 국가의 궤도에 오른 국민의 요구가 있었던 것이다. 경제를 더욱 발전시키기를 바라면서 그에 못지않게 평화를 지향하는 남북관계를 원하고 있었다. 거침없는 노무현에게 김대중 대통령을 이어나갈 남북관계를 바라고 있었다.

2. 국제정세

냉전체제가 종식되면서 '전쟁의 시대는 저물고 평화의 시대'가 올 것으로 세계인은 기대했었다. 그러나 인류의 역사가 전쟁의 역사라는 말을 증명이라도 하듯이 도처에서 전쟁과 새로운 분쟁은 여전히 진행형이었다. 미국은 압도적인 군사력을 바탕으로 하여 세계의 패권국으로 지위를 굳혀가고 있었다. 냉전의 종식은 미국의 무한독주체제를 의미하는 듯 보였다. 2003년 3월 20일에 미국과 영국의 연합군은 유엔의 반대에도 불구하고 이라크를 공격하였다. 범세계적인 반전과 반미의 추세에도 불구하고 대량살상무기를 생산하고 보관하는 이라크를 공격해야 한다는 것이었다. 이를 미리 제거함으로써 국제평화와 안전을 보장할 수 있다는 논리였다. 이라크전을 압도적인 군사력으로 승리한 미국은 정치·경제적으로 유리한 위치를 점령할 수 있었다. 정치적으로는 미국식 체제의 확산을 유도하여 국제적으로 미국주도의 환경을 유도할 수 있었다. 경제적으로는 원유의 안정적 수급을 통하여 세계질서를 주도하고 자국에 유리한 경제환경을 조성할 수 있었던 것이다. 유엔의 전쟁 반대의사에도 불구하고 이라크를 공격한 미국은 세계 유일의 패권국가임을 더욱 입증하는 계기가 되었다. 반면에 유엔은 그 위상에 큰 손상을 입게 되었다. 냉전시대는 저물었지만 군사력은 자국의 이익을 관철시키는 유효한 수단임을 보여주고 있었다. 9·11 테러 직후 미국은 대량살상무기의 확산방지를 위하여 러시아와 2002년 5월 24일에 '전략핵무기 감축에 관한 조약(모스크바 조약)'을 체결하여 양국의 핵탄두 감축을 추진하였다. 또한 북한과 이란 등에 의한 대량살상무기 개발 및 확산의 위험성과 이들 국가들이 보유한 대량살상무기가 국제테러조직에 이전되는 상황을 크게 우려하고 있었다. 따라서 미국은 '대량살상무기 확산방지구상(PSI)'을 적극 추진하고 있었다. 미국은 대량살상무기 확산방지를 위하여 이란과 북한에게 개발 포기 압박을 가하였다. 부시는 2002년 1월 30일 연두교서에서 이란과 이라크·북한을 '악의 축'이라고 표현하였다. 이는 대량살상무기를 개발 및 테러지원 등 국제사회에 중대한 위협을 주는 국가를 지칭한 말이었다. 부시의 이러한 발언은, 북한의 핵과 미사일 개발에 따라 국제사회가 떠안을 난제가 발생할 것을 예고하는 듯하였다. 한편 부시 대통령은 2003년 9월 23일 유엔총회 연설에서 대량살상무기 확산방지를 위한 유엔결의안 채택을 주장하였다. 마침내 유엔 안전보장이사회는 2004년 4월 28일 만장일치로 '유엔안보리 결의 1540'[1]을 채택하였다. 세계 각지는 다양한 형태의 지역분쟁과 비군사적·초국가적 위협이 증대되면서 이를 예방하기 위한 지역별 다자안보협력기구의 역할과 유엔의 역할이 더욱 요구되고 있었다. 따라서 유엔의 활동분야도 환경, 인권, 마약 등으로 확장되었다. 2002년에 발생한 세계분쟁은 총 84건에 달하고 있었다.[2] 전쟁과 분쟁의 시대는 저물어가는 것이 아니라 그 형태가 변하고 있었다.

---

1) 국제테러 단체 등 비국가 행위자가 핵·생물·화학무기 및 운반수단을 개발·획득·제조·보유·운반·이전 또는 사용하는 것을 방지하기 위해 채택한 안보리 결의를 말한다. 출처 : 국방부, '2004 국방백서' p.24.

2) 국방부, 『2003 참여정부의 국방정책』, p.157.

제 2 절 평화번영정책

1. 추진배경

참여정부는 출범 시 '평화번영정책'을 정책목표의 하나로 설정하였다.3) 이것은 통일·외교·안보분야를 포괄하는 종합적인 국가 발전전략이었다. 한반도는 세계사적인 흐름과 국민의 정부 시절 6·15 남북정상회담을 통하여 한반도에 평화정착을 시킬 수 있는 호기를 맞고 있었다. 이를 계승하여 출범한 참여정부는 당면한 북핵문제를 평화적으로 해결하고 남북경제공동체를 구축하여 동북아의 평화와 번영을 선도한다는 원대한 목표를 달성하겠다는 대북정책을 마련하였다. 한반도의 평화를 정착시키고 남북공동번영을 추구함으로써 평화통일의 기반조성과 동북아 경제 중심국가로의 발전토대를 마련하고자 하는 평화번영정책을 마련한 것이다. 남북의 평화와 번영은 주변국의 번영과 평화에도 기여하

[취임식장에서의 김대중 전임대통령과 노 대통령] 출처 : 대통령기록관

3) 참여정부의 국정목표는 '국민과 함께하는 민주주의, 더불어 사는 균형발전 사회, 평화와 번영의 동북아 시대'였다.

게 되어 동북아의 중심으로 부상할 수 있는 것이다.

그동안 한반도는 갈등과 대립으로 표현되었다. 그러나 이제는 동북아 평화와 번영의 중심으로 한반도를 만들어 나가겠다는 것이다. 그리고 이를 추진하기 위한 평화번영정책의 원칙을 밝혔다. '대화, 신뢰와 호혜주의, 당사자 원칙과 국제협력, 국민과 함께' 등을 주요 원칙으로 내세웠다. 대표적인 갈등의 원인으로 지목되고 있는 북핵문제를 평화적으로 해결하는 데 역점을 두겠다는 점도 밝히고 있다. 즉, 한반도를 중심으로 한 동북아 지역을 평화와 번영의 상징으로 변화시키겠다는 원대한 정책의 필요성을 나타낸 것이다. 이러한 정책을 구상하여 채택한 배경을 살펴보기로 하자.

① 대통령의 도전의식과 적극적인 성향에서 출발하였다.

참여정부의 출범에서도 일부 밝혔듯이 노 대통령은 특유의 신념과 적극성을 견지하고 목표를 향하는 성향을 갖고 있다. 그것은 그의 인생역정에서도 알 수 있는 대목이기도 하다. 이러한 정책을 구상한 것도 그의 개인적 성향과 무관하지는 않아 보인다. 그는 2004년 12월 6일 프랑스 소르본느대 강연에서 다음과 같은 연설을 하였다.

> "지금 우리가 추진하고 있는 대북 화해협력정책은 위험을 회피하려는 소극적인 차원의 정책이 아니라 동북아에 새로운 역사를 만들려는 적극적인 노력입니다. 북핵문제를 반드시 평화적으로 해결하려는 것도 이와 관계가 있습니다. EU의 기초가 프랑스와 독일의 화해에 있었듯이, 한국이 화해의 전령사가 되고, 한반도가 평화의 진원지가 될 때 동북아에는 새로운 역사가 펼쳐질 것입니다. 나아가 세계 질서는 보다 안정되고 유럽을 비롯한 각 지역도 더 많은 협력과 공존의 기회를 갖게 될 것입니다."

자신감과 신념에 찬 진취적이고 적극적인 그의 인생관이 녹아 있는 대목으로도 보인다. 따라서 안정에 머물지 않고 주변국을 선도하겠다는 의지의 표현이 평화와 번영정책으로 나타난 것이었다고 평가할 수 있다.

② 자긍심과 자신감을 바탕으로 동북아에서의 주도권을 확보하겠다는 의지였다.

먼저 우리의 경제력 발전과 민주화로 인한 국민적인 자신감이 있었다. 국민의 노력으로 달성한 경제성장과 1980년대를 거치면서 발전한 민주주의의 성숙도, 외환위기를 극복한 국민의 자긍심 등은 대북문제를 단순히 해결한다는 의식에서 이를 기회로 동북아에서의 주도권을 유지하겠다는 의지의 발로였다.

③ 동북아시대 주도자의 역할을 담당할 국가적 전략제시가 필요하였다.

한반도의 문제는 세계 강대국의 문제와 그 맥을 함께 하여 왔다. 단순한 남북관계의 문제를 넘어 세계의 문제로 확대되는 것이 한반도의 문제였다. 즉, 한반도의 평화는 세계평화와 직결되는 것이다. 또한 이를 둘러싼 주변 강대국은 첨예한 국가이익과 연결된 특성을 갖고 있다. 이러한 특성은 우리의 대북정책이 남북관계 차원을 넘어 동북아지역의 안정과 발전을 함께 고려할 수밖에 없는 것이다. 따라서 주변국들과 긴밀한 협력을 통하여 대북정책을 추진할 필요가 있다는 것이다. 참여정부 대북정책의 목표와 원칙에 이러한 점을 포함한 것은 한반도의 고유특성을 반영하고자 한 것이다.

④ 향상된 남북관계의 지속적인 추진동력 유지였다.

국민의 정부를 지나면서 대북포용정책은 많은 성과를 내면서 민족적 동질성을 그 어느 때보다도 회복하였다. 이를 참여정부에서도 계승하여 주변국까지 파급시키는 성과로 확대하겠다는 것이었다.

2. 목표 및 추진원칙

노무현 대통령은 우리의 국격과 한반도의 지정학적 특성, 전임정부의 대북포용정책 등을 고려할 때, 현 시점에서는 평화번영정책이 필요함을 인식하였다. 그리고 그의 제16대 대통령 취임사를 통하여 평화통일정책의 목표와 추진방향을 밝혔다.

> 이제까지 우리는 한반도의 평화를 증진시키기 위해 많은 노력을 기울였습니다. 그 성과는 괄목할 만합니다. (중략) 저는 그동안의 성과를 계승하고 발전시키면서, 정책의 추진방식은 개선해 나가고자 합니다. 저는 한반도 평화증진과 공동번영을 목표로 하는 '평화번영정책'을, 몇 가지 원칙을 가지고 추진해 나가겠습니다.
>
> 첫째, 모든 현안은 대화를 통해 풀도록 하겠습니다.
>
> 둘째, 상호신뢰를 우선하고 호혜주의를 실천해 나가겠습니다.
>
> 셋째, 남북 당사자 원칙에 기초해 원활한 국제협력을 추구하겠습니다.
>
> 넷째, 대내외적 투명성을 높이고 국민참여를 확대하며 초당적 협력을 얻겠습니다. 국민과 함께하는 '평화번영정책'이 되도록 하겠습니다.
>
> 북한의 핵무기 개발 의혹은 한반도를 비롯한 동북아와 세계의 평화에 중대한 위협이 되고 있습니다. (중략) 아울러 저는 북한 핵문제가 대화를 통해 평화적으로 해결되어야 한다는 점을 거듭 강조하고자 합니다. 어떤 형태로든 군사적 긴장이 고조되어서는 안 됩니다. 북한 핵문제가 대화를 통해 해결되도록, 우리는 미국, 일본과의 공조를 강화할 것입니다. 중국, 러시아, 유럽연합 등과도 긴밀하게 협력해 나가겠습니다.

[평화번영정책 목표 및 추진원칙]

구분		주요내용
목표		'한반도 평화 증진'과 '남북한 공동번영 실현 및 동북아 공동번영 추구'라는 두 가지 목표를 설정
추진원칙	대화를 통한 해결	어떠한 무력사용도 배제되어야 하며 무력사용은 방어를 위한 최후의 수단
	상호신뢰 호혜주의	그동안의 분단으로 인한 이질감은 상호신뢰로 해소 화해와 협력으로 신뢰도 증진
	남북당사자원칙과 국제협력	남북한 당사자로서의 입장과 국제사회의 이해관계를 함께 고려하면서 해결
	국민과 함께	국민적 합의로 정책목표 달성 정책결정의 투명성 보장으로 추진동력 확보

평화통일정책의 목표는 두 가지를 지향하고 있다. 그것은 '한반도 평화 증진과 남북한 공동번영 실현 및 동북아 공동번영 추구'라는 두 가지를 말한다.[4)]

'**한반도 평화 증진**'은 북한 핵문제를 비롯한 안보현안을 해결하는 토대 위에서, 남북간의 실질협력을 증진시키면서 군사적 신뢰구축을 통해 불안정한 정전체제를 항구적인 평화체제로 전환한다는 것이다. 분단 반세기 동안 남북은 소모적인 갈등과 대립 속에서 불안정한 평화를 유지해 왔으나, 탈냉전의 세계사적 흐름과 6·15 남북공동선언 등으로 한반도에서도 평화를 정착시킬 수 있는 새로운 기회가 도래하였다. 한반도에서 확고한 평화가 정착되면 한반도가 지니고 있는 무한한 성장 잠재력을 구현할 수 있는 기틀을 다짐으로써, 동북아 경제중심으로 나아가는 토대가 마련될 수 있다.

'**남북 공동번영 실현 및 동북아 공동번영 추구**'는 남북 모두의 이익을 창출·확대할 수 있도록 경제협력을 활성화시켜 나감으로써 중장기적으로 남북경제공동체를 건설하고, 이를 통해 동북아 이웃국가들의 번영에도 기여하고자 하는 것이다. 한반도가 지니는 지정학적 특성을 고려할 때 남북경제공동체가 건설되면 한반도가 대륙경제와 해양경제를 연결하고 결속시켜 나갈 수 있는 교량 역할을 수행하게 될 것이다.

평화번영정책은 이러한 목표를 달성하기 위하여 '대화를 통한 문제 해결, 상호신뢰 우선과 호혜주의, 남북 당사자 원칙에 기초한 국제협력, 국민과 함께 하는 정책 등 네 가지의 추진 원칙을 제시하였다.

4) 이하의 목표와 원칙은 '통일부, 2005 통일백서'의 pp.19~20에서 요약하여 정리.

① 문제는 대화를 통해 평화적으로 해결해 나간다는 원칙이다.

남북한은 한때 열전을 치른 경험이 있다. 또한 그 이후의 한반도 상황은 군비가 증강하는 등 동북아에서 전쟁 가능성이 최고로 높은 지역으로 분류되었다. 휴전선을 사이에 두고 항상 쌍방 간의 무력충돌 가능성은 상존하고 있었다. 이러한 현실과 쌍방이 보유한 가공할 위력의 무기체계를 고려할 때 또 다시 열전이 발생한다면 그것은 양쪽의 공멸로 연계될 수밖에 없다. 그러므로 이를 방지하기 위한 수단이 필요하며, 그것은 대화를 통하여 문제를 해결하는 것이다.

② 평화를 위해서는 상호신뢰 우선과 호혜주의 원칙이다.

오랜 세월을 이어 온 불신은 같은 민족임에도 불구하고 상대방을 적으로 규정하게 만들었다. 특히 불신에서 파생된 대결관계는 남북을 더욱 첨예하게 만들었다. 설상가상으로 한반도를 중심으로 벌어지는 주변 강대국의 이익관계는 보다 첨예하게 대립하고 있다. 따라서 무엇보다 상호신뢰와 호혜주의를 통한 화해와 협력이 이루어져야 한다는 것이다.

③ 남북 당사자 원칙으로 하되 국제협력을 통하여 문제를 해결한다는 원칙이다.

한반도 문제는 남북한의 문제이자 국제적 문제이다. 이것은 앞에서 언급했듯이 주변을 둘러싼 강대국의 이익이 도사리고 있기 때문이다. 6·25 전쟁 당시 유엔의 결의가 있었지만 미국과 중공·소련을 중심으로 한 다양한 국가가 참전한 것이 그에 대한 반증이기도 하다. 따라서 이를 활용한 국제협력을 활용한다면 보다 쉽게 해결할 수 있는 실마리를 찾을 수도 있다는 것이다.

④ 국민과 함께하는 정책 추진 원칙이다.

우리나라의 민주화는 이제 세계적인 수준에 이르게 되었다. 또한 아무리 좋은 정책이라 하더라도 국민적 합의가 결여되면 정책목표를 달성할 수 없다. 과거의 정부에서 일부 정책결정권자에 의한 통일정책이 추진력을 발휘하지 못한 것을 보면 알 수 있다. 물론 당시에는 그 자체를 정권유지에 이용하려고 한 측면도 있었다. 국민의 적극적인 참여와 협력은 정책의 추진동력에 필수적이다. 또한 이를 투명하게 추진한다면 민주주의를 더욱 성숙시키는 과정이 되기도 하는 것이다.

3. 평화와 번영정책 의의

평화번영정책은 역대 정부가 추진해 온 대북정책의 성과를 인정하며, 이를 계승함으로써 대북정책의 일관성과 역사성을 유지하고자 하였다. 따라서 다음과 같은 의의를 갖고 있다고 평가할 수 있다.

① 대북정책의 역사성을 계승하고 있다.

남북은 서로의 체제를 인정하지 않았다. 그러나 7·4 남북공동성명을 발표하면서 서로의 체제를 인정한다는 것을 공식화하였다. 이후 1992년의 남북화해와 불가침 및 교류에 관한 합의서에 따라 신뢰회복을 위한 노력을 계승하고자 하였다. 평화번영정책은 이러한 남북의 역사적인 성과에서부터 최초의 남북정상회담 합의에 이르기까지의 역사적인 사실을 이어 받는 내용을 그 근간으로 삼고 있다. 즉, 남북관계의 역사성을 계승하고 있는 것이다.

② 경제적 번영과 군사적 분야를 함께 보는 페러다임으로의 전환을 추구했다.

평화번영정책은 남북 경제협력의 성과가 군사분야의 긴장완화와 신뢰구축으로 이어지고, 군사분야의 진전이 경제협력을 더욱 촉진시키는 구도를 지향하고 있다. 즉, 군사·안보분야의 긴장해소와 경제협력 확대의 효과가 서로 상승작용을 불러일으키는 방향에서 대북정책을 추진해 나가겠다는 것이다.

③ 국력신장에 걸맞는 시야를 갖추게 하였다.

평화번영정책의 가장 큰 의의로 볼 수 있다. 역대정부의 발전을 계승하면서 한 차원 진일보하기 위한 노력을 포함하고 있다. 즉, 남북관계를 동북아와 세계의 평화문제로 보았다는 것이다. 따라서 이를 해결하기 위해서는 국제사회와의 보다 강한 연대를 필요로 하며 협력을 끌어내야 한다. 이러한 내용을 원칙에 포함한 것은 우리의 국력이 신장한 결과가 바탕이 되었으며, 국력을 고려한 외연의 확대가 필요함을 본 것이라고 평가할 수 있다. 또한 군사적 신뢰와 경제번영을 하나의 동일한 축으로 보았다는 점이다. 남북한의 긴장이 해결되지 않고서는 외국자본의 투자를 기대하기 어렵다. 전쟁의 위험이 큰 국가에 투자할 이유가 없는 것이다. 남북관계가 평화적으로 발전하면 한반도 평화는 당연히 동반된다. 더불어 동북아와 세계의 평화에 안정적인 역할을 하게 된다. 이로써 경제적인 번영을 함께 동반하는 효과가 오게 된다. 즉, 평화와 번영은 공존한다는 것이다.

④ 민주주의 국가다운 국민우선정책을 지향했다.

평화번영정책은 정책은 국민과 함께 한다는 원칙을 제시하였다. 이것은 정책의 정당성과 투명성을 강조하고 있다. 정책의 추진과정에서 광범위한 국민적 합의를 얻는 등 절차

상의 민주주의를 지향한다는 것이다. 이것은 국민을 우선한다는 민주주의 정신과도 부합되는 정책추진을 원칙으로 하였다는 점에서 의의가 크다.

⑤ 한반도의 상징을 변화시키고자 하였다.

그 동안 한반도는 같은 민족끼리 '전쟁 → 반목과 갈등, 첨예한 군사력 대치' 중이라는 인식으로 자리 잡고 있다. 즉, 동북아에 자리 잡은 분단된 국가이며 전쟁을 겪었으며, 현재는 첨예하게 대립하면서 반목과 갈등을 갖고 있는 분단된 국가라는 인식이 대표적이다. 그러나 참여정부는 평화번영정책을 통하여 이러한 부정적인 이미지를 개선하고자 하였다. 즉, '반목과 갈등을 넘어 평화를 향하여'를 지향하고자 했다는 것이다. 이를 통하여 동북아의 평화는 물론이고 세계의 평화를 견인하는 주역이 되겠다는 것이었다. 한반도는 더 이상 강대국들의 세력 다툼의 장이 아니라 동북아 공동번영의 공간으로 거듭나겠다는 의지를 담고 있다.

제 3 절 남북정상회담

1. 추진배경

2000년 최초의 남북정상회담은 그 동안 지지부진하던 남북관계를 획기적으로 변화시켰다. 그러나 한반도는 주변 강대국의 이익이 첨예하게 존재하는 지정학적인 문제 등으로 인하여 영향을 받고 있었다. 미국의 민주당 정부에서 공화당 정부로의 정권교체는 대북정책의 재검토를 가져왔다. 이로 인하여 활발히 진행되던 남북대화는 2001년 이후 국내외 정세변화에 따라 남북대화 일정이 지연되기도 하였으나 우리정부는 대북화해협력정책을 일관되게 추진하였다. 그동안 북한은 미국과의 관계악화에 따라 반미군중대회를 전국적으로 개최하는 등 긴장상태를 조성하면서 체제결속을 도모하고 있었다. 그러나 지속적인 경제난을 타개하기 위하여 2001년 10월 김정일 국방위원장에 의해 하달된 '경제관리 개선지침'과 2002년 7월 1일의 '경제관리 개선조치', 2002년 9월 최고인민회의 상임위원회 정령으로 채택된 '신의주 특별행정구 기본법안' 등을 통하여 경제정책 전반에 걸쳐 개혁적인 조치를 단행하고 있었다. 특히 북한은 2002년 12월 12일 '핵 동결 해제'를 발표하였고 2003년 1월 10일에는 '핵확산금지조약(NPT)' 탈퇴를 선언하였다. 이를 2차 북핵위기라 한다. 북한의 이러한 행동으로 미국과의 갈등은 더욱 깊어지고 있었다.

2007년 10월 2일 노무현 대통령이 권양숙 여사, 문재인 비서실장과 함께 정상회담 출발을 위해 환한 표정으로 청와대를 나서고 있다.

[환한 표정의 노무현 대통령] 출처 : 청와대

2007년 10월 2일 노무현 대통령이 권양숙 여사와 함께 분단선을 넘어 북으로 향하고 있다. 노무현 대통령은 최초로 육로를 이용하여 북한을 방문한 대통령이었다.
제1차 남북정상 이후 7년이 흘렀으며 노 대통령의 임기 만료 약 5개월을 앞두고 있었다.

[분단선을 넘는 노무현 대통령] 출처 : 대통령기록관

2000년 6월 남북정상회담 이후 정부는 남북정상회담이 한반도 평화와 남북관계 발전을 위해 유용하다는 인식 하에 남북장관급회담 등 주요 남북접촉 계기를 통해 남북정상회담 개최를 위한 북한의 의사를 지속 타진해 왔다.[5] 이러던 중 2007년 7월초 우리측은 남북관계 진전 및 현안사항 협의를 위해 고위급 접촉을 제안하였고, 북한측은 7월 29일 김양건 통일전선부장 명의로 국정원장의 방북을 요청해 왔다. 이에 따라 김만복 국정원장이 대통령 특사자격으로 8월 2일 방북하여 김양건 통일전선부장과의 협의를 통해 2007 남북정상회담 개최에 합의하기에 이르렀다.

2007 남북정상회담은 2차 북핵위기가 어렵게 봉합되기 시작한 시기에 이루어졌다. 6자회담[6] 합의가 원만하게 이행되고 북핵폐기 과정이 가시화되는 국제정제를 적극활용하고, 남북관계의 진전과 한반도 평화를 더욱 공고히 하고자 이루어졌다. 이는 국제정세의 빠른 변화에서 시기를 놓치지 않고 남북관계를 한 단계 더 진전시켜야 평화와 통일을 준비할 수 있다는 판단을 하였기 때문이다. 마침내 대통령은 2007년 10월 2일 출발에 앞서, "시기를 놓치지 않고 한 걸음 한 걸음 착실히 나아가는 것이 중요합니다. 저는 욕심

5) 통일부, 『남북대화 73호』, p.6.

6) 6자회담이란 북핵문제 해결을 위한 남북한과 미·일·러·중이 참가하는 회담을 말한다. 2003년 8월에 베이징에서 처음 개시되었다.

을 부리지 않을 것입니다. 그렇다고 몸을 사리거나 금기를 두지도 않을 것입니다. 역사가 저의 책임으로 맡긴 몫이 있을 것입니다. 이 시기 우리를 둘러싼 상황에 대한 냉정한 판단을 토대로 제게 맡겨진 책임만큼 최선을 다 할 것입니다."라는 대국민 인사를 하였다. 인사말에서도 시기의 적절성을 언급하고 있었다.

2. 10·4 선언 내용

참여정부 출범 직전의 북한은 2002년 핵 동결 해제 발표와 2003년 핵확산금지조약(NPT) 탈퇴를 선언하였다. 남북관계의 전망이 그리 밝지 않은 상황에서 출범한 것이다. 즉, 2차 북핵위기와 함께 출범했다고 보면 된다. 출범 이후의 남북관계는 악화일로를 걸었다. 미국의 부시행정부도 북한과의 대립관계를 유지하고 있었다. 설상가상으로 집권초기에 탄핵을 당하는 사태에까지 이르렀다. 따라서 국내의 상황과 국제환경은 출발부터 남북관계에 유리하게 작용하지 못하고 있었다. 이러한 상황에서 시간은 흘러 노무현 대통령은 임기를 얼마 남기지 않은 2007년 10월 제2차 남북정상회담을 위해 북한을 방북하게 되었다. 이때 합의문을 발표하게 되는데 이를 '10·4 선언'이라고 한다. '10·4 선언'은 '6·15 공동선언'의 정신을 이어받아 신뢰를 구축하고 남북 간에 발전적이고 획기적인 경제협력을 추진한다는 내용이었다. 그러나 불과 임기를 5개월 앞둔 상황이었다. 이러한 상황에서 추진한 정상회담과 합의문에 대하여 북한에 대한 경제협력자금을 일방적으로 남한이 부담한다는 비판이 일기도 하였다. 그 후 보수정권으로 정권교체가 이루어진 후 국민의 정부와 함께 '퍼주기' 논란에 휘말리기도 하였다.

10·4 선언은 총 8개항으로 구성되었는데 주요내용을 요약해 보면 다음과 같다.

1. 6·15 공동선언을 적극 구현
2. 상호 존중과 신뢰의 남북관계로 확고히 전환
3. 군사적 긴장완화 추진
4. 항구적 평화체제 구축과 핵문제 해결 노력
5. 남북 경협의 확대·발전, 서해평화협력특별지대 설치
6. 역사·언어·교육·과학기술·문화예술·체육 등 사회·문화분야 교류협력 발전
7. 인도주의 협력사업 적극 추진
8. 국제무대에서 민족의 이익과 해외동포들의 권익을 위한 협력 강화
   남북정상선언을 위한 총리회담을 11월 중 서울에서 개최
   남북관계 발전을 위해 남북 정상이 수시로 만나 현안문제 협의

① 기존의 남북관계 기본원칙인 자주와 신뢰의 남북관계 유지

1항에서는 남북한이 기존의 남북관계 기본원칙으로 합의한 자주의 원칙을 바탕으로 우리 민족끼리의 정신에 따라 통일문제를 해결하자는 내용을 담고 있다. 또한 최초의 남북정상회담 성과물인 6·15 공동선언을 기념하는 방안을 강구하기로 합의하였다.

② 남북한의 체제를 인정하며 신뢰 구축

2항에서는 7·4 남북공동성명에서 최초로 체제를 인정한 정신을 이어받고자 하였다. 서로의 체제를 인정하며 내정에 간섭하지 않으며, 이로써 신뢰를 축척하자고 하였다. 또한 여기에서 더 발전시켜 제도적·법률적 정비까지 이루자는 내용을 담고 있다.

③ 군사적 긴장완화를 위한 방법의 패러다임 전환 추진

3항은 긴장완화를 위한 패러다임의 전환이다. 그동안 NLL을 중심으로 한 무력충돌이 빈번하였다. 이를 완화시키기는 것은 물론이고, 이를 이용한 경제적인 이익까지 창출하자는 것이다. 평화가 경제를 뒷받침하는 선순환의 관계를 만든다는 내용이다. 이를 통해 상생의 남북경제를 실현하고 평화와 번영의 동북아시대로 힘차게 나아가겠다는 것이다. 즉, 공동어로수역 지정과 평화수역 설정, 각종 협력사업에 대한 군사적 보장 등 군사적 신뢰구축 등의 선행조치를 추진하자는 내용을 담고 있다. 그러나 그 후에 이를 문제 삼아 2012년 대선에서에서 'NLL 포기발언' 등의 정치적 공세에 시달리기도 하였다.

④ 핵문제 해결과 종전선언으로 항구적 평화체제 구축

4항은 항구적인 평화를 보장하는 핵문제 해결과 종전선언이다. 핵문제가 해결되지 않고서는 평화를 담보할 수 없는 것이 현실적인 여건이다. 따라서 '9·19 공동성명[7]과 2·13 합의[8]'의 순탄한 이행을 위해 노력한다는 내용을 포함하였다. 또한 현재의 정전상태를 평화상태로 전환하기 위하여 정전회담의 직접적인 당사자인 북·미·중의 3국 또는 정전협정 서명에는 포함되지는 않으나 전쟁당사자인 우리나라를 포함한 4국의 정상들이 협의하여 항구적인 평화체제로 전환하기 위한 종전선언을 하자는 내용을 포함하였다.

⑤ 남북경협의 확대·발전, 서해평화협력특별지대 설치

5항은 남북한이 경제적인 분야에서의 협력을 통하여 경제부국을 함께 이루자는 내용이다. 해 주지역과 주변해역을 포괄하는 서해평화협력특별지대를 설치하고 3항과 연계하여

---

7) 2005년 4차 6자회담에서 북한은 핵무기와 핵개발 계획을 포기하고, 관련국들은 관계정상화와 에너지 지원을 하겠하고 선언한 내용을 말한다.

8) 6차회담이 9·19 공동선언 이후에도 방코델타아시아(BDA)의 북한 불법자금세탁 문제로 표류하고 있었다. 이러는 가운데 북한은 2006년 7월의 미사일 시험과 10월에는 핵실험을 강행하였다. 이러한 국면을 타개하기 위해 미국은 9·19 공동성명 이행을 위한 초기조치를 담은 내용을 합의하게 되었는데, 이를 2·13 합의라고 한다.

공동어로구역과 평화수역 설정하자는 것이다. 경제특구 건설과 해 주항 활용, 민간선박의 해 주직항로 통과, 한강하구 공동이용 등을 적극 추진하자는 내용이다. 또한 개성공단 1단계 사업의 조속 완공 및 2단계 개발 착수, 문산–봉동간 철도 화물수송 시작, 통행·통신·통관 문제 해결 등을 담고 있다.

⑥ 사회·문화분야(역사·언어·교육·과학기술·문화예술·체육 등)의 교류협력 추진

6항은 사회·문화분야에서의 남북협력에 관한 내용이다. 서울에서 백두산까지의 직항로 개설 및 백두산관광 실시 등을 담고 있다.

⑦ 인도주의 협력사업 적극 추진

7항은 대표적인 사업인 이산가족 상봉 확대 및 영상편지 교환사업을 추진하며, 금강산 면회소에 쌍방 대표를 상주시켜 이산가족 상시 상봉을 진행한다는 내용이다. 또한 자연재해 등 재난발생 시 적극적인 협력을 하여 피해를 최소화하기로 하였다.

⑧ 8항은 국제무대에서 민족의 이익과 해외동포들의 권익을 위한 협력 강화

남북정상선언을 위한 총리회담을 11월 중 서울에서 개최, 남북관계 발전을 위해 남북정상이 수시로 만나 현안문제를 협의한다는 내용이다.

3. 10·4 선언 의의

① 역대 2번째의 정상회담 개최

그동안 남북 정상회담은 어렵과 먼 길로만 느껴졌다. 그러나 김대중 대통령에 이어 노무현 대통령의 정상회담으로 남북정상이 희망하면 언제라도 만날 수 있다는 희망을 주었다. 또한 이러한 노정이 쌓일수록 신뢰회복은 물론이고 남북관계 개선의 속도에서도 보다 탄력이 붙게 될 것이라는 희망을 주었다.

② 북한의 핵문제 해결의지 확인

남북한 정상의 핵문제 해결을 위한 의지를 확인하였다. 남북 정상이 북한의 핵문제 해결을 위한 의지를 민족과 세계를 향해 선언했다는 것은 비핵화에 대한 강한 의지를 밝힌 것이다. 이를 통해 6자회담과 남북관계가 선순환할 수 있다는 기대를 갖게 하였다. 또한 북핵문제 해결을 가속화하는 동력으로 보여 지기에 충분하였다.[9] 즉, 핵 없는 한반도가

9) 그러나 북한은 이후에도 계속하여 핵 개발과 실험을 하여 전 세계를 경악하게 하였다. 그 후 김정은 정권에서 비핵화 의지를 밝혔으며 현재도 이를 위한 협상과 정상회담이 지속되고 있다. 그러나 미국과의 하노이 정상회담에서 성과를 내지 못하면서 다시 경색국면에 직면하였다.

이루어진다는 믿음을 갖게 한 것이다.

③ 남한에 대한 북한의 인식변화와 평화체제를 위한 남북의 공감대 형성 확인

불안정한 정전체제를 종식시키고 평화체제를 구축해나가기로 합의한 것은 평화체제를 위한 남북의 공감대 형성을 확인한 것이다. 또한 이것은 북한의 남한에 대한 인식의 변화를 의미하였다. 그동안 북한은 종전선언은 정전협정 당사국만의 문제라면서 남한을 배제하였다. 즉, 정전협정 당시 서명에 참가한 미국·북한·중국의 문제라는 것이었다. 그러나 이번 선언에서 남북정상이 종전협정을 이루자는 내용을 함께 선언한 것은 북한의 인식변화로 읽혀지는 대목이다.

④ 평화를 구축하기 위한 실질적 활동 협의로 신뢰구축

한반도 평화의 실질적 보장 노력의 일환으로 남북은 11월 중에 평양에서 남북국방장관회담을 개최하기로 합의하는 등의 구체적 내용의 결실을 보았다. 군사적 긴장완화는 신뢰구축의 첫 번째 조건이다. 이것은 평화를 정착시키는 토대가 되는 것이다.

⑤ 경제를 위한 평화, 평화를 위한 경제의 선순환 관계 조성

경제가 평화를 구축하고 또 평화가 경제를 뒷받침하는 선순환의 관계를 만든다는 것은 노무현 대통령의 경제와 평화를 보는 관점이었다. 또한 이를 위하여 기존에는 금지의 구역으로만 인식하였던 NLL을 중심으로 평화수역, 공동어로구역을 조성한다는 것이었다. 그러나 이후에 이를 영토포기 등의 정쟁의 요소로 삼게 되는 상황이 발생하였다. 이는 남북관계 추진에서 나타난 대표적인 남남갈등이기도 하였다.

⑥ 남북경협의 공감대 확대

개성공단 건설의 장애요인을 해소하고 이를 신속히 처리하는 데 합의하였다. 개성공단이 상품을 출하한다는 것은 남북관계에서의 또 다른 의미를 갖게 된다. 최초로 남북이 공동으로 생산한다는 상징성이 있다. 함께 신뢰를 구축하며 함께 번영을 하자는 의미가 있는 것이다. 또한 이것은 우리 경제의 활로를 마련하고 남북경제공동체 건설을 촉진할 것이다.

4. 진화하는 남북관계

① '남북관계 발전에 관한 법률' 제정

참여정부의 평화번영정책의 원칙 중 하나는 국민과 함께 한다는 것이다. 이에 따라 대북정책을 지원하기 위한 '남북관계 발전에 관한 법률'을 제정하였다.[10] 권위적인 통치가

아닌 모두가 공감하는 민주적인 절차에 의한 법치를 통해서 남북관계를 추진한다는 것이었다. 남북협력과 평화공존의 시대를 맞아 새로운 법 제정의 필요성이 요구되었다. 특히 6·15 공동선언 이후 남북 간의 화해와 협력의 분위기를 타고 남북대화가 증가하였고 각 분야의 교류와 협력도 급격한 증가세를 이루고 있었다. 2005년에 이르러서는 연간 왕래인원이 분단 이후 60년간의 왕래인원을 상회하는 9만여 명에 육박하고, 연간 교역액은 10억 달러(1조원)을 넘어서고 있었다.[11] 그간의 남북관계는 민간차원의 교류협력 절차를 규정한 '남북교류협력법'에 의해 정리되어 왔다. 따라서 공무원의 북한파견, 남북회담 대표 등에 관한 임명 등의 법적 제도는 미비한 상태였다. 또한 대북정책에 대한 국민의 공감대를 형성하고 강한 추진력을 뒷받침 받을 제도적 장치가 필요하였다. 한편 북한도 개성공단 운영을 위하여 법률을 제정하였다. 최고인민회의 상임위원회는 2002년 11월 13일 '개성공업지구'를 지정하고, 같은 달 20일에 '개성공업지구법'을 채택하였다. 이는 북한의 헌법에 근거하고 있다.[12] 이러한 사실은 북한의 관영언론이 2002년 11월 27일 보도함으로써 알려졌다. 이로써 남북이 모두 개성공단의 운영을 법률로 뒷받침하게 되었다.

② 개성공단사업

개성공단은 남북경협의 상징이다. 남한의 자본과 기술이 북한의 토지와 노동력을 만나 새로운 경쟁력을 창출하는 남북공동의 상생의 협력사업인 것이다. 국민의 정부는 개성공단 사업추진을 위한 여건을 마련하였다. 뒤를 이어 참여정부는 개성공단사업을 본격화하였다. 그 발전을 살펴보면, 2003년 6월 30일 개성공단 착공식을 실시하였다. 2004년 6월에 개성공단 시범단지 분양을 하였으며, 2004년 12월 개성공단 첫 제품을 생산하였다. 2005년 4월에는 개성공단 제품을 처음으로 해외에 수출하기도 하였다. 2007년 1월 총 생산누계는 1억 달러를 돌파하였다.[13]

③ 이산가족 상봉을 위한 면회방법 개선과 금강산 상설면회소 설치

고령의 이산가족을 위한 화상상봉을 제의하여 2005년 8월 15일 제1차 상봉을 시작하였다. 그 후 2007년 11월 15일까지 총7차례를 실시하였으나 남북관계가 경색되면서 무

10) 국민의 정부는 6·15 정상회담이 종료되고 정부 발의 '남북관계발전 기본법안' 제정을 검토하여 제16대 국회에서 여야의원 36명이 공동발의하였다. 그러나 내용 미비, 법 제정의 시기상조 등을 이유로 한 반대에 부딪쳐 제16대 국회 임기만료와 함께 자동폐기되었다. 그 후 2004년에 여야의원들에 의해 다시 법안 발의가 이루어졌으며 공청회 등을 거쳐, 2005년에 '남북관계 발전에 관한 법률'이 국회를 통과하여 2005년 12월 29일에 법률이 공포되었다. 이것은 남북관계 발전의 기본이 되고, 남북관계를 포괄적으로 규율한 최초의 법률이라는 평가를 받는다.

11) 통일부, 『국민과 함께 여는 평화번영의 길』, p.4.

12) 북한 헌법 제37조 '국가는 우리나라 기관, 기업소, 단체와 다른 나라 법인 또는 개인들과의 기업 합영과 합작, 특수경제지대에서의 여러 가지 기업창설운영을 장려한다.'

13) 통일부, 『참여정부 4년 대북정책』, p.15.

[노무현 대통령 정상회담] 출처 : 대통령기록관

산되었다. 화상상봉은 고령화 추세에 따라 꼭 필요한 사업으로 평가받는다. 2018년 남북관계에 훈풍이 불면서 2018년 9월 평양공동선언에서 이를 남북의 두 정상이 조속한 시일 내에 시작하기로 약속하였다. 그러나 현재까지 대북제재가 풀리지 않아 이루지 못하고 있다. 연간 이산가족 생존자 중 연간 4,000명 정도가 고령으로 세상을 떠나고 있다.

지난 2017년 기준, 이산가족 상봉 신청자 13만2,603명 가운데 생존자는 5만7,059명이었다. 2018년 대한적십자사에 등록된 남쪽 이산가족 생존자 5만6,707명 가운데 80살 이상이 62.6%인 3만5,541명에 달하고 있다.[14)]

금강산 상설면회소는 2005년 8월 31일 건설을 착공하였다. 그러나 북한의 미사일 발사에 대한 우리측의 지원 유보조치에 대해 북한측이 이에 반발하면서 2006년 7월 19일 면회소 건설 중단을 통보하면서 일시 중단되었다. 그 후 공사를 재개하여 이명박 정부시절인 2008년 8월 31일 완공하였다. 이처럼 이산가족 수시 상봉을 가능하게 할 수 있는 물리적 기틀 마련 등에도 많은 노력을 하였다.

14) 한겨레신문, 「금강산 상설면회소 개소, 화상상봉·영상편지 우선 추진」, 2018.9.19.

④ 용천재해 복구지원[15]

평안북도 용천역 인근에서 2004년 4월 22일 오후 1시경 대형 폭발사고가 발생하였다. 4월 23일 북한은 IFRC(국제적십자연맹), WFP(세계식량계획) 등 국제기구들과 중국을 비롯한 평양주재 외국대사관들에 사고 발생사실을 알리면서 용천 사고현장 사진과 동영상을 국제사회에 공개하고 실질적인 지원을 호소하였다. 사고 발생 당시 북한을 방문 중이던 이윤구 대한적십자사 총재는 북한의 조선적십자회로부터 용천사고에 대한 긴급지원을 공식 요청받았다. 우리정부는 동포애와 인도적 차원에서 용천사고를 '우리의 불행'으로 인식하고 사고 다음날부터 다방면에 걸쳐 긴급 대북지원대책을 강구하기 시작하였다. 용천재해 지원을 위해 각계 각층에서 기탁한 성금은 170억 원에 달했으며, 130억 원 상당의 긴급구호 물품이 기탁되었고, 30억 원 상당의 복구용 자재·장비가 기증되었다.

민간에서는 총 283억 원, 정부와 적십자를 통해서는 긴급구호품에 115억 원과 자재 및 장비지원에 247억 원을 지원하였다. 현금과 기탁 물품은 전부 대북지원에 사용하였으며, 부족분 31억 원은 정부가 남북협력기금으로 지원하였다. 정부와 대한적십자사는 국민성금의 투명한 사용과 대북지원 경험을 널리 알려 대북 긴급재난지원의 모범으로 삼기 위해서 '용천재해 지원백서'를 발간하기도 하였다.

⑤ 북한방문기회 확대로 북한에 대한 이해 증진을 위한 금강산관광

'보다 많은 접촉과 협력이 평화를 만든다.'는 정부의 대북정책을 바탕으로 시작된 금강산관광은 국민의 정부시절에 첫 관광객이 해로를 통하여 금강산에 올랐다. 2003년 9월에는 마침내 금강산 육로관광시대를 열었다. 과정을 살펴보면, 2002년 12월 11일 동해선 임시도로 연결공사를 완료하고 곧이어 2003년 1월 27일에는 '동·서해지구 남북관리구역 임시도로 통행의 군사적 보장을 위한 잠정합의서'를 타결하는 등 금강산 육로관광을 실시할 수 있는 여건 마련에 주력하였다. 이어서 사전답사(2003.2.5.~2.6.)와 시범관광(2003.2.14.~2.16.) 및 일반인 대상의 육로관광 실시 등 본격적인 시행준비를 해나갔다.

그러나 2003년 3월 2일부터 북측이 동해선 철도·도로 공사를 위해 임시도로의 사용을 중단하게 됨으로써 육로관광은 미루어질 수밖에 없었다. 이에 우리정부 및 사업자는 북측에 육로관광을 조속히 재개하도록 촉구하였고, 남북한 당국이 남북경제협력추진위원회 제5차 회의에서 육로관광 재개에 합의하여 9월부터 육로관광이 실시되었다. 이에 따라 2004년도에는 관광객이 월평균 2만 명을 넘어 연간 총 26만 명에 이르는 등 금강산관광이 정상화의 추세에 들어서게 되었다.[16]

금강산관광 시작 6년 만인 2005월 6월 누적 관광객 수가 100만 명을 넘었다. 금강산

---

15) 통일부, 『2005 통일백서』, p.170.

16) 통일부, 앞의 책, p.108.

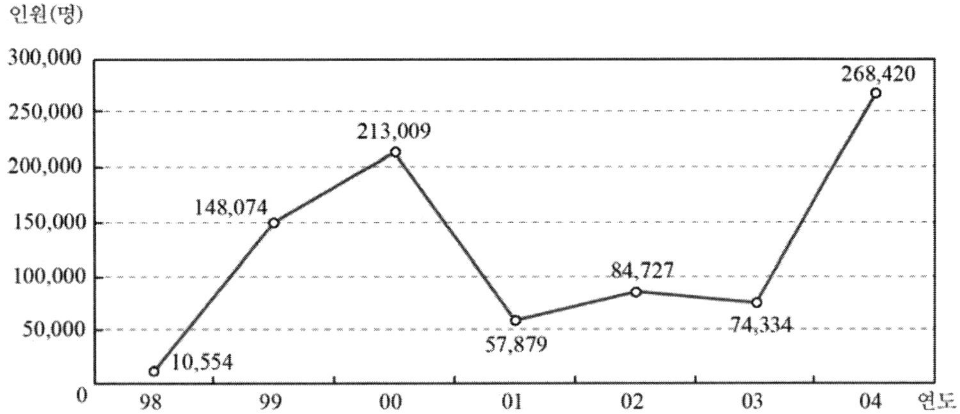

[연도별 금강산관광객 변화추이[17)]

관광이 활성화되면서 현대아산과 북한은 2006년 봄 남북공동답사 후 내금강 관광 실시에 합의했다. 외금강 지역에서만 이루어지던 금강산관광이 2007년부터 내금강 지역으로 확대되었다. 이러한 추세라면 2008년 8월경에는 200만 명 돌파를 눈앞에 두고 있었다. 그러나 안타깝게도 우리 관광객 1명이 북한군의 총격으로 사망하는 사건이 2008년 7월 11일에 발생하였다. 이로써 7월 12일부터 잠정 중단되어 오늘에 이르고 있다. 2008년 3월 17일부터는 시작된 승용차관광이 궤도에 진입하기 시작하였으나 전면 중단되었다. 우리 정부는 북한측에 규명 및 재발방지 대책마련, 확실한 신변안전 보장조치 등을 요구했으나 북한측의 소극적 태도로 재개되지 못하였다. 더불어 북한의 잇단 핵실험과 미사일 발사 등의 경색된 정세로 인해 대북제재가 이어지면서 현재까지 중단되고 있다. 2004년 금강산 관광객을 대상으로 실시한 설문조사에서도 금강산관광을 통해 북한에 대한 부정적인 인식과 통일문제에 대한 무관심이 긍정적으로 변했다는 응답자가 약78%에 이르는 등 금강산관광이 통일교육에 효과적인 것으로 나타났다.[18)

⑥ 민족의 아픔을 함께 공유

남북한 모두는 일제의 강제병합에 따라 고난의 세월을 함께 하였다. 민족의 아픔을 함께한 동질성을 갖고 있는 것이다. 2004년 2월 평양에서 개최된 '일제 약탈 문화재 반환 공동학술토론회'에서는 남북이 공동으로 민족사와 관련한 문제의식을 공유하고, 더불어 남북이 합의하여 '남북역사학자협의회'를 구성하는 성과를 거두었다. 5월에는 '일본의 과거청산을 요구하는 국제연대협의회'의 서울행사 참가를 위해 북한위원회 대표단 9명이 서울을 방문하였다. 위안부 및 강제연행피해자 문제 등에 대해 남북이 한 목소리를 내어

17) 통일부, 앞의 책, p.109.
18) 통일부, 앞의 책, p.109.

적극적으로 대응하고자 하는 의지를 보여 언론의 주목을 받기도 했다.[19]

⑦ 문화교류행사의 확대

민족화해협력범국민협의회는 2003년에 이어 2004년에도 서울에서 '남북공동기획, 고구려전'(2004.4.9.~6.20.)을 통해 북한에서 제작한 고구려유물모사품을 전시하였다. 또한 KBS는 2004년 6월에 다큐멘터리 '고구려는 살아 있다'를 북한과 공동으로 제작하였다. 평양지역 고구려 역사유적은 KBS 취재팀이 맡고, 평양 이외지역의 유적은 북한 조선중앙TV가 촬영함으로써 남북 공동제작의 성과를 거두었다. MBC는 2004년 6월에 취재팀이 평양을 방문하여 고구려 유적을 취재해 6월 24일 '살아 있는 고구려'란 제목으로 TV 프로그램을 방영하였다. SBS는 2004년 2월 평양에서 개최된 '일제 약탈문화재 반환을 위한 남북공동학술토론회' 취재차 방북하여 고구려 유적인 강서대묘를 취재 방영하기도 하였다.

⑧ 아테네올림픽 남북 공동입장

남북은 2000년 시드니올림픽 개막식에서 사상 최초로 선수단이 공동입장하여 세계의 이목을 집중시킨 이래, 2002년 부산 아시안게임, 2003년 아오모리 동계아시안게임과 대구 유니버시아드대회 등 주요한 국제 체육무대에서 남북 공동입장의 기조를 이어왔다.

2004년 제28회 아테네올림픽(8.13~29)에서도 남북은 한반도기를 앞세우고 개·폐막식에 공동입장을 실현함으로써 30억 명이 넘는 시청자들을 포함한 세계인의 뜨거운 박수갈채를 받았다. 아테네올림픽에서는 공동입장 참가인원을 자유롭게 하는 등 제27회 시드니올림픽 때 보다 한 단계 진전했다고 할 수 있다.

노무현 대통령은 취임사에서 한반도가 지구상에 남아 있는 마지막 냉전지대라고 하였다. 대통령으로서 냉전을 종식시키고 평화와 통일을 이루는 이정표를 제시하는 것은 물론이고, 한반도가 세계로 향하는 평화의 관문이 되게 하겠다는 청사진도 함께 밝혔다. 전임 대통령의 햇볕정책을 계승하면서 평화의 토대를 더욱 정착시키고 민족의 번영을 함께 도모한다는 목표도 제시하였다. 그가 제시한 통일정책은 시야를 한층 넓게 보고자 한 특징이 있다. 한반도에 국한하지 말고 동북아와 세계를 향해 나가자는 것이었다. 그러나 어느 대통령보다도 어려운 상태에서 대북정책을 추진해야 했다. 취임 전부터 불거진 2차 북핵위기는 그의 임기와 함께 하게 되면서 복잡하고 어려운 상황을 조성하고 있었던 것이다. 특히 2006년 10월 9일에 있었던 북한의 핵실험은 햇볕정책

19) 통일부, 앞의 책, p.135.(이하 ⑥, ⑦, ⑧항 포함)

20) 경향신문, 「DJ·참여정부 대북지원 70억 달러로 핵 개발, 논란의 진실은?」, 2017.5.2.

에 대한 사회적 논쟁까지 불러 왔다. 남남갈등을 넘어 과거의 대결상태만이 북한문제를 해결할 수 있다는 강경한 발언들이 쏟아져 나오고 있었다. 또한 '대북 퍼주기' 논란은 이를 더욱 부추기고 있었다. 북한이 진보정권에서 자금을 지원받아 핵을 개발했다는 그럴 듯한 주장이 대표적이었다. 그렇다면 진보정권과 보수정권의 대북지원 현황을 살펴보기로 한다. 이에 대한 현황은 통일부의 자료에 근거하여 일간신문에 보도된 내용을 참고해 보기로 하겠다.

[역대 정부의 대북지원 현황 비교[20]]

정부별 대북 송금 내역 (단위 : 만 달러)

구 분	정부차원	민간차원				총계
	화상상봉센터 건립관련 물품구매	관광(교예단 시설이용료 등 포함)	교역·위탁가공 등	개성공단(임금·통신비 등)	기타(사업권·이용료 등)	
김영삼정부	–	–	93,619	–	–	93,619
김대중정부	–	41,952	83,195	–	45,308	170,455
노무현정부	40	12,471	201,972	4,131	2,324	220,938
이명박정부	–	3,069	135,936	27,629	1,308	167,942
박근혜정부	–	–	56	25,438	–	25,494

* 교역·위탁가공 관련 금액은 정부에 신고한 반입금액 기준임.

정부별 대북 현물제공 내역 (단위 : 만 달러)

구 분	정부차원				민간차원		총계
	인도적 지원(무상)	차관(식량 철도·도로 자재/경공업 원자재 등)	개성공단(기반시설 지원관련)	기타(백두산 피치)	인도지원	기타(류경체육관 건립)	
김영삼정부	26,172	–	–	–	2,236	–	28,408
김대중정부	28,502	23,974	–	–	19,134	5,000	76,610
노무현정부	78,550	76,473	15,670	928	43,073	–	214,694
이명박정부	8,564	436	7,864	–	12,839	–	29,703
박근혜정부	3,769	–	2,216	–	2,248	–	8,233

* 상기 금액은 해당연도 당시 환율을 적용한 금액임.

총괄(현금+현물) (단위 : 만 달러)

구 분	정부차원		민간차원		총계
	현금	현물	현금	현물	
김영삼정부	-	26,172	93,619	2,236	122,027
김대중정부	-	52,476	170,455	24,134	247,065
노무현정부	40	17,1621	220,898	43,073	435,632
이명박정부	-	16,864	167,942	12,839	197,645
박근혜정부	-	5,985	25,494	2,248	33,727

* 상기 금액은 해당연도 당시 환율을 적용한 금액임.

대북퍼주기와 이를 이용한 북한의 핵개발 의혹은 김대중 대통령의 남북정상회담 직후부터 주장하여 왔다. 특히 대선 등 주요 선거철에는 더욱 기승을 부렸다. 그러나 대북지원은 현황에서 보듯이 주로 현물로 이루어졌다. 그러나 이 현물이 자금으로 전용된 근거와, 이를 핵개발에 전용했다는 주장도 못하은 형편이다. 통일부자료에 따르면 정부차원으로 현금이 제공된 것은 노무현 정부 시절 이산가족 화상상봉센터 건립을 위한 자금 40만 달러(약 4억5,000만 원)가 전부였다. 민간차원에서 관광, 교역·위탁가공, 개성공단 등의 교류로 DJ 정부시기에는 총 17억455만 달러, 노무현 정부 시기에는 22억938만 달러의 송금이 있었다. 이명박 정부 이후의 '대북 송금'은 참여정부 시절인 2005년 업체들이 입주를 시작한 개성공단이 주된 비중을 차지하고 있다. 이명박 정부 시절 2억7,629만 달러였고, 2016년 2월 최종 중단되기 전까지 박근혜 정부 시절 개성공단 대북송금액은 2억5,438만 달러였다.

남북관계 발전과 평화번영을 위한 선언

대한민국 노무현 대통령과 조선민주주의인민공화국 김정일 국방위원장 사이의 합의에 따라 노무현 대통령이 2007년 10월 2일부터 4일까지 평양을 방문하였다.

방문기간 중 역사적인 상봉과 회담들이 있었다.

상봉과 회담에서는 6·15 공동선언의 정신을 재확인하고 남북관계발전과 한반도 평화, 민족공동의 번영과 통일을 실현하는 데 따른 제반 문제들을 허심탄회하게 협의하였다. 쌍방은 우리민족끼리 뜻과 힘을 합치면 민족번영의 시대, 자주통일의 새 시대를 열어나갈 수 있다는 확신을 표명하면서 6·15 공동선언에 기초하여 남북관계를 확대·발전시켜 나가기 위하여 다음과 같이 선언한다.

1. 남과 북은 6·15 공동선언을 고수하고 적극 구현해 나간다.

남과 북은 우리민족끼리 정신에 따라 통일문제를 자주적으로 해결해 나가며 민족의 존엄과 이익을 중시하고 모든 것을 이에 지향시켜 나가기로 하였다.

남과 북은 6·15 공동선언을 변함없이 이행해 나가려는 의지를 반영하여 6월 15일을 기념하는 방안을 강구하기로 하였다.

2. 남과 북은 사상과 제도의 차이를 초월하여 남북관계를 상호 존중과 신뢰관계로 확고히 전환시켜 나가기로 하였다.

남과 북은 내부문제에 간섭하지 않으며 남북관계 문제들을 화해와 협력, 통일에 부합되게 해결해 나가기로 하였다.

남과 북은 남북관계를 통일 지향적으로 발전시켜 나가기 위하여 각기 법률적·제도적 장치들을 정비해 나가기로 하였다.

남과 북은 남북관계 확대와 발전을 위한 문제들을 민족의 염원에 맞게 해결하기 위해 양측 의회 등 각 분야의 대화와 접촉을 적극 추진해 나가기로 하였다.

3. 남과 북은 군사적 적대관계를 종식시키고 한반도에서 긴장완화와 평화를 보장하기 위해 긴밀히 협력하기로 하였다.

남과 북은 서로 적대시하지 않고 군사적 긴장을 완화하며 분쟁문제들을 대화와 협상을 통하여 해결하기로 하였다.

남과 북은 한반도에서 어떤 전쟁도 반대하며 불가침의무를 확고히 준수하기로 하였다.

남과 북은 서해에서의 우발적 충돌방지를 위해 공동어로수역을 지정하고 이 수역을 평화수역으로 만들기 위한 방안과 각종 협력사업에 대한 군사적 보장조치 문제 등 군사적 신뢰구축조치를 협의하기 위하여 남측 국방부 장관과 북측 인민무력부 부장간 회담을 금년 11월 중에 평양에서 개최하기로 하였다.

4. 남과 북은 현 정전체제를 종식시키고 항구적인 평화체제를 구축해 나가야 한다는데 인식을 같이하고 직접 관련된 3자 또는 4자 정상들이 한반도지역에서 만나 종전을 선언하는 문제를 추진하기 위해 협력해 나가기로 하였다.

남과 북은 한반도 핵문제 해결을 위해 6자회담 '9·19 공동성명'과 '2·13 합의'가 순조롭게 이행되도록 공동으로 노력하기로 하였다.

5. 남과 북은 민족경제의 균형적 발전과 공동의 번영을 위해 경제협력사업을 공리공영과 유무상통의 원칙에서 적극 활성화하고 지속적으로 확대 발전시켜 나가기로 하였다.

남과 북은 경제협력을 위한 투자를 장려하고 기반시설 확충과 자원개발을 적극 추진하며 민족내부협력사업의 특수성에 맞게 각종 우대조건과 특혜를 우선적으로 부여하기로 하였다.

남과 북은 해주지역과 주변해역을 포괄하는 '서해평화협력특별지대'를 설치하고 공동어로구역과 평화수역 설정, 경제특구건설과 해주항 활용, 민간선박의 해주직항로 통과, 한강하구 공동이용 등을 적극 추진해 나가기로 하였다.

남과 북은 개성공업지구 1단계 건설을 빠른 시일 안에 완공하고 2단계 개발에 착수하며 문산–봉동간 철도화물수송을 시작하고, 통행·통신·통관 문제를 비롯한 제반 제도적 보장조치들을 조속히 완비해 나가기로 하였다.

남과 북은 개성–신의주 철도와 개성–평양 고속도로를 공동으로 이용하기 위해 개보수 문제를 협의·추진해 가기로 하였다.

남과 북은 안변과 남포에 조선협력단지를 건설하며 농업, 보건의료, 환경보호 등 여러 분야에서의 협력사업을 진행해 나가기로 하였다.

남과 북은 남북경제협력사업의 원활한 추진을 위해 현재의 '남북경제협력추진위원회'를 부총리급 '남북경제협력공동위원회'로 격상하기로 하였다.

6. 남과 북은 민족의 유구한 역사와 우수한 문화를 빛내기 위해 역사, 언어, 교육, 과학기술, 문화예술, 체육 등 사회문화 분야의 교류와 협력을 발전시켜 나가기로 하였다.

   남과 북은 백두산관광을 실시하며 이를 위해 백두산–서울 직항로를 개설하기로 하였다.

   남과 북은 2008년 북경 올림픽경기대회에 남북응원단이 경의선 열차를 처음으로 이용하여 참가하기로 하였다.

7. 남과 북은 인도주의 협력사업을 적극 추진해 나가기로 하였다.

   남과 북은 흩어진 가족과 친척들의 상봉을 확대하며 영상편지 교환사업을 추진하기로 하였다. 이를 위해 금강산면회소가 완공되는데 따라 쌍방 대표를 상주시키고 흩어진 가족과 친척의 상봉을 상시적으로 진행하기로 하였다.

   남과 북은 자연재해를 비롯하여 재난이 발생하는 경우 동포애와 인도주의, 상부상조의 원칙에 따라 적극 협력해 나가기로 하였다.

8. 남과 북은 국제무대에서 민족의 이익과 해외동포들의 권리와 이익을 위한 협력을 강화해 나가기로 하였다

   남과 북은 이 선언의 이행을 위하여 남북총리회담을 개최하기로 하고, 제1차 회의를 금년 11월 중 서울에서 갖기로 하였다.

   남과 북은 남북관계 발전을 위해 정상들이 수시로 만나 현안 문제들을 협의하기로 하였다.

2007년 10월 4일

평 양

대 한 민 국	조선민주주의인민공화국
대 통 령	국 방 위 원 장
노 무 현	김 정 일

CHAPTER

10 이명박 정부

제 1 절 이명박 정부 출범과 국제정세

1. 이명박 정부 출범

2007년 12월 19일 실시된 제17대 대통령선거는 정부수립 60년을 앞두고 실시되었다. 진보정권이 10년을 집권하면서 남북관계와 국민의 인권을 비롯한 민주주의 발전에는 크게 기여했다는 평가는 받고 있었다. 그러나 당시 보수를 표방하는 한나라당은 정당지지율이 1년 내내 50%에 육박하는 우세를 보이고 있었다. 따라서 민주주의 공고화의 지표인 선거를 통한 정권연장 혹은 수평적 정권교체를 이룰 수 있는지 여부는 매우 중요한 의미를 가지고 있었다. 따라서 여야정당 모두 치열한 당내 경선을 통하여 대통령후보를 선출하였다. 결국 당시 여당이었던 이명박 후보가 48.7%를 얻어 당선되었다.[1] 선거전에서 한나라당은 이명박 대통령후보의 공약 중에서 대북관련 내용으로는 '비핵·개방·3000'이

경제 활성화를 요망하는 시대적 분위기에서 경제대통령의 이미지를 각인시킨 그는 국민적 기대가 높았다. 그 결과 높은 득표율로 대통령에 당선되어 2008년 2월 25일부터 국정을 이끌었으나 경제와 남북관계 모두에서 혹독한 부정적인 평가가 뒤따랐다. 재임기간 동안 취임식 당시의 힘찬 주먹만큼 한국사회는 역동적이지 못했다. 특히 남북관계는 과거로 회귀하는 현상을 보이며 임기를 마쳐야 했다.

[제17대 대통령으로 취임하는 이명박] 출처 : 대통령기록관

1) 여당이었던 대통합민주신당 후보인 정동영은 26.1%의 득표로 2위에 그쳤다.

었다. 이것은 북한이 핵을 폐기하고 개방을 하면 그에 상응하는 경제지원을 하겠다는 기본원칙이다. 이를 통해 1인당 1,000달러에도 못 미치는 북한 경제를 10년 내 국민소득 3,000달러 수준으로 끌어올리겠다고 약속하였다.

또한 당시에는 정치적인 문제보다는 경제에 국민의 관심이 크게 집중하는 현상을 보이고 있었다. 이유는 2007년 초부터 미국에서 시작한 경제위기는 유럽을 비롯하여 전 세계로 확산하고 있었다. 따라서 국내의 경제도 영향을 받을 수밖에 없었다. 이에 관련한 그의 공약은 '7·4·7 공약'이었다. 집권하게 되면 7% 경제성장, 4만 달러 국민소득, 7대 강국을 이루겠다는 약속이었다. 참여정부 5년 동안의 연평균 경제성장률은 평균 4.3%를 유지하였다. 사실 그다지 저조한 수준은 아니었다. 그러나 우리나라는 1997년(4.7%), 1998년(−6.9%)의 국가부도 위기시기를 제외하고는 지난 몇 십 년간 7~8%대의 높은 성장률을 유지하고 있었다. 그러므로 국민들의 참여정부 경제에 대한 체감은 '경제실패'로 규정하는 것에 의아해 하지 않았다. 이러한 상황에서 경제계에서 잔뼈가 굵었으며, 여기에 서울시장 시절에 보여준 행정력까지 겸비한 이명박 후보는 '경제대통령'의 이미지를 쉽게 굳힐 수 있었다. 이러한 인물이 한국의 경제를 도약시키겠다고 하니 의심할 국민은 많지 않았다. 경제회생의 적임자로 본 것이다. 그리고 그것은 득표로 연계되었다고 보아도 무방할 것이다. 그러나 결과론적이지만 참여정부시절과 비교해 보면 오히려 더 낮은 경제성장률을 기록하였다. 참고로 참여정부시절의 북한은 1~2%대의 저조한 성장률을 보이고 있었다.

[참여정부와 이명박 정부의 경제성장률 비교[2]]

참여정부

연 도	2003	2004	2005	2006	2007
성장률(%)	2.8	4.6	4.0	5.2	5.1

이명박 정부

연 도	2008	2009	2010	2011	2012
성장률(%)	2.3	0.3	6.3	3.7	2.0

이명박 정부는 집권초기인 2008년 5월에 광우병 파동을 맞게 된다. 미국산 쇠고기 시장개방을 이슈로 하여 광우병 촛불시위가 전국으로 확산되면서 보수와 진보의 대립이 격화되고 있었다. 또한 세계적인 금융위기가 겹쳤으며 이를 극복하는 과정에서 사회의 양

2) 통계청, 『2013 북한의 주요통계지표』, p.85.

극화는 심화되고 있었다. 설상가상으로 남북관계마저 경색되는 형국을 맞았다. 금강산 관광객 피격사건으로 남북관계가 얼어붙으며 연이어 천암함 폭침과 연평도 포격도발까지 맞게 되었다. 남북한의 잇따른 강경책은 남북관계를 과거로 회귀시키고 있었다.

2. 국제정세

이명박 정부가 출범할 당시의 국제정세는 정치군사적인 상황보다는 경제적인 상황이 더욱 관심을 집중시키는 시기였다. 2007년 초반부터 시작된 미국의 경제위기는 세계로 확산되고 있었다. 그러나 중국은 G2 국가로 부상하고 있었으며 경제력에 힘입어 국방비를 증액하면서 군사력을 계속 증강하고 있었다.[3] 또한 2007년 1월에는 탄도미사일로 자국의 위성을 파괴하는 실험에 성공했으며, 10월에는 달탐사선을 발사하고 우주정거장 건설계획을 세웠다. 우리로서는 미국과 중국의 관계에 따라 국내 상황의 안정이 좌우되는 특성을 갖고 있다. 즉, 정치군사적인 면에서는 미국의 영향을 많이 받는 반면 경제적인 면에서는 중국의 영향을 많이 받고 있기 때문이다. 따라서 미국과 중국의 움직임은 중요할 수밖에 없다.

세계는 전통적인 군사적 위협보다는 핵을 비롯한 대량살상무기와 그 운반수단인 탄도미사일 확산이 세계안보의 주요관심으로 떠오르고 있었다. 그에 따라 북핵문제는 여전히 관심사항 중의 하나로 인식하고 있으나 해결되지는 않고 있었다. 북한은 2006년 10월에 핵실험을 강행하여 동북아에 긴장을 조성하였다. 이를 해결하기 위한 6자회담이 지속되면서 2007년에는 6자회담 참가국들의 합의가 있었다. 이는 북한의 9·19 조치를 이행하기 위한 조치였다. 북한의 상황은 미국과 중국에게는 지대한 관심의 영역이며, 우리 역시 직접적인 당사자의 관계이다. 따라서 미국과 중국이라는 강대국과의 관계, 북한과의 관계는 쉽게 풀기 힘든 고차원의 방정식과도 같은 구도이다. 이러한 구도 속에서 생존을 넘어 발전을 추구하는 것은 힘든 과제임에는 틀림없다.

세계 각지에서는 영토분쟁 등이 계속적으로 발생하여 국지분쟁은 계속되고 있었으며, 에너지 자원을 확보하기 위한 국가 간의 경쟁이 새로운 변수로 등장하고 있었다. 세계화의 추세에 따라 전염성 질병과 대규모 자연재해 등은 국제사회가 공동으로 대응해야 하는 과제가 되었다. 2011년 3월에는 후쿠시마 원전 폭발사고가 있었으며, 방사능 공포가 일기도 하였다. 또한 국내의 원전에 대한 우려가 제기되는 계기가 되기도 하였다. 이러한

3) 중국은 2008년 전년대비 17.6% 증액한 572억 달러를 국방비로 책정하였다. 이는 2007년 총예산의 7.2%에 해당한다. 한편 미국은 중국의 국방비를 이보다 약 3배로 추정하고 있었다. 출처 : 국방부, 『2008 국방백서』, p.16.

국제환경의 예측이 힘든 변화는 자국의 이익을 위해 과거와는 다른 질서를 재편하고 있었다. 미국은 2007년 11월에 국방장관이 중국을 방문하여 양국의 군사 핫라인 설치에 합의하여 2008년 4월에 개통하였다. 중국과 일본도 영토분쟁을 안고 있지만 양국은 군사협력을 지속하면서 2007년에는 군사교류를 전개하기도 하였다. 일본은 미국과의 군사동맹을 더욱 강화하면서 안보위협에 공동대처 하겠다고 밝혔다. 또한 미국의 대테러정책과 북핵문제 해결에 부응하면서 '보통국가의 보통군대화'를 추구하고 있었다.[4] 즉, 이 기회에 자위대의 활동범위를 넓혀 세계적 차원으로 확대하려는 움직임을 보이고 있었다. 미국은 9·11 테러의 배후를 응징하겠다며 벌인 테러와의 전쟁에서 2011년 5월에 마침내 파키스탄에 은신하고 있던 오사마 빈 라덴을 색출하여 사살하였다. 그러나 이때 미국은 작전을 수행하기 위하여 파키스탄으로 잠입하는 과정에서 파키스탄 정부에 사전통보 없이 진행하였다.[5] 이것은 미국의 탁월한 정보능력과 우수한 군사력을 입증한 것이었다.

반면에 목표를 달성하는 과정에서는 철저히 자국위주로 판단한다는 냉엄한 현실을 보여주기도 하였다.

튀니지에서 시작한 중동의 민주화 운동은 예멘, 이집트, 리비아까지 확산되었다. 특히 리비아의 독재로 군림하던 카다피는 독재정권에 대한 반정부시위가 확산되는 과정에서 2011년 11월에 사망하였다. 카다피는 40년 이상을 인권탄압, 테러, 핵실험 의혹 등의 의혹을 받으면서 리비아를 통치하였다. 따라서 그의 죽음이 보도되자 북한의 독재정권과도 비교되기도 하였다. 즉, 리비아와 북한는 공통점이 있는 것으로 보고 있었다는 반증이기도 하였다.

2008년 9월에는 김정일의 건강이상설이 돌기도 하였다. 그러나 2010년 9월 28일의 당대표자회의에 모습을 드러내면서 후계구축을 위한 본격적인 활동을 시작하였다. 김정은을 당중앙위원회 위원이자 당중앙군사위원회 부위원장으로 등장시킨 것이다. 즉, 3대 세습을 공식화한 것이었다. 그 후 김정일은 2011년 12월에 사망하면서 김정은 정권이 등장하였다.

4) 국방부, 『2006 국방백서』, p.8.

5) 한계레신문. '죽었다는 오사마 빈 라덴은 왜 자꾸 살아나나', 2016.5.6.

제 2 절　상생과 공영정책

1. 추진배경

경제대통령의 이미지를 갖고 출범한 이명박 정부는 취임사 등 주요행사에서 대북정책에 대하여 언급하였다. 앞선 10년의 진보정권의 대북정책은 보수세력으로부터 '대북 퍼주기'였다는 집중공세를 받고 있었다. 특히 2006년 북한의 핵실험은 이러한 논쟁을 더욱 가열시켰다. 남남갈등의 수준으로까지 진행되고 있었다. 따라서 이명박 정권은 무언가 차별화된 대북정책이 필요하였을 것이다. 대북정책에 대한 주요 연설내용[6]을 살펴보면서 대북정책의 배경과 주요내용 등을 살펴보기로 한다.

[2008년 2월 25일 취임사]

"남북통일은 7천만 국민의 염원입니다. 남북관계는 이제까지보다 더 생산적으로 발전해야 합니다. 이념의 잣대가 아니라 실용의 잣대로 풀어가겠습니다. 남북한 주민이 행복하게 살고 통일의 기반을 마련하는 것이 우리의 목표입니다."

[2008년 6월 6일 현충일 추념사]

"남과 북은 그동안 대화와 교류 협력을 꾸준히 이어왔습니다. 만족스러운 수준은 아니지만 상당한 진전이 있었다고 생각합니다.(중략) 이제 우리는 진정성과 호혜성을 가지고 '선언의 시대'를 넘어 '실천의 시대'로 나아가야 합니다. 남과 북이 진정으로 화해하고 협력하면서 한반도의 평화와 공동번영, 그리고 통일을 위해 힘쓸 때입니다."

[2008년 7월 11일 국회개원연설]

"우리의 대북정책은 북한의 비핵화를 최우선으로 하면서 남과 북 모두에게 이익이 되는 상생과 공영의 길을 개척해 나가는 것입니다. (중략) 남북관계도 이제는 새로운 사고, 새로운 방향이 절실히 필요합니다. 우리는 '호혜의 정신에 기초하여 선언의 시대'를 넘어 '실천의 시대'로 나아가야 합니다."

[2008년 8월 15일 광복절 경축사]

"남과 북 모두가 함께 잘사는 꿈을 결코 포기하지 않을 것입니다. 그러기 위해서는 무엇보다 평화가 정착되어야 합니다. 불신과 갈등의 원천이 되는 핵무기가 완전히 사라지고 그 자리를 상생과 공영의 기회로 채워 나가야 합니다."

6) 대통령 기록관, '이명박 대통령 연설'과 『2009 통일백서』 p.20에서 발췌.

[2008년 9월 22일 민주평통자문회의 국내지역회의 개회사]

"취임 이후 지금까지 남북한의 '상생과 공영'이라는 일관된 입장을 견지해 왔으며, 앞으로도 변함이 없을 것입니다. 북한은 남북한 상생공영을 위해 즉각 대화에 나설 것을 다시 한번 촉구합니다."

연설의 주요핵심은 '실용'을 강조하고 있으며, 이것을 상생과 공영이라고 보고 있었다. 따라서 이 대통령은 상생과 공영을 대북정책의 방향으로 삼게 되었다. 상생과 공영을 통하여 비핵화를 달성하여 평화를 보장한다는 구상이었다. 상생과 공영의 대북정책은 실용과 생산성을 바탕으로 남북관계를 발전시켜 나감으로써 한반도 평화통일의 실질적 토대를 마련해 나가겠다는 포괄적인 통일정책 구상이었다.[7] 상생과 공영의 대북정책은 정부의 국정철학인 실용주의와 맥을 함께 하고 있다.

실용주의는 모든 정책은 당면문제를 해결함에 있어서 실질적 성과를 거두어야 하며, 현실적 적합성을 지녀야 한다는 것이다. 정부는 이러한 국정철학을 대북정책에도 반영하였다. 즉, 이념의 잣대가 아니라, 실용의 잣대로 남북관계를 바라보고, 생산적인 성과를 이루어 나가고자 하였다. 또한 북핵문제는 과거의 정부에서 국정의 최우선 과제로 정하지 않아 평화를 위협하는 요인으로 남았다고 보았다. 따라서 일방적 지원과 대북 퍼주기의 저자세로 인한 10년간의 대북정책은 국민의 우려와 비판을 증가시켜 국론을 분열시켰다고 보았다. 그러므로 실용과 생산성에 기초한 상생과 공영의 대북정책을 구상한 것이었다.

[청와대 수석비서관 회의 모습] 출처 : 대통령기록관

---

7) 통일부, 『2009 통일백서』, pp.17~18에서 정리.

2. 개념 및 추진원칙

추진원칙 4개는 화해와 협력의 정신을 바탕으로 하여 '실용과 생산성을 추구, 원칙에 철저하면서 유연한 접근, 국민합의에 기반한 투명한 정책, 국제협력과 남북협력의 조화' 등으로 삼았다.

[상생과 공영정책의 체계[8]]

<table>
<tr><th colspan="2">구 분</th><th>주 요 내 용</th></tr>
<tr><td colspan="2">개 념</td><td>'실용과 생산성에 기초한 상생과 공영의 남북관계 발전' 을 이루어 한반도 평화통일의 실질적 토대를 확충</td></tr>
<tr><td colspan="2">비 전</td><td>'평화공동체 구현, 경제공동체 구현, 행복공동체 실현'</td></tr>
<tr><td rowspan="4">추 진
원 칙</td><td>실용과 생산성</td><td>실용과 생산성에 기초하여 정책을 추진
이념의 잣대가 아니라 실용의 잣대</td></tr>
<tr><td>원칙과 유연</td><td>대화를 통해 공존공영의 원칙 준수
현실을 고려하여 유연하게 대처</td></tr>
<tr><td>국민합의</td><td>국민에게 정보제공으로 국민참여 보장</td></tr>
<tr><td>협력으로 조화</td><td>남북당사자 해결 원칙
국제사회의 신뢰 통한 지지기반 확보</td></tr>
</table>

추진원칙의 개념을 보다 자세히 분석해 보면 다음과 같다.

실용과 생산성을 판단하기 위한 구체적인 기준으로 '국민의 동의, 북한 주민의 삶의 질 향상에 실질적으로 기여, 비용 대비 성과, 북한의 발전 촉진, 평화통일에 기여'를 평가지표로 한다는 것이다. 북한의 핵은 반드시 폐기되어야 한다. 그러나 추진과정은 대화를 기본으로 추진한다는 원칙이며, 접근방식에서는 유연성을 유지한다는 것이다.

정책의 전 과정에서 다양한 형태의 국민참여가 이루어져서 폭넓은 의견수렴으로 국민적 합의에 기반한 정책을 추진한다는 것이다. 이를 위하여 국민에게 최대한의 관련 정보를 공개하여 대북정책을 공개적으로 투명하게 추진하겠다는 것이다. 남북문제는 우리민족의 문제이다. 그러므로 우리 스스로 해결해야 한다는 기존의 '자주'에 입각한 원칙을 고수한다는 것이다. 그러나 한반도문제는 국제문제이기도 하다. 그러므로 국제적인 협력이 가능한 환경을 조성하여 보다 추진력 있게 해결하겠다는 것이다. 대표적인 예가 6자회담을 통해 북핵문제를 평화적으로 해결하는 것이다.

---

8) 통일부, 앞의 책, pp.21~26에서 정리하여 표로 구성함.

3. 추진과제

4대원칙을 기초로 하여 추진과제는 '진정성 있는 남북대화 추진, 한반도 평화정착 노력, 상생과 호혜의 남북경협 추진, 사회문화 교류 활성화, 인도적 문제 해결' 등을 선정하였다.

① 진정성 있는 남북대화 추진

남북관계의 실질적인 진전을 위해서는 진정성 있는 대화가 필요하며 남북대화는 문제를 해결하는 데 실질적인 도움이 되는 대화를 해야 한다는 것이다. 따라서 '한반도 비핵화와 평화정착, 남북경제공동체 형성, 민족동질성 회복, 인도적 문제' 등을 해결하기 위해서는 진정성 있는 대화가 없으면 불가능하다. '진정성 있는 대화 = 남북문제 해결'의 등식이 성립하는 것이다. 이를 위해서 남북은 상대방 체제를 인정하고 존중하기로 이미 1992년에 '남북기본합의서'에서 합의한 바 있으므로 이를 준수한다면 진정성 있는 대화는 가능한 것이다.

② 한반도 평화정착 노력

한반도의 평화와 안정을 위해서는 북한 핵문제가 반드시 해결되어야 한다. 북한의 핵문제가 해결되지 않고는 진정한 의미의 평화가 정착될 수 없다. 핵문제가 해결되어야만 북한도 번영하고 국제사회의 일원으로 변화할 수 있다. 따라서 6자 회담을 통한 북한의 핵 포기를 지속적으로 추진해야 한다. 남북 간의 군사적 긴장완화와 신뢰구축을 위한 비무장지대의 평화적 이용 등이 필요하다. 또한 현재의 정전상태를 평화상태로 전환시키는 것이 필요하다.

③ 상생과 호혜의 남북경협 추진

남북 간의 서로 도움이 되고 생산적인 경제협력을 추진하여 상생과 호혜가 되도록 한다는 것이다. 실질적인 남북경협 추진을 위하여 3통(통행·통신·통관), 신변안전 등의 문제점을 조치해야 한다. '비핵·개방·3000 구상'은 북한에게 핵 포기시 얻게 될 분명한 혜택을 제시하여 북한의 선택을 유도하는 전략적 방안이다. 이것은 단계화하여 진행하는데, 1단계는 '북한의 핵시설 불능화 완료'이다. 이를 달성하면 '남북경협의 활성화, 투자·무역의 편리화, 남북교역의 자유화' 등을 법적·제도적으로 보장하도록 추진한다. 2단계는 '북한의 핵 폐기 이행'으로, 5대 중점 프로젝트(경제, 교육, 재정, 인프라, 생활 향상 등) 중에서 교육과 생활안정 등의 즉시 시행 가능한 보상을 한다. 3단계는 '북한의 핵폐기 완료'이며, 이를 달성하면 5대 중점 프로젝트를 본격 가동하고 400억 달러의 국제협력자금을 조성한다는 것을 핵심내용으로 하였다.

④ 사회문화 교류 활성화

남북간 교류와 접촉을 통해 민족공동체 의식을 고양시켜 나간다는 것이다. 우리 고유의 역사와 문화, 학술, 종교, 체육 등 다양한 분야에서 소통과 교류를 높여 민족공동체 의식을 높이는 것이 필요하다. 특히 민간 차원의 사회·문화교류의 통로를 열어주고 안내함으로써 남북교류협력이 안정적으로 발전해 가도록 하겠다는 것이다.

⑤ 인도적 문제 해결

이산가족·납북자·국군포로 등 인도적 문제는 남북이 분단된 지 60년이 넘은 현재까지도 해결되지 못하고 있었다. 이를 위하여 이산가족의 상시적 만남을 보장하며, 생사·주소 확인과 서신교환, 고향방문 등을 단계적으로 추진하는 것이 이루어져야 한다. 국군포로·납북자 문제는 자국민 보호라는 관점에서 우선적 과제로 삼았다. 또한 북한 인권은 인류의 보편적 가치의 차원에서 접근하기로 하였다.

이명박 정부의 상생과 공영정책은 북한의 반발과 계속되는 도발로 인하여 과거 진보정권의 남북관계와 비교해 보면 급격히 경색되어 갔다. 정책의 원칙에서는 유연성을 포함하고 있었으나 정작 정책을 추진하는 과정에서의 유연성을 발휘하지 못한 결과였다. 또한 제시된 정책과 과제에 대하여 북한은 전혀 호응하지 않았다. 특히 북핵문제 해결을 최우선적인 정책과제로 삼았으나 진전을 보지 못했다. 김대중 대통령 국장을 치르던 2009년에 북한의 조문단이 방문하여 이명박 대통령을 만나면서 관계개선을 기대하기도 했으나 경색국면은 계속 이어졌다.

4. 위기의 남북관계

① 남북관계에 영향을 준 북한의 주요 발언 및 사건

북한은 일방적으로 2008년 12월 1일 이른바 '12·1' 조치를 취하였다. 그것은 '교류협력 인원의 통행 제한, 개성공단 상주인원 감축, 남북 간 철도 운행과 개성관광 중단, 경협협의사무소 폐쇄' 등이 주요 내용이었다. 이러한 조치를 일방적으로 취한 것은 2008년에 우리의 신문 등에서 김정일 위원장 건강이상과 급변사태설 등에 대해서 보도한 것에 대한 반발이었다. 북한은 이 조치를 2009년 8월 21일 해제하였다.[9] 2008년 7월 11일 우리측 금강산관광객 1명이 북한 군인의 총격을 받아 사망하는 사건이 발생했다. 이에 대해 우리 정부는 금강산관광을 잠정 중단하는 조치를 취하고 당국 간 협의를 통해 진상

9) 통일부 통일교육원, 『남북관계지식사전』, p.588.

규명과 재발 방지, 신변안전보장 대책을 확실히 취한 다음 관광을 재개한다는 입장을 정했다. 그러자 북한 군부는 금강산지역에 남측 체류인원을 추방하고 군사분계선 통과를 제한하며 사소한 적대행위에도 군사적 대응을 하겠다고 발표하였다. 북한은 2012년 4월 18일 북한군 최고사령부 대변인 성명, 4월 23일 북한군 최고사령부 특별작전행동소조 통고, 6월 4일 북한군 총참모부 공개통첩장 등을 통해 '도발 근원 초토화', '주요 언론사 조준타격' 등으로 위협하면서 남북 간 긴장을 고조시켰다.[10] 2009년 5월의 2차 핵실험과 2012년 4월과 12월에 장거리미사일을 발사하였으며, 2012년에 개정한 그들의 사회주의 헌법 서문에 '핵 보유국'을 명시하기도 하였다. 2012년 3월 16일 조선우주공간기술위원회 대변인 담화를 통해 미국과 북한 간의 '2·29 합의'[11]에도 불구하고, 북한은 소위 '실용위성' 발사계획을 발표하였다. 북한은 "광명성 3호는 극궤도를 따라 도는 지구관측위성으로서 평안북도 철산군 서해위성발사장에서 남쪽방향으로 4월 12일부터 16일 사이에 발사할 계획"임을 발표하면서, '평화적 목적의 인공위성'임을 강조하였다. 2012년 7월 29일 국방위원회 대변인 성명을 통해 '실제적인 초강경 대응', '강한 물리적 대응공세' 등의 위협을 하였다. 2012년 8월 2일에는 독소조항이 다수 포함된 '개성공업지구 세금규정 시행세칙' 개정안을 일방적으로 통보하였다. 시행세칙 개정안은 소급과세허용, 소멸시효 삭제, 자의적 추정과세 허용, 과세근거 설명의무 삭제, 개성공단 입주기업 자료제출의무 확대, 일부세율 상승, 벌금범위 200배 확대 등 남북합의와 국제관례를 무시하는 조치를 광범위하게 포함하고 있었다. 2012년 8월 25일 김정은은 '김정일 선군혁명 영도 기념 8·25 경축연회' 연설을 통해 "조국통일 대업을 성취하기 위한 전면적 반공격에로 이행할 데 대한 명령을 전군에 하달하였으며, 이를 위한 작전계획을 검토하고 최종수표 하였다."라고 하면서 대남 위협수위를 최고조로 끌어 올렸다. 북한 서부전선사령부는 10월 19일 공개통고장을 통해 우리 민간단체의 대북 전단 살포 계획과 관련하여 "임진각과 그 주변을 조준격파 사격, 해당지역 남한 주민은 미리 대피할 것" 등 군사적 위협을 지속하였다. 이러한 일련의 상황에서 발생한 남북의 경색국면은 점차 굳어지고 있었으며 정부의 유연성 있는 대응도 부재한 상태였다. 강대강의 대결구도로 치닫고 있었다.

② 개성공단의 위기와 폐쇄

순항을 이어가던 경협의 상징인 개성공단에 위기가 찾아왔다. 2010년 3월 26일 천안함 폭침사건이 발생하여 장병 46명이 전사했다. 외국 전문가가 포함된 민·군 합동조사단

10) 통일부, 『2013 통일백서』, pp.21~25에서 요약정리.

11) 2·29 합의는 오바마 행정부 출범 후 2012년 북한과 맺은 첫 합의였다. 여기에 '장거리미사일 발사 유예' 조항이 있었다. 이것은 해석의 이견이 있었다. '위성목적의 로켓발사'가 포함되느냐의 이견이었다. 그렇기 때문에 북한은 이를 위성목적이라고 주장한 것이다. 즉, 위반조항이 아니라는 것이었다.

이 5월 20일 조사결과를 발표하고, 이어서 정부는 5월 24일에 대북조치를 발표하였다. 5월 24일 오전 이명박 대통령은 서울 용산 전쟁기념관에서 천안함 사태와 관련하여 대국민 담화를 발표했는데 이를 5·24 조치라 한다. 주요내용은 '북한 선박의 우리측 해역 운항 금지, 대북 교역 및 교류 전면 중단, 개성·금강산지구 외 우리국민의 방북 불허, 순수 인도적 지원 외 지원사업 전면 보류' 등을 담고 있다. 결과는 근무인원의 대폭적인 축소로 이어졌다. 겨우 명맥유지 수준이었다.

11월 23일에는 북한의 연평도 포격도발이 발생하였다. 170여 발의 포격 도발을 감행하였는데, 이는 민간인을 겨냥한 무차별적인 도발이었다는 점에서 사건의 심각성이 있었다. 정부는 상황의 악화를 대비하여 근무자에 대한 신변안전조치를 실시하였다. 그렇지만 남북관계의 상징성과 특수성을 고려하여 생산활동은 유지되었다. 남북관계가 개선될 기미가 없던 중에 북한은 2013년에 개성공단의 입경과 출경을 중단하고 근로자들을 일방적으로 철수시켰다. 이후 8월 28일에 '개성공단 정상화를 위한 합의서'를 채택하면서 9월 16일 재가동을 하게 되었다. 그러나 박근혜 정부 들어 북한의 2016년 1월 6일 4차 핵실험과 2월 7일 장거리미사일 발사시험 등으로 남북관계는 다시 경색되었다. 이에 우

천안함 폭침과 연평도 포격도발은 남북관계를 원점으로 돌리는 결정적인 계기가 되었다. 인명피해는 천안함 폭침으로 146명, 연평도 포격으로 해병 2명이 전사하고 민간인 2명 사망과 16명이 중경상을 입었으며 건물은 133동이 파손되었다.

[천안함 46용사 조문하는 대통령] 출처 : 대통령기록관

리정부는 근무자들을 철수시키고 2016년 2월 10일에 전면중단을 발표하였다. 이후 2018년 4월 27일 문재인 대통령과 김정은 위원장과의 정상회담에 따라 재개의 가능성을 크게 높였다.

③ 북한인권법 제정 노력

이명박 정부의 특징적인 북한에 대한 노력으로 볼 수 있다. 이명박 정부는 북한의 인권문제는 인류 보편적 가치 구현 및 동포애 실현 차원에서 접근하겠다는 기조를 유지해 왔다. 또한 북한 인권상황에 대해서는 국제사회의 관심이 높아지고 있다. 유엔은 2003년부터 이사회와 총회에서 매년 '북한인권결의안'을 채택하고 있다. 그러나 우리정부는 2003년부터 2005년까지는 남북관계를 고려한다는 입장을 견지하여 불참하거나 기권하였다. 북한이 2차 핵실험을 한 이후에 개최된 2006년 제61차 유엔총회에서 처음으로 북한인권결의안에 찬성표를 던졌으나, 2007년 남북정상회담 직후에 개최된 제62차 유엔총회에서는 기권하였다. 2008년부터는 찬성하고 있다. 북한 주민의 인권침해 실태가 매우 심각하다는 것은 널리 알려져 있다. 따라서 이명박 정부 출범 이후에는 북한인권문제에 대해 그 동안의 소극적 접근방식을 탈피하여 인류의 보편적 가치 차원에서 보다 적극적으로 대응한다는 입장에서 국제사회와 협력을 확대하였다. 2008년 3월 제7차 유엔인권이사회에서 한국대표는 기조연설문을 통해 "북한의 인권상황이 개선되지 않고 있다는 국제사회의 우려에 대해 북한이 적절한 조치를 취할 것"을 촉구하기도 하였다.[12] 이명박 대통령은 2009년 3월 11일 외교부 업무보고에서 "북한인권문제를 다루는 것은 대북전략 측면이 아니라 인류의 인간적, 보편적 행복의 기준을 갖고 이야기 하는 것"이라고 강조하면서 북한인권문제에 관심을 표명하였다. 국제사회와 국내외 인권단체들은 북한 주민의 인권침해 실태에 대해 깊은 우려를 표명하며 북한 당국에 인권 개선을 지속적으로 촉구하고 있다. 2005년 제17대 국회에서부터 논의된 '북한인권법'은 제18대 국회에서 입법활동이 활발하게 전개되었다. 그러나 여야 간 입장 차이로 입법화에는 이르지 못하였다. 찬성하는 입장은 열악한 북한의 인권상황을 고려하여 제정이 필요하다는 입장이다.

반면 반대하는 이유는, 우리의 사법권이 미치지 못하는 현실적인 상황 고려가 필요하다는 것이다. 또한 불필요하게 북한을 자극하는 것은 오히려 안보위협을 초래한다는 주장이었다. 이 후 논의를 이어오던 법안은 2016년 3월 2일에 마침내 국회본회의를 통과하였다.

최초 발의로부터 11년만이었다. 법안에는 정부가 북한인권 실태를 조사하기 위한 북한인권재단과 북한인권기록보존소를 설립·운영하도록 하는 내용을 담고 있다.

12) 통일부 통일교육원, 앞의 책, p.485.

[2012통일부 업무보고의 이 대통령] 출처 : 대통령기록관

이명박 대통령은 10년의 진보정권에서 보수정권으로의 압도적 지지를 통하여 정권교체를 이루게 되었다. 압도적 지지에는 진보정권의 대북정책도 한 요인이 되었다는 평가가 대체적인 시각이다. 진보정권 10년간 북한의 행태는 계속하여 핵실험은 물론이고, 서해북방한계선에서의 침범도 멈추지 않고 있었던 것이다. 따라서 국민의 입장에서는 처음에는 박수를 보내며 대북정책을 지지했으나 고개를 젓게 만드는 경향이 강해지고 있던 시기였다. 선거기간 중에도 전임정부에 대한 대북 퍼주기 논란은 자주 거론되는 내용 중의 하나였다. 퍼주기 논란은 원칙의 문제로 바라볼 수 있었다. 북한이 '떼 쓰면 지원해준다'는 인식은 원칙과는 거리가 먼 북한에 끌려다니는 대북정책으로 평가되는 경우도 있었다. 따라서 이명박 대통령은 진보정권과는 차별화된 통일방안을 제시해야 했다. 그는 경제인 출신답게 2008년 2월 25일 취임사에서 남북관계는 이념의 잣대가 아니라 실용의 잣대로 풀어갈 것임을 천명하였다. 실용은 경제적인 관점에서는 무언가 남는 것이 있던가, 얻을 것이 있던가 해야 된다는 것이 일반적인 기준이다. 진보정권에서는 정치와 경제를 분리하여 추진했으나, 이명박 정부는 경제와 정치를 연계하고자 한 것이다. 일종의 경제논리를 적용하여 대북관계를 정립하려고 한 것으로 보인다. 북한이 핵 관련 문제(정치)를 포기하는 만큼 상응하는 보상(경제)의 절차를 한다는 것이었다. 또한 원칙에 입각하여 대북관계를 추진하겠다는 의지를 보였다.

즉, 북한에 지원해 주는 만큼 상응하는 태도를 보여 달라는 것이었다. '잘한 행동은 보상, 잘못된 행동은 보상 배제'를 말하고 있었다. 이를 상생과 공영으로 표현한 것이다. 이는 강력한 대북 원칙중심의 정책을 추진하고자 한 것이다. 그 반면에 과거정권에서는 크게 주목받지 못한 분야에 대한 관심도 표명하였다. 국군포로와 납북자 문제가 대표적이었다. 인권과 관련된 문제에 관심을 보임으로써 자칫 보수정권에서 소홀하게 다룰 수 있다는 인권을 중시함으로써 차별성을 보이고자 한 차원으로도 보여 진다.

그러나 이러한 제안에 대하여 북한에서는 호응하지 않았다. 대화는 혼자 할 수 있는 것이 아닌 이상 아무리 훌륭한 소재를 준비해 놓았다 해도 상대가 응하지 않는다면 의미가 상실되는 것이다.

이명박 정부는 나름대로 차별화되고 북한의 구미를 당길만한 경제적 보상을 제시했으나 결과는 신통치 못하였다. 오히려 잘 진행되던 금강산관광마저 북한군의 총격사건이 발생하자 중단되고 말았다. 남북관계의 발전보다는 오히려 퇴행의 조짐을 보이며 남북관계는 최악을 맞고 있었다. 북한은 2009년에 장거리미사일을 발사하였으며 2009년 5월 25일에는 2차 핵실험을 하기에 이르렀다. 연이어 터진 천암함 폭침과 연평도 포격도발은 남북관계의 냉각을 넘어 전쟁의 분위기를 조성하였다. 자신감 있게 출발한 이명박 대통령은 북한이라는 폭주하는 열차를 제어할 수단을 안일하게 판단한 측면이 있다. 폭주를 멈추면 국민소득 3,000 달러가 되도록 하겠다는 선언을 하였지만 북한은 이에 반응하지 않은 것이다. 통일재원 마련은 실질적 통일추진의 과제로 강조하기도 하였다. 2010년 광복절 경축사에서 통일세를 언급하기도 하였다. 통일부 주도로 일명 '통일 항아리' 사업이 추진되기도 하였다.[13] 북한이 급변사태를 맞게 되면 이에 대비해야 한다는 것이었다. 이러한 것은 통일이 어느 정도 임박했음을 염두에 둔 것이 아니면 설명이 곤란하다. 그러나 당시의 남북관계는 북한 붕괴가 아니고서는 통일의 전조는 보이지 않았다. 즉, 북한의 붕괴에 기댄 흡수통일을 기대하고 있었음을 짐작하게 한다. 이명박 정부의 강력한 원칙중심을 근간으로 삼은 대북정책은 흡수통일을 염두에 둔 것이라는 북한의 인식을 불러왔다. 결국 이명박 정부는 원칙있는 대북정책을 추진하였으나 경제와 남북관계 모두에서 최악의 상황을 맞이하며 막을 내렸다.

---

13) 2012년 이 대통령이 한 달 월급 전액을 기부하면서 시작한 사업이며 첫해는 7억 5천800만 원의 성금이 모금되었다. 그러나 점차 줄어들게 되었다. 출처 : 경향신문, '원 맨쇼하는 박근혜 정부의 통일 대박론', 2014.4.8.

CHAPTER

11 박근혜 정부

제 1 절 박근혜 정부 출범과 국제정세

1. 박근혜 정부 출범

2012년 12월 19일 실시된 대선에서 집권 여당의 박근혜 후보는 51.6%의 득표로 보수 정권을 재창출하였다. 그는 최초의 수식어를 붙이며 취임하였다. 제3공화국을 열었던 아버지의 뒤를 이은 최초의 부녀대통령이자 여성대통령이었다. 2013년 2월 25일 취임한 박 대통령은 '경제부흥, 국민행복, 문화융성, 평화통일 기반구축'을 국정기조로 삼았다.

취임시기의 국내상황은 개성공단 폐쇄 등의 남북관계 경색이 지속되면서 안보불안이 잠재되어 있었으며 경제문제에 있어서도 여전히 어려운 상황을 이어가고 있었다. 5년 전 보수정권이 들어설 때 국민들의 기대는 경제가 다시 한번 도약할 것으로 기대했었다. 그러나 오히려 진보정권 시절보다 경제성장률은 저조하였다. 이를 의식해서인지 박 대통령은 국정의 기조로 제시한 첫째가 '경제부흥'이었다. 이것은 새마을운동과 경제개발계획을 강력하게 주도하면서 경제발전을 이룬 아버지의 영향과 향수도 작용했던 듯하다. 취임사에서도 아버지 시절에 회자되었던 '한강의 기적'을 연상시키는 '제2의 한강의 기적'을 언급하기도 하였다. 박 대통령 취임 당시의 국민들은 침체된 경기를 다시 부활시켜 주기를 기대하면서 박정희 시절의 경제발전을 기대하고 있었다. 그러나 탄핵으로 물러날 때까지의 경제성장률은 국민의 기대를 충족시키기에는 여전히 미흡한 수치였다.[1)]

취임해의 4월에 발생한 국정원과 국군 사이버사령부의 대선개입 의혹은 국가조직의 정치개입이라는 악재를 몰고 왔다. 국정원과 사이버사령부가 조직적으로 직원을 이용하여 제18대 대선 등에서 보수정권에 유리한 댓글을 작성했다는 의혹이었다. 정치적 중립을 지켜야 할 국가기관인 국정원과 사이버사령부가 특정 정당을 지지하거나 비하하는 내용의 댓글을 작성했다는 것은 정권의 정통성 문제와 관련이 될 수도 있는 중대한 상황이었다. 이후에 의혹은 대부분 사실로 확인되었으며 관련자들이 구속되는 상황 등으로 이어졌다. 취임 이듬해인 2014년 4월에는 수학여행을 떠나던 학생들이 승선한 여객선이 침몰하는 사건이 발생하였다. 승객은 총 476명이었으며 이 중에는 안산 단원고 학생 325명이 포함되어 있었다. 인천을 출발해 제주도로 향하던 세월호가 2014년 4월 16일 전남 진도군 앞바다에서 급변침을 하던 중 침몰하였다. 구조과정과 사고 후의 수습과정에서 정부의 무능과 대통령의 국정운영에 대하여 수많은 의문점을 불러 왔다. 취임 초반의 이

---

1) 2013년 2.9%, 2014년 3.3%, 2015년 2.8%, 2016년 2.8%였다. 북한은 이 기간에 1%대의 성장률을 보이고 있었으며 2015년에는 -1.1%이었으며 2016년에 이르러 다소 성장한 3.9%를 기록하였다. 출처 : 통계청, '2017 북한의 주요통계지표', p.139.

[제18대 대통령 취임식] 출처 : 대통령기록관

러한 사고는 국정동력을 현저히 상실하게 만들었다. 탄핵이 가결되어 물러나는 순간까지도 갖가지 풍문을 만들며, 국정운영의 무능함을 보인 사건으로 국민들에게 각인되었다. 결국에는 이러한 악재를 극복하지 못하고 연이은 국정운영의 무능을 보이면서 임기를 채우지 못한 대통령으로 기록되었다.

2. 국제정세

세계는 여전히 테러와 분쟁의 연속이었다. 2013년 4월 15일에 뉴욕의 보스턴 마라톤 대회 중에 테러사건이 발생하였다. 압력솥을 이용한 이 테러로 3명이 죽고 약 180명이 다쳤다. 이러한 테러의 증가는 국제사회의 안보 불확실성을 더욱 확대시키고 있었다. 박근혜 정부가 출범할 당시의 세계는 다시 한번 금융위기가 덮치고 있었다. 2008년에 시작된 전세계적인 금융위기에 이어서, 2010년에 그리스를 시작으로 한 금융위기는 세계경제를 장기적인 경기침체로 몰아가고 있었다. 이러한 경제적인 상황에서 한반도를 중심으로 한 주변 강대국의 정세는 우리에게 운신의 폭을 어렵게 만들고 있었다. 2009년에 등장한 미국의 오바마 대통령은 무난히 재선에 성공하였다. 오바마는 집권초기부터 아시아·태평양 재균형전략을 추진하고 있었다.[2] 미국은 세계 어디에서나 패권을 유지하면서

---

2) 오바마 대통령은 2011년 11월 호주 의회연설에서 미국이 아시아와 태평양지역에서 중요한 역할을 장기적으로 수행할 것이라는 의지를 나타낸 적이 있었다.

미국의 이익을 관철시키고자 하고 있었다. 그러므로 아시아에서 무서운 속도로 부상하는 중국을 견제하고자 하는 전략의 수립과 추진은 당연한 수순이었다. 아시아·태평양 재균형전략의 핵심은 결국 중국의 견제였다. 이를 위하여 전통적 우방인 일본과의 동맹을 더욱 강화하고자 하였다. 또한 더 강력한 힘을 추구하기 위해서 한·미·일의 삼각동맹을 더욱 요구하였다. 이러한 전략을 추진하기 위해서는 중국과 인접한 우리나라에 핵심전략무기를 배치하는 것이 필요했을 것이다. 즉, 제2차 세계대전 후의 미국의 봉쇄정책을 연상시키는 대목이었다. 따라서 동북아에서의 지역주도권 경쟁은 가속화될 것임을 쉽게 예측해 볼 수 있다. 중국은 후진타오의 뒤를 시진핑이 2012년에 당 총서기 및 당 주석에 선출되어 2013년 3월에 주석직에 취임하였다. 2013년은 한중 양국에서 새로운 지도체제가 출범한 것이었다. 중국은 전통적으로 한반도와는 긴밀한 관계를 유지하면서 그 가치를 중시하여 왔다. 따라서 시진핑 시대에도 한반도에 대한 전략적 가치를 중시하는 기본인식의 변화는 없을 것으로 예측되었다. 중국은 북한의 핵무기실험 등은 반대하면서도 제재에 있어서는 다소 소극적인 태도로 일관하여 왔다. 그것은 중국에 대한 북한의 가치를 인정하기 때문이었다. 중국은 미국의 아시아·태평양에서의 중국견제에 대응하여 북한을 최대한 활용할 것임은 분명하며 앞으로도 변화지 않을 것이다. 또한 이러한 구도에서 우리나라에 대한 정책을 탄력적으로 발전시켜 나갈 것이다. 일본은 2012년 12월 아베는 총리에 취임하여 그 동안의 경기침체를 벗어나기 위한 일명 '아베노믹스'를 추진하면서 세력을 확장하는 중국에 맞서기 위하여 북한의 핵문제를 활용한 군사대국화를 노리고 있었다. 2012년 재등장한 러시아의 푸틴 대통령은 소련시대의 강한 위상을 되찾기 위하여 중국과의 관계개선을 도모하고 있었다. 북한은 2011년 12월 김정일이 급사하면서 3대 세습을 유지하기 위한 정지작업을 완료한 시점이었다. 2012년 4월 11일 당대표자회의와 4월 13일 최고인민회의 제12기 제5차 회의를 통해 당 제1비서 및 당중앙군사위원장과 국방위원회 제1위원장으로 추대되었다. 당·군·정의 최고직위에 추대됨으로써 사실상의 승계작업은 완료한 셈이었다. 그는 조기에 체제를 안정시키기 위하여 세대교체와 숙청을 주도하고 있었다. 그러면서 2013년 4월 1일 최고인민회의 제12기 제7차 회의를 통하여 '경제건설 및 핵무력 건설 병진추진'을 새로운 전략노선으로 제시하였다.[3] 순탄치 않을 남북관계를 예고해 주고 있었다.

3) 통일부 통일교육원, 『2018 북한이해』, p.58.

제 2 절 한반도 신뢰프로세스정책

1. 추진배경

박근혜 정부에서의 북한을 보는 시각은 '북한의 도발 → 위기국면 조성 → 타협 → 보상 → 도발'의 악순환으로 보았다.[4] 즉, 전진과 후퇴를 반복하는 악순환으로 보았다. 진보정권 시절에 보였던 대화와 교류를 중점으로 한 포용정책 등은 북한을 의미 있게 변화시키지 못했다고 보았다. 과거 대화와 교류 중심의 포용정책은 남북간 협력을 강화했으나 원칙을 훼손한 측면이 있다고 본 것이다. 또한 동일한 보수정권이었던 전임정부의 원칙중심의 대북정책도 한계성을 보였다고 평가하였다. 원칙 중심의 대북정책은 원칙은 확보했지만 유연성이 떨어지는 문제가 있었다고 보았다. 그리고 무엇보다도 북한의 핵개발과 도발을 저지하는 데 한계를 보였다고 분석하였다. 결국 지금까지의 대북정책은 제자리걸음을 면하지 못한 것으로 평가하였던 것이다. 그러므로 과거 진보와 보수정부의 대북정책과는 다른 접근법을 보여야 한다는 것이었다. 또한 이를 교훈삼아 북한의 도발과 잘못된 행동에는 강력히 대응하겠다는 것이 기본적인 생각이었다. 따라서 과거 대북정책을 비판하면서도 장점을 수용하여 통합적인 접근을 하겠다며 내놓은 정책이 '한반도 신뢰프로세스정책'이다. 이를 통하여 대북정책에서 발생한 남남갈등도 해소할 수 있을 것으로 기대하였다. 취임사에서 밝힌 '한반도 신뢰프로세스'와 관련된 내용을 살펴보면 남북의 신뢰를 강조하였다. 한반도 신뢰프로세스는 용어에서도 나타나듯이 그의 이미지로 대중에게 인식된 '신뢰'를 핵심으로 하고 있다. 취임사에서도 이에 대하여 다음과 같이 밝혔다.

> "최근 북한의 핵실험은 민족의 생존과 미래에 대한 도전이며, 그 최대 피해자는 바로 북한이 될 것이라는 점을 분명히 인식해야 할 것입니다. 북한은 하루빨리 핵을 내려놓고, 평화와 공동발전의 길로 나오기 바랍니다. 더 이상 핵과 미사일 개발에 아까운 자원을 소모하면서 전 세계에 등을 돌리며 고립을 자초하지 말고, 국제사회의 책임있는 일원으로 함께 발전하게 되기를 기대합니다. 현재 우리가 처한 안보상황이 너무도 엄중하지만 여기에만 머물 수는 없습니다. 저는 한반도 신뢰프로세스로 한민족 모두가 보다 풍요롭고 자유롭게 생활하며, 자신의 꿈을 이룰 수 있는 행복한 통일시대의 기반을 만들고자 합니다. 확실한 억지력을 바탕으로 남북 간에 신뢰를 쌓기 위해 한 걸음 한 걸음 나아가겠습니다. 서로 대화하고 약속을 지킬 때 신뢰는 쌓일 수 있습니다. 북한이 국제사회의 규범을 준수하고 올바른 선택을 해서 한반도 신뢰프로세스가 진전될 수 있기를 바랍니다."

4) 통일부, 『2014 통일백서』, p.14.

한반도 신뢰프로세스정책은 용어와 취임사에서도 나와 있듯이 남북관계는 신뢰가 기본임을 강조하고 있다. 대북정책의 제목으로 '신뢰'를 사용한 것은 박근혜 정부가 처음이었다. 이는 향후의 남북관계를 결정짓는 방향타는 신뢰임을 분명히 한 것이다. 대북정책에서 무엇보다도 시급하고 중요한 해결과제로는 북핵문제로 평가하였으며, 이는 신뢰를 통하여 근원적인 해결이 가능하다고 보았다. 북핵문제 해결은 우리와 북한과의 신뢰는 물론이고 북한과 국제사회와의 신뢰가 문제 해결의 열쇠임을 강조하였다. 이처럼 모든 대북정책은 신뢰를 바탕으로 추진할 것임을 취임사에서 밝히고 있었다. 이것이 신뢰를 근간으로 삼는 '한반도 신뢰프로세스정책'이다.

박근혜 대통령은 2014년 1월 6일 신년 기자회견에서 "통일은 대박이다"라는 말을 하였다. '통일대박론'은 통일에 대한 부정적 인식을 극복하고 통일을 기회와 희망으로 보는 긍정적 통일담론을 확산시키기 위한 것이었다. 여기에서 통일시대 기반구축에 필요한 내용을 세 분야로 나누어 제시하였다. 첫째는, 평화를 정착하기 위해서는 북한의 핵문제 해결이다. 북한이 핵을 고집한다면 남북경협의 확대는 어려우며, 북핵과 민족공동체의 양립은 불가능하다. 둘째는, 통일시대 기반구축 차원의 대북 인도적 지원이 필요하며, 인도적 지원은 정치적 문제나 핵문제와 관계없이 지속되어야 한다. 셋째는, 통일의 기반구축은 국제협력이 필요하다. 국제협력의 활성화는 통일의 공감대를 확산하는 것이다. 그러므로 정상회담부터 국제외교에 이르기까지 다양한 채널을 활용한 노력이 필요하다. 통일대박론에 이어 그 후 2014년 3월 28일, 독일의 드레스덴 공대에서 명예박사 학위를 받은 후 연설을 통해 '평화통일을 위한 구상'을 발표했다. 이를 드레스덴[5] 구상이라고 한다. '통일대박'을 위한 '통일준비'를 밝힌 후속편으로 볼 수 있다. 주요내용은 '인도적 문제, 남북 공동번영의 인프라 구축, 동질성 회복' 등이었다. 북한의 산모와 유아에게 영양과 보건을 지원하는 사업, 북한의 민생 인프라 구축, 북한의 농축산업을 함께 개발하는 복합농촌단지 조성, 남북교류협력 사무소 설치, 비무장지대에 세계평화공원 조성, 북한의 비핵화 등을 제안한 것이다. 연설문에서 밝힌 세 가지 제안은 다음과 같다.

5) 드레스덴은 독일의 수도 베를린 남쪽에 있는 동독의 대표 도시였다. 베를린 장벽 붕괴 5주 후인 1989년 12월 19일 헬무트 콜(Helmut Kohl) 서독총리가 방문, 동독 주민들에게 통일 추진을 확약하는 정치적 의지를 밝힌 도시였다. 평화의 상징이 된 이 도시의 이름을 딴 드레스덴 평화상이 2010년 제정되기도 하였으며, 첫 수상자는 냉전체제를 붕괴시키는 데 공로가 컸던 미하일 고르바초프 옛 소련 공산당 서기장이다.

"이 자리에서 평화통일의 기반을 만들기 위해 북한 당국에게 세 가지 제안을 하고자 합니다.

첫째, 남북한 주민들의 인도적 문제부터 해결해 가야 합니다. 먼저 분단으로 상처받은 이산가족들의 아픔부터 덜어야 합니다. (중략) 앞으로 한국은 북한 주민들에 대한 인도적 차원의 지원을 확대해 나갈 것입니다. UN과 함께 임신부터 2세까지 북한의 산모와 유아에게 영양과 보건을 지원하는 '모자 패키지(1,000 days) 사업'을 펼칠 것입니다. 나아가 북한의 어린이들이 건강하게 성장해 한반도의 통일 미래를 함께 열어갈 수 있도록 지원할 것입니다.

둘째, 남북한 공동번영을 위한 민생 인프라를 함께 구축해 나가야 합니다. 농업생산의 부진과 산림의 황폐화로 고통 받는 북한지역에 농업, 축산, 그리고 산림을 함께 개발하는 '복합농촌단지'를 조성하기 위해 남북한이 힘을 합해야 합니다. (중략) 남북 간에 신뢰가 쌓여감에 따라 앞으로 보다 큰 규모의 경제협력도 추진할 수 있을 것입니다.

셋째, 남북 주민 간 동질성 회복에 나서야 합니다.

(중략) 정치적 목적의 사업, 이벤트성 사업보다는 순수 민간 접촉이 꾸준히 확대될 수 있는 역사연구와 보전, 문화예술, 스포츠 교류 등을 장려해 나갈 것입니다. 북한이 원한다면 국제사회와 함께 경제운용과 경제특구 개발 관련 경험, 금융, 조세 관리, 통계 등에 관한 체계적인 교육과 훈련도 지원해 나갈 것입니다. (중략) 이런 제안을 남북한이 함께 실현할 수 있도록 '남북교류협력 사무소' 설치를 북측에 제안하고자 합니다. (중략) 현재 분단된 한반도를 가장 상징적으로 보여주는 곳이 남북한을 가로지르는 휴전선과 그 사이에 있는, 세계에서 가장 중무장된 비무장지대(DMZ)라고 생각합니다. 저는 바로 그곳에 남북한과 UN이 함께 세계평화공원을 조성했으면 합니다. (중략) 하나 된 한반도를 만들기 위한 이런 노력이 하루 빨리 이루어질 수 있도록 북한은 비핵화로 나아가야 합니다."

드레스덴 구상은 북한에 대한 인도적 지원과 민생 인프라 구축, 경제협력을 통하여 북한 주민들의 삶의 질을 개선시키며 동질성을 높이고자 하는 내용을 담고 있다. 또한 북한 비핵화 원칙과 신뢰구축 노력의 병행을 천명한 것이었다. 그러나 북한은 이를 흡수통일 하자는 음모라며 맹렬히 비난하였다. 2014년 4월 1일 북한의 관영매체인 노동신문을 통하여 이를 평가절하하였다. 박 대통령이 남북 공동번영과 동질성 회복을 강조한 데 대해서도 "허위와 기만의 극치"라고 했다. 북한이 험한 말을 쏟아내며 드레스덴 구상을 비난한 것은 제안내용과 방식 등이 북한을 자극했기 때문으로 보인다. 지난 2월 이산가족 상봉 이후 남북관계는 사실상 꽉 막혀 있는 형국이다. 대북 인도적 지원을 확대하겠다고 했지만 비료 등 특정 품목은 막았다. 북한이 원하는 금강산관광 재개는 거론도 되지 않았다. 이러한 조치가 잇따르자 북으로서는 '이벤트성 메시지'라고 받아들일 수 있는 것이었다.[6] 박근혜 정부는 한반도 평화통일을 체계적으로 준비하기 위한 대통령 직속기구인 '통일준비위원회'를 2014년 7월 15일에 공식 출범시키기도 하였다. 드레스덴 구상 발표 이후 박근혜 대통령은 2014년 8월 15일 광복절 경축사에서 남과 북의 소통 필요성을 제기하였다. 남과 북이 서로 만나 소통할 수 있는 3대 통로의 필요성을 밝힌 것이다. 3대 통로란 '환경의 통로, 민생의 통로, 문화의 통로'를 말한다. 드레스덴 구상의 연장선상에서 우선적으로 실천 가능한 구체적 협력사업들을 제시하였다. 남북 간에 협력하기 쉬운 통로부터 열어 소통하고 서로에 대한 이해를 높여 나간다면 하나의 생활공동체를 형성하는 '작은 통일'을 이룰 수 있을 것임을 강조한 것이다.[7]

2. 목표 및 추진원칙

박근혜 정부는 앞선 진보와 보수정권의 대북정책을 실패로 규정하였다. 진보정부에서 추구했던 대화와 화해 위주의 대북정책과 원칙 중심으로 나갔던 보수정부 모두가 기대할 만한 성과를 도출하지 못했다는 것이다. 박근혜 정부는 튼튼한 안보를 바탕으로 남북간 신뢰를 형성하여 남북관계를 발전시키고, 한반도에 평화를 정착시키며, 나아가 평화통일의 기반을 구축하는 것을 목표로 하였다. 이것이 한반도 신뢰프로세스정책이다.[8] 대북정책의 목표는 '남북관계 발전, 한반도 평화정착, 통일기반 구축'으로 설정하였으며, 추진원칙은 '균형있는 접근, 진화하는 대북정책, 국제사회와의 협력'이었다. 이를 위한 추진기조와 추진과제를 선정하였다. 이를 도표로 정리해 보면 다음과 같다.

6) 경향신문, 「북 매체, 박 대통령 드레스덴 구상 막말 비난」, 2014.4.1.

7) 통일부 통일교육원, 앞의 책, p.546.

8) 통일부, 『박근혜 정부의 통일구상』, p.26.

[한반도 신뢰프로세스정책[9]]

<table>
<tr><th colspan="2">구 분</th><th>주 요 내 용</th></tr>
<tr><td colspan="2">목 표</td><td>'남북관계 발전, 한반도 평화정착, 통일기반 구축'</td></tr>
<tr><td colspan="2">추진원칙</td><td>'균형있는 접근, 진화하는 대북정책, 국제사회와의 협력'</td></tr>
<tr><td colspan="2">추진기조</td><td>① 튼튼한 안보에 기초한 정책 추진
② 합의 이행을 통한 신뢰 쌓기
③ 북한의 '올바른' 선택 여건 조성
④ 국민적 신뢰와 국제사회와의 신뢰에 기반</td></tr>
<tr><td rowspan="4">추진 과제</td><td>신뢰형성으로 남북관계 정상화</td><td>• 인도적 문제 지속적 해결 추구
• 대화채널 구축 및 기존 합의정신 실천
• 호혜적 교류·협력 확대·심화
• '비전 코리아 프로젝트' 추진</td></tr>
<tr><td>지속 가능한 평화추구</td><td>• 평화를 지키기 위한 확고한 안보태세 완비
• 북핵문제 해결을 위한 다각적 노력
• 'DMZ 세계평화공원' 조성
• 정치·군사적 신뢰구축 추진</td></tr>
<tr><td>통일 인프라 강화</td><td>• '민족공동체통일방안' 발전적 계승
• 국민과 함께 하는 통일 추진
• 북한 주민의 삶의 질 개선 추구</td></tr>
<tr><td>한반도 평화통일과 동북아 평화협력의 선순환 모색</td><td>• 통일에 대한 국제사회의 지지 확대
• 동북아의 지속가능한 평화와 발전추구를 통해 궁극적으로 북한문제 해결에 기여
• 북방 3각 협력 추진</td></tr>
</table>

① 목표는 '남북관계 발전, 한반도 평화정착, 통일기반 구축'으로 제시하였다.

3개의 목표는 그 자체로 단계화하겠다는 개념이다. 즉, '남북관계 발전 → 한반도 평화정착 → 통일기반 구축'이라는 3단계로 목표를 추진하는 것이다.

첫 단계인 남북관계 발전은 상식과 국제규범이 통하는 새로운 남북관계를 정립하여, 호혜적인 교류·협력과 남북 간의 공동이익을 확대하여 경제 및 사회문화의 공동체 건설을 추구해 나가겠다는 것이다. 이것은 원칙을 중시한 남북의 동질성 회복으로 볼 수 있을 것이다.

두 번째 단계인 한반도 평화정착은 남북협력과 국제협력의 균형을 통해 북한의 비핵화를 달성한다는 것이다. 즉, 국제사회와의 공조를 통한 북한의 비핵화를 달성한다는 것이다. 또한 이는 정치·군사적인 신뢰회복이 전제되어야 하므로 이를 위한 노력이 필요한

9) 통일부, 『2014 통일백서』, p.16.

단계이다.

세 번째 단계는 통일기반의 구축이다. 통일은 통일을 이룰 힘이 뒷받침될 때 가능하다고 보았다. 따라서 통일을 주도적으로 이끌어 나갈 수 있는 역량의 비축과 국제사회의 협력을 강화하여 그 기반을 조성하겠다는 단계이다.

② 추진원칙은 '균형있는 접근, 진화하는 대북정책, 국제사회와의 협력'이다.

균형있는 접근은 이분법이 아닌 통합적인 분석으로 접근한다는 말이다. 각각의 장단점을 입체적으로 분석하여 접근한다는 것이 균형있는 접근의 개념이다. 방법론적인 측면을 예로 들어보면, 강경과 유화라는 이분법적인 사고를 벗어난다는 것이다. 즉, 강경과 유화의 중간이 균형이 아니라는 것이다. 때로는 더욱 강경하게 또는 더욱 유연하게 하는 것이 균형있는 것이며, 이는 상황 등을 고려하여 통합적이고 입체적으로 판단한다는 것이다. 대북정책은 남북관계와 국제관계를 동시에 바라보는 것을 균형있는 접근으로 보았다. 남북관계 발전에만 매달려 대북정책을 추진하면 국제적인 차원의 공동전선 구축에 차질이 발생하기도 한다. 남북관계는 국제사회와의 공조가 동반되어야 한다. 균형있는 접근은 이와 같이 통합적인 분석을 통하여 대북정책을 추진해야 한다는 점을 중시한 것이다. 교류·협력은 안보와의 균형을 고려하는 것으로, 남북교류에 집착하여 안보를 소홀히 하면 더 큰 문제가 발생하게 된다. 따라서 안보와 교류·협력은 어느 한쪽 측면만이 아닌 입체적이고 통합적인 관점으로 분석한 후 접근한다는 것이다. 교류와 협력을 활성화한다는 명분으로 안보의 저해를 가져온다면 그것은 균형을 상실한 것이다. 이처럼 균형은 특정 분야만을 말하는 것이 아니라 모든 분야에서의 균형을 포함하는 개념으로 보았다.

진화하는 대북정책은 북한으로 하여금 비핵화 추진 등으로 국제사회의 일원으로 동참하도록 하겠다는 의미이다. 또한 대북정책은 국제사회의 상황변화와 북한의 대응에 따라 지속적으로 보완하고 발전시켜 능동적이고 선제적으로 대처한다는 뜻이다.

국제사회와의 협력은 한반도 문제는 세계적인 문제로 발전해 있음을 감안하여 국제사회와의 긴밀한 협의와 협력을 통해 북한의 핵문제 등 안보위기를 해결하고 동북아의 평화를 보장하는 선순환의 구조를 추구하겠다는 것이다.

③ 추진기조는 '튼튼한 안보, 신뢰구축, 북한의 변화 유도, 국제사회와의 협력'이다.

튼튼한 안보에 기초한 정책추진은 대화와 교류·협력의 여건을 갖추고, 이를 튼튼한 안보로 보장하겠다는 것이다. 즉, 강한 안보만이 북한의 도발을 억제하는 것이며, 만약 도발 감행 시에는 충분한 대응을 한다는 것이다. 합의 이행을 통해 신뢰를 구축한다는 것은 남북간에 체결한 합의에 대해서는, 이를 존중하여 성실한 이행을 통하여 상호 신뢰를 구축한다는 의미이다. 북한의 변화를 유도하여 북한으로 하여금 '올바른' 선택을 할 수 있도록 여건을 조성하겠다는 것이다. 즉, 북한이 핵을 포기하고 국제사회의 일원이 되도록 하는 것이다. 이를 위한 여건조성은 신뢰에 기반한 대화와 협력의 지속적인 추진이 이루어져야 한다. 국민적 신뢰와 국제사회와의 신뢰에 기반한다는 것은 공민적 공감대를 확대하겠다는 것이다. 즉, 폭 넓은 의견 수렴과 투명한 정보공개와 정책을 추진하겠다는 것이다. 또한 국제사회와의 긴밀한 협력을 통해 호응을 얻어 정책의 추진력을 높이겠다는 것이다.

④ 추진과제는 4개의 분야에 대하여 총 14개 과제를 선정하였다.

[실천과제 주요내용]

주 요 내 용
신뢰 형성으로 남북관계 정상화 ① 인도적 문제 지속적 해결 추구 • 이산가족 및 국군포로·납북자 문제 등 인도적 문제의 실질적 해결 노력 • 인도적 지원은 정치적 상황과 분리 추진(영유아·임산부 등 취약계층 등 지원) ② 대화채널 구축 및 기존 합의정신 실천 • 남북 당국간 대화를 재개 및 상시 대화채널을 구축 ③ 호혜적 교류·협력 확대·심화 • 개성공단은 발전적 정상화와 국제화를 추진 • 남북간 학술, 종교 교류 등 사회문화 교류 내실화 추진 • 남북이 상생할 수 있는 경협사업 추진 (북한 지하자원 공동개발, 농업 및 환경협력 등 환경공동체 건설을 추진) • 금강산 관광사업은 확고한 신변안전 보장 등을 토대로 재개 노력 ④ '비전 코리아 프로젝트' 추진 • 북한의 자생력 제고를 위한 전력·교통·통신 등 인프라 확충 • 북한의 국제금융기구 가입을 지원 및 북한 경제특구 진출 모색 • 서울·평양 남북교류·협력사무소 설치 추진
지속 가능한 평화추구 ① 평화를 지키기 위한 확고한 안보태세 완비 • 북한의 도발을 억제 위한 포괄적 방위역량을 강화 ② 북핵문제 해결을 위한 다각적 노력 • 6자회담, 한·미·중 전략대화 등을 통해 비핵화 협상 동력을 강화 • 비핵화 진전에 따라 북한에 대해 상응하는 정치·경제·외교적 조치들을 강구 ③ 'DMZ 세계평화공원' 조성 • 유엔 및 유관국 등과 함께 비무장지대 내에 DMZ 세계평화공원을 조성 • DMZ 세계평화공원은 남북과 국제사회가 참여하는 새로운 평화협력모델 발전 ④ 정치·군사적 신뢰구축 추진 • 분쟁의 평화적 해결, 우발적 무력충돌 방지 등 남북간 신뢰구축 조치

주 요 내 용
통일 인프라 강화 ① '민족공동체통일방안' 발전적 계승 • 공청회와 학술회의 등으로 '민족공동체통일방안'의 발전방향을 공론화 ② 국민과 함께 하는 통일 추진 • 국민통합을 최우선으로 하는 통일정책 추진 및 초당적인 협력을 강화 • 북한 이탈주민의 정착지원 인프라와 보호·지원체계를 강화 ③ 북한 주민의 삶의 질 개선 추구 • 북한 인권의 개선을 위한 북한인권법 제정 등 대내외 환경 조성 노력
한반도 평화통일과 동북아 평화협력의 선순환 모색 ① 통일에 대한 국제사회의 지지 확대 • 국제적 통일 공감대 확산을 위한 통일외교의 능동적 추진 ② 동북아의 지속 가능한 평화와 발전 추구를 통해 궁극적으로 북한문제 해결에 기여 • 비전통적 안보분야에 대한 협력을 추진(테러, 환경, 인도주의, 재난대응 등) • 남북협력과 동북아의 갈등구조 완화 위한 다자간 상호협력의 틀 마련 ③ 북방 3각 협력 추진 • 한반도와 동북아의 공동이익과 평화조성을 위한 협력 강화 (에너지·물류 등 분야에서 남·북·러 및 남·북·중 3각 협력을 추진) • 북방 3각 협력 추진 과정에서 관련 국제기구와의 협력도 적극 모색

박근혜 대통령은 대북정책에 있어서 그의 이미지인 신뢰를 통한 장밋빛 청사진을 제시하였다. 그러나 그의 근본적인 인식은 북한의 붕괴를 통한 통일에 있었다. 즉, 통일을 서서히 준비하는 차원의 점진적이고 단계적인 통일정책이 아닌 다소 모호한 '통일대박론'이 대표적이다. 이 발언은 근거를 갖고 분석한 결과에서 나온 것이 아니라 애매하고 즉흥성에 가까운 용어에 불과하다는 평가를 받기도 하였다. 2014년 신년기자회견에서 처음 제시하였으며 이후 독일의 드레스덴에서 또 한 차례 언급하여 화제가 되기도 하였다. 이는 듣는 관점에 따라서는 북한의 급격한 붕괴에 따른 흡수통일을 의미하기도 한다. 어느 날 갑자기 통일이 올 수도 있으며, 이것은 굉장한 횡재라는 식의 논리이다. 또한 이것은 과정에 대한 준비없이 경제적인 면에서의 통일론으로 정착될 수도 있는 것이었다. 따라서 진정한 의미에서의 통일을 준비하는 대화와 교류, 대북관계 개선을 위한 노력이 부재한 발언으로 볼 수 있다. 북한의 붕괴론에 기대고 있었던 측면이 있다는 것이다. 2014년은 그 어느 때보다 북한 붕괴론과 북한에 대한 선제공격 주장이 성행한 시기였다. 무엇보다도 우리나라 대북정보 최고책임자인 국정원장이 주재한 국정원 간부 2013년 12월 21일 송년모임에서도 '2015년에는 자유대한민국 체제로 통일이 되어 있을 것'이라는 말들이 오고 간 것으로 전해지고 있었다.[10) 최고의 대

[드레스덴 연설] 출처 : 대통령기록관

북정보를 다루는 국가기관의 주요간부들이 모인 자리에서 아무리 회식 석상이기는 하지만, 이러한 말들이 오고갔다는 것은 무언가 근거를 바탕으로 했을 것이다. 막연한 의지를 표현한 것으로만 보기는 힘든 점이 있다. 따라서 당시의 정부 분위기는 북한이 곧 붕괴되거나, 적극적인 방법을 동원하여 북한을 붕괴시켜야 한다는 것 등이 지배적이었을 것으로 보인다. 이러한 인식이 대북정책에 미쳤을 개연성은 충분해 보이며, 대통령의 통일 대박론으로 이어진 것으로 짐작해 볼 수 있는 대목이다. 특히 2013년은 북한의 2인자이자 김정은의 고무부였던 장성택의 처형으로 김정은 1인체제의 정착을 위한 공포가 본격화되었으며, 이러한 공포정치는 정권의 붕괴로 이어질 수 있다고 보는 강한 기류가 형성되어 있기도 하였다. 이를 보았을 때 통일 대박론은 북한의 흡수통일을 지향했던 것이며, 이것은 북한을 대화의 장으로 이끌고자 하는 것과는 거리가 있었다. 결국 남북관계의 파탄은 예고된 수순에 불과하였다.

미국의 전 국방장관 등 전직 군 인사들이 주축이 된 미국 국방자문단은 2014년 7월 31일 발간한 국방 전략검토 보고서에서 '한반도에서 개연성 있는 비상사태는 전쟁 또는 북한 붕괴'라며 중국과 비상사태 대응계획을 소통해야 한다고 제언하기도 하였다.[11] 즉, 북한은 전쟁 또는 붕괴에 의해서 무너질 수밖에 없다는 상황인식을 갖게 만드는 것으로 이것은 미국으로부터 들려온 소리였다. 우리가 흔히 독일의 통일을 논할 때 동독이 서독에 흡수된 상황을 예로 든다. 그러나 이것은 그 이면을 생략한 통일 당시의 모양만을 말하는 것이다. 1989년 베를린 장벽 붕괴에 이어 1990년 동독은 서독에 편입되었다.

통일을 위하여 독일은 1970년부터 교류와 협력, 화해와 존중의 통일정책을 지속적으로 추진하였다. 이러한 토대 없이 통일을 이룬다는 것은 가능성이 희박하다. 서독은 동독과의 화해와 협력을 정권의 향방과 관계없이 지속하였다. 이러한 일관된 정책은 세월이 흐르면서 동독 주민들의 마음을 얻을 수 있었다. 따라서 독일의 통일은 이루어진 것이다. 박근혜 정부의 막연한 북한의 붕괴론을 저변에 둔 통일정책의 추진은 최악의 남북관계로 이어지게 하였다. 북한의 핵실험이 집중되는 등 남북관계는 악화일로를 걷게 되었다.[12] 그러나 금강산 관광의 재개는 고사하고 개성공단마저 폐쇄하는 강수를 두고 있었다. 2016년 북한이 4차 핵실험을 강행하고 장거리미사일로 추정되는 로켓을 발사하자 경색국면은 최고조에 달하였다. 정부는 개성공단의 출입인원 제한조치에 이어 2016년 2월 10일 중단을 발표하였다. 이후에도 남북관계는 한 걸음도 앞으로 나가지 못하였으며, 마침내 국정농단 사건이 불거지면서 정권의 몰락을 맞이하게 되었다.

북한이 붕괴되면 통일문제가 해결되고 뒤이어 엄청난 국가발전이 진행될 것으로 생각하는 것은 불로소득을 구하는 것이나 다름없다. 통일은 과정이며 그 과정은 땀을 필요로 한다.

---

10) 조선일보, 「남재준 2015년 통일가능 vs 류길재 기개만으론 안돼」, 2013.12.24.

11) 경향신문, 「페리 전 국방장관 등 한반도 개연서 있는 비상사태는 전쟁 또는 북한붕괴」, 2014.8.11.

12) 3차 핵실험(2013.2.12.), 4차 핵실험(2016.1.6.), 5차 핵실험(2016.9.9.)이 있었다.

CHAPTER

12 문재인 정부

제 1 절 문재인 정부 출범과 국제정세

1. 문재인 정부 출범

2016년 후반기에 접어들면서 '비선실세의 국정농단과 박근혜 퇴진'을 외치는 촛불혁명이 전국의 밤을 밝히고 있었다. 2016년 11월 17일 국회에서는 '박근혜 정부의 최순실 등 민간인에 의한 국정농단 의혹 사건' 규명을 위한 특별검사의 임명 등에 관한 법률이 통과되었다. 아울러 '최순실 등 민간인의 국정농단 의혹 진상규명을 위한 국정조사계획서'도 함께 처리되었다. 2016년 11월 30일에 이 사건을 규명할 특별검사가 임명되었고, 헌정사상 처음으로 현직 대통령을 수사하는 특검팀 출범이 눈앞에 다가 왔다.[1] 특검은 이와 관련하여 90일간의 활동을 통하여 13명을 구속하고 30명을 재판에 넘겼다.

한편 여소야대의 정국에서 국회는 '최순실 국정농단 사건' 청문회가 개최되었다. 12월 9일에는 국회에서 탄핵소추안이 가결되어 대통령의 권한 행사가 중지되었으며, 헌법재판소에 소추의결서를 접수하였다.[2] 12월 11일에 탄핵심판 주심이 임명되었으며, 다음해인

[전국에서 불을 밝힌 촛불집회 모습] 출처 : 청와대 홈페이지

---

1) 특검보와 파견검사 임명 등이 확정되면서 12월 21일 공식 출범하였다.

2) 재적의원 300명 중 299명이 참가한 국회 표결에서 찬성 234표의 압도적 지지로 통과되었다.

2017년 3월 10일에 탄핵심판 결과를 선고하기에 이르렀다. 이날 11시에 이정미 재판관의 탄핵 결정문 낭독이 시작되었다. 결과는 "주문 피청구인 대통령 박근혜를 파면한다." 였다. 재판관 전원일치로 박근혜는 대통령직에서 파면되었다. 세월호 사건 등에서 보았듯이 국정운영의 문제점뿐 아니라 비선실세에 의한 국가경영은 임기를 채우지도 못하는 결과로 이어졌다. 그리고 이를 규탄하는 '촛불혁명'으로 정권은 교체된 것이다. 촛불집회는 20여 차례 이어지면서 누적인원이 1,600만을 넘어서는 대규모 집회였다.[3] 또한 기간도 2016년 10월부터 시작하여 이듬해 3월까지 계속되는 장기간이었다. 그렇지만 단 한 건의 폭력사태도 발생하지 않은 민주적·비폭력적·평화집회로 민주주의의를 다시 쓰는 사건이 되었다. 촛불의 민심을 얻어 선출된 제19대 대통령은 인권변호사 출신으로 정계에 입문한 문재인이었다. 2019년 5월 10일 출범한 문재인 정부는 국민이 나라의 주인임을 확인했던 촛불 정신을 구현하고, 특권과 반칙을 일소하며 원칙과 상식이 존중 받음으로써 누구에게나 공정한 기회가 보장되는 '국민의 나라 정의로운 대한민국'을 국가비전으로 삼으며 출발하였다. 취임식에서 문재인 대통령은 "기회는 평등할 것입니다. 과정은 공정할 것입니다. 결과는 정의로울 것입니다."라는 말로 정의로운 대한민국을 만들겠다고 약속하였다.

[5·18 광주민주화항쟁 기념식에서의 문 대통령과 유족들] 출처 : 청와대 홈페이지

---

3) 누적인원은 주최측이 발표한 인원이다.

잠시 문재인 대통령이 걸어온 길을 살펴보기로 한다.[4] 1982년, 문재인 대통령은 사법연수원을 차석으로 마쳤지만, 유신반대 시위 전력이 결격사유가 되어 판사 임용에 탈락하였다. 대형 법률사무소에서 좋은 조건으로 스카우트 제의가 들어왔지만, '억울한 사람을 돕고 보람을 찾는 것'이 변호사의 소임이라고 생각한 그는 결국 이런 제안을 마다하고 부산으로 돌아가 변호사 생활을 시작했다. 노무현 대통령과의 인연도 그때 처음 맺어졌다고 한다. 노무현 대통령 시절에 청와대 민정수석, 시민사회수석, 비서실장을 역임하였다. 문재인 대통령에게 노무현 대통령은 친구였고, 동지였으며, 정계 입문을 결심하게 한 사람으로 남아 있다. 이후 제19대 총선에서 부산 사상구에 출마하여 국회의원에 당선되었다. 제18대 대통령 선거에 범야권 단일후보로 출마하였으나 아쉽게 낙선하였다. 2016년 11월에는 박근혜 전 대통령 탄핵 국면에 앞장섰으며, "이게 나라냐"라는 탄식과 함께 촛불을 든 국민들의 의사를 대변하고 이들과 시종일관 함께 했다. 이후 박 전 대통령의 파면으로 결정된 조기 대선에서 든든한 대통령이 되겠다는 기치를 내걸고 더불어민주당 대선 후보로 출마하여 41.1%의 지지율로 제19대 대통령에 당선되었다.

2. 국제정세

문재인 대통령 취임 전후의 우리나라를 둘러싼 강대국의 상황을 살펴보기로 한다. 중국과 일본 그리고 러시아는 현재의 지도체제를 장기적으로 유지하면서 자국의 이익을 관철하기 위한 강력한 지도력을 발휘할 것으로 예측되고 있다.

중국의 시진핑은 이미 장기집권이 가능한 정비를 마친 상태였다. 2018년 3월 13기 전국인민대표대회 제3차 전체회의에서 '국가주석 연임조항'을 폐지하였다. 이로써 그의 장기집권체제는 구축된 것이나 다름없게 되었다. 시진핑은 2017년 10월 18일 당대회 업무보고에서 "타국의 이익을 희생해 발전하지는 않겠지만, 동시에 우리의 정당한 권리도 포기하지 않을 것"이라고 했다. 그가 1기 집권 때 '신형대국관계'의 근간으로 제시했던 '핵심이익'을 재차 강조한 것이었다. 남중국해 영유권 문제, 일본과의 영토분쟁, 대만·홍콩 독립 갈등 문제 등 현안에서 미국과의 패권 다툼이 더욱 첨예화할 것임을 예고하는 대목이기도 하였다.

'미국을 다시 위대하게(Make America Great Again)'라는 기치를 내걸고 2016년 11월 당선된 트럼프 대통령은 미국우선주의 정책을 표방하고 있다. 미국의 이익을 우선적으로 고려하겠다는 정책이다. 따라서 트럼프 대통령은 우리나라에 우호적이지만은 않을 것이다. 동맹국 상호주의를 내세워 주한미군 철수와 방위비 인상을 요구하고 있으며, 이

---

4) 이하의 내용은 청와대 홈페이지 '문재인 대통령 걸어온 길'에서 요약정리.

것은 앞으로도 계속될 것이다. 그는 한국을 비롯한 동맹국들이 미국의 군사력에 무임승차하고 있다는 인식을 갖고 있는 것으로 알려지고 있다. 따라서 미국의 이익과 관련된 한반도 문제는 철저히 미국 위주로 끌고 갈 경향이 매우 클 것이다.

미국의 확고한 동맹을 유지하는 이웃의 일본 아베 신조 일본 총리는 2018년 9월 치러진 자민당의 총재선거에서 승리하였다. 이로써 아베는 2021년까지는 일본을 이끌 것으로 보인다.[5] 이렇게 되면 아베는 그의 꿈이라고 했던 개헌을 추진하고자 할 것이다.

옛 소련의 영화를 꿈꾸는 블라디미르 푸틴 러시아 대통령도 2018년 3월에 재선에 성공하면서 러시아의 영향력을 발휘하려고 할 것이다. 이들 국가는 모두 대륙과 태평양으로 진출하기 위해서는 한반도를 통과하는 공통점이 있으며, 각국의 지도자가 모두 강력한 리더십을 소유하고 있으며 장기집권체제를 구축했다는 특징이 있다. 공교롭게도 2017년 출범한 문재인 정부와 이들 각국의 지도자들은 임기가 중복된다. 따라서 문 대통령은 이들을 상대로 치열한 각축전을 벌여야 하는 상황이다.

중국은 G2국가로 부상하면서 군사력뿐 아니라 경제력의 증강을 줄기차게 성장시키고자 2013년부터 '일대일로(一帶一路, One belt, One road)'정책을 추구하고 있다. 이 정책이 성공하게 되면 중국 주도의 거대한 시장이 생겨나게 된다. 여기에는 단순한 시장개척의 의미뿐 아니라 문화·학술·과학교류가 전개되면서 다양한 인적교류까지 동반할 것이다. 그렇게 된다면 중국의 위상은 경제력은 물론이고 다양한 영역에서 강국의 지위를 확보하게 되는 것은 물론이며 정치적 영향력도 강화될 것이다. 이 프로젝트를 북한과 연계시킨다면 북한은 중국의 경제권에 흡수될 가능성이 농후해진다. 그렇게 되면 우리나라가 통일을 염두에 두면서 북한과 추진하고자 하는 '한반도 신경제공동체' 구현에 미치는 영향이 발생할 것이다. 이러한 중국의 정교한 움직임에 대하여, 미국은 이를 견제하고 아시아·태평양지역의 우위를 계속적으로 유지하기 위하여 우리나라와 일본과의 동맹관계를 강화하는 한편 필리핀·인도·싱가포르·베트남 등과의 군사협력을 강화하고 있다. 미국은 이미 2014년에 필리핀과 '방위협력확대협정'을 체결하여 현지 군사기지와 시설에 대한 사용권을 확보하였다. 인도와는 2015년에 정상회담을 통하여 군수지원협정을 체결하였다. 싱가포르와는 2015년에 '방위협력합의서'를 개정하여 군사분야의 협력 등을 강화하였다. 베트남과는 2016년에 오바마 대통령의 방문을 통하여 베트남의 무기수출 금지조치를 완전히 해제하기도 하였다.

이처럼 문재인 정부가 출범한 2017년과 2018년의 세계정세는 자국의 이익을 관철시키기 위하여 한반도를 중심으로 긴박하게 움직이고 있었다. 따라서 한반도 문제가 세계문제로 주목받는 시기였다고 해도 과언이 아니었다. 2017년 북한은 신년사를 통하여 남

5) 내각제의 일본은 여당의 총재가 총리를 맡게 되어 있다.

북관계의 개선 필요성을 언급하기도 했으나, 2017년을 '싸움준비 완성의 해'로 정하고 핵 개발과 투발수단의 전력화를 예고하였다. 북한은 2017년 9월 3일 제6차 핵실험은 단행하여 한반도뿐 아니라 세계의 우려를 다시 한번 자아내게 하였다. 그러나 2018년 신년사에서는 우리나라의 평창동계올림픽을 계기로 관계개선의 의지를 보였다. 그 후 동계올림픽에 특사단과 대표단을 보내면서 남북관계의 전환이 이루어지는 계기가 되었다. 이윽고 4월 27일에는 11년 만에 남북정상회담이 성사되었다. 이어서 5월 26일에 평양에서 남북정상회담이 열렸으며 9월 18일부터 20일까지 다시 한번 정상회담이 이루어졌다. 남북의 정상회담은 이로써 총 5차의 회담을 기록하면서 한반도의 훈풍은 세계를 향하였다. 역사상 처음의 북미정상회담이 2018년 6월 12일에 싱가포르에서 개최되었다. 여기에서 '새로운 북미관계 수립, 한반도 평화체제 구축, 판문점 선언의 재확인, 한반도의 완전한 비핵화, 전쟁포로(POW) 및 전장 실종자(MIA) 유해 송환' 등 4개 항목에 합의하는 성과를 보았다. 2019년 2월 27일과 28일에 제2차 북미정상회담이 열렸으나 아쉽게도 합의문 도출에는 실패하였다. 이제는 한반도 문제의 '운전자론'을 언급하였던 문 대통령의 리더십이 요구되는 중요한 시점이기도 한다. 남북관계는 물론이고 북미관계도 급진전을 보이고 있으나 그 방향을 섣불리 단정하기는 어려운 상황이 전개되고 있다.

제 2 절 문재인의 한반도정책

1. 추진배경

지금까지 각 정부의 통일정책과 각종 선언 등을 살펴보았다. 공통점은 정책의 지속성이 부족하다는 것이었다. 이유는 여러 가지를 말할 수 있겠지만 근본적인 것은 대통령의 정치성향이 많이 작용한 것으로 평가해 볼 수 있다. 즉, 민주주의를 국체로 하는 국가임에도 불구하고 민주적인 절차를 적용하지 않았다는 것이다. 국민의 여론을 적극적으로 수렴하여 국민적 합의를 이루어 정책을 추진했어야 하나 소수에 의해 정책이 결정되었다는 것이다. 그러한 정책은 정권의 교체에 따라 바람처럼 흔들리게 된다. 정권이 요구하는 향방에 따라 일관성을 상실하고 흔들리는 정책은 그 생명력을 상실한 것이다. 그것은 단순한 생명력 상실이 아니다. 그로 인하여 사회적 갈등마저 양산하고 있다. 차라리 추진하지 않았다면 갈등은 줄일 수 있었을 것이라 생각되는 부분이다. 여전히 우리사회 곳곳에서는 갈등이 존재한다. 갈등은 어느 사회에서나 존재하는 것이므로 그 자체를 문제 삼을 필요까지는 없을 것이다. 그러나 정책을 위한 정책이 아닌 정치를 위한 정책으로 이러한 문제가 발생했다면, 이것은 대단히 큰 심각성을 갖고 있다고 보아야 한다. 특히 통일문제와 남북관계에 대한 문제의 갈등은 낡은 이념까지 대입하여 피아를 구분하고자 하는 현상까지 나타내고 있다. 이제 우리는 그동안 통일정책과 남북관계와 관련된 문제를 직접 체험하면서 수없이 겪어 왔다. 따라서 이제는 바람직한 통일정책의 방향을 국민들이 오히려 더 잘 알고 있다고 본다. 통일정책과 남북관계의 정책이 어디로 지향해야 하는지는 각자의 기준에 따라 정립하고 있다고 보여진다. 문재인 대통령은 7월 6일 독일에서 한반도 평화에 관한 5대 원칙을 담고 있는 '베를린 구상'을 밝혔다. 2017년 11월 1일에는 국회시정연설에서는 아래의 5대 원칙을 천명하였다.

> "우리 정부는 출범 이래로 지금까지 확고하고도 일관된 원칙을 가지고 한반도 문제에 임해왔습니다. 앞으로도 마찬가지일 것입니다.
> 첫째, 한반도 평화정착입니다.
> 둘째, 한반도 비핵화입니다.
> 셋째, 남북문제의 주도적 해결입니다.
> 넷째, 북핵문제의 평화적 해결입니다.
> 다섯째, 북한의 도발에 대해서는 단호히 대응하는 것입니다."

이러한 과정을 통하여 2017년 11월 21일 정부는 남북관계와 통일정책에 대한 비전과 방향 등을 정리한 '문재인의 한반도 정책'을 발표하게 되었다. 문재인 정부의 통일정책인 '문재인의 한반도정책'에 대하여 살펴보고자 한다. 문재인 정부에서도 추진배경을 밝히면서 일관성과 지속성의 추구를 첫 번째로 들었다. 이러한 의식은 그의 연설문에서도 확인되고 있다. 2017년 6월 15일에 있었던 '6·15 남북공동선언' 17주년 기념식에서 다음과 같이 정책 지속성의 중요함을 다음과 같이 지적하고 있다.

김대중 대통령의 얼굴 모습에 문 대통령의 연설모습이 클로즈업 되었다. 문 대통령은 6·15 선언을 이끌어 낸 김대중 대통령의 용기와 결단력을 높이 평가하였다. 그것은 그의 '행동하는 양심'에 대한 존경심의 발로였을 것이다.

[6·15 남북공동선언 제17주년 기념식] 출처 : 『문재인 대통령 연설문 상권』, p.124.

"그동안 남과 북은 반목과 대결이 계속되는 속에서도 몇 차례 중요한 역사를 만들어 냈습니다. 1972년 7·4 남북공동성명부터 1991년 남북기본합의서를 지나 2000년 6·15 남북공동선언까지, 그리고 그 토대 위에서 2007년 남북관계 발전과 평화번영을 위한 10·4 남북정상선언으로 발전시켜 왔습니다. 남북 당국 간의 이러한 합의가 지켜졌다면, 또 국회에서 비준되었더라면 정권의 부침에 따라 대북정책이 오락가락하는 일은 없었을 것입니다. 그래서 남북합의를 준수하고 법제화하는 일은 무엇보다 중요합니다. 역대 정권에서 추진한 남북합의는 정권이 바뀌어도 반드시 존중되어야 하는 중요한 자산입니다. 정부는 역대 정권의 남북합의를 남북이 함께 되돌아가야 할 원칙으로 대할 것입니다. 또 한 당면한 남북문제와 한반도문제 해결의 방법을 그간의 합의에서부터 찾아 나갈 것입니다."

이것은 역대정부의 대북정책을 존중하겠다는 것이다. 이를 위하여 국민적 합의를 바탕으로 남북관계 측면에서의 '남북기본협정', 국제적 측면에서의 '한반도 평화협정'을 체결하겠다고 밝히고 있다. 국민적 합의를 바탕으로 하겠다는 점은 민주적인 절차를 중시하겠다는 의지로 읽혀진다. 또한 이러한 정책의 필요성을 국가성장 동력을 확보하는 측면에서 찾고 있다. 저출산과 고령화의 영향은 국가성장 동력을 저하시키는 것으로 분석된 지는 벌써 오래 전의 일이다. 그러므로 이를 극복하는 방안 중의 하나는 남과 북을 통합한 주변국과의 경제적 이익을 창출하여야 한다는 것이다. 즉, 평화와 경제의 선순환을 통하여 평화와 번영의 질서를 도모한다는 것이다. 두 번째는 통일정책의 범위를 한반도만으로 국한시키는 것이 아니라 동북아의 주변국가와 국제사회로 확대한다는 것이 필요하다는 것이다. 통일정책은 우리민족만의 이익을 넘어 주변국가와 국제사회 모두의 공동번영으로 귀결되어야 마땅하다는 것이다. 시야가 세계를 지향하고 있음을 알게 해 주는 대목이다.

2. 주요내용

먼저 '문재인의 한반도정책'이라는 의미부터 살펴보는 것이 정책을 이해하는 데 다소 용이하리라 본다. '문재인의 한반도정책'은 중립적인 명칭이다. 제목의 3인칭이 의미하듯이 국민과의 쌍방향 소통을 통한 '열린정책'으로 국민과 함께 정책을 완성시킨다는 의미를 담고 있다. 국민 모두를 주인공으로 보고 있는 것이다. 또한 통일정책도 시대의 상황에 부합되게 탄력적인 보완이 필요하다. 그러므로 국민과의 소통을 통하여 통일정책을 지속적으로 보완 발전시켜 나가야 된다는 의미를 담고 있는 중립적인 명칭으로 보면 될 것이다.

문재인 정부의 임기가 종료되고 다음 정부가 들어선다고 하여도 한반도 정책의 영속성 유지는 통일정책의 일관성 유지 차원에서 반드시 필요하다. 이러한 모든 점을 고려하여 '문재인의 한반도정책'이라는 명칭이 나오게 된 것이다. '한반도정책'은 명칭이 의미하듯이 단순한 대북정책이 아닌 북한과 동북아와 세계를 모두 고려했다는 의미로 보면 된다.

북한, 동북아 이웃국가, 국제사회와 함께 한반도와 동북아를 아우르는 평화와 번영을 구현하고자 하는 우리 주도의 장기적이고 포괄적인 정책을 말하는 것이다. '평화를 최우선의 가치로 정하고, 북한과는 상호존중하고 협력하며, 국민과 함께 열린 정책'을 지향하는 것이다. 정책의 주요 핵심내용을 도표로 정리해 보면 다음과 같다.

[문재인의 한반도 정책]

구 분	주 요 내 용
비 전	평화공존, 공동번영
3대 목표	① 북핵문제 해결과 항구적 평화 정착 ② 지속 가능한 남북관계 발전 ③ 한반도 신경제공동체 구현
4대 전략	① 단계적 포괄적 접근 ② 남북관계 북핵문제 병행 진전 ③ 제도화를 통한 지속 가능성 확보 ④ 호혜적 협력을 통한 평화적 통일기반 조성
5대 원칙	① 우리 주도의 한반도 문제 해결 ② 강한 안보를 통한 평화 유지 ③ 상호 존중에 기초한 남북관계 발전 ④ 국민과의 소통과 합의 중시 ⑤ 국제사회와의 협력을 통한 정책 추진

① 비전은 '평화공존과 공동번영'으로 제시하였다.

'공존'이란 '서로 도와서 함께 존재한다.'는 의미이다. 그렇다면 평화와 함께 동반되는 것은 무엇인가? 평화가 보장되면 안전이 보장된다. 즉, 한반도에서 남북한 간의 전쟁위험이 없어진다는 의미이다. 전쟁의 위험이 사라지고 나면 경제적 번영이 뒤따른다. 전쟁위험이 상존하게 되면 우리나라에 투자를 기피하게 되고 이것은 경제의 위축으로 이어질 것이다. 그러므로 평화공존은 평화로부터 전쟁이 없는 안전한 생활과 번영경제까지도 보장한다는 것이다. 또한 평화공존을 지속적으로 유지하는 그 자체가 평화적으로 통일을 이루어 가는 길이다. 이를 위해서는 북핵문제의 평화적 해결, 남북한의 신뢰와 평화체계 구축 등이 이루어져야 한다. 평화공존이란 평화가 보장되면 생존의 문제와 경제적인 번영이 보장된다는 것이다. 따라서 평화는 국익을 위해 가장 먼저 정착시켜야 할 과제이다. '공동번영'이란 남과 북이 함께 협력하여 번영의 한반도를 이루자는 것이다. 남북의 협력은 미래의 성장동력을 이끌어 낼 수 있다. 남한은 뛰어난 기술력이 있으며, 북한은 풍부한 자원과 인력이 있다. 이를 상호 보완시키면 경쟁력 있는 성장의 동력이 된다는 뜻이다. 또한 남북한의 이익을 넘어 주변국가와 국제사회의 번영까지도 도모하겠다는 것이다. 추진배경에서도 언급한 바 있는 한반도의 평화를 번영으로 확대시키며, 한반도만의 번영이 아닌 주변국가와 세계의 공동번영에 기여하겠다는 원대한 개념을 포함하고 있다.

즉, 한반도의 지역적인 틀에서 벗어나 세계를 향해 인류번영에 기여하겠다는 것이다. 목표는 '북핵문제 해결과 항구적 평화정착, 지속 가능한 남북관계 발전, 한반도 신경제공동체 구현'을 설정하였으며, 이를 효과적으로 달성하기 위한 4대 전략과 5대 원칙을 선정하였다. '평화공존 공동번영'은 평화와 경제의 관계가 선순환되어 공동의 번영으로 발전시키겠다는 비전을 제시한 것이다. 이에 대해 구체화된 내용의 연설을 2017년 7월 6일 독일 쾨르버재단 초청연설에서 밝힌 바 있다.

> "우리가 추구하는 것은 오직 평화입니다. 평화로운 한반도는 핵과 전쟁의 위협이 없는 한반도입니다. 남과 북이 서로를 인정하고 존중하며 함께 잘사는 한반도입니다. (중략) 우리 정부는 국제사회와 함께 북한 핵의 완전한 폐기와 평화체제 구축, 북한의 안보·경제적 우려 해소, 북미관계 및 북일관계 개선 등 한반도와 동북아의 현안을 포괄적으로 해결해 나가겠습니다. (중략) 항구적 평화체제를 구축해 나가겠습니다. 1953년 이래 한반도는 60년 넘게 정전(停戰) 상태에 있습니다. 불안한 정전체제 위에서는 공고한 평화를 이룰 수 없습니다. 남북의 소중한 합의가 정권이 바뀔 때마다 흔들리거나 깨져서도 안 됩니다. 평화를 제도화해야 합니다. 앞으로는 남북합의의 법제화를 추진하겠습니다. (중략) 북핵문제가 진전되고 적절한 여건이 조성되면 한반도의 경제지도를 새롭게 그려 나가겠습니다. 군사분계선으로 단절된 남북을 경제벨트로 새롭게 잇고, 남북이 함께 번영하는 경제공동체를 이룰 것입니다. 남과 북은 대륙과 해양을 잇는 교량국가로 공동번영할 것입니다. 그때 세계는 평화의 경제, 공동번영의 새로운 경제모델을 보게 될 것입니다."

② 3대 목표는 '북핵문제 해결과 항구적 평화정착, 지속 가능한 남북관계 발전, 한반도 신경제공동체 구현'이다.

북핵문제해결은 역대 정부에서도 가장 우선적으로 해결해야 할 과제로 선정하여 지속적인 노력을 하여 왔다. 북한은 6·25 전쟁 이후 전후복구와 함께 원자력에 관한 연구와 인력양성 등 핵에너지 이용을 위한 기반체계를 구축하여 왔다. 1955년에 김일성대학에 핵물리학 강좌를 개설하였으며 소련의 기술을 전수받기 위하여 1956년에 '북·소 원자력 협력협정'을 체결하였다. 이후에 소련의 도움으로 연구용 원자로 도입 등으로 핵시설을 건설하기에 이르렀다. 북한은 핵실험을 현재까지 총 6차에 걸쳐서 실시한 바 있다. 현재는 남북정상회담과 북미회담을 통하여 이를 해결하기 위한 노력이 진행 중에 있으며 2차 북미정상회담이 2월에 베트남의 하노이에서 개최되었다. 그러나 아쉽게도 합의문 도출에는 실패하였지만 양측의 요구사항은 명확히 식별되었다. 또한 대화의 창구는 유지하는 분위기이므로 협상의 여지는 남아 있다.

[북한 핵실험 현황]

구 분	1차	2차	3차	4차	5차	6차
일 시	2006.10.9	2009.5.25	2013.2.12	2016.1.6	2016.9.9	2017.9.3
비 고	참여정부	이명박정부	박근혜정부	박근혜정부	박근혜정부	문재인정부

북핵문제의 해결은 방법의 문제도 중요하다. 문민정부 시절 1차 북핵위기 당시 미국의 강경파들은 북한에 대한 선제공격으로 핵시설을 파괴해야 된다는 분위기가 돌기까지 했다. 또한 그 당시 우리나라의 국방부는 북한핵문제를 다루기 위해 열린 국회국방위에서 북한의 전면 도발 시 대규모 응징보복을 포함한 이른바 '신작계 5027'을 공개적으로 밝히기까지 했었다.[6] 즉, 북한이 핵사찰에 응하지 않고 계속하여 핵을 개발한다면 군사력으로 대응하겠다는 것이었다. 이것은 전쟁을 의미하는 것이다. 6·25 전쟁을 생각해 보면 전쟁의 폐해가 얼마나 심각한지 모두가 알 것이다. 이를 해결하는 방안으로 전쟁을 고려했다는 것은, 그것이 해결의 방법으로 최선이었는지 생각해 볼 문제이다.

北 도발땐 平壤까지 점령
서울以北 저지선 구축
北進감행 통일 계기로
「新작전계획」 5단계 시나리오

'북 도발 땐 평양까지 점령' 당시에 국방부에서 밝힌 작전계획은 공세적인 대응공격을 도입한 것이다. 종전의 방어위주가 아닌 평양까지 공격하여 북한정권을 붕괴시키겠다는 것이었다. 전쟁을 불사한다는 계획이었다. 그러나 다행히 카터의 북한 방문과 김일성회담으로 위기를 넘길 수 있었다.

[북 도발 땐 평양까지 점령] 출처 : 경향신문(1994.3.25.)

항구적 평화정착은 현재의 정전체제를 평화체제로 전환하는 제도상의 전환을 포함한 실질적인 평화상태를 의미한다. 이러한 평화상태의 구축은 한반도의 평화는 물론이고 동북아의 평화와 번영에 절대적으로 필요한 것이다. 북한의 김정은은 2019년 신년사를 통해 "현 정전체제를 평화체제로 전환하기 위한 다자협상을 적극 추진해 항구적 평화보장 토대를 마련해야 한다."고 밝히면서 평화체제로의 적극적인 자세를 보인 바 있다. 김정은이 2018년 1월 미국과의 정상회담을 앞두고 중국을 방문하여 시진핑을 만났을 때도 평화체제 논의의 필요성과 중국의 역할에 대해 논의한 것으로 알려지고 있다. 이 문제는 비핵화와 함께 중요한 과제이다. 평화체제로 이행을 위해서는 6·25 전쟁 당사국인 남북과 함께 정전협정에 서명한 미국과 중국 등으로 구성된 4개국에 의한 논의가 필요할 것이다.

지속 가능한 남북관계 발전은 그 동안 역대정부에서 꾸준하게 노력하여 왔다. 우리민족끼리 힘을 합친 평화통일 지향, 민족동질성 회복, 긴장완화와 신뢰회복 등은 7·4 남북

6) 경향신문, '북 도발 땐 평양까지 점령', 1994.3.25.

공동성명, 남북기본합의서, 6·15 공동선언, 10·4 정상선언 등에서 누차 강조되었고 대외에 천명하였다. 이러한 남북간의 합의를 지속적으로 추진하기 위해서는 이를 법제화하여 제도적으로 보장하는 것이 필요하다. 이러한 조치 못지않게 평화와 통일문제를 논의하는 과정에서의 남남갈등을 최소화하기 위한 방안을 강구하여야 한다. 그 중의 가장 합당한 방법이 민주적인 절차를 통한 정책결정이다. 따라서 정부는 양방향 소통으로 국민의 의견을 최대한 수렴하겠다고 밝힌 것이다.

한반도 신경제공동체 구현은 평화와 번영의 선순환 구조를 창출한다는 것이다. 우리나라는 분단으로 인하여 결집된 국력 발휘가 곤란하다. 분단은 그 자체로 힘의 분출을 가로막는 장애물인 것이다. 분단의 영향은 정치·군사적인 분야만이 아니다. 경제적인 분야에서도 분단은 고착되어 왔다. 대표적으로 이를 타개하기 시작한 것이 개성공단이었다. 분단으로 인해 남한은 경제면에서도 고립된 육지의 섬이었다. 직항로를 이용하지 못하고 먼 길을 돌아야 했으며 지척의 풍부한 자원을 활용하지 못하고 있다. 북한과의 교류와 협력이 원활히 된다면 북한을 경유하여 중국과 러시아, 유럽으로의 진출이 가능한 지리적인 유리점을 확보하게 된다. 이로 인해 얻을 경제적 실리도 뒤따른다. 물류의 길을 개척하는 것뿐 아니라 경제영역의 확대가 용이해진다. 이러한 여건을 조성하여 남북 경제협력을 활성화한다면 우리 경제의 새로운 성장동력을 확보하고 북한의 변화를 유도하여 남북경제의 통일을 이룰 수 있다. 남북간에 상호 신뢰와 호혜성에 기초하여 협력한다는 것

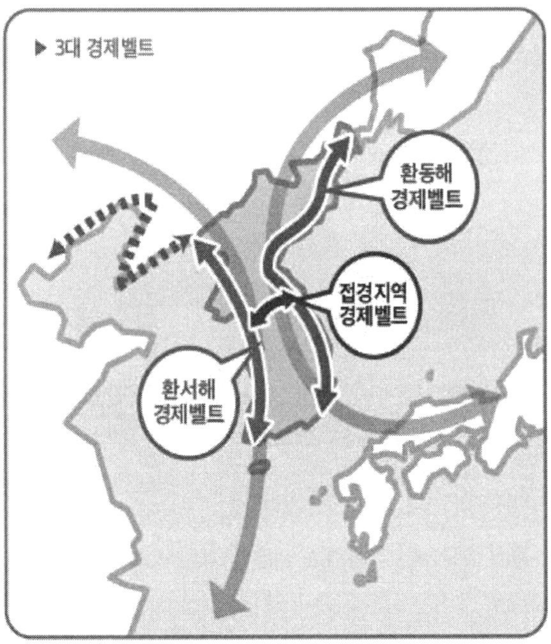

3개의 벨트를 따라 국제적인 경제협력을 구상한 것이 한반도 신경제 지도이다. '환동해권, 환서해권, 접경지역' 벨트를 따라 경제협력이 이루어진다면 세계적인 경제발전의 모델이 될 것이다.

[한반도 신경제지도] 출처 : 2018 통일백서, p.31.

은 이미 오래 전부터 각종 선언에서 밝혀 왔다. 따라서 이를 다시 복원하여 남북의 경제협력을 발전시켜야 한다. 정부는 3대 경제벨트 구축을 통하여 우리의 경제영역을 대륙을 넘어 세계로, 미래로 도약하는 한반도 신경제지도를 완성하였다. 신경제지도는 3대 목표 중의 하나인 '한반도 신경제공동체 구현'의 핵심으로 자리 잡고 있다. 이것은 한반도에서의 경제적 통합으로 동북아와 세계의 평화와 번영에 기여한다는 비전을 제시하고 있다.[7]

3대 경제벨트는 환동해권, 환서해권, 접경지역으로 이루어진다. 환동해권은 원산·함흥, 단천, 나선, 러시아를 연결하는 에너지와 자원벨트이다. 러시아와 몽골 등에서 생산한 전력을 한반도와 일본까지 연계하는 사업, 러시아의 천연가스를 공급받는 한반도 가스관 연결사업, 북한의 광산개발사업 등을 검토할 수 있다.

"극동지역은 러시아의 신동방정책과 한국의 신북방정책이 서로 만나는 공간입니다. 동방의 관문인 블라디보스토크(Vladivostok)는 예로부터 한국과 역사적·문화적으로 인연이 깊은 도시인데, 역동적으로 발전하고 있는 모습을 직접 보고 감명을 받았습니다. 극동지역 개발에 있어 최적의 파트너는 바로 대한민국입니다. 우리 정부와 기업의 적극적인 참여와 기여로 극동지역이 역내 평화와 번영의 전초기지가 될 것이라 확신합니다."

문재인 대통령 러시아 방문 시 (2017.9.6.)

[2017년 한러정상 공동언론 발표] 출처 : 『문재인 대통령 연설문 상권』, p.297.

7) 통일부, 『2018 통일백서』, p.29.

환서해권은 수도권, 개성·해 주, 평양·남포, 신의주, 중국을 연결하는 교통·물류·산업벨트이다. 이는 풍부한 인구와 산업 인프라, 활발한 교역 등을 통대로 물류와 산업으로 특화된 경제벨트를 구축하는 것이다. 우리의 수도권과 인접한 북한의 개성과 해 주, 평양과 남포에서 협력을 이루어내면 신의주까지 이어지는 경의선을 이용한 국제적 산업협력의 성공모델을 구상할 수 있다. 접경지역은 DMZ 생태평화안보관광지구, 통일경제특구를 연결하는 환경·관광벨트이다. 수자원과 산림자원의 공동관리, 비무장지대 활용방안 등으로 이를 친환경적 생태관광지구로 개발할 수 있다.

③ 4대 전략은 '단계적·포괄적 접근, 남북관계와 북핵문제 병행 진전, 제도화를 통한 지속 가능성 확보, 호혜적 협력을 통한 평화적 통일기반 조성'이다.

단계적 접근은 북한의 태도변화를 단계화시켜 진행한다는 것으로 단시간에 이행하기 어렵다는 현실성을 고려한 것으로 이해되는 전략이다. 먼저 제재와 압박으로 북한을 비핵화를 위한 대화의 장으로 나올 수밖에 없도록 한다는 것이다. 그 후 대화와 협상을 통하여 핵포기에 따른 대가를 부여하면서, 관련국들과의 공조를 통하여 단계적으로 핵폐기를 추진한다는 것이다. 포괄적 접근은 어휘에서 의미하듯이 핵문제 해결을 위하여 수반되는 제반문제를 폭넓게 협의하여 해결하겠다는 것이다. 즉, 북핵폐기를 목표로 진행하면서 신뢰구축을 위한 사업, 평화협정으로의 전환 등 안보위협을 근원부터 해결하겠다는 전략이다.

남북관계와 북핵문제의 병행 진전은 남북관계와 북핵문제를 분리하여 순서를 정하여 추진하거나 양자택일할 수 있는 문제가 아니라는 것이다. 이 둘의 관계는 선순환적인 관계이다. 따라서 지속적이고 원활한 남북관계로 북핵문제 해결에 주도적인 역할을 하여야 한다는 전략이다. 남북관계가 우호적으로 발전하면 북한의 핵폐기를 둘러싸고 있는 벌어지는 관련 국가들과의 관계에서 중심적인 역할을 수행할 수 있다. 따라서 남북관계 개선은 비핵화 협상 진행과정에서 막힌 부분을 뚫어주는 결정적인 효과를 가져오게 할 것이다.

제도화를 통한 지속 가능성 확보는 남북관계의 일관성과 지속성을 유지하기 위한 것이다. 법제화와 제도화를 추진하기에 앞서 국민의 폭넓은 지지기반을 확보하여야 한다. 이를 위해서는 정책수립과정에서부터 국민의 참여를 확대하여야 한다. 국민의 참여는 공감대를 확대하는 것이며 이는 동력을 확보하는 것이다. 또한 남남갈등을 사전에 제거하여 국론통일을 이룰 수 있다. 따라서 새로운 남북기본협정을 체결하여 남북합의가 지속적으로 이행되는 여건을 조성하여야 한다.

호혜적 협력을 통한 평화적 통일기반 조성 전략은 남북한 모두에게 도움이 되는 교류와 협력을 하여야 한다는 것이다. 호혜는 '양편이 서로 특별한 편의와 이익을 주고 받는 일'을 의미한다. 남북한 모두에게 주고 받는 이익 중에서 대표적인 사업이 이산가족 문제 해결이다. 이산가족은 남북한 모두가 안고 있는 인도주의적인 문제이기도 하다. 이산가족문제뿐 아니라 인류의 보편적 가치를 실현할 수 있는 영유아 등의 취약계층에 대한 지원사업 등도 필요하다. 여기에는 경제적인 협력도 포함된다. 앞에서 언급한 한반도 신경제지도의 계획은 남북한의 자원과 기술력을 결합하여 공동의 이익을 창출하려는 것이다. 이밖에 민간단체와 지방자치단체 등의 다양한 교류를 장려하여 다양한 방면에서 다양한 사람들의 접촉을 이루어내는 것이 필요하다. 이러한 호혜적 협력은 신뢰구축으로 연계되어 자연스럽게 평화통일을 위한 초석으로 자리를 잡게 될 것이다.

④ 5대 원칙은 '우리주도, 강한 안보, 상호존중, 국민소통, 국제협력' 등이다.

우리주도는 우리의 문제는 우리 주도로 해결한다는 원칙이다. 한반도 문제는 우리민족의 문제이다. 자주의 원칙으로 접근한 것이다. 자주의 원칙은 제3공화국의 7·4 남북공동성명에서 통일의 3대 원칙 중 하나로 규정한 바 있었다. 그 후 문민정부시절에 민족공동체 통일방안에서 통일원칙으로 자주·평화·민주를 제시하였으며, 이것은 현재 우리나라의 통일원칙으로 계승되고 있다. 남북의 문제는 자주의 원칙에 입각하여 우리가 주도적으로 평화와 번영의 새 질서를 만들어야 한다는 것이다. 이는 문 대통령이 2017년 8월 15일 제72주년 광복절 경축사에서 "한반도의 평화도, 분단 극복도, 우리가 우리 힘으로 만들어가야 합니다."에서도 잘 나타나고 있다.

강한안보는 강한 물리력의 군사력을 기반으로 이루어진다. 평화는 최고의 국익이며 국민의 생명과 직결된다. 평화는 안보에 의해 지켜지고 만들어진다. 이처럼 강한안보는 평화를 지키는 울타리의 역할을 한다. 안보의 뒷받침이 보장되지 않는 한 각종 선언은 휴지조각으로 변할 수도 있다. 상호 보완적인 한미동맹 발전과 국방교류의 증진이 필요하며 국방개혁을 통하여 평화를 뒷받침하는 힘이 있는 강한 안보태세를 구축하여야 한다.

상호존중은 서로의 실체를 인정하고 존중하며 협력해야 한다는 것이다. 문재인 정부는 '3-NO' 입장을 밝힌 바 있다. '북한 붕괴 불원, 흡수통일 및 인위적 통일 불추구'가 그것이다. 남과 북이 서로의 이념과 체제의 다름을 인정하고 공동의 이익을 위해 협력하여야 한반도에 진정한 평화와 번영을 가져올 수 있는 것이다. 이러한 존중이 일상화되었을 때 남북관계가 개선되는 것이며 이로써 교류와 협력이 확대되는 것이다. 이는 2017년 9월 22일 제72차 유엔총회 기조연설에서도 언급한 바 있다.

"우리는 북한의 붕괴를 바라지 않습니다. 어떤 형태의 흡수통일이나 인위적인 통일도 추구하지 않을 것입니다. 북한이 이제라도 역사의 바른 편에 서는 결단을 내린다면, 우리는 국제사회와 함께 북한을 도울 준비가 되어 있습니다."

민족공동체 통일방안의 통일의 과정 1단계에서 '서로의 다름을 인정하고 존중하는 가운데 분단상태를 평화상태로 관리하면서 교류와 협력을 확대하여 평화공존을 추구'한다는 역대정부의 공식 통일방안을 계승한다는 것이다.

국민소통은 민주적 절차 중시와 폭 넓은 국민참여를 원칙으로 삼은 것이다. 정부에 의한 일방적으로 정책수립과 추진이 아닌, 국민들의 참여를 통하여 쌍방향 소통을 이루어 국민과 함께 통일정책을 완성해 나간다는 원칙이다. 또한 국회를 비롯한 지자체, 시민단체, 전문가 등 다양한 주체들의 참여와 소통을 제도화하겠다는 것이다. 이러한 방안을 통하여 통일문제에 대한 국민적 공감대와 사회적 합의를 도출하여 정책의 생명력을 불어넣겠다는 원칙을 말한다.

국제협력은 한반도의 문제는 동북아는 물론이고 세계의 문제라는 인식에서 출발한 것이다. 한반도 문제의 당사국은 남북한이다. 그러나 남북한의 문제로 국한될 수 없다는 것이 현실이 된지는 벌써 오래 전의 일이 되었다. 따라서 주변국과의 긴밀한 협력은 북핵문제의 해결 등에 필수적인 고려사항이다. 따라서 3대 목표에 한반도 신경제공동체 구현이 포함되어 있는 것이다. 즉, 주변국과의 협조를 통하여 문제를 해결하여 평화를 정착시키며 함께 번영을 추구한다는 원칙이다.

제 3 절 남북정상회담

1. 추진배경

2017년 7월 6일 문재인 대통령이 독일 쾨르버재단[8]의 초청을 받아 베를린의 옛 시청인 알테스 슈타트하우스(Altes Stadthaus)에서 연설을 하였다. 여기에서 문재인 대통령은 남북한의 대화 재개의 필요와 한반도의 항구적 평화정착을 위한 제안을 하였는데, 이것이 이른바 '베를린 구상'이다. 베를린 구상의 주요내용은 '한반도 평화, 한반도 비핵화, 항구적인 평화체제 구축, 남북의 철도연결 등을 포함한 한반도에 그리는 새로운 경제지도, 이산가족 상봉 등 비정치적 교류사업 추진' 등을 골자로 하고 있다. 또한 '한반도 정책방향 실천 4가지'를 밝히고 있는데, '이산가족에 대한 인도적 차원의 준비, 북한의 평창동계올림픽 참가, 군사분계선 적대행위 상호 중단, 남북간 접촉 및 대화재개'를 밝히면서 조속한 실천을 촉구하였다.

[쾨르버재단 초청연설] 출처 : '문재인 대통령 연설문 상권', p.204.

8) 쾨르버재단은 독일 기업인 쿠르트 쾨르버가 독일의 미래사회 형성에 기여한다는 목적으로 1959년 설립한 공익재단이다. 이곳은 '상호 대화 및 이해를 통한 공동체의 지속 발전'이라는 목적 아래 '국제포럼 개최, 전문가 강연, 특별상 수여' 등을 실시하고 있다. 독일 유력 싱크탱크 대부분이 정당 산하 기관인데 반해 쾨르버 재단은 정치적 색채가 없다는 것이 특징이다. 출처 : 뉴시스, 「문 대통령 초청한 쾨르버재단은 어떤 곳?」, 2017.7.7.

베를린과 남북대화의 인연은 2000년으로 거슬러 올라간다. 김대중 대통령이 남북화해와 협력의 기틀을 마련한 '베를린 선언'을 발표한 곳이었으며, 그로부터 3개월 후 남북정상회담을 성사시켰다. 이처럼 우리와의 인연이 뜻깊은 베를린에서 문재인 대통령은 역사적인 선언을 하였다. 그 후 북한의 평창동계올림픽 참가로 한반도의 계절은 겨울이었으나 남북관계는 벌써부터 살얼음이 풀리며 봄의 기운을 느끼게 해 주었다. 그리고 다음해 4월에 남북정상회담으로 성과를 확대하였으며 북한은 최초의 북미회담에 임하게 되었다.

국민의 정부와 참여정부 시절에 다져놓은 남북관계의 주춧돌에 기둥을 세우는 형국이었다. 인고의 세월 10년을 기다린 보람이었고 결과였다. 누구보다도 천만 이산가족은 한없이 설레이고 있었다.

독일 쾨르버재단 초청 연설(베를린 선언) 중 일부 내용(2000.7.6.)

나는 오늘, 베를린의 교훈이 살아 있는 이 자리에서 대한민국 새 정부의 한반도 평화구상을 말씀드리고자 합니다. 독일 통일의 경험은 지구상 마지막 분단국가로 남은 우리에게 통일에 대한 희망과 함께 우리가 나아가야 할 방향을 말해 주고 있습니다. 그것은 우선, 통일에 이르는 과정의 중요성입니다. 독일 통일은 상호 존중에 바탕을 둔 평화와 협력의 과정이 얼마나 중요한지를 일깨워 줬습니다. 독일 국민들은 이 과정에서 축적된 신뢰를 바탕으로 스스로 통일을 결정할 수 있었습니다. (중략)

이제, 한반도의 냉전구조를 해체하고 항구적인 평화정착을 이끌기 위한 우리 정부의 정책방향을 말씀드리겠습니다.

첫째, 우리가 추구하는 것은 오직 평화입니다. 평화로운 한반도는 핵과 전쟁의 위협이 없는 한반도입니다. 남과 북이 서로를 인정하고 존중하며, 함께 잘 사는 한반도입니다. 우리는 이미 평화로운 한반도로 가는 길을 알고 있습니다. '6·15 공동선언'과 '10.4 정상선언'으로 돌아가는 것입니다. (중략)

둘째, 북한체제의 안전을 보장하는 한반도 비핵화를 추구하겠습니다. (중략)

셋째, 항구적인 평화체제를 구축해 나가겠습니다. 1953년 이래 한반도는 60년 넘게 정전상태에 있습니다. 불안한 정전체제 위에서는 공고한 평화를 이룰 수 없습니다. 남북의 소중한 합의들이 정권이 바뀔 때마다 흔들리거나 깨져서도 안 됩니다. 평화를 제도화해야 합니다. 안으로는 남북 합의의 법제화를 추진하겠습니다. (중략)

넷째, 한반도에 새로운 경제지도를 그리겠습니다. 남북한이 함께 번영하는 경제협력은 한반도 평화정착의 중요한 토대입니다. 나는 '한반도 신경제지도' 구상을 가지고 있습니다. 북핵문제가 진전되고 적절한 여건이 조성되면 한반도의 경제지도를 새롭게 그려 나가겠습니다.

다섯째, 비정치적 교류협력 사업은 정치·군사적 상황과 분리해 일관성을 갖고 추진해 나가겠습니다. 남북한의 교류협력 사업은 한반도 모든 구성원의 고통을 치유하고 화합을 이루는 과정이자 안으로부터의 평화를 만들어가는 일입니다. (후략)

2. 제1차 남북정상회담과 판문점선언

가. 판문점선언의 출발점 평창동계올림픽

판문점선언은 문재인 대통령과 김정은 국무위원장과의 제1차 남북정상회담의 결과물이다. 정상회담은 통산으로 보면 김대중과 노무현 대통령에 이어 3번째로 기록되는 회담이었다. 여기에서는 문재인 대통령을 기준으로 하여 제1차 또는 제2차로 표기하고자 한다. 제1차 정상회담 성공의 징후는 북한의 평창동계올림픽 참가에서 보게 되었다. 문재인 대통령은 2017년 6월 24일에 무주 WTF 세계태권도선수권대회 축사에서 북한의 평창올림픽 참가를 처음으로 제안하였다. 이어서 베를린 구상을 불리우는 쾨르버재단의 초청연설에서 다시 한번 밝혔다. 2017년 8월 15일 제72주년 광복절 경축사에서 "평창동계올림픽을 남북이 함께 평화올림픽으로 만들어야 한다."고 하였다. 2017년 9월 21일 유엔총회 기조연설에서 북핵문제 평화적 해결과 북한의 평창동계올림픽 참가를 반복하여 제안하였다. 이에 대한 화답은 2018년 1월 1일 김정은 국무위원장의 신년사에서 나왔다. '평창동계올림픽 대표단 파견 및 대화 용의'를 표명한 것이다. 불과 1년인 2017년의 신년사에서는 "동방의 핵강국, 군사강국으로 솟구쳐 올랐다. 올해를 싸움준비완성의 해로 정하고" 등의 강경한 기조를 보였었다. 이처럼 북한의 변화에 따라 후속회담이 개최되면서 IOC에서도 2018년 1월 20일에 북한의 평창동계올림픽 참가을 최종적으로 승인하였다. 마침내 2018년 2월 9일에 열린 개막식에서 남북한 선수단은 공동으로 입장하여 평화올림픽의 개최를 알리며 한반도의 평화를 기원하였다.

[평창동계올림픽에 공동입장하는 남북한 선수단] 출처 : 청와대

나. 판문점선언의 주요내용

2018년 4월 27일 세계의 이목은 판문점으로 향했다. 냉전의 상징이자 지구상 유일한 냉전지대라는 평가를 받는 한반도의 남북정상이 11년 만에 마주 앉는다는 소식 때문이었다. 이날 9시 30분 판문점 군사분계선에서 정상은 첫 대면을 하였다. 역사적인 순간이었다. 분계선은 넘을 수 없는 선이 아님을 전 세계에 보여주는 순간이었다. 남북정상은 남북문제에 대하여 대화를 나누며 한반도의 평화체제 구축을 위한 또 하나의 디딤돌을 놓았다. 문재인 대통령과 김정은 국무위원장은 27일 오후 5시 58분 남북정상회담을 통한 합의안을 마련하였다. '한반도의 평화와 번영, 통일을 위한 판문점선언'에 서명하면서 다시는 역사적인 퇴행을 반복하지 않기로 약속하였다. 이어서 남북정상은 '판문점선언' 발표 공동기자회견을 열었다. 주요내용은 '남북관계의 전면적·획기적 발전, 군사적 긴장완화와 상호 불가침 합의, 한반도의 완전한 비핵화 및 평화체제 구축' 등 항구적인 평화체제 구축에 서명함으로써 역사와 민족 앞에 그리고 세계를 향하여 다짐한 것이다.

다. 판문점선언의 의의

3가지 분야와 13개 항목으로 구성된 판문점선언은 그 동안 급랭한 남북관계를 일시에

[판문점선언 주요내용]

주 요 내 용
남북관계 개선과 발전 ① 민족자주의 원칙 재확인, 기존의 남북 간 선언과 합의 철저 이행 ② 정상회담 결과 추진 위한 고위급회담 등 분야별 대화 추진과 실천대책 수립 ③ 민간교류와 협력 등 보장 위한 남북공동연락사무소 개성지역 설치 ④ 민족적 화해와 단합 위한 각계각층의 다방면적 교류·협력 및 왕래·접촉 활성화 ⑤ 8·15 계기 이산가족 상봉행사 진행, 남북적십자회담 개최 ⑥ 10·4 선언 합의사업 적극 추진, 경의선 철도와 도로 연결 등 현대화 추진
군사적 긴장완화와 전쟁위험 해소 ① 상대방에 대한 일체의 적대행위 전면 중지, 비무장지대를 평화지대로 조성 ② 서해 평화수역 조성으로 우발적 충돌 방지와 안전한 어로활동 보장 ③ 군사적 보장대책 강구 (국방부장관회담, 군사당국자회담 수시 개최, 5월 장성급 군사회담 개최)
한반도의 항구적이며 공고한 평화체제 구축 ① 어떠한 형태의 무력도 불사용하며 불가침 합의 재확인 및 엄격 준수 ② 군사적 신뢰의 실질적 구축에 따라 단계적으로 군축 실현 ③ 2018년 종전선언, 평화체제로 전환(3자 또는 4자회담 개최) ④ 한반도의 완전한 비핵화 실현

[군사분계선을 사이에 둔 만남] 출처 : 청와대

반전시키며 세계적인 뉴스를 제공하였다. 특히 종전의 정상회담에서 볼 수 없었던 상징적인 장면이 눈에 띄었다. 군사분계선을 사이에 두고 악수를 교환한 두 정상이 손을 잡고 그 선을 함께 다시 넘는 모습은 감동적이기도 하였다.

도보다리 산책 장면은 마치 동네친구 둘이 소박한 담소를 나누며 완연한 봄을 즐기는 장면처럼 보였다. 판문점선언은 감동적인 장면도 중요했지만 무엇보다도 큰 의의는 역대 정부에서 구축한 그동안의 남북관계를 복원시키겠다는 의지의 선언이었다. 멀리는 7·4 남북공동성명에서부터 2000년 6·15 선언, 2007년 10·4 선언의 효력을 부활시켰다.

이를 재언급함으로써 지속 가능한 남북관계 발전을 추구한다는 원칙을 밝힌 것이다. 따라서 남북정상은 역대 정부의 정상이 구축한 남북 간에 합의내용을 반드시 지키겠다는 의지이자 이를 원칙으로 정립시킨 것이다. 또한 무엇보다 시급한 한반도의 비핵화 문제와 지구상에 남은 유일한 냉전체제의 종말을 앞당기자는 정상 간의 의지를 밝히며 이를 구체화시킨 선언이었다는 것을 또 하나의 의의로 꼽을 수 있다. 세 가지 분야에 대한 각각의 의의를 살펴보면 다음과 같다.

① 남북관계 개선과 발전 분야에 대한 의의는 역사성, 평화와 인도적 정신이다.

'남과 북은 우리민족의 운명은 우리 스스로 결정한다는 민족 자주의 원칙을 확인하였다.'는 부분이다. 그동안의 남북의 합의와 선언에서 자주의 원칙은 항상 등장하였다. 이는 우리의 문제를 우리 스스로 결정한다는 것이다. 한 때 우리나라는 나라의 힘이 없어 우리의 운명이 강대국에 의해 지배당한 경험이 있었다. 식민통치와 분단선이 그것이다.

하지만 지금의 우리 국력은 주변국가에 휘둘릴 만큼 나약한 존재는 아니다. 충분한 힘을 갖고 있는 남북한이 우리 스스로 우리의 문제를 해결하자는 합의는 마땅한 선언이라고 볼 수 있다. 또한 기존 합의의 이행은 당연히 7·4 남북공동성명, 남북기본합의서와 비핵화공동선언, 6·15 선언, 10·4 선언 등을 의미한다. 역대 정부의 남북관계 업적을 계승한다는 역사성을 갖고 있다. 한반도 평화를 이루는 방법으로 남북은 '대화와 협상'을 문제해결의 주요수단으로 보았다. 또한 이를 위한 대화창구로 남북 고위급회담을 비롯한 분야별 회담을 열기로 하였다. 이러한 후속조치까지 명시한 것은 대화를 통한 이견을 좁히는 방법까지 제시한 것이다. 또한 2018년 8·15 광복절을 계기로 이산가족 상봉행사 개최에 합의하였다. 이산가족 상봉행사는 대표적인 인도적 지원사업이다.

② 군사적 긴장완화와 전쟁위험 해소 분야에 대한 의의는 전쟁위험의 해소이다.

한반도에 전쟁 없는 새로운 평화시대를 추구하였다. 비무장지대의 평화지대화는 냉전의 상징을 평화의 상징으로 바꾸는 것을 의미한다. 이를 위한 후속조치로 남북한의 지뢰를 제거하는 모습은 그 자체가 평화를 의미하기도 한다. 서해평화수역 합의는 북방한계선을 둘러싼 비생산적인 논란과 우발적인 군사충돌을 방지하는 효과는 물론이고 공동어로구역을 실현한다면 새로운 형태의 남북협력관계 정립이 되는 것이다.

③ 평화체제 구축 분야에 대한 의의는 국제관계에서 보다 영향력을 발휘하게 되었다.

한반도의 항구적 평화체제를 구축하고 그 동안 지속된 적대관계를 청산하고 평화공존과 공동번영을 실현하기 위한 기틀을 조성하였다. 한반도 비핵화라는 목표를 명확하게 확인하였다. 특히 완전한 비핵화를 통해 핵 없는 한반도를 실현한다는 것은 미국의 목표이기도 하다.[9] 이러한 내용을 포함하게 된 것은 앞으로의 북미정상회담을 위한 디딤돌을 놓은 것이나 다름없다. 이러한 내용은 앞으로의 미국과의 관계에서도 보다 유리하고 영향력 있는 위치를 확보하게 되었다는 의의가 있다. 또한 "남북이 정전협정 65주년이 되는 올해 종전선언을 하기로 합의했다."며 이와 더불어 정전협정을 평화협정으로 대체하고 항구적이고 공고한 평화체제 구축을 위해 남·북·미가 관여하는 3자 혹은 중국을 포함한 4자 회담 개최를 적극 추진하기로 합의했다는 내용을 명시했다. 이것은 남북정상이 항구적인 평화체제를 추구한다는 의지의 표현이다. 그러나 아쉽게도 2018년 내에 이루어지지는 않았다.

---

9) '완전한 비핵화'는 미국이 말하는 CVID를 말하는 것이다. 즉, complete, verifiable, irreversible, dismantlement인 것이다. '완전하고, 검증가능하며, 돌이킬 수 없는 폐기'를 의미한다.

한반도의 평화와 번영, 통일을 위한 판문점선언

대한민국 문재인 대통령과 조선민주주의인민공화국 김정은 국무위원장은 평화와 번영, 통일을 염원하는 온 겨레의 한결 같은 지향을 담아 한반도에서 역사적인 전환이 일어나고 있는 뜻깊은 시기에 2018년 4월 27일 판문점 평화의 집에서 남북정상회담을 진행하였다.

양 정상은 한반도에 더 이상 전쟁은 없을 것이며 새로운 평화의 시대가 열리었음을 8천만 우리 겨레와 전 세계에 엄숙히 천명하였다.

양 정상은 냉전의 산물인 오랜 분단과 대결을 하루 빨리 종식시키고 민족적 화해와 평화번영의 새로운 시대를 과감하게 열어나가며 남북관계를 보다 적극적으로 개선하고 발전시켜 나가야 한다는 확고한 의지를 담아 역사의 땅 판문점에서 다음과 같이 선언하였다.

1. 남과 북은 남북관계의 전면적이며 획기적인 개선과 발전을 이룩함으로써 끊어진 민족의 혈맥을 잇고 공동번영과 자주통일의 미래를 앞당겨 나갈 것이다.

   남북관계를 개선하고 발전시키는 것은 온 겨레의 한결같은 소망이며 더 이상 미룰 수 없는 시대의 절박한 요구이다.

   ① 남과 북은 우리 민족의 운명은 우리 스스로 결정한다는 민족 자주의 원칙을 확인하였으며 이미 채택된 남북 선언들과 모든 합의들을 철저히 이행함으로써 관계 개선과 발전의 전환적 국면을 열어나가기로 하였다.

   ② 남과 북은 고위급 회담을 비롯한 각 분야의 대화와 협상을 빠른 시일 안에 개최하여 정상회담에서 합의된 문제들을 실천하기 위한 적극적인 대책을 세워나가기로 하였다.

   ③ 남과 북은 당국 간 협의를 긴밀히 하고 민간교류와 협력을 원만히 보장하기 위하여 쌍방 당국자가 상주하는 남북공동연락사무소를 개성지역에 설치하기로 하였다.

   ④ 남과 북은 민족적 화해와 단합의 분위기를 고조시켜 나가기 위하여 각계각층의 다방면적인 협력과 교류 왕래와 접촉을 활성화하기로 하였다.

   안으로는 6·15를 비롯하여 남과 북에 다 같이 의의가 있는 날들을 계기로 당국과 국회, 정당, 지방자치단체, 민간단체 등 각계각층이 참가하는 민족공동행사를 적극 추진하여 화해와 협력의 분위기를 고조시키며, 밖으로는 2018년 아시아경기대회를 비롯한 국제경기들에 공동으로 진출하여 민족의 슬기와 재능, 단합된 모습을 전 세계에 과시하기로 하였다.

   ⑤ 남과 북은 민족 분단으로 발생된 인도적 문제를 시급히 해결하기 위하여 노력하며, 남북적십자회담을 개최하여 이산가족·친척상봉을 비롯한 제반 문제들을 협의 해결해 나가기로 하였다. 당면하여 오는 8·15를 계기로 이산가족·친척 상봉을

진행하기로 하였다.

⑥ 남과 북은 민족경제의 균형적 발전과 공동번영을 이룩하기 위하여 10·4 선언에서 합의된 사업들을 적극 추진해 나가며 1차적으로 동해선 및 경의선 철도와 도로들을 연결하고 현대화하여 활용하기 위한 실천적 대책들을 취해나가기로 하였다.

2. 남과 북은 한반도에서 첨예한 군사적 긴장상태를 완화하고 전쟁 위험을 실질적으로 해소하기 위하여 공동으로 노력해 나갈 것이다.

① 남과 북은 지상과 해상, 공중을 비롯한 모든 공간에서 군사적 긴장과 충돌의 근원으로 되는 상대방에 대한 일체의 적대행위를 전면 중지하기로 하였다.
당면하여 5월 1일부터 군사분계선 일대에서 확성기 방송과 전단살포를 비롯한 모든 적대행위들을 중지하고 그 수단을 철폐하며 앞으로 비무장지대를 실질적인 평화지대로 만들어 나가기로 하였다.

② 남과 북은 서해 북방한계선 일대를 평화수역으로 만들어 우발적인 군사적 충돌을 방지하고 안전한 어로 활동을 보장하기 위한 실제적인 대책을 세워나가기로 하였다.

③ 남과 북은 상호협력과 교류, 왕래와 접촉이 활성화 되는 데 따른 여러 가지 군사적 보장대책을 취하기로 하였다.

남과 북은 쌍방 사이에 제기되는 군사적 문제를 지체 없이 협의 해결하기 위하여 국방부장관회담을 비롯한 군사당국자회담을 자주개최하며 5월 중에 먼저 장성급 군사회담을 열기로 하였다.

3. 남과 북은 한반도의 항구적이며 공고한 평화체제 구축을 위하여 적극 협력해 나갈 것이다.
한반도에서 비정상적인 현재의 정전상태를 종식시키고 확고한 평화체제를 수립하는 것은 더 이상 미룰 수 없는 역사적 과제이다.

① 남과 북은 그 어떤 형태의 무력도 서로 사용하지 않을 데 대한 불가침 합의를 재확인하고 엄격히 준수해 나가기로 하였다.

② 남과 북은 군사적 긴장이 해소되고 서로의 군사적 신뢰가 실질적으로 구축되는데 따라 단계적으로 군축을 실현해 나가기로 하였다.

③ 남과 북은 정전협정체결 65년이 되는 올해에 종전을 선언하고 정전협정을 평화협정으로 전환하며 항구적이고 공고한 평화체제 구축을 위한 남·북·미 3자 또는 남·북·미·중 4자회담 개최를 적극 추진해 나가기로 하였다.

④ 남과 북은 완전한 비핵화를 통해 핵 없는 한반도를 실현한다는 공동의 목표를 확인하였다. 남과 북은 북측이 취하고 있는 주동적인 조치들이 한반도 비핵화를 위

해 대단히 의의 있고 중대한 조치라는데 인식을 같이 하고 앞으로 각기 자기의 책임과 역할을 다하기로 하였다.

남과 북은 한반도 비핵화를 위한 국제사회의 지지와 협력을 위해 적극 노력하기로 하였다.

양 정상은 정기적인 회담과 직통전화를 통하여 민족의 중대사를 수시로 진지하게 논의하고 신뢰를 굳건히 하며, 남북관계의 지속적인 발전과 한반도의 평화와 번영, 통일을 향한 좋은 흐름을 더욱 확대해 나가기 위하여 함께 노력하기로 하였다. 당면하여 문재인 대통령은 올해 가을 평양을 방문하기로 하였다.

2018년 4월 27일

판 문 점

대한민국대통령 대통령 문재인 　　 조선민주주의인민공화국 국무위원회 위원장 김정은

3. 제2차 남북정상회담

4월 27일 제1차 남북정상회담에서 남북의 정상은 필요하다면 언제 어디서든 격식 없이 만나 서로 머리를 맞대고 민족의 중대사를 논의하자고 약속하였었다. 그로부터 불과 한 달이 지나갈 무렵인 5월 26일 제2차 남북정상회담이 판문점 통일각에서 열렸다. 최초의 제1차 북미정상회담을 불과 보름 가량 앞둔 시점이었다.[10) 2018년 5월 25일에 김정은 국무위원장은 일체의 형식 없이 문재인 대통령을 만나고 싶다는 뜻을 전해왔고, 문 대통령은 이를 수락하였다. 단 하루 만에 회담이 성사된 것이다. 한반도 문제를 조속히 해결하고자 하는 진정성 있는 남북정상의 모습이었다. 한반도 문제는 세월이 흐르면서 주변 강대국까지 가세하면서 더욱 복잡한 양상을 보이고 있다. 따라서 남북의 정상이 직접 만나서 맺힌 매듭을 푸는 방법이 가장 빠르며 효과측면에서도 다른 여타의 방법과 비교할 바가 못된다.

10) 2018년 6월 12일 싱가포르에서 김정은 북한 국무위원장과 트럼프 미국 대통령이 북미정상회담을 열었다. 주유합의 내용은 ① 새로운 북한-미국 관계 수립 ② 한반도 평화체제 구축을 위한 노력 ③ 판문점선언을 재확인하고 한반도의 완전한 비핵화를 위해 노력할 것을 약속 ④ 전쟁포로(POW : Prisoner of War) 및 전장 실종자(MIA : Missing in Action) 유해 송환 등 4개 항목이었다.

[판문각에서 열린 제2차 남북정상회담] 출처 : 통일부

남북의 두 정상은 제2차 회담에서 '판문점선언'의 조속한 이행 의지를 재확인하였다. 또한 남북고위급회담을 6월 1일에 열고, 군사적 긴장완화를 위한 군사당국자 회담과 이산가족 상봉을 위한 적십자 회담을 연이어 갖기로 합의하였다. 따라서 제2차 남북정상회담의 의의는 무엇보다도 문제해결의 시간을 크게 단축시키는 효과를 실감했다는 것이다.

남북정상 스스로도 이번의 제2차 정상회담이 필요에 따라 신속하고 격식 없이 개최된 것에 큰 의미가 있다고 하였다. 제2차 정상회담을 계기로 남북문제 해결의 방법이 획기적으로 변하게 되었다. 남북정상은 앞으로도 필요하면 격식에 구애받지 말고 언제든지 서로 통신하거나 만나서 격의 없는 소통을 이루자고 약속하였다. 특히 이번의 회담은 북미회담이 한 차례 결렬된 후 이루어졌다는 점이다. 트럼프 대통령은 5월 24일 북미정상회담 취소를 전격 발표하였다. 그 후 5월 27일부터 재추진되었으나, 북한으로서는 문재인 대통령의 역할을 기대할 수밖에 없는 상황이었다. 문 대통령은 제1차 남북정상 이후 5월 22일에 한미정상회담을 가졌었다. 여기에서 당연히 한반도 문제를 논의하였으며, 주된 내용 중의 하나는 북한의 핵문제였다. 그러므로 북미회담을 앞둔 김정은으로서는 트럼프의 의중을 명확히 파악할 필요도 있었을 것이다. 한미정상회담에서 북한과의 비핵화에 관련하여, '미국은 북한이 비핵화를 결단하고 실천한다면 북한과의 적대관계를 종식하고 경제협력을 추진하겠다.'는 것이 미국의 입장이라는 것을 김정은 위원장에게 설명하였다.

김 위원장 역시 비핵화에 대한 의지는 변함이 없다고 하였다.[11] 이로써 북한의 비핵화

11) 통일부 홈페이지, '제2차 남북정상회담'에서 발췌.

의지를 다시 한번 확인 것이 또 하나의 성과였다. 김정은 위원장은 제2차 남북정상회담에서 한반도의 완전한 비핵화 의지와 북미 정상회담의 성공적 개최를 통해 전쟁과 대립의 역사를 청산하고 평화와 번영을 위해 협력하겠다는 의사도 피력하였다. 남북의 정상은 한반도의 비핵화, 항구적 평화체제를 위한 우리의 여정은 결코 중단될 수 없다는 점을 다시 한번 확인하고, 이를 위해 긴밀히 상호협력하기로 하였다.[12)]

4. 제3차 남북정상회담과 9월 평양선언

가. 9월평양 선언의 주요내용

2018년 9월 18일부터 20일까지 평양에서 또 한 차례 남북정상이 마주하였다. 2018년 들어 벌써 3차례의 만남이었다. 제3차 정상회담에서는 '9월 평양공동선언'에 합의하는 성과를 만들어냈다. 4월의 판문점선언과 비교해 보면 몇 가지의 차이점이 눈에 들어온다.

무엇보다도 군사적 적대관계 종식을 이루어 내고 전쟁위험을 해소하고 평화체제를 구축하겠다는 두 정상의 의지가 나타났다. 이에 힘입어 군사분야 합의서의 빠른 실천을 가져오게 되었다. 남북의 문제를 우리민족이 반드시 해결할 문제이며, 문제해결의 중심에는 우리가 있어야 한다는 역대의 통일노력을 계승하겠다는 의지를 나타내었다. 무엇보다도 상호호혜와 공리공영의 바탕 위에서 교류와 협력을 더욱 증대시키고자 한 것이다. 이로써 민족경제를 균형적으로 발전시키기 위한 실질적인 대책들을 강구하고자 하였다.

남북철도와 도로 사업, 개성공단, 금강산관광 재개 문제 등의 해결에 대한 희망을 갖게 해 주는 내용이다.

[판문점선언과 9월 평양선언 비교]

구 분	항목 구성 및 각항의 주요내용
판문점선언	3개 항 13개 목으로 구성 ① 남북관계 ② 군사적 긴장해소 ③ 평화체제 구축
9월 평양선언	6개 항 14개 목으로 구성 ① 군사적 적대관계 종식 ② 교류·협력 증대 ③ 이산가족 문제 해결 ④ 민족화해·단합 ⑤ 핵 위협 제거 ⑥ 김정은 위원장 답방
비 고	김정은 답방을 별도의 항에서 명시, 교류·협력을 특히 강조

12) 통일부 홈페이지, '제2차 남북정상회담'에서 발췌.

[9월 평양선언 주요내용]

주 요 내 용
군사적 긴장완화 ① 판문점선언 군사분야 이행합의서를 평양공동선언의 부속합의서로 채택 ② 남북군사공동위원회를 조속히 가동하여 군사분야 합의서의 이행실태를 점검 및 우발적 무력충돌방지를 위한 상시적 소통과 긴밀한 협의 진행
남북교류협력 증대 및 민족경제의 균형적 발전 ① 2018년 내로 동·서해선 철도 및 도로 연결을 위한 착공식 착수 ② 개성공단과 금강산관광사업을 우선 정상화 및 특구 조성문제 협의 (서해경제공동특구 및 동해관광공동특구) ③ 자연생태계의 보호 및 복원을 위한 남북환경협력을 적극 추진, 현재 진행 중인 산림협력의 실천적 성과를 위해 노력 ④ 전염성 질병의 유입 및 확산방지를 위한 긴급조치를 비롯한 방역 및 보건의료 분야의 협력을 강화
이산가족 문제의 근본적 해결 ① 금강산지역의 이산가족 상설면회소 개소 위한 시설의 조속한 복구 ② 이산가족의 화상상봉과 영상편지 교환 문제를 우선적으로 해결
다방면의 교류협력 활성화 ① 문화 및 예술분야의 교류를 증진, 10월 중에 평양예술단의 서울공연을 진행 ② 2020년 하계올림픽경기대회를 비롯한 국제경기들에 공동으로 진출, 2032년 하계올림픽의 남북공동개최를 유치하는 데 협력 ③ 10·4 선언 11주년을 뜻깊게 기념하기 위한 행사 개최, 3·1 운동 100주년을 남북이 공동으로 기념하기로 실무적 방안 협의
한반도 비핵화 및 평화구축 노력 ① 동창리시험장과 미사일발사대를 유관국 전문가 참관하에 영구적으로 폐기 ② 미국이 6·12 북미공동성명 정신에 따라 상응조치를 취하면 영변 핵시설의 영구적 폐기와 같은 추가적인 조치들을 계속 시행할 용의 ③ 한반도의 완전한 비핵화를 추진해 나가는 과정에서 남북은 함께 긴밀히 협력
차기 정상회담 개최 ① 김정은 국무위원장은 문 대통령의 초청에 따라 가까운 시일 내에 서울을 방문

나. 9월 평양선언의 의의

6가지 분야와 15개 항목으로 구성된 9월 평양선언은 다시 한번 한반도의 평화를 정착하고 비핵화를 실천하겠는 남북정상의 의지가 담겨 있다. 특히 2018년 들어 세 차례 진행된 남북정상회담은 정상간의 친밀도가 더욱 증대되는 느낌과 함께 민족의 동질성과 평화통일의 열망을 높게 해 주었다. 백두산 천지에 함께 올라 맞잡은 손에서 통일의 분위기가 물씬 풍기는 듯 했다. 비핵화에 대한 의지 표명과 인도적인 사업을 위한 이산가족의 상봉 추진,

[평양 남북정상회담 대국민 보고회] 출처 : 통일부

군사분야의 신뢰회복을 위한 조치, 경제협력을 위한 사업 추진 등은 문재인의 한반도 정책이 구체화되는 느낌을 주었다. 각각의 분야에 대한 의의를 살펴보면 다음과 같다.

① '전쟁없는 한반도'라는 평화공존을 현실화하였다.

제1차 남북 '판문점선언 군사분야 이행합의서'를 평양공동선언의 부속합의서로 채택하고 이를 철저히 준수하고 성실히 이행하기로 하였다. 이것은 한반도를 항구적인 평화지대로 만들기 위한 실천적 조치를 제도화하기 위한 조치이다. 이것이 9·19 남북군사합의서이다. 합의서의 주요내용은 다음과 같다.

[역사적인 판문점선언 이행을 위한 군사분야 합의서 주요내용]

주 요 내 용
지상과 해상, 공중 등 모든 공간에서 일체의 적대행위를 전면 중지 ① 남북군사공동위원회 가동하여 무력충돌 방지 및 평화적 해결 ② 남북은 2018년 11월 1일부터 군사분계선 일대에서 각종 군사연습을 중지 ③ 남북은 2018년 11월 1일부터 군사분계선 상공에서 비행금지구역 설정
비무장지대를 평화지대화를 위한 노력 ① 남북은 비무장지대 안에 감시초소(GP)를 전부 철수하기 위한 시범적 조치로 상호 1km 이내 근접해 있는 남북 감시초소들을 완전히 철수 ② 남북은 판문점 공동경비구역을 비무장화 ③ 남북은 비무장지대 내에서 시범적 남북공동유해발굴을 진행
서해 북방한계선 일대의 평화수역화로 군사적 충돌을 방지 및 어로활동을 보장 ① 남북은 서해 해상에서 평화수역과 시범적 공동어로구역을 설정 ② 평화수역과 시범적 공동어로구역 출입 인원 및 선박에 대한 안전을 철저히 보장
상호 군사적 신뢰구축을 위한 다양한 조치들을 강구 ① 남북군사당국자사이에 직통전화 설치 및 운영문제를 계속 협의 ② 남북군사공동위원회 구성 및 운영과 관련한 문제를 구체적으로 협의 해결

[남북 군사합의에 따라 GP를 폭파하는 모습] 출처 : 국방일보(2018.12.18.)

남북은 평양공동선언 이행을 위한 남북고위급회담을 2018년 10월 15일에 판문점 평화의 집에서 개최하였다. 여기에서 9월 평양공동선언의 철저한 이행에 관한 협의를 하게 되었다. 그중에 남북 장성급군사회담을 빠른 시일 내에 개최할 것을 협의하였다. 실무차원의 구체적인 실천을 위한 빠른 행보를 서로 협의한 것이다. 이에 따라 2018년 10월 26일에 제10차 남북 장성급회담이 열렸다. 여기에서 협의한 내용들이 군사적인 충돌을 방지하는 것은 물론이고 진일보한 전향적인 조치를 협의하였다. 대표적인 예로 상호 11개 GP의 병력과 장비를 11월말까지 철수하고 완전하게 파괴하는 것과 공동유해발굴을 위해 비무장지대의 일부에서 지뢰를 제거하여 연결통로를 개설하기로 합의한 것이다.

합의에 따라 남북의 군당국은 11개의 GP를 완전히 파괴·철수하였다. 이를 2018년 12월 12일에 쌍방에 의해 현장검증을 실시하여 최종적인 확인을 하였다. 9·19 군사분야 합의서에 따라 시범 철거한 GP가 주는 의미는, 비무장지대가 더 이상 분쟁의 땅이 아닌 평화의 땅이라는 강한 메시지를 전세계에 준 것이다. 불과 얼마 전까지만 해도 긴장감이 감도는 최전선이었다. 하지만 이제는 평화와 화해의 상징으로 거듭날 준비를 마친 것이다. 국방부는 2018년 9·19 군사분야 합의서에 따라 시범 철거된 GP 11곳 가운데 남북 합의에 따라 보존하고 있던 고성 GP를 보존하기로 하였다. 베를린의 장벽이 냉전의 유물로 일부구간 보존되고 있는 것과 같은 의미이다. 남북은 시범철거 GP 중 각각 1곳을 역사적 상징성과 평화적 활용 가능성을 고려해 보존하기로 하였다. 우리는 고성 GP를 보존하기로 하였다. 고성 GP는 북한군 GP와의 거리가 580m에 불과하며 남북이 가장 가깝게 대치하던 곳이었다. 고성 GP는 1953년 7월 처음으로 임무를 개시하였다. 정전협정이 발효되면서부터 사용돼 온 곳으로 상징성과 역사적 의미가 매우 크다.[13] 또한 문화재청은

왼쪽에는 금강산 채하봉과 백마봉, 오른쪽에는 동해의 푸른 바다와 해금강, 구선봉과 감호가 위치해 천혜의 절경을 자랑 한다. 통일역사유물로 지정될 전망이 높은 분단시대의 기념물이다.

[동해와 금강산을 바라볼 수 있는 '고성 GP'] 출처 : 국방일보(2019.2.14.)

2019년 2월 14일 고성 GP의 문화재적 가치를 검토하기 위해 관계전문가에 의한 현지조사를 시행했다고 밝혔다. 통일역사유물로 남을 가능성이 크며, 통일이 되면 통일역사유적지의 즐겨 찾는 인기 높은 코스가 될 것이다.

또한 비무장지대의 '화살머리'고지에 대한 남북의 공동유해발굴을 추진하고 있다. 화살머리고지전투는 우리나라와 북한군, 프랑스군, 중공군의 유해가 함께 묻혀 있다. 대단한 평화의 상징성과 함께 문재인의 한반도 정책에서 추구하는 동북아와 세계에 기여하는 통일정책의 실현인 것이다. 2018년 10월 1일부터 지뢰 제거작업을 진행하였다. 이 과정에서 10월 24일에 신원이 확인된 유해를 발굴하기도 하였다. 2004년 12월 금강산 육로 관광을 위해 비무장지대를 관통하는 동해선 도로를 개통한 적이 있다. 하지만 한반도 정중앙을 관통하는, 6·25 전쟁 당시 철의 삼각지대로 불린 철원지역에서의 남북을 관통하는 도로를 개설하는 것은 포성이 멈춘 1953년 이후 처음 있는 일이다. 기존의 분쟁과 대립이 상존하였던 비무장지대와 서해를 평화의 땅과 바다로 만드는 것이 평화의 실현이다. 이를 실천하기 위한 남북군사공동위원회 구성에 합의하고 합의서를 충실하게 이행하는 것은 제도적인 토대를 구축한 것으로 평가할 수 있다.

② 한반도의 비핵화 의지를 재확인하였다.

남북정상은 한반도의 완전한 비핵화 목표와 구체적 실천조치를 정상간 합의문에 명문화함으로써 이행력을 제고시켰다. 선언문에는 동창리 엔진시험장과 미사일발사대를 유관국 전문가들의 참관 하에 영구폐기 하기로 명시하였다. 이는 비핵화 조치의 투명성을 확

13) 국방일보, 「60여 년 철통요새, 살아 있는 평화의 역사로」, 2019.2.14.

[풍계리 핵실험장이 폭파되는 장면] 출처 : 한국일보(2018.5.25.)

보하고자 하는 북한의 진정성을 신뢰해 달라는 강한 표현으로 보여 진다. 또한 미국이 상응조치를 취하는 데 따라 북한이 영변 핵시설 영구 폐기 등 추가조치를 계속 취하겠다는 것을 선언문에 포함한 것은 한반도 비핵화의 의지를 재확인하였다는 의미를 주는 대목이다. 이와 같이 남북과 한미 간의 신뢰를 바탕으로 한 문재인 대통령이 중심에 서서 북한과 미국과의 비핵화에 대한 접점을 찾아간다면 제2차 북미회담에서 종전선언 또는 평화선언 추진이 가속화화 될 것이다.

한편 북한은 2018년 5월 24일에 미국 등 5개국의 외신기자단을 초청한 가운데 풍계리 핵실험장을 폭파하였다. 조선노동당 중앙위원회 제7기 제3차 전원회의 결정에 따라 북한 함경북도 길주군 풍계리 핵실험장이 완전히 폐기됐다고 조선중앙통신이 24일 보도하였다.[14]

③ 한반도는 짧은 시간에 평화와 번영의 궤도에 진입하고 있음을 보여 주었다.

남과 북은 1년이라는 짧은 시간에도 불구하고 평화와 번영의 궤도에 진입하고 있다는 인식을 갖게 해 주는 회담이었다. 물론 이러한 성과는 역대정부의 지속적인 대화노력과 대북정책을 전개해온 결과이다. 남북관계가 냉랭한 가운데에서도 물밑에서의 대화는 지속적으로 이루어져 왔다. 이러한 노력이 급성장의 비결로 작용했을 것이다.

④ 민족경제의 균형적 발전과 남북교류의 활성화를 위한 노력을 보여 주었다.

연내 동·서해선 철도 및 도로 연결 착공식 개최를 합의한 것과 조건이 마련되는 데 따라

14) 한국일보, 「사진으로 보는 풍계리 핵실험장 폭파 순간」, 2018.5.25.

남북철도의 허리를 잇는 사업이 10년 만에 이루어지게 되었다. 남측 조사단 28명은 2018년 11월 30일 북한의 경의선과 동해선 철도 총 1200km 구간에 대해 시설점검을 위해 열차로 이동하고 있다. 통일에 대비한 사회기반시설(SOC)을 현대화하기 위한 일환이다.

[남북철도 현지공동조사단 열차] 출처 : 국방일보(2018.12.1.)

개성공단과 금강산관광 정상화, 서해경제공동특구 및 동해관광특구 조성문제 협의, 자연생태계 보호와 복원을 위한 환경협력 적극 추진한다는 것은 남북한의 경제협력으로 번영을 위한 토대를 구축한다는 의의를 보여 주었다. 2018년 12월 26일 남과 북은 북한의 개성 판문역에서 '경의선·동해선 철도·도로 연결 및 현대화 착공식'을 개최하였다. 실제공사는 북한의 비핵화 진전 및 국제사회의 대북제재 상황을 고려하여 추진 될 전망이다.

또한 문화예술교류 증진을 통한 남북교류를 활성화하여 동질성을 찾고 친밀도를 높이겠다는 의지를 보였다. 10월 중 평양예술단 서울공연 진행, 2020 하계올림픽 등 국제경기 공동진출 확대 및 2032 하계올림픽 공동개최를 위한 유치에 남북한의 협력, 10·4 선언 11주년 기념행사 및 3·1 운동 100주년을 공동으로 기념하기 위한 방안에 협의한 것은 교류의 확대를 통한 평화의 추진이라는 의의가 있다.

특히 우리측 대표단 특별수행원으로 정치·경제자문단 및 학계, 사회문화 예술·체육 등을 대표하는 인사들로 구성하였으며, 최초로 정당대표 및 미래세대를 대표하는 청년까지 포함하였다. 이것은 통일정책은 국민에 의해 만들어 가는 정책이라는 의미도 함께 부여한 것이다. 즉, 절차의 민주화를 통하여 국론을 일치시키며 국민의 공감대를 형성하고자 한 것이다.

⑤ 이산가족 문제의 근본적 해결로 인도주의 정신 실천을 보여 주었다.

그동안 남북관계의 급랭이 지속된 관계로 금강산 이산가족면회소는 방치수준을 벗어나지 못하였다. 면회에 대비한 시설의 재정비가 필요할 정도로 관리실태가 부실하였다. 보다 많은 인원의 상봉행사를 지속시키기 위해서는 시설의 재정비가 요구되었다. 따라서 이를 조속히 복구한 후 재개소하여 사용에 불편이 없도록 하자는 것은 이산가족상봉행사를 확대하고자 하는 의지를 담고 있는 것이다. 또한 적십자회담 개최를 통하여 이산가족의 화상상봉과 영상편지 교환 등 쉽게 진행할 수 있는 사업은 인도적 차원에서 하루속히 재개하자는 내용을 3항에 포함하였다. 이는 적십자 정신에 부합되고 인류의 보편적 가치를 실천하자는 의의를 갖고 있다.

⑥ 북한지도부와 평양시민의 의식을 변화시켰다.

문재인 대통령은 평양 5·1 경기장[15]에서 평양시민들을 앞에 두고 역사적인 연설을 하였다. 남한 지도자의 최초 북한연설이었다는 점과 평양시민들을 향해 허리 굽혀 깊이 인사하는 장면부터 북한주민들에게는 충격적인 모습이었다. 진정성과 파격적인 내용의 연설에서 북한의 주민들은 많은 감명을 받았을 뿐 아니라 북한의 변화를 예고하는 장면이었다. 이 연설을 허락한 북한의 태도는 앞으로의 남북관계는 물론이고 변화의 의지를 반영한 결과이다. 이를 보았을 때 북한은 개방의 길로 나올 것으로 예측해 볼 수 있다.

⑦ 남북정상회담의 정례화 토대 구축과 상호신뢰를 확인해 주었다.

3차에 걸친 회담에서 백두산 등정 등의 다양한 친교행사를 통해 남북의 공조를 과시하면서 신뢰를 쌓는 모습을 보였다. 이러한 장면은 70년 분단의 역사에서 보기 힘든 장면이었다. 또한 김정은 위원장의 서울 답방까지 합의하여 정상회담 정례화 토대 구축이라는 계기를 만든 의의가 있다.

[백두산 정상에서의 남북정상] 출처 : 통일부

15) 평양의 능라도에 위치한 북한의 종합경기장이다. 1989년 5월 1일 노동절에 준공되었으며, 처음에는 능라도 경기장으로 불리다가 5·1 경기장으로 개칭되었다.

평양 5·1 경기장 연설

“평양 시민 여러분, 북녘의 동포, 형제 여러분. 평양에서 여러분을 이렇게 만나게 되어 참으로 반갑습니다. 남쪽 대통령으로서 김정은 국무위원장의 소개로 여러분에게 인사말을 하게 되니 그 감격을 말로 표현할 수 없습니다.

여러분, 우리는 이렇게 함께 새로운 시대를 만들고 있습니다.

동포 여러분, 김정은 위원장과 나는 지난 4월 27일 판문점에서 만나 뜨겁게 포옹했습니다. 우리 두 정상은 한반도에서 더 이상 전쟁은 없을 것이며 새로운 평화의 시대가 열렸음을 8,000만 우리 겨레와 전 세계에 엄숙히 천명했습니다.

또한 우리 민족의 운명은 우리 스스로 결정한다는 민족자주의 원칙을 확인했습니다. 남북관계를 전면적이고 획기적으로 발전시켜 끊어진 민족의 혈맥을 잇고 공동번영과 자주통일의 미래를 앞당기자고 굳게 약속했습니다. 그리고 올해 가을 문재인 대통령은 이렇게 평양을 방문하기로 했습니다.

평양 시민 여러분, 사랑하는 동포 여러분.

오늘 김정은 위원장과 나는 한반도에서 전쟁의 공포와 무력충돌의 위험을 완전히 제거하기 위한 조치들을 구체적으로 합의했습니다. 또한 백두에서 한라까지 아름다운 우리 강산을 영구히 핵무기와 핵위협이 없는 평화의 터전으로 만들어 후손들에게 물려주자고 확약했습니다. 그리고 더 늦기 전에 이산가족의 고통을 근원적으로 해소하기 위한 조치들을 신속히 취하기로 했습니다.

나는 나와 함께 이 담대한 여정을 결단하고 민족의 새로운 미래를 향해 뚜벅뚜벅 걷고 있는 여러분의 지도자 김정은 국무위원장께 아낌없는 찬사와 박수를 보냅니다.

평양 시민 여러분, 동포 여러분. 이번 방문에서 나는 평양의 놀라운 발전상을 보았습니다. 김정은 위원장과 북녘 동포들이 어떤 나라를 만들어나가고자 하는지 가슴 뜨겁게 보았습니다. 얼마나 민족의 화해와 평화를 갈망하고 있는지 절실하게 확인했습니다. 어려운 시절에도 민족의 자존심을 지키며 끝끝내 스스로 일어서고자 하는 불굴의 용기를 보았습니다.

평양 시민 여러분, 동포 여러분.

우리 민족은 우수합니다. 우리 민족은 강인합니다. 우리 민족은 평화를 사랑합니다. 그리고 우리 민족은 함께 살아야 합니다. 우리는 5,000년을 함께 살고 70년을 헤어져 살았습니다. 나는 오늘 이 자리에서 지난 70년 적대를 완전히 청산하고 다시 하나가 되기 위한 평화의 큰 걸음을 내딛자고 제안합니다. 김정은 위원장과 나는 북과 남 8,000만 겨레의 손을 굳게 잡고 새로운 조국을 만들어나갈 것입니다.

우리 함께 새로운 나아갑시다. 오늘 많은 평양 시민, 청년, 학생, 어린이들이 대집단체조로 나와 우리 대표단을 뜨겁게 환영해 주신 것에 대해서도 다시 한번 감사드립니다. 수고하셨습니다. 감사합니다.”

9월 평양공동선언

대한민국 문재인 대통령과 조선민주주의인민공화국 김정은 국무위원장은 2018년 9월 18일부터 20일까지 평양에서 남북정상회담을 진행하였다.

양 정상은 역사적인 판문점선언 이후 남북 당국간 긴밀한 대화와 소통, 다방면적인 민간교류와 협력이 진행되고, 군사적 긴장완화를 위한 획기적인 조치들이 취해지는 등 훌륭한 성과들이 있었다고 평가하였다.

양 정상은 민족자주와 민족자결의 원칙을 재확인하고, 남북관계를 민족적 화해와 협력, 확고한 평화와 공동번영을 위해 일관되고 지속적으로 발전시켜 나가기로 하였으며, 현재의 남북관계 발전을 통일로 이어갈 것을 바라는 온 겨레의 지향과 여망을 정책적으로 실현하기 위하여 노력해 나가기로 하였다.

양 정상은 판문점선언을 철저히 이행하여 남북관계를 새로운 높은 단계로 진전시켜 나가기 위한 제반 문제들과 실천적 대책들을 허심탄회하고 심도있게 논의하였으며, 이번 평양정상회담이 중요한 역사적 전기가 될 것이라는 데 인식을 같이 하고 다음과 같이 선언하였다.

1. 남과 북은 비무장지대를 비롯한 대치지역에서의 군사적 적대관계 종식을 한반도 전 지역에서의 실질적인 전쟁위험 제거와 근본적인 적대관계 해소로 이어나가기로 하였다.
   ① 남과 북은 이번 평양정상회담을 계기로 체결한 '판문점선언 군사분야 이행합의서'를 평양공동선언의 부속합의서로 채택하고 이를 철저히 준수하고 성실히 이행하며, 한반도를 항구적인 평화지대로 만들기 위한 실천적 조치들을 적극 취해나가기로 하였다.
   ② 남과 북은 남북군사공동위원회를 조속히 가동하여 군사분야 합의서의 이행실태를 점검하고 우발적 무력충돌 방지를 위한 상시적 소통과 긴밀한 협의를 진행하기로 하였다.

2. 남과 북은 상호호혜와 공리공영의 바탕위에서 교류와 협력을 더욱 증대시키고, 민족경제를 균형적으로 발전시키기 위한 실질적인 대책들을 강구해나가기로 하였다.
   ① 남과 북은 금년 내 동·서해선 철도 및 도로 연결을 위한 착공식을 갖기로 하였다.
   ② 남과 북은 조건이 마련되는 데 따라 개성공단과 금강산관광사업을 우선 정상화하고, 서해경제공동특구 및 동해관광공동특구를 조성하는 문제를 협의해나가기로 하였다.
   ③ 남과 북은 자연생태계의 보호 및 복원을 위한 남북 환경협력을 적극 추진하기로 하였으며, 우선적으로 현재 진행 중인 산림분야 협력의 실천적 성과를 위해 노력하기로 하였다.

④ 남과 북은 전염성 질병의 유입 및 확산 방지를 위한 긴급조치를 비롯한 방역 및 보건·의료 분야의 협력을 강화하기로 하였다.

3. 남과 북은 이산가족 문제를 근본적으로 해결하기 위한 인도적 협력을 더욱 강화해나가기로 하였다.

① 남과 북은 금강산 지역의 이산가족 상설면회소를 빠른 시일내 개소하기로 하였으며, 이를 위해 면회소 시설을 조속히 복구하기로 하였다.

② 남과 북은 적십자 회담을 통해 이산가족의 화상상봉과 영상편지 교환 문제를 우선적으로 해결해나가기로 하였다.

4. 남과 북은 화해와 단합의 분위기를 고조시키고 우리 민족의 기개를 내외에 과시하기 위해 다양한 분야의 협력과 교류를 적극 추진하기로 하였다.

① 남과 북은 문화 및 예술분야의 교류를 더욱 증진시켜 나가기로 하였으며, 우선적으로 10월 중에 평양예술단의 서울공연을 진행하기로 하였다.

② 남과 북은 2020년 하계올림픽경기대회를 비롯한 국제경기들에 공동으로 적극 진출하며, 2032년 하계올림픽의 남북공동개최를 유치하는 데 협력하기로 하였다.

③ 남과 북은 10.4 선언 11주년을 뜻깊게 기념하기 위한 행사들을 의의있게 개최하며, 3.1운동 100주년을 남북이 공동으로 기념하기로 하고, 그를 위한 실무적인 방안을 협의해나가기로 하였다.

5. 남과 북은 한반도를 핵무기와 핵위협이 없는 평화의 터전으로 만들어나가야 하며 이를 위해 필요한 실질적인 진전을 조속히 이루어나가야 한다는 데 인식을 같이 하였다.

① 북측은 동창리 엔진시험장과 미사일발사대를 유관국 전문가들의 참관 하에 우선 영구적으로 폐기하기로 하였다.

② 북측은 미국이 6·12 북미공동성명의 정신에 따라 상응조치를 취하면 영변 핵시설의 영구적 폐기와 같은 추가적인 조치를 계속 취해나갈 용의가 있음을 표명하였다.

③ 남과 북은 한반도의 완전한 비핵화를 추진해나가는 과정에서 함께 긴밀히 협력해나가기로 하였다.

6. 김정은 국무위원장은 문재인 대통령의 초청에 따라 가까운 시일 내로 서울을 방문하기로 하였다.

2018년 9월 19일

대 한 민 국 대 통 령 문 재 인

조 선 민 주 주 의 인 민 공 화 국 국 무 위 원 장 김 정 은

참고문헌

1. 공식간행물 및 단행본

강원택 외, 『대한민국 민주화 30년의 평가』, 대한민국역사박물관, 2017.

강준만, 『한국현대사 산책, 1950년대 편』, 인물과 사상사, 2004.

고유환, 『로동신문을 통해 본 북한변화』, 선인, 2006.

고태우, 『북한현대사 101장면』, 가람기획, 2001.

국가안보실, 『문재인 정부의 국가안보전략』, 2018.

국방부, 『1998~2002 국방백서』, 국방부, 2002.

______, 『2000 국방백서』, 국방부, 2006.

______, 『2006 국방백서』, 국방부, 2000.

______, 『2012 국방백서』, 국방부, 2012.

______, 『2016 국방백서』, 국방부, 2016.

국방군사연구소, 『한국전쟁 상』, 국방부.

국방부 군사편찬연구소 역, 『중국군의 한국전쟁사』, 3권, 국방부, 2005.

______, 『6·25 전쟁사, 전쟁의 원인과 배경』, 국방부, 2004.

국토동일원, 『남북대화백서』, 남북대화사무국, 1988.

국회사무처, 『대한민국 국회 60년사』, 예당문화, 2008.

김계동, 『북한의 외교정책과 대외관계』, 명인문화사, 2013.

김계동 외, 『북한의 체제와 정책』, 명인출판사, 2014.

김대중, 『김대중 자서전』, 삼인, 2010.

______, 『나의 길 나의 사상』, 2010.

______, 『김대중 옥중 서신』, 한울,2009.

김삼웅, 『독부 이승만』, 책보세, 2012.

김영삼, 『나와 조국의 진실』, 일월서각, 1984.

김용한, 『노무현의 외로운 전쟁』, for book, 2009.

김종욱, 『박근혜 현상』, 위즈덤 하우스, 2010.

김창진, 『우리에게 6·25 전쟁이란?』, 진영사, 2018.

김현태, 『이승만 박사의 반공정신과 대한민국 건국』, 비봉출판사, 2016.

노무현, 『노무현이 만난 링컨』, 학고재, 2001.

노무현 재단, 『운명이다(노무현 자서전)』, 돌베개, 2010.

노정팔, 『한국방송과 50년』, 나남신서, 1995.

노중선, 『남북대화 백서』, 한울아카데미, 2001.

______, 『남북한 통일정책과 통일운동 50년』, 사계절, 1996.

대통령 비서실, 『문재인 대통령 연설문 상권』, 2018.

도진순, 『한국민족주의와 남북관계』, 서울대학교 출판부, 1997.
문재인, 『대한민국이 묻는다』, 오디언소리, 2018.
______, 『운명』, 가교, 2011.
______, 『운명에서 희망으로』, 오디언소리, 2018.
박근혜, 『고난을 벗삼아 진실을 등대삼아』, 부일,1998.
박영택, 『북한 김정은 체제 이해』, 북코리아, 2017.
박태균, 『한국전쟁』, 책과 함께, 2007.
오연호, 『노무현, 마지막 인터뷰』, 2011.
유승찬, 『문재인의 위대한 시작』, 미르북스, 2013.
윤해동 외, 『대한민국을 만든 국제회의』, 대한민국역사박물관, 2016.
이근호, 『한국사를 움직인 100대 사건』, 청아출판사, 2011.
이동영, 『김대중 vs 김영삼』, 왕의 서재, 2011.
이명박, 『신화는 없다』, 김영사, 1995.
______, 『대통령의 시간』, 알에치 코리아, 2015.
이완범, 『카터 시대의 남북한』, 한국중앙회연구원출판부, 2018.
이진, 『노무현의 색깔』, 개마고원, 2002.
이채윤, 『노무현의 서재』, 푸른영토, 2012.
이홍구, 『한민족공동체통일방안의 정책기조와 실천방향』, 국토통일원, 1990.
외무부, 『한국외교 30년』, 1990.
정주영, 『이 땅에 태어나서』, 솔출판사, 1998.
제성호, 『한반도 평화체제의 모색』, 지평서원, 2000.
최상오, 『이승만과 대한민국 건국』, 연세대학교 출판부, 2011.
통계청, 『남북한 경제사회상 비교』, 1995.
______, 『2013 북한의 주요통계지표』, 2013.
______, 『2017 북한의 주요통계지표』, 2017.
통일부, 『2002 대북정책』, 2002.
______, 『2005 통일백서』, 2005.
______, 『2009 통일백서』, 2009.
______, 『2013 통일백서』, 2013.
______, 『2014 통일백서』, 2014.
______, 『2017 통일백서』, 2017.
______, 『2018 통일백서』, 2018.
______, 『개성공단 5년』, 2002.
______, 『국민과 함께 여는 평화번영의 길』, 2006.
______, 『국민의 정부 5년 - 평화와 협력의 실천』, 2002.
______, 『남북대화 제1호』, 1973.
______, 『남북대화 제4호』, 1974.
______, 『남북대화 제28호』, 1982.
______, 『남북대화 제45호』, 1989.

______, 『남북대화 제51호』, 1990.
______, 『남북대화 제67호』, 2001.
______, 『대북정책 추진현황』, 2002.
______, 『대북지원업무 편람』, 2002.
______, 『박근혜 정부의 통일구상』, 2013.
______, 『북한주요인사 인물정보』, 2018.
______, 『참여정부 4년 대북정책』, 2007.
______, 『평화번영정책 해설자료』, 2004.
통일부 통일교육원, 『2018 북한이해』, 2018.
______________, 『2018 통일문제 이해』, 2018.
______________, 『북한지식사전』, 2018.
______________, 『평화·통일교육 방향과 관점』, 2018.
최원기외, 『남북정상회담 600일』, 김영사, 2000.
한국자유총연맹, 『남북합의서와 평화통일』, 예림상사, 1992.
함성득, 『김영삼 정부의 성공과 실패』, 나남, 2001.
허태희, 『해방이후 남북관계 70년』, 대한민국역사박물관, 2016.

2. 저널 및 신문기사

국방일보, 「60여년 철통요새, 살아있는 평화의 역사로」, 2019.2.14.
________, 「남북군사합의에 따라 GP를 폭파하는 모습」, 2018.12.18.
________, 「남북철도 현지공동조사단 열차 출발」, 2018.12.1.
국회, 「국회보 2013년 7월호」, 2003.
경향신문, 「72년 이후락씨 첫 평양방문」, 1999.5.10.
________, 「광주사태」, 1980.5.24.
________, 「금 애국, 나라 살린다」, 1998.2.5.
________, 「긴급조치 9호 해제」, 1979.10.27.
________, 「김구씨 저격사건 전모」, 1949.7.21.
________, 「김영삼의원 제명」, 1979.10.4.
________, 「김일성부자 인신공격 등 비난방송중단」, 1988.7.20.
________, 「김일성 어록」, 1994.7.10.
________, 「남북연합 거쳐 통일로」, 1991.6.18.
________, 「닉슨, 오늘 모스크바 도착」, 1972.5.22.
________, 「다가선 남북한 유엔 첫 대결」, 1973.11.6.
________, 「등록에서 투표에 5월 10일」, 1948.4.14.
________, 「로동신문 등 북한자료 전면개방」, 1988.9.3.
________, 「모택동·김일성 회담」, 1975.4.19.
________, 「몽고 인공국도 북한정권 승인」, 1948.10.19.

_______, 「박정희 대통령 서거」, 1979.10.27.
_______, 「북 도발땐 평양까지 점령」, 1994.3.25.
_______, 「북 매체, 박 대통령 드레스덴 구상 막말 비난」, 2014.4.1.
_______, 「북조선 송전 중단」, 1948.5.15.
_______, 「세계만방 대한민국 공동 승인」, 1948.12.14.
_______, 「신정부의 평화통일정책 환영」, 1960.11.3.
_______, 「요인암살음모에 시경찰국장과 헌병사령관 발표」, 1949.10.1.
_______, 「월남 무조건 항복」, 1975.4.30.
_______, 「월북작가 해방전 작품 해금」, 1988.7.19.
_______, 「원 맨쇼하는 박근혜 정부의 통일 대박론」, 2014.4.8.
_______, 「유신헌법 국민투표 가결」, 1975.2.13.
_______, 「이 대통령 특별발표」, 1949.6.28.
_______, 「이차 인준도 거부면 정국 혼란」, 1960.8.19.
_______, 「일본 항복식 받는 조만식」, 1992.10.2.
_______, 「재외동포 남북방문 신변보장 협의 제의」, 1988.7.20.
_______, 「준비없는 통일은 위험」, 1960.11.19.
_______, 「통일정책 환영」, 1960.11.3.
_______, 「통일한국 유엔가입 외교강화」, 1960.8.28.
_______, 「파월방병에 무운 빌어」, 1965.2.9.
_______, 「총살형 1명」, 1949.2.17.
_______, 「캄보디아 비동맹 중립 선언」, 1975.4.18.
_______, 「혼란 일으킨 통일방안」, 1960.11.3.
_______, 「DJ·참여정부 대북지원 70억 달러로 핵 개발, 논란의 진실은?」, 2017.5.2.
동아일보, 「70년대 후반엔 평화통일 길 열려」, 1971.4.17.
_______, 「국군 단독북진」, 1953.5.1.
_______, 「국군정예 북상 총반격」, 1950.6.27.
_______, 「국토양분은 미소책임」, 1949.5.8.
_______, 「김일성 남북정상회담 용의」, 1988.9.9.
_______, 「북진은 한국의 부동원칙」, 1953.12.11.
_______, 「금강산댐 핵폭탄 위력」, 1986.11.6.
_______, 「김구의 귀국」, 1982.4.6.
_______, 「김대중씨 서울자택 데려다 놔」, 1973.8.14.
_______, 「국회 남노 프락치 사건 첫 공판」, 1949.11.18.
_______, 「금 모으기 운동」, 1998.1.13.
_______, 「남북관계 73년의 장 남북시대의 외교」, 1973.1.9.
_______, 「남산의 부장들」, 1991.8.9.
_______, 「눈길 돌린 악수」, 1994.3.20.
_______, 「북기자 기습취재, 북측에 엄중 항의」, 1990.12.13.
_______, 「10대 의혹사건 진실은 어디에」, 1998.8.3.

_______, 「아이크 일행 오늘 입경」, 1960.6.19.
_______, 「올 식량 278만톤 부족 예상」, 1994.5.30.
_______, 「사설, 유출유괴한 통일방안 논의」, 1960.7.16.
_______, 「윤봉길과 그 가정」, 1932.5.7.
_______, 「조선총독부 건물 해체」, 1995.8.15.
_______, 「캐네디의 극동정책」, 1960.12.12.
_______, 「이완용 '땅 찾기' 승소」, 1992.8.29.
_______, 「조봉암씨 김일성과 모종내통?」, 1958.1.21.
_______, 「중공, 미국탁구팀 초청」, 1971.4.8.
_______, 「태극기에 덮여 있는 김주열 군 시체」, 1960.4.14.
_______, 「통일방안 또 논쟁」, 1960.7.14.
_______, 「한민족공동체 통일방안」, 1989.9.6.
_______, 「페리 전 국방장관 등 한반도 개연서 있는 비상사태는 전쟁 또는 북한붕괴」, 2014.8.11.
_______, 「GNP북괴의 3.6배」, 1975.6.17.
매일경제신문, 「무장공비 침투로 남북관계 급랭」, 1996.10.5.
_________, 「정권탈위 목적 김재규의 계획된 범행」, 1979.11.6.
_________, 「한·소 오늘부터 수교」, 1990.10.1.
조선일보, 「남재준 2015년 통일가능 vs 류길재 기개만으론 안돼」, 2013.12.24.
한겨레신문, 「금강산 상설면회소 개소, 화상상봉·영상편지 우선 추진」, 2018.9.19.
________, 「금강산 품에 「하나된 남북」, 1998.11.23.
________, 「김일성 주석 사망」, 1994.7.10.
________, 「백범암살 범행 6일전 이승만대통령이 격려」, 1992.9.25.
________, 「북한, 7·7 특별선언 거부」, 1988.7.12.
________, 「신년휘호 쓰는 당선자」, 1998.1.1.
________, 「안두희씨 피살」, 1996.10.24.
________, 「죽었다는 오사마 빈 라덴은 왜 자꾸 살아나나」, 2016.5.6.
________, 「청문회에 불려나온 전두환과 답변에 항의하는 의원들」, 1988.12.31.
한국일보, 「사진으로 보는 풍계리 핵실험장 폭파 순간」, 2018.5.25.

3. 외국 자료

Department of the army washington 25,D.C. 『Armed Forces Talk 205』, 1945.

4. 홈페이지 및 인터넷 자료

4·19 기념도서관 홈 페이지
국가기록원 홈 페이지

국방부 홈 페이지
김대중 평화센터 홈 페이지
대통령 기록관 홈 페이지
대한민국 국회 홈 페이지
대한민국 역사박물관 홈 페이지
문화재청 홈 페이지
중앙선거관리 위원회 홈 페이지
청와대 홈 페이지
인터넷 다음백과사전
인터넷 다음 역사용어사전
인터넷 한국민족문화대백과사전

찾아보기

김창진

평소 북한과 통일문제에 대하여 관심이 많았다. 특히 통일에 대한 크고 작은 담론을 포함하여 최고 정책결정자인 역대 대통령의 통일정책을 종합하여 정리해 보고 싶었다. 마침 대학에서 북한학을 강의할 기회가 주어지면서 이에 대한 자료를 수집할 수 있는 시간과 여건이 마련되어, 미흡한 점은 많이 있지만 이를 정리하여 책으로 출간하게 되었다. 평범한 시민의 한 사람에 불과하지만 통일의 분위기를 확산하는 데 기여한다는 심정으로 정리해 본 것이다.

저서로 『전사로 읽는 전술학』, 『우리에게 6·25 전쟁이란?』, 『전쟁사와 무기체계』 등이 있다.

서예를 공부하고 있으며 전국대회 등에서 수상한 다수의 입·특선작이 있다.

대통령과 통일정책

초 판 발 행 I 2019년 4월 9일
초판2쇄발행 I 2020년 2월 20일

저 자 I 김창진
발 행 인 I 이성범
발 행 처 I 문운당
주 소 I 서울시 종로구 혜화로5길 16 (명륜1가 45-3)
전 화 I (02)762-6010
팩 스 I 영업 (02)745-0265 / 편집 (02)762-8758
이 메 일 I 영업 munun2@chol.com
편집 munundang@naver.com
홈페이지 I http://munundang.co.kr

ISBN 979-11-5692-407-4 03390

정가 30,000원